房地产纠纷案例述评

类案裁判规则深度解析

FANGDICHAN JIUFEN ANLI SHUPING
LEIAN CAIPAN GUIZE SHENDU JIEXI

颜宇丹　刘京柱 / 著

中国法制出版社
CHINA LEGAL PUBLISHING HOUSE

前　言

美国法学家霍姆斯在《普通法》一书中开篇便道："法律的生命不在于逻辑而在于经验，对时代需求的感知，流行的道德和政治理论对公共政策的直觉，不论你承认与否，深知法官和他的同胞所公用的偏见对人们决定是否遵守规则所起的作用都远远大于三段论。法律包含了一个民族许多世纪的发展历史，它不能被当作由公理和推论组成的教科书。"这段话使我们在写作本书的过程中可谓感慨良多，让我们深悟到"偏见"与"傲慢"都是造成司法审判实践中"同案异判"不可或缺的重要原因。

"同案异判"，也称"同案不同判"，是指上下级法院之间、不同法院之间、同一法院不同庭室之间乃至不同法官之间、同一法官不同时期，对一些相同或者相似的案件，作出大相径庭的判决结果。在这众声喧哗的互联网时代，"同案异判"似乎成了备受社会舆论和普罗大众所诟病的司法问题。在房屋买卖合同纠纷案件诉讼中，"同案异判"现象屡见不鲜，对司法公信力产生了很大的负面影响。但对作为浸淫司法多年、自诩法律人的我们来说，是否也认同对"同案异判"的诘责呢？换句话说，"同案异判"作为一种客观存在的现象就真的那么不堪一击吗，其中就当真不具合理、合法性吗？问题似乎并不如此简单，正如黑格尔曾经说过的一句名言——"凡是现实的都是合理的，凡是合理的都是现实的。"

就"同案"的内涵而言，可以说世界上没有完全相同的两片树叶，同样，司法诉讼中也不存在案情完全相同的案件。任何一个案件作为一定时间、地点中的事件都是唯一的、不可重复的。业界时下流行的看法是，在案例指导制度中，"同案"是将一个待决案件的案件事实与一个先决案件或案例的案件事实做对比的结果。由于世界上不存在绝对相同的两个事物，司法裁判中也不存在案件事实绝对相同的两个案件，因此"同案"的确切表述应当是"同类案件"或"类似案件"，而非"同样案件"或"相同案件"。《最高人民法院关于案例指导工作的规定》第七条似乎就采用了流行的看法，其规定，“最高人民法院发布的指导性案例，各级人民法院审判类似案例时应当参照”。

所谓“同判”，是指同样的判决。具体到指导性案例的意义或价值来说，就是如果一个待决案件的案件事实与一个指导性案例的案件事实被认为是相似或同样的，那么就应该采取与指导性案例相同的判决。就“异判”的内涵而言，是指同类案件作出了不同的判决。同一案件经一、二审或再审程序作出不同裁判，属于正常诉讼程序中判决结果的改变，并不被列入“同案异判”。

美国著名法官、法学理论家本杰明·卡多佐曾经指出：“如果有一组案件所涉及的要点相同，那么各方当事人就会期望有同样的决定。如果依据相互对立的原则交替决定这些案件，那么这就是一种很大的不公。如果在昨天的一个案件中，判决不利于作为被告的我，那么如果今天我是原告，我就会期待对本案的判决相同。如果不同，我的胸中就会升起一种愤怒和不公的感觉。”“同等情况，同等对待”是古老的法律格言，也是现代法治的基本原则。“同案同判”既是自然正义的要求，也是国家法制统一原则的要求。“同案异判”容易导致法律面前人人平等的根基动摇，让法律的权威和尊严蒙羞，极大伤害社会大众的感情，使民意受挫，严重影响司法的公信力，破坏社会法制建设。

美国联邦最高法院大法官杰克逊说过：“不是因为我的判决是正确的所以它才是终局的，恰恰相反，我的判决之所以是正确的，是因为它享有终局性。”在现实主义法学看来，真正的法律存在于法院的判决中，是法官而非立法者决定法律是什么。本杰明·侯德里主教说：“无论是谁，只要他有绝对权威解释成文法，那么就是他而非先写先说的人，才是真正表达所有意图和目的的立法者。”

近年来，社会各界吁请规范裁判标准、力避“同案异判”。但是，在一个地域辽阔、民族众多、社会经济发展不平衡的泱泱大国出现“同案异判”的现象并不稀奇，甚至可以说在一定程度上或许恰恰确保了实质公平。然而，如果任由“同案异判”发展下去，必然会动摇我国司法大厦的根基。我们还应看到，无论区分是否“同案”，还是完善立法、创立法律观点协调沟通机制和案例指导制度，都需要以法官基本的业务素质和职业道德作为载体和保障。如果法官不能高度树立“同案同判”的思想意识，不能运用法律思维方法准确地认定法律事实，不能秉承公正平等的司法良知和道德底线依法裁判，那么再完美的制度也是空中楼阁，注定无法发挥实效。

自 2020 年 7 月 31 日起试行的《最高人民法院关于统一法律适用加强类案检索的指导意见（试行）》第三条规定：“承办法官依托中国裁判文书网、审判案例数据库等进行类案检索，并对检索的真实性、准确性负责。”第十条规定：“公诉机关、案件当事人及其辩护人、诉讼代理人等提交指导性案例作为控（诉）辩理由的，人民法院应当在裁判文书说理中回应是否参照并说明理由；提交其他类案作为控（诉）辩理由的，人民法院可以通过释明等方式予以回应。”

我们究竟应当如何来尽可能地避免或减少“同案异判”呢？这的确是个值得长期认真研究和对待的课题。在 2019 年中央政法工作会议上，习近平总书记指出，要聚焦人民群众反映强烈的突出问题，抓紧完善权力运行监督和制约机制，坚决防止执法不严、司法不公甚至执法犯法、司法腐败。通过有效的制约监督，确保执法司法权力真正为人民谋利益，让人民群众在每一起司法案件中感受到公平正义。

需要说明的是，本书选入的均为真实案例，我们本着对法律和事实证据诚挚地理解，运用我们的智识和经验，对案件的裁判结果作出了我们善意而真诚的评述，尽管有赞有弹。本书写作过程中，无论是案例的甄选还是裁判观点的评述，我们都可谓作出了很大努力，但毕竟囿于写作时间有限、力所不逮，不完善和错漏之处在所难免，希望广大读者能够客观审慎地加以对待，并不吝批评指正。如若读者发现本书有错漏或值得进一步商榷之处，敬请发信至 627522158@ qq. com，以期再版时及时修正之。

目　录

Contents

一、物权纠纷

001 虚拟产权式商铺产权人是否有权要求返还商铺、独立经营？ …………………… 1

【典型案例一】陈某花诉深圳市 LS 房地产开发有限公司委托租赁合同纠纷案 …………………………………………………………………… 1

【典型案例二】张某全、谭某文、罗某和深圳市 HWJ 装饰材料有限公司房屋租赁合同纠纷三案 ……………………………………………… 4

002 业主共有权益被侵害，单个或部分业主可否直接提起诉讼？ ……………… 13

【典型案例一】苏某刚与北京 RHC 物业管理有限公司恢复原状纠纷上诉案………………………………………………………………………… 13

【典型案例二】荆门市 HQ 宾馆有限公司与刘某涛等 11 人排除妨害、恢复原状纠纷上诉案………………………………………………………… 16

003 婚内能否诉讼要求房产加名？ ………………………………………………… 25

【典型案例】缪某红与娄某忠共有权确认纠纷上诉案……………………… 25

004 不享有合法产权的房产占有人能否获得物权保护？ ……………………… 35

【典型案例】曾某平与罗某明、张某招占有物返还纠纷再审案…………… 35

二、房屋租赁合同纠纷

005 房屋承租人未经出租人同意签订的转租合同的效力如何？ ………………… 44

【典型案例】李某萍与赵某英房屋租赁合同纠纷上诉案…………………… 44

006 承租人已向原业主交租金能否当然免除其向新业主交租金？ …………… 53
【典型案例】深圳市 GDT 投资有限公司与深圳市龙岗区布吉坂田 YX 电子元件厂、台湾地区 YX 电子工业股份有限公司租赁合同纠纷案 ………………………………………………… 53

三、一手房买卖合同纠纷

007 商品房买卖合同备案登记与商品房预售登记是否相同？ ……………… 59
【典型案例】钱某艳、洪某珍与刘某平、广东 CC 建设集团有限公司、张某霞第三人撤销之诉案 ………………………………………… 59
008 商品房认购书转化为商品房买卖合同应具备哪些条件？ ……………… 72
【典型案例】民生 DD 深圳房地产开发有限公司与李某坤商品房预售合同纠纷上诉案 ………………………………………………… 72
009 商品房层高“缩水”如何索赔？ ……………………………………… 87
【典型案例】梁某茵与江门 YX 城建房地产开发有限公司、广州市 A 城市建设开发有限公司商品房预售合同纠纷案 ………………… 87
010 竣工验收备案是不是开发商迟延交房的“挡箭牌”？ ………………… 104
【典型案例】深圳市 YT 区住房和建设局与戴某奋等 11 人建筑工程竣工验收备案行政纠纷上诉案 …………………………………… 104
011 以炒房为目的的房屋买卖合同是无效还是不成立？ ………………… 115
【典型案例】李某振与倪某房屋买卖合同纠纷上诉案 ……………… 115
012 商品房买卖合同与“捆绑”虚假装修合同的效力如何认定？ ……… 124
【典型案例】广州南沙经济技术开发区 A 物业发展有限公司与黄某川、广东 B 装饰设计工程有限公司商品房预售合同纠纷上诉案 ………………………………………………………… 124
013 开发商为套取银行贷款签订虚假房地产买卖合同情形下贷款合同是否有效？ …………………………………………………………… 138
【典型案例】ZS 银行股份有限公司深圳罗湖支行与张某利等确认合同无效纠纷上诉案 ………………………………………………… 138
014 开发商未取得商品房预售许可证所签认购书是否有效？ …………… 153
【典型案例】西安 WT 科技实业集团有限公司与李某茹确认合同无效纠纷上诉案 …………………………………………………… 153

015 违约赔偿权利人能否主张起诉日后的违约金，如何计算起诉时未确定部分的诉讼费？ …… 164
【典型案例】扈某红与广东省 HL 集团有限公司商品房预售合同纠纷案 … 164

四、二手房买卖合同纠纷

016 认定违法拆建房屋买卖合同有效易，办理产权转移登记难 …… 171
【典型案例】丁某如与石某房屋买卖合同纠纷二审案 …… 171
017 二手房买卖合同价格是否显失公平的认定 …… 177
【典型案例】赵某丽与张某燕房屋买卖合同纠纷再审案 …… 177
018 借名购买安居房合同的效力及其履行 …… 193
【典型案例】薛某颜、黄某勇与薛某锋、薛某梅返还原物纠纷案 …… 193
019 房屋代持人擅自转移房屋，房屋借名人如何提出诉讼请求以维护自身权益？ …… 202
【典型案例】陈某兰、陈某丹与夏某燕等房屋买卖合同纠纷上诉案 …… 202
020 拍卖房产买受人是否受地方政府限购政策的影响？ …… 220
【典型案例】叶某娥与广州市 TS 房地产开发建设有限公司房屋买卖合同纠纷再审案 …… 220
021 出卖人协助买受人办理房屋产权转移登记是其合同主义务还是附随义务？ …… 231
【典型案例】郑某选、王某菊与白某林、刘某房屋买卖合同纠纷申请再审案 …… 231
022 买卖查封房屋合同的效力及继续履行的条件 …… 239
【典型案例】林某光、林某与占某等房屋买卖合同纠纷上诉案 …… 239
023 房屋买受人诉讼要求出卖人配合申请减免交易税费应否获支持？ …… 251
【典型案例】吕某华与周某玲、深圳市 ZY 房地产投资顾问有限公司、A 银行股份有限公司深圳福田支行房屋买卖合同纠纷上诉案 …… 251

五、其他与房产有关的纠纷

024 司法拍卖中对被执行人与他人共有的房屋是整体拍卖还是份额拍卖？ …… 263
【典型案例一】张某与高某云、张某勋案外人执行异议之诉案 …… 263
【典型案例二】刘某香与陈某忠、黄某腾、蓝某腾案外人执行异议之诉案 …… 265
【典型案例三】万某青与徐某玲共有物分割纠纷上诉案 …… 268
025 离婚当事人房产分割协议是否恶意串通损害债权人利益应由债权人举证？ …… 275
【典型案例】深圳市 ZKZ 非融资性担保有限公司与何某运、周某兄确认合同无效纠纷上诉案 …… 275
026 离婚协议约定夫妻借名所买房屋归一方所有，该方如何主张权利？ …… 283
【典型案例一】原告杨某与被告韩某 1、第三人韩某 2 所有权确认纠纷案 …… 283
【典型案例二】原告张某明与被告涂某彪、涂某富所有权纠纷案 …… 286
027 房产中介公司前员工盗卖客户房屋损害责任的承担 …… 295
【典型案例】ML 物业代理（深圳）有限公司与吴某君居间合同纠纷上诉案 …… 295
028 诉讼要求履行离婚协议中赠与子女房产约定的适格原告 …… 303
【典型案例】许某 1 与冯某、许某 2 离婚后财产纠纷上诉案 …… 303
029 司法拍卖房屋交付争议是否具有民事可诉性？ …… 313
【典型案例一】赖某华与邓某珠、杨某元、福建 A 资产评估房地产估价有限责任公司房屋买卖合同纠纷上诉案 …… 313
【典型案例二】陈某丹与周某、秦某英房屋买卖合同纠纷上诉案 …… 315
【典型案例三】成某瑜与郭某仪返还原物纠纷上诉案 …… 317

一、物权纠纷

001 虚拟产权式商铺产权人是否有权要求返还商铺、独立经营？

【典型案例一】陈某花诉深圳市 LS 房地产开发有限公司委托租赁合同纠纷案

法律焦点：虚拟产权式商铺，是指开发商将超市、百货大楼等开放式卖场进行面积概念分割，小商铺之间无墙隔离，不划分实际区域，产权登记在投资者名下，并在一定期限内包租，购房者无法自行经营的商铺销售模式。本案中，系争虚拟式商铺虽然办理了独立的房地产证，但产权人在购买商铺时已知晓统一经营的状况，知道其商铺与其他商铺具有不可分割性，如将其所购部分进行独立分割，势必影响商场作为整体功能及效益的发挥，会损害其他大部分产权式商铺业主的相关权益，不利于社会经济发展。因此，不应支持其返还商铺、独立经营的诉讼请求。

关键词：委托合同、房屋租赁合同、虚拟产权商铺、物权行使限制

案例索引

一审：广东省深圳市龙岗区人民法院（以下简称龙岗法院）（2014）深龙法布民初字第 1252 号民事判决书（未上诉）

再审：深圳市中级人民法院（以下简称深圳中院）（2015）深中法房提字第 8 号民事判决书

案情介绍

深圳市 LS 房地产开发有限公司（以下简称 LS 公司）是位于深圳市龙岗区布吉街道吉华路布吉广场的房地产项目开发商，该广场二楼至四楼物业合计 15236 平方

米为商业用途。2001 年 7 月 9 日，LS 公司与深圳市法兰西施投资发展有限公司（以下简称法兰西施公司）签订了《租赁合同》，约定将上述二楼至四楼物业出租给该公司，租赁期限为 12 年（2001 年 8 月 15 日到 2013 年 8 月 14 日）。合同签订后，法兰西施公司在承租物业开办了 XYJ 超市。LS 公司为了便于开发销售，将布吉广场二楼至四楼部分分割成产权式商铺对外销售，陈某花系购买了产权式商铺的业主。

2001 年 12 月 26 日，陈某花与 LS 公司签署《深圳市房地产买卖合同》，并于次日签署《委托出租协议书》，两份合同的主要内容是：陈某花向 LS 公司购买布吉广场第三层 B3106 号房，建筑面积为 24 平方米，用途为商铺，总价为 302640 元；装修标准为“配独立电源插座，地面高级抛光砖，天花为石膏板吊顶”；陈某花在购买 LS 公司所出售的布吉中心广场商铺时已经清楚地知道，LS 公司已经将二楼、三楼、四楼商铺整体租赁给法兰西施公司，租期为 12 年，因此陈某花同意并确认上述事实，同意将购买的商铺在租赁期限内出租给第三方；为了方便经营，LS 公司无须按设计图纸进行具体商铺间隔后再租给第三方，并同意国土部门根据施工图纸进行竣工查文；为确保陈某花收益，采取全权委托 LS 公司出租，陈某花收取固定租金的方式获得回报，委托期间租赁方向和直接收益，均由 LS 公司承担，陈某花不介入具体的租赁行为；委托出租期限为 140.5 个月，从 2002 年 1 月 1 日起至 2013 年 8 月 14 日止；陈某花委托 LS 公司出租月租金为 2017 元；陈某花同意 LS 公司在委托期内对商铺进行全面装修，但 LS 公司必须在委托出租合约期满后 3 个月内（此 3 个月 LS 公司不再承担租金），将商铺按照《深圳市房地产买卖合同》附加的装修标准恢复原状，并交付给陈某花使用；如 LS 公司延期交付，以延期时间计，按合同约定的双倍租金标准支付给陈某花。

《委托出租协议书》签订后，双方均依约履行到 2013 年 8 月 14 日，LS 公司支付了此期间 140.5 个月的租金给陈某花。2012 年 11 月 15 日，LS 公司与 XYJ 超市［为法兰西施公司（后更名为深圳市 XYJ 商业发展有限公司）的股东］签订了《租赁合同》，约定 LS 公司将其在布吉广场二层至四层内合计面积 7133.01 平方米（二层 935.15 平方米、三层 1143.31 平方米、四层 5054.55 平方米）出租给 XYJ 超市，租赁期限为 10 年，自 2013 年 8 月 15 日起到 2023 年 8 月 14 日止；合同还约定，LS 公司只是表达其持有 7133.01 平方米物业的业主意见，XYJ 超市如需承租二层至四层非 LS 公司所有部分，需向其他业主争取。其后，XYJ 超市陆续与 339 户小业主中的 294 户签订了《房屋租赁合同》，租赁期限同样为 10 年（2013 年 8 月 15 日到 2023 年 8 月 14 日），首年租金标准为在原租赁实收金额上上涨 20%，第二年起每年在上一年基础上递增1%。陈某花拒绝与XYJ超市签订租赁合同，并在2014年3月12日起诉XYJ超市，要求XYJ超市返还商铺并赔偿从2013年8月15日起按230元/平方米/月标准支付到实际排除妨碍之日止的损失。2014年5月28日，龙岗法院作出（2014）深龙法民三初字第331～348号民事判决书（陈某花与其他17位业主共同起诉），判决XYJ超市按其自愿给付的原实收标准上浮20%支付陈某花使用费损失。陈某花不服此该判决上诉至深圳中院。陈某花随即又在龙岗法院提起本案诉讼。

就陈某花所有的布吉广场第三层B3106号商铺所在位置，陈某花提交此商铺的深房地字第××号房地产证上并未标明地界点坐标，在房产证第9页、第10页附图标明的地界点坐标为整个布吉广场G06213－－8宗地坐标。在双方签订的《深圳市房地产买卖合同（现售）》附表中，有整个三层平面的1∶150图纸上标明了B3106号商铺所属位置。

裁判观点

龙岗法院对陈某花的全部诉讼请求，均予以驳回。虽然龙岗法院驳回陈某花诉请，但本案涉及争议属LS公司未能充分与业主沟通所致，龙岗法院认为陈某花为此维权所产生的一审诉讼费用应由LS公司承担。依照《最高人民法院关于适用〈中华人民共和国合同法〉若干问题的解释（二）》①，《民事诉讼法》② 第六十四条、第一百四十二条之规定，龙岗法院（2014）深龙法布民初字第1252号民事判决书判决：驳回陈某花的诉讼请求。一审案件受理费555元，由LS公司负担。

上述判决作出后双方当事人均未提起上诉。再审申请人陈某花不服该生效判决，向深圳中院申请再审。深圳中院于2015年6月10日作出（2015）深中法房申字第15号民事裁定书，裁定由深圳中院提审该案。

再审法院认为，陈某花的再审理由部分成立，再审予以支持。原审判决认定事实清楚，但适用情势变更原则不当，再审予以纠正。依照《合同法》第一百零七条、第一百一十三条第一款、第一百一十四条第一款、第一百二十一条，《民事诉讼法》第一百七十条第一款第二项、第二百零七条之规定，于2015年12月23日作出（2015）深中法房提字第8号民事判决书，判决结果如下：一、撤销龙岗法院（2014）

---

① 《民法典》于2021年1月1日起实施，《婚姻法》《继承法》《民法通则》《收养法》《担保法》《合同法》《物权法》《侵权责任法》《民法总则》同时废止。最高人民法院对相关司法解释也进行了废止或修改。本书收录的案例均裁判于《民法典》生效前，适用的是当时有效的法律法规及司法解释，下文将不再对此进行提示。

② 为便于阅读，本书中相关法律文件标题中的“中华人民共和国”字样都予以省略。

深龙法布民初字第 1252 号民事判决；二、LS 公司应于本判决生效之日起 10 日内向陈某花支付违约金至本判决生效之日止（2013 年 11 月 15 日至 2014 年 7 月每月 1812.57 元，2014 年 8 月至 2015 年 7 月每月 1790.36 元，2015 年 8 月至 2015 年 12 月每月 1767.92 元，此后按每月 4034 元标准至本判决生效之日止）；三、驳回陈某花的其他诉讼请求。如当事人未按本判决指定的期间履行给付金钱义务，则应当按照《民事诉讼法》第二百五十三条之规定加倍支付迟延履行期间的债务利息。一审案件受理费 555 元，由陈某花负担；再审案件受理费 1111.05 元，由 LS 公司负担。

【典型案例二】张某全、谭某文、罗某和深圳市 HWJ 装饰材料有限公司房屋租赁合同纠纷三案

法律焦点： 形成不定期租赁合同关系的虚拟产权式商铺的出租人与承租人可以随时解除合同。在业主大会形成有效决议前，无证据证明出租人请求收回商铺损害了其他大部分业主的合法权益，出租人请求收回商铺是其对商铺享有的合法处分权。

关键词： 虚拟产权式商铺、不定期租赁

案例索引

一审：广东省深圳市龙岗区人民法院（以下简称龙岗法院）（2011）深龙法民三初字第 3231 号、第 3232 号、第 3553 号民事判决书

二审：深圳市中级人民法院（以下简称深圳中院）（2012）深中法房终字第 2559～2561 号民事判决书

案情介绍

位于深圳市龙岗区龙城街道办盛平社区的新龙岗商业中心 1 号楼，共三层，为未实际间隔的产权式商铺，共规划为 1275 户，总建筑面积为 18267 平方米，开发商为深圳市千岗地产开发有限公司（以下简称千岗地产）。包括本案张某全、谭某文、罗某在内的各业主于 2003 年间向开发商千岗地产购买了涉案商铺。各业主购买商铺后共同委托深圳市文庄物业管理有限公司（以下简称文庄物业）对涉案新龙岗商业中心 1 号楼进行统一出租经营。2005 年 4 月 3 日，文庄物业将涉案新龙岗商业中心 1 号楼整体出租给深圳市彩世纪实业有限公司（以下简称彩世纪公司）经

营美家天地家居商场。2006 年，由于彩世纪公司拖欠租金，商铺业主追讨租金未果，引发多次大规模群体性纠纷。2007 年，文庄物业诉至龙岗法院要求解除与彩世纪公司签订的租赁合同，并要求其支付拖欠的近 300 万元租金。2007 年 6 月 21 日，彩世纪公司搬离涉案新龙岗商业中心 1 号楼。由于文庄物业于 2006 年 9 月 25 日被吊销营业执照，涉案新龙岗商业中心 1 号楼由业主收回。2007 年 7 月 20 日，涉案新龙岗商业中心 1 号楼最大的业主深圳市深长岗投资有限公司（以下简称深长岗公司）为经营该楼，专门成立了深圳市 HWJ 装饰材料有限公司（以下简称 HWJ 公司）。为了理顺涉案商铺统一经营模式，各业主推选梁某坚、万某明等 11 人作为业主代表，在法定条件具备的情况下成立业主管理委员会。大部分业主向上述业主代表出具了《声明及授权委托书》。《声明及授权委托书》内容为：一、确认上述 11 人为业主代表，在法定条件成立时由该 11 人成立业主管理委员会；二、确认上述业主代表与 HWJ 公司、深长岗公司签订的有关新龙岗商业中心 1 号楼的《租赁合同》（作为委托书附件 1），确认业主代表开会讨论通过的租金分配方案（作为委托书附件 2），确认收取租金的账户。本案三名原告中，张某全、谭某文签订了该《声明及授权委托书》，罗某没有签，张某全签订后又于 2009 年 10 月 19 日向业主管理委员会出具了一份《关于终止授权委托的通知》。2007 年 9 月 16 日，上述业主代表以首届业主管理委员会的名义达成了《关于新龙岗商业中心 1 号楼商场经营模式的决议》和《关于租金分配方案的决议》。《关于新龙岗商业中心 1 号楼商场经营模式的决议》的内容为：一、新龙岗商业中心 1 号楼由深长岗公司的全资子公司 HWJ 公司承租，租赁期限为自 2007 年 7 月 8 日至 2009 年 7 月 7 日（期限届满后 HWJ 公司在同等条件下有优先承租权，租金标准根据市场情况另行协商）。二、HWJ 公司于每月 15 日前支付当月租金给全体业主。（1）2007 年 10 月 1 日至 2008 年 3 月 31 日，每平方米商铺租金为 20 元。（2）2008 年 4 月 1 日至 2009 年 7 月 7 日，每平方米商铺租金为 25 元。三、深长岗公司对 HWJ 公司拖欠的租金及全部债务负连带清偿责任。四、正式《租赁合同书》另行签订。《关于租金分配方案的决议》的内容为：根据对周边同类商场的租金分配比例调查，及本商场各楼层目前评估价，结合业主买楼时各楼层平均价情况，确定 2007 年 10 月 1 日至 2008 年 3 月 31 日的租金按如下比例分配，一楼 25 元/平方米、二楼 20 元/平方米、三楼 15 元/平方米；2008 年 4 月 1 日至 2009 年 7 月 7 日租金按如下比例分配，一楼 30 元/平方米、二楼 25 元/平方米、三楼 20 元/平方米；各商铺应交的租赁税费由各业主按法律规定承担。2007 年 10 月 30 日还通过了《〈关于租金分配方案的决议〉修正案》，对《关于租金分配方案的决议》内容作了如下修正：第一款中“2007 年 10 月 1 日至2008年3月31日的租金按如下比例分配”改为“2007年10月1日至2008年6月30日的租金按如下比例分配”；第二款中“2008年4月1日至2009年7月7日租金按如下比例分配”改为“2008年7月1日至2009年7月7日租金按如下比例分配”。经龙岗法院向上述个别业主代表了解，业主代表曾根据上述决议内容与HWJ公司、深长岗公司签订《租赁合同》，但由于保管不善，《租赁合同》已丢失，无法向法院提交，HWJ公司在庭审中则坚持认为双方并未签订《租赁合同》。HWJ公司于2007年7月接手涉案新龙岗商业中心1号楼后用于统一经营家居建材市场，起初按业主管理委员会的决议向业主管理委员会支付租金，由业主管理委员会按决议内容向业主分配租金。但后来因涉案新龙岗商业中心1号楼的业主管理委员会始终未登记成立，HWJ公司认为业主管理委员会组织不合法，拒绝向业主管理委员会支付租金，并绕过业主管理委员会按业主管理委员会决议的分配方案直接向业主分配租金。2011年5月16日起，张某全、谭某文、罗某认为HWJ公司分配的租金严重偏低，遂诉至龙岗法院。

据HWJ公司统计，新龙岗商业中心1号楼1275户中惠州大亚湾纳盟实业有限公司和深长岗公司拥有573户，拥有的建筑面积共7291.53平方米，这两个公司均为HWJ公司法定代表人曾某全实际经营，实际经营面积达40%。其他702户分散为其他小业主，2007年要求统一经营时，有459户向业主代表出具了《声明及授权委托书》，涉建筑面积6961平方米，签订声明书加上曾某全实际经营的面积占总建筑面积的78%。目前，HWJ公司已将商铺出租给经营建材的商户经营使用，正处于正常经营过程中。涉案新龙岗商业中心1号楼第一层指导租金2010年每平方米为35元，2011年每平方米为40元。

原告张某全、谭某文、罗某诉讼请求：一、解除张某全、谭某文、罗某和HWJ公司之间的租赁关系；二、HWJ公司将张某全、谭某文、罗某的商铺归还张某全、谭某文、罗某；三、HWJ公司支付2009年5月至2011年5月少付的租金（扣减被告已支付的租金），按每月每平方米100元计算；四、诉讼费用由HWJ公司承担。

裁判观点

依照《民法通则》第一百三十六条、《合同法》第二百三十二条、《民事诉讼法》第六十四条第一款的规定，经龙岗法院审判委员会讨论决定，判决如下：一、解除张某全、谭某文、罗某与HWJ公司的租赁关系；二、HWJ公司应于本判决书生效之日起7日内向张某全、谭某文、罗某支付尚欠的商铺租金；三、HWJ公司应于本判决书生效之日起30日内将张某全、谭某文、罗某名下的商铺交还张某全、谭某文、罗某；四、驳回张某全、谭某文、罗某的其他诉讼请求。如果未按本判决指定的期间履行给付金钱义务，应当依照《民事诉讼法》第二百二十九条之规定，加倍支付迟延履行期间的债务利息。案件受理费（张某全、谭某文、罗某已预交）由 HWJ 公司承担。

双方当事人均不服龙岗法院判决，上诉至深圳中院。

深圳中院二审审理过程中，张某全、谭某文、罗某提交了一审起诉后至 2012 年 11 月收到的租金数额，HWJ 公司二审提交了其支付给各案业主从一审起诉至 2012 年 10 月的租金的统计表。另查，HWJ 公司将涉案新龙岗商业中心 1 号楼重新规划，分租给多家建材家居商户。

深圳中院经审理认为，HWJ 公司的上诉没有依据，本院不予支持。张某全、谭某文、罗某的上诉部分有理，本院部分予以支持。依据《民法通则》第一百三十六条、《合同法》第二百三十二条、《民事诉讼法》第一百五十三条第一款第三项的规定，判决如下：一、维持龙岗法院（2011）深龙法民三初字第 3231 号、第 3232 号、第 3553 号民事判决第一项、第三项；二、变更龙岗法院（2011）深龙法民三初字第 3231 号、第 3232 号、第 3553 号民事判决第二项为：HWJ 公司应于判决生效之日起十日内向张某全、谭某文、罗某支付到本判决确定之日欠付的商铺租金；三、撤销龙岗法院（2011）深龙法民三初字第 3231 号、第 3232 号、第 3553 号民事判决第四项；四、驳回张某全、谭某文、罗某的其他诉讼请求；五、驳回 HWJ 公司的上诉请求。如果未按本判决指定的期间履行给付金钱义务，应当依照《民事诉讼法》第二百二十九条之规定，加倍支付迟延履行期间的债务利息。本案一、二审案件受理费均由 HWJ 公司承担，本院多收的二审案件受理费，由本院返还张某全、谭某文、罗某。

案例述评

一、虚拟产权式商铺的概念

产权式商铺是一种产权与经营权分离的房地产产品形式。业界一般将产权式商铺分为虚拟产权式商铺和独立产权式商铺两种类型。虚拟产权式商铺，即指开发商将大型商业项目，分割成若干没有物理空间隔断的小面积单元进行出售，投资者拥有商铺的产权，但并不独立经营，而以租赁或委托经营的方式交由第三方经营使用，投资者取得收益的房地产开发模式。

二、虚拟产权式商铺能否办理产权登记

从全国范围看，绝大多数省市地区对虚拟分割式产权商铺的物权登记采取默认

态度，而北京、上海等地在虚拟分割式产权商铺模式疯狂扩张后，出台了政策明确禁止相应产权登记。但也有如安徽省合肥市相关部门对虚拟分割式产权商铺的法律地位出现了反复。

1. 不予登记。

（1）《不动产登记暂行条例》（2015 年 3 月 1 日起施行，2019 年 3 月 24 日修订）第八条中规定，不动产以不动产单元为基本单位进行登记。不动产登记簿应当记载：不动产的坐落、界址、空间界限、面积、用途等自然状况。

（2）《上海市不动产登记若干规定》（2021 年 3 月 1 日起施行）第七条规定："不动产以不动产单元为基本单位进行登记。不动产单元是指权属界线封闭且具有独立使用价值的空间，具有唯一编码。不动产单元一经设定，不得任意分割、合并；需要进行分割、合并的，应当符合国家和本市相关规定。"

（3）北京市住房城乡建设委会同房管局、发展改革委、规划分局、商务委、国土分局等多部门于 2011 年联合出台了《关于加强部门联动　完善商业、办公类项目管理的通知》（部分失效）。该通知第五条明确规定："商业、办公类项目房屋登记的基本单元是界限固定、可独立使用、有明确唯一编号的房屋或者特定空间。禁止以任何虚拟、划线分割的形式对房屋单元进行分割和登记。"第七条规定："房地产开发企业不得采取返本销售或者售后包租等方式销售商业、办公类项目。"

2. 不得销售。

（1）南京市 2006 年开始严格按原建设部要求停止办理虚拟产权式商铺的分割，停止办理产权式商铺的预售许可，禁止虚拟产权式商铺的销售。

（2）合肥市房地产管理局 2005 年 1 月规定，凡规划分割的商场、办公楼都将禁止销售、转让。如果要进行销售、转让，房屋必须符合房屋权属登记条件，就是房屋必须是在有关部门批准下建造，经建设、规划、公安、消防等部门验收备案，并且每个销售单位都必须四面有墙，有着明确永久的四至界限结构，能明确到幢、层、套、间。

（3）深圳市规划与国土资源局 2004 年年初下发了《关于规划商场办公楼转让有关业务操作的通知》，规定：商场、办公楼转让应以权属单元为转让标的。房地产开发企业和房地产权利人不得擅自将权属单元分割转让，未经房地产及相关部门审核程序的，房地产登记部门不受理分割预售和登记。

（4）《山东省商品房销售条例》（2005 年 7 月 1 日起施行）第二十七条规定："住宅商品房应当按套销售，不得分割拆零销售；商业用房、写字楼等其他商品房应当按幢、层、套、间进行销售。"

3. 允许登记和销售。

（1）合肥市对虚拟分割式产权商铺开发模式的政策考量经历了从默认到禁止，又从禁止到允许的反复。合肥市房地产管理局发布的《合肥市商业设施分割销售管理暂行规定》（合房〔2009〕57 号）改变了 2005 年以来对虚拟分割式产权商铺模式产权登记、销售的立场，明确允许分割销售商业设施，改变了 2005 年“禁止销售、转让划线分割的商场、办公楼”的规定，强调除“土地出让合同中约定或规划许可证中规定商业设施应当整体出售或自营的，不得分割销售”外，“在符合国家有关政策规定的条件下，允许房地产企业分割销售四周有明显界限的商业设施”。

（2）目前长沙市、陕西省等地对这种虚拟式产权商铺予以登记，但其发展趋势是控制越来越严格。

三、虚拟产权式商铺所有权的性质

依照我国《民法典》第二百九十八条的规定，按份共有人对共有的不动产或者动产按照其份额享有所有权。按份共有又称为分别共有，是指两个或两个以上共有人按照各自的份额分别对其共有财产享有权利和承担义务的一种共有关系。其法律特征是各个共有人对共有物按份额享有不同的权利；各共有人对共有财产享有权利和承担义务是根据其不同的份额确定的；各个共有人的权利不局限于共有财产某一具体部分，或就某一部分单独享有所有权，而是及于财产的全部。

虚拟产权式商铺中，各商铺买受人对商场按投资份额享有不同的权利，各共有人取得收益和承担义务是根据其投资份额确定的，并不是每个商铺的买受人就其所购的图纸意义上的面积单独享有所有权，而是对商场整体享有一定比例的份额，因此完全符合按份共有的特征。

虚拟产权式商铺的权利性质属于按份共有，因为商场作为一个整体，却有两个以上的所有权人，且各产权人依投资多寡来享益相应比例。

事实上，多数情况下开发商或经营商并不对商场作物理上的分割，即便作分割，也是出于经营之需，租赁业务管理公司亦并不把每个商铺所获收益发给该商铺所有者，而是将整个商场的收益依业主投资额多少分配给各投资者。因此，如果某个商铺的所有者依合同上标注的编号和位置，占有、使用所购商铺的话，不仅违反合同原意，也可能侵犯其他铺主利益，破坏商城整体经营的商业价值。如果签约时就知商铺允许独立经营，位置偏僻的商铺将难以卖出，虚拟产权式商铺将不可能销售下去。由此，应当认为，虚拟产权式商铺买卖合同中约定的商铺位置只是一个虚拟符号，不具有实质意义，各商铺投资者仅依自己所占份额的大小来获取收益。

由此可见，虚拟产权式商铺各所有者之间，应认定为按份共有关系。因此，我们主张虚拟产权式商铺系独立物权客体，应给予产权登记，并明确其物权属性为地役权，以此厘清业主之间以及业主与运营公司之间的权利义务关系。

四、虚拟产权式商铺小业主的权利限制和救济途径

上引案例一中，陈某花对其所购商铺虽然办理了独立的房地产证，但其在购买商铺时已知晓统一经营的状况，知道其商铺与同一商场其他商铺具有不可分割性，如将其所购部分进行独立分割，势必影响商场作为整体功能及效益的发挥，会损害其他大部分产权式商铺业主的相关权益，不利于社会经济发展。因此，不应支持其返还商铺、独立经营的诉讼请求。从陈某花持有房地产证这一点上看，其对所购商铺的权利与建筑物区分所有权中的专有权相似。但究其实质，其所享权利并非建筑物区分所有权中就专有部分的所有权，而是按份共有的共有权。因此，在其要求分割其所占份额时，如果其分割的行为必然损害其他共有人的长期利益，则除非其同意赔偿其他共有人损失，否则其请求不能得到支持。

上引案例二中，商铺买受人虽未取得所购商铺的房地产权证，但被法院认定买受人作为业主与商铺的使用人 HWJ 公司之间形成不定期租赁关系。根据《合同法》第二百三十二条（参见《民法典》第七百三十条）的规定，不定期租赁关系的当事人可以随时解除合同，而且鉴于目前涉案新龙岗商业中心 1 号楼没有召开业主大会，无法体现大部分业主是否要求统一经营，是否要求继续出租给 HWJ 公司。因此，在业主大会形成有效决议之前，并无证据证明张某全、谭某文、罗某请求收回商铺损害了其他大部分业主的合法权益，张某全、谭某文、罗某请求收回商铺是其对商铺享有的合法处分权，故法院依法予以支持其关于归还商铺的请求。

应当说，上述案例之处理结果还是存在一定矛盾性的，这种矛盾主要体现在以下两个方面：一方面，案涉产权式商铺究竟能否取得产权登记，对案例一中已取得产权登记的商铺产权人陈某花未予支持其要求取回商铺的请求，理由有两个：一是该商铺已与布吉广场其他商铺一起形成一个完整、独立的整体，具有不可分性。在此情况下，如陈某花坚持要将其所购部分进行独立分割，势必影响商场作为整体功能及效益的发挥，会损害其他大部分产权式商铺业主的相关权益，不利于社会经济发展。二是我国《物权法》第七条规定，物权的取得和行使，应当遵守法律，尊重社会公德，不得损害公共利益和他人合法权益。因此，陈某花在对其商铺行使所有权时，应受到相应限制，其行使权利必须符合其他商铺业主的整体意志。故对陈某花要求 LS 公司返还涉案商铺的诉讼请求，不予支持。另一方面，对案例二中，未取得商铺产权登记的商铺买受人张某全、谭某文、罗某要求返还商铺的请求却予以支持。支持理由主要有两个：一是认为买受人作为业主与商铺的使用人 HWJ 公司之间形成不定期租赁关系。依照我国《合同法》第二百三十二条（参见《民法典》第七百三十条）的规定，不定期租赁关系的当事人可以随时解除合同。二是目前涉案新龙岗商业中心 1 号楼没有召开业主大会，无法体现大部分业主是否要求一定要统一经营，是否要求继续出租给 HWJ 公司，故在业主大会形成有效决议之前，并无证据证明张某全、谭某文、罗某请求收回商铺损害了其他大部分业主的合法权益。

我们认为，这种判案理由值得商榷，且不论买受人张某全、谭某文、罗某对其所购商铺能否取得物权登记，单就法院认定的商铺租赁关系而言，就存在一个部分与整体的权利行使与否的问题，也即存在前引案例一中的我国《物权法》第七条规定的适用与否的问题，如果认定三买受人行使物权，则也应当遵守法律，不得损害他人合法权益。

至于说到未召开业主大会，是否有证据证明张某全、谭某文、罗某请求收回商铺损害其他大部分业主合法权益的问题。依照我国《民事诉讼法》第六十四条第二款的规定，当事人及其诉讼代理人因客观原因不能自行收集的证据，或者人民法院认为审理案件需要的证据，人民法院应当调查收集。据此，法院在审理该案中，对双方当事人均难以提供兴万家商场业主大会决议的情况下，完全可以依职权征求该商场各商铺买受人的意见，以此解决案涉三买受人要求收回商铺是否侵害其他买受人权益的问题。

1. 虚拟产权式商铺小业主的权利限制。

法院在裁判前文类似案例时，主流观点认为，虚拟产权式商铺，其所有权的行使应受到一定的限制。商铺业主出于投资目的，将商铺通过开发商或第三方公司整体委托品牌经营商进行统一经营，以期获得定期、定额的投资回报，其核心表现形式为商铺的所有权与经营权相分离。该类型商铺业主的所有权要受到一定的限制，主要表现为：一是在委托经营期间内，业主享有收益权和处分权，但不直接占有商铺，也不经营商铺；二是委托经营期满后，业主对其商铺共有部分所享有的权利和承担的义务，必须遵守管理规约并符合大多数业主的共同决定。

按照双方的合同约定，在合同终止后小业主本应有权主张返还商铺。但因为小业主所购买的商铺仅占整个物业中极小的一部分，且没有独立的墙体将其购买部分与相邻其他商铺、过道等相隔离，在该商铺所在的楼层范围内，其不是独立的封闭空间。因此，该小业主与该商业中心同楼层其他业主之间的空间权利处于交织状态。小业主作为商铺所有权人，在行使其物权时，应受制于全体业主的整体意志。我国《民法典》第二百七十二条规定：“业主对其建筑物专有部分享有占有、使用、收益和处分的权利。业主行使权利不得危及建筑物的安全，不得损害其他业主的合法权益。”因小业主在购买商铺时已经明确知晓并接受商铺的现状及商场统一经营的模式，其应当知道该商铺所有权的性质不能完全等同于独立商铺，其权利行使必然要受到一定的限制，必须服从于大多数业主的整体意志。商铺任一业主要求返还商铺均会影响商场整体功能的发挥，损害商场其他业主的权利，造成社会财富的极大浪费，不利于社会经济发展。若绝大多数业主继续将商铺租赁给商业管理公司或实际承租人统一经营，法院则推定此即符合广大业主共同利益的商铺使用模式。按照少数服从多数的原则，此模式应当作为全体业主的整体意志予以维护，故不支持小业主返还商铺的请求。

同理，若承租人违约迟延履行支付租金的义务，小业主亦存在无法解除合同的法律风险。在司法实践中，基于维护市场交易的稳定性，避免侵害其他业主的合法权益的法益选择，也有法院驳回小业主解除合同的诉讼请求，仅判定承租人支付租金及违约金。

2. 虚拟产权式商铺小业主的权利救济途径。

小业主可依据《民法典》第二百七十八条“……有关共有和共同管理权利的其他重大事项……应当经参与表决专有部分面积过半数的业主且参与表决人数过半数的业主同意”的规定，就商铺的租赁问题召开业主大会，形成有效决议，则可以有效表达全体业主的整体意志，改变对其商铺的处分方式。

002 业主共有权益被侵害，单个或部分业主可否直接提起诉讼？

法律焦点：对于侵害业主共同权益的行为，未成立业主委员会的，有直接利害关系的业主可以自己的名义直接向人民法院提起诉讼；如果仅涉及单个业主或者部分业主权益，单个业主或者部分业主也可以作为原告提起诉讼。《物权法》第七十六条（《民法典》第二百七十八条）中对于业主共同决定重大事项的前置性规定并非业主就侵害自己合法权益的行为行使诉权时的前置性规定。

关键词：建筑物区分所有、业主共益权、诉权

【典型案例一】苏某刚与北京 RHC 物业管理有限公司恢复原状纠纷上诉案

案例索引

一审：北京市房山区人民法院（以下简称房山法院）（2017）京 0111 民初 3252 号民事裁定书

二审：北京市第二中级人民法院（以下简称北京二中院）（2018）京 02 民终 289 号民事裁定书

再审审查：北京市高级人民法院（以下简称北京高院）（2018）京民申 1876 号民事裁定书

案情介绍

原告苏某刚向房山法院提出诉讼请求：判决被告北京 RHC 物业管理有限公司（以下简称 RHC 公司）恢复原告居住门前绿地、人行步道、凉亭、大树、草坪等设施并公开赔礼道歉。事实与理由：现在被 RHC 公司破坏的门前绿地影响到我们的正常生活。原告于 2001 年 10 月购买此房并入住，当时设计规划是五号楼前后（南北面）除楼间道路外均为绿地，楼门前（北面）有人行步道、凉亭、冬青、草坪、长凳、大树等，绿树成荫，很是凉爽宜人。此处房屋是原告父母离退休后首选的住处，离市中心与其原单位都较近，就选此处安度晚年。谁知好景不长，从 2015 年

12 月开始，物业公司在事先不通知和征求业主意见的情况下擅自组织施工队施工，将五号楼前后的绿地、人行步道、凉亭、草坪、矮冬青、大树等铲除，变成了停车场，严重破坏了居住环境。汽车就停在原告的卧室和厨房跟前，夏天都不敢开窗睡觉，尾气、噪声随时干扰正常休息。尾气有毒，也影响健康。人行步道被拆除，人车共用同一条道路，非常危险。

RHC 公司辩称：一、程序方面，原告主体不适格。原告所居住房屋系长阳镇政府于 1998 年出资新建的危改房，原告主张的绿地是由长阳镇政府组织修建的，因此，原告无权主张。即使绿地属于业主共有，按相关法律规定，也应由全体业主出任业主大会或委托其他代理人来代表全体业主主张权利。但本案原告既没有受全体业主的推举也没有受其委托，因此其主体不适格。二、实体方面，该小区系政府危改项目，到目前为止，其区域建设规划都未经最后验收，而且按照规划，该小区没有设立足够的停车车位。被告出资改造成停车场，不仅没有侵害原告的权利，相反为包括原告在内的该小区广大业主做了一件好事。另外，RHC 公司改造车位使用的地面砖，俗称草坪砖，将砖中间镂空，完全适合绿草的生长。原告所称破坏了绿地的主张与事实不符，被告并没有破坏绿地，而且 RHC 公司已经计划在小区其他区域适当地方补种相应的草木。综上所述，无论主体上还是实体上，原告的诉讼请求都不应得到法院的支持，应予以驳回。

裁判观点

房山法院经审查认为，当事人向人民法院提起民事诉讼，应当符合法律规定的起诉条件。根据《物权法》第七十三条的规定，建筑区划内的道路，属于业主共有，但属于城镇公共道路的除外；建筑区划内的绿地，属于业主共有，但属于城镇公共绿地或者明示属于个人的除外；建筑区划内的其他公共场所、公用设施和物业服务用房，属于业主共有。本案中，原告系北京市长阳镇碧桂园小区业主，其以被告破坏绿地，改建停车场为由诉至本院，本院认为原告所主张的权利关系到小区业主的共同权益，而该项权利的主张应由小区全体业主或业主大会委托的业主委员会或其他可以代表全体业主利益的单位及组织主张为宜。综上，依据《物权法》第七十三条、《民事诉讼法》第一百一十九条之规定，裁定如下：驳回原告苏某刚的起诉。

苏某刚向北京二中院上诉请求：撤销一审裁定，依法改判或发回重审。理由如下：一审裁定认定事实不清，适用法律错误。案涉碧桂园小区 3 个区共 4000 多户，10000 多人，至今未有业主大会、业主委员会等组织，一审法院要求本案应由小区全体业主或业主大会委托的业主委员会或其他可以代表全体业主利益的单位及组织主张为宜，事实上行不通。依照《最高人民法院关于审理建筑物区分所有权纠纷案件具体应用法律若干问题的解释》第十四条的规定，建设单位或者其他行为人擅自占用、处分业主共有部分、改变其使用功能或者进行经营性活动，权利人请求排除妨害、恢复原状、确认处分行为无效或者赔偿损失的，人民法院应予支持。因此，苏某刚的诉求于法有据。一审裁定程序违法。

RHC 公司辩称：同意一审裁定，不同意苏某刚的上诉请求。

北京二中院认为，依据《民事诉讼法》第一百一十九条的规定，起诉必须符合：原告是与本案有直接利害关系的公民、法人和其他组织。本案中，苏某刚所主张的权利关系到小区业主的共同权益，而该项权利的主张应由小区全体业主或业主大会委托的业主委员会或其他可以代表全体业主利益的单位及组织主张。北京市长阳镇碧桂园小区未成立业主大会，且现有证据无法证明苏某刚代表全体业主利益起诉。苏某刚以个人名义起诉 RHC 公司，要求对小区公共部分主张权利，不符合法律规定的起诉条件。一审法院驳回苏某刚的起诉于法有据，处理并无不当。二审裁定驳回上诉，维持原裁定。

苏某刚向北京高院申请再审称，被申请人侵占绿地，取消门前人行步道等，改建停车场，影响申请人的健康和正常生活。一、二审裁定认定事实不清，适用法律错误。申请人购买涉案房屋就是看好房山区的原生态环境。被申请人没有经过业主们的同意，就把绿地变为停车场，申请人是绿地被侵犯的直接受害者。门前人行步道被拆后，人车共行，极不安全。小区一直没有健全的业主委员会，有各种历史和现实的原因，但是这并不影响我们维护自身利益和安全的权利。申请人是被侵害利益的直接受害者，符合起诉的主体资格，申请人要求被申请人恢复门前的绿地和人行步道合法。申请人在阻止窗下停车及阻止破坏门前绿地之后，遭到各种威胁，申请人家中客厅的窗户玻璃被打出一个洞。申请人的诉求合理合法，一、二审裁定错误，现依法申请再审。

北京高院经审查认为，苏某刚所主张的权利关系到小区业主的共同权益，而该项权利应由小区全体业主或业主大会委托的业主委员会或其他可以代表全体业主利益的单位及组织主张。现苏某刚以个人名义起诉 RHC 公司，不符合法律规定的起诉条件。一、二审法院依据查明的事实，驳回苏某刚的起诉于法有据，应予维持。综上，苏某刚的再审申请不符合《民事诉讼法》第二百条规定的情形。裁定驳回苏某刚的再审申请。

【典型案例二】荆门市 HQ 宾馆有限公司与刘某涛等 11 人排除妨害、恢复原状纠纷上诉案

案例索引

一审：湖北省荆门市东宝区人民法院（以下简称东宝法院）（2015）鄂东宝民二初字第 00340 号民事判决书

二审：湖北省荆门市中级人民法院（以下简称荆门中院）（2016）鄂 08 民终 731 号民事判决书

案情介绍

东宝法院查明，刘某涛等 11 人均为 HQ 大厦业主。1997 年 12 月 16 日，荆门市侨旅房地产开发有限公司与湖北省荆门热电厂签订联合建房合同。合同约定，湖北省荆门热电厂负责筹集资金，荆门市侨旅房地产开发有限公司负责施工，联合在荆门××号建设 HQ 大厦。规划设计图纸显示，HQ 大厦由一栋主楼（24 层）和两栋附属楼（10 层）组成，主楼和附楼的第一层有电梯出口疏散通道和垃圾集中点，主楼设计有两部电梯，电梯出口的疏散通道均设计在附楼，即从现 HQ 宾馆的大厅中通行，垃圾集中点位于北侧附楼第一层第一间房屋。HQ 大厦于 1998 年开始建设，2000 年竣工交付使用。房屋建成后，北侧附楼第一间房屋未设置垃圾集中点，北侧附楼东北角设有两个公共厕所。荆门市侨旅房地产开发有限公司名称于 2000 年变更为荆门市科隆房地产开发有限公司，荆门市科隆房地产开发有限公司于 2007 年 5 月办理注销登记。

荆门市科隆房地产开发有限公司在 2000 年，将 HQ 大厦主楼东边电梯出口的疏散通道改在东南方向，西边电梯出口的疏散通道目前处于封闭状态，未按竣工图所设从附楼即现荆门市 HQ 宾馆有限公司（以下简称 HQ 公司）的大厅中通行。荆门市科隆房地产开发有限公司还在主楼第 24 层楼顶建筑一层临时用房，后由 HQ 公司管理使用，并在楼顶靠西面和南面两侧各设置一块“中国农业银行”广告牌。在 HQ 大厦建设前，该位置设置了属市政设施的垃圾箱，因此在房屋规划建设时设置了垃圾集中点，房屋建成后，因考虑市容建设，荆门市建设委员会决定将垃圾箱搬迁，垃圾集中点房屋现已办理产权登记。北侧附楼第一层第一间房屋现为一间烟酒商店，产权登记人为湖北科隆投资有限公司。北侧附楼东北角的两个公共厕所现由 HQ 公司作为杂物间使用。

另查明，荆门市 HQ 公司设立于 2003 年 9 月，经营场所位于 HQ 大厦。HQ 公司设立发起人股东与荆门市科隆房地产开发有限公司股东为相同自然人股东。

荆门中院为进一步核实 HQ 大厦首层疏散通道规划设计相关事宜，从荆门市城乡建设档案馆调取了 HQ 大厦主楼首层正面竣工图（大图），该竣工图显示 HQ 大厦主楼东西侧设有电梯两部，与两侧电梯对应，分别有东西两条疏散通道，两条疏散通道的进出口均设在大楼北侧，此一事实与原审查明事实一致。

刘某涛等 11 人诉请法院判令：1. HQ 公司拆除位于荆门市海慧路 17 号 HQ 大厦 24 层楼顶的临时建筑及广告牌，恢复楼顶的公共使用功能。2. HQ 公司停止对 HQ 大厦一楼紧急疏散通道、厕所、垃圾转运站的侵权行为，排除妨害，恢复其公共使用功能。3. 诉讼费用由 HQ 公司承担。

HQ 公司答辩称，刘某涛等 11 人主体不适格，不符合《物权法》的规定；刘某涛等 11 人的起诉没有事实依据，该公司没有侵权行为；该公司已经没有使用 HQ 大厦 24 层楼顶的临时建筑，钥匙已交给物业公司；广告牌是中国农业银行与荆门市科隆房地产开发有限公司签订合同后设置的，与该公司无关；紧急疏散通道只是改变了走向，并不影响紧急疏散的功能；厕所、垃圾转运站的功能已经改变，无须恢复，并且在房屋建设时垃圾转运站的规划已作改变。

裁判观点

东宝法院审理认为，根据当事人诉争法律关系的性质，本案案由应确定为排除妨害纠纷和恢复原状纠纷两个并列案由。

关于刘某涛等 11 人诉讼主体是否适格的问题。根据《物权法》第八十三条的规定，业主对侵害自己合法权益的行为，可以向人民法院提起诉讼。刘某涛等 11 人均为荆门市 HQ 大厦的业主，其认为自己的合法权益受到侵害，可以提起诉讼。HQ 公司认为刘某涛等 11 人应取得多数业主同意才能起诉的意见，没有依据，本院不予采纳。

关于 HQ 公司是否应当对 HQ 大厦 24 层楼顶的临时建筑和广告牌进行拆除的问题。当事人均认可楼顶的临时建筑未经行政管理部门审批的事实，该建筑物是否属于违法建筑，是否应予拆除，属行政管理职权范围，因此刘某涛等 11 人请求拆除临时建筑，不属本案解决的问题。楼顶临时建筑是否需要拆除，可由业主向行政管理部门申请解决。HQ 公司曾将该建筑作为员工宿舍，其使用该临时建筑没有依据，应当停止使用。对于广告牌，无证据表明是由 HQ 公司设置，或委托、授权他人设置，故刘某涛等 11 人要求 HQ 公司拆除广告牌的请求，没有依据，本院不予支持。

关于HQ大厦疏散通道结构的改变，是否影响疏散通道功能的问题。主楼电梯口的疏散通道，目前的使用情况与规划设计不符，变更规划设计是否经过审批，属于行政管理部门的处理范围，不属于民事案件的审理范围，但是变更后的疏散通道是否符合规划设计的疏散功能，则构成对业主权益的影响，属于本案的处理问题。虽然HQ公司陈述不是由其作出的通道变更，但其作为变更前部分通道占有使用人，应当承担通道变更的相应后果。变更后的疏散通道是否符合规划设计的疏散功能属于消防专业判断问题，为查清案件事实，东宝法院就该问题发函咨询消防管理部门，消防管理部门未予回复。根据举证分配原则，东宝法院要求HQ公司就变更后的疏散通道是否符合规划设计的疏散功能进行举证，并给予了充分的举证期间，HQ公司未能就此提出证据。疏散通道涉及公共利益，变更疏散通道应当符合规划设计标准，因HQ公司不能证明变更后的疏散通道符合规划设计标准，且也不能证明变更疏散通道经过规划审批，东宝法院推定变更后的疏散通道不符合规划设计标准，疏散通道不符合设计标准，损害了业主利益，应当按规划设计恢复原状。虽然HQ公司提出变更通道经部分业主同意的事实，但该部分业主是否经全体业主授权，没有证据证实，因此不影响其他业主主张权利。

关于厕所是否属于业主公用设施范围的问题。双方当事人均认可在HQ大厦北侧附楼内设有公共厕所，现由HQ公司作为杂物间使用的事实。《物权法》第七十三条规定，建筑区划内的其他公共场所、公用设施和物业服务用房，属于业主共有。目前本案没有证据表明公共厕所属于市政设施，同时也无属于业主专有的权属证据，因此，公共厕所应为业主公用设施，由业主共有。HQ公司占用公共厕所，损害了业主利益，应予返还。对于HQ公司提出附近有公共厕所，无恢复厕所功能必要的意见，东宝法院认为，根据《物权法》第七十六条的规定，有关共有和共同管理权利的其他重大事项，由业主共同决定。刘某涛等11人为部分业主，不能决定如何管理使用公共厕所，但其作为公用设施的共有人，有权要求HQ公司停止使用公共厕所。

关于对垃圾集中点的规划设计是否作了变更，该建筑是否属于业主共有范围的问题。规划设计的底层平面图显示，HQ大厦北侧附楼第一层第一间房屋设计为垃圾集中点，现该房屋作为烟酒商店使用。11名原告主张，按规划设计，北侧附楼第一层第一间房屋为垃圾集中点，房屋为业主共有，应恢复规划的使用功能，即使不需恢复，房屋也应由业主处理。HQ公司认为，虽然规划设计图纸有垃圾集中点，但在房屋建设时已作变更，取消了垃圾集中点的设置，同时，规划设计中的垃圾集中点为市政设施，也不是业主共有的垃圾集中点。对于HQ公司主张的垃圾集中点已作规划变更，其未提供变更规划的证明，原审也未能核实，因此，原审对该事实不作认定。据原审核实，垃圾集中点属于市政设施，不属于业主共有设施，因此业主不能主张权利。同时考虑到以下几个方面：HQ 大厦交付使用时是否设置了业主共有的垃圾集中点；业主是否分摊了垃圾集中点房屋的建筑面积；该房屋的产权登记状况。首先，刘某涛等 11 人是根据规划设计图纸主张北侧附楼第一间房屋为垃圾集中点，因垃圾集中点属于市政设施，没有证据证明有属于业主共有的垃圾集中点，该举证责任在于刘某涛等 11 人，应承担举证不能的后果。其次，根据刘某涛等 11 人提交的建设工程规划通知书及房屋分摊情况显示，业主分摊的公用面积包括外墙、电梯井、楼梯、设备间、一楼通道、地下室设备用房 × × 技术层共 2453.43 平方米。业主分摊的建筑面积里面没有垃圾集中点，因此，可以认定业主没有分摊垃圾集中点的建筑面积。最后，HQ 公司提交了 HQ 大厦北侧附楼第一间房屋的产权证，显示房屋所有权人为荆门市科隆投资担保有限公司，登记时间为 2007 年 6 月 1 日，经原审核实，该登记情况属实，并于 2012 年 12 月 17 日进行变更登记，房屋登记权利人为湖北科隆投资有限公司。由此可见，刘某涛等 11 人主张 HQ 大厦北侧附楼第一间房屋为垃圾集中点，应属业主共有的意见，证据不足，东宝法院未予支持。

综上，刘某涛等 11 人要求 HQ 公司拆除楼顶临时建筑和恢复公共厕所使用功能的请求，HQ 公司对两处建筑物没有单独使用权，应当停止使用，对建筑物的处分应由全体业主决定，刘某涛等 11 人无权单独决定，故对前述诉讼请求予以部分支持；刘某涛等 11 人要求 HQ 公司按规划设计恢复主楼电梯口的疏散通道理由正当，原审予以支持；刘某涛等 11 人要求 HQ 公司拆除广告牌和恢复垃圾集中点的请求，依据不足，原审未予支持。

依照《物权法》第三十五条，第七十条，第七十六条第一款第六项、第七项，第八十三条，《最高人民法院关于审理建筑物区分所有权纠纷案件具体应用法律若干问题的解释》（以下简称《建筑物区分所有权纠纷解释》）第七条；《民事诉讼法》第六十四条第一款之规定，东宝法院判决：一、HQ 公司于判决生效之日起即停止使用位于荆门市海慧路 17 号 HQ 大厦 24 层上的临时建筑和北侧附楼一楼的厕所。二、HQ 公司于判决生效之日起 30 日内排除对位于荆门市海慧路 17 号 HQ 大厦主楼电梯的疏散通道出口的妨害，恢复规划设计的原样，即打开主楼西边电梯的出口，恢复从 HQ 宾馆的大厅中通行的通道。三、驳回刘某涛等 11 人的其他诉讼请求。案件受理费 9800 元，由刘某涛等 11 人共同负担 4000 元，HQ 公司负担 5800 元。

HQ 公司向荆门中院提起上诉称：1. 本案双方当事人主体资格均不适格，HQ 大厦是荆门市侨旅房地产开发有限公司与荆门热电厂联合开发的房产，HQ 公司未与刘某涛等 11 人签订联合建房协议，因此，刘某涛等 11 人不能用上述联合建房合同内容约束 HQ 公司。如果要起诉，应由荆门热电厂起诉，同时，刘某涛等 11 人也不能代表 HQ 大厦全体业主的想法。2. 原审判决 HQ 公司打开 HQ 大厦主楼西侧电梯疏散通道存在错误，首先，HQ 大厦不是 HQ 公司修建、开发，HQ 公司仅与大厦原开发商存在关联关系，没有法律上的义务打开疏散通道；其次，该疏散通道不需要打开，也没有打开的必要，且打开疏散通道属于大厦重要事项，应征询全体业主或大多数业主的意见；最后，据 2000 年 3 月《HQ 大厦主楼验收会议纪要》，荆门热电厂为解决疏散通道问题，要原开发商荆门市侨旅房地产开发有限公司与荆门文华公司洽谈在东南侧设一个疏散出口，其用意即改变原联合建房要求，另设一个更好的疏散通道。为此，荆门市侨旅房地产开发有限公司于 2008 年与荆门市文华公司达成了补充协议，出资新建了东南面的疏散通道。如果刘某涛等 11 人坚决要求打开西面疏散通道，恢复规划设计原样，而规划设计时东南面没有通道，那么该公司就必然要将现有的东南面通道关闭。综上，请求驳回刘某涛等 11 人要求恢复 HQ 大厦主楼西侧疏散通道的诉讼请求，案件诉讼费由刘某涛等 11 人负担。

刘某涛等 11 人答辩称：1. 本案双方当事人诉讼主体适格。首先，本案系排除妨碍、恢复原状的物权保护纠纷，刘某涛等 11 人是案件所涉建筑物区分所有权的权利人，HQ 公司系侵害物权的侵权人；其次，刘某涛等 11 人在本案中行使的是物权权利，而非合同权利，HQ 公司认为只有荆门热电厂有权提起诉讼的理由没有法律依据；最后，业主对侵害其权利的行为，可以自行向法院提起诉讼，不需要征得全体业主的同意。2. 原审判令 HQ 公司排除对 HQ 大厦主楼疏散通道出口的妨害，恢复规划设计原样理由正当，判决正确。首先，大厦西侧疏散通道本来就是 HQ 公司封闭，退一步而言，即便该通道为他人封闭，但实际占有、使用该通道的是 HQ 公司，HQ 公司亦侵害了刘某涛等业主的物权；其次，封闭西侧疏散通道不符合经过审批的大厦原设计规范要求，且改变原设计规范也未经过有权机关的批准，事实上给大厦全体业主带来了极大的安全隐患；再次，HQ 公司封闭、占有和使用疏散通道的行为违反了消防法的强制性规定，消防法明确规定任何单位、个人不得封闭疏散通道、安全出口和消防通道；最后，HQ 公司上诉所称的会议纪要和补充协议与本案处理无关。综上，原审查明事实清楚，适用法律正确，请求二审法院驳回上诉，维持原判。

荆门中院审理认为，根据双方当事人的诉辩意见，本案二审争议焦点为：

1. 本案双方当事人是否属于案件适格当事人；2. 原审判令 HQ 公司按规划设计恢复 HQ 大厦主楼西侧疏散通道是否正确。

一、关于本案法律适用的问题。

本院认为，根据《建筑物区分所有权纠纷解释》第十九条的规定，考虑到法律自实施之日起就具有调整当事人行为的作用，行为人实施的行为虽然发生在法律、司法解释实施之前，但若该行为一直持续至法律、司法解释实施之后，其行为仍应受相应法律、司法解释的调整。本案中，刘某涛等 11 人所诉 HQ 公司侵害物权的行为虽发生在物权法实施之前，但因前述行为一直持续到《物权法》实施之后，且诉讼发生在《物权法》实施之后，故应当适用《物权法》及《建筑物区分所有权纠纷解释》的相关规定。

二、关于本案当事人是否适格的问题。

本院认为，根据《物权法》第八十三条第二款的规定，业主对侵害自己合法权益的行为，可以依法向人民法院提起诉讼。一般而言，行为人擅自占用建筑物共有部分、改变其使用功能或者进行经营性活动，若妨害到业主对于建筑物共有部分的正常使用，则势必对业主专有权、共有权以及共同管理权的行使产生重大影响，波及业主的自身权益，此时权益受到侵害的业主依法可以向人民法院提起诉讼。本案中，刘某涛等 11 人作为 HQ 大厦主楼业主，其依法享有对 HQ 大厦主楼疏散通道的物权权利，其主张 HQ 公司擅自封闭大厦主楼西侧疏散通道侵害其物权权利并进而提起诉讼，仅从诉讼程序意义而言，符合法律规定的诉讼主体资格要求，即从双方当事人诉争的物权保护法律关系而言，本案双方当事人对于案件诉讼标的均具有直接利害关系，属于适格诉讼主体。至于 HQ 公司上诉所称荆门热电厂与荆门市侨旅房地产开发有限公司间的合同关系，因该合同关系与本案诉讼主体的确定并无关联，本院对此不予评述。

三、关于应否按规划设计恢复 HQ 大厦主楼西侧疏散通道的问题。

HQ 公司上诉认为，第一，据荆门市侨旅房地产开发有限公司与荆门热电厂代表参加签订的《HQ 大厦主楼验收会议纪要》显示，HQ 大厦主楼疏散通道已改在正南面（现在的东南出口），且该疏散通道较原设计方案更为便捷，故没有必要再恢复西侧疏散通道；第二，西侧疏散通道并非该公司封闭，该公司不是侵权行为人，故该公司没有义务恢复该疏散通道。

本院认为，根据《建筑物区分所有权纠纷解释》第十四条第一款的规定，建设单位或者其他行为人擅自占用、处分业主共有部分、改变其使用功能或者进行经营性活动，权利人请求排除妨害、恢复原状、确认处分行为无效或者赔偿损失的，人民法院应予支持。可见，取得建筑物专有部分所有权的人即业主，对于建筑区划内规划的公用通道依法享有共有使用的权利，其权利受到不法侵害时，依法受到法律保护，可要求相关行为人排除妨碍、恢复原状。

本案中，首先，从西侧疏散通道的权属性质、功能而言，因双方当事人对于涉案西侧疏散通道属于大厦规划、设计、竣工时即已存在的公用通道均无异议，且从建设规划部门出具的 HQ 大厦主楼《建设工程规划通知书》可知，“大厦一楼通道属于整栋分摊的公用面积”，可见，涉案西侧疏散通道在权属性质上属于 HQ 大厦主楼建筑区划内规划的公用通道，在功能上属于消防疏散通道应无疑问，故刘某涛等 11 人作为 HQ 大厦主楼业主对于西侧疏散通道依法享有共有使用权。

其次，从西侧疏散通道被封闭、占用的事实而言，HQ 公司上诉虽否认西侧疏散通道系由该公司封闭，但对于目前该通道由该公司实际控制、占有及改变作为经营场所使用的事实并不否认，仅凭此点亦可认定系该公司占用、改变了疏散通道的原有功能。况且，HQ 公司在原审庭审时自认系由该公司改变疏散通道功能、用途，只是抗辩提出其改变疏散通道已获得消防部门审批同意。

最后，从 HQ 公司占用西侧疏散通道是否具有合法理由而言：第一，根据《物权法》第七十六条第一款第七项、《建筑物区分所有权纠纷解释》第七条的规定，改变共有部分的用途、利用共有部分从事经营性活动、处分共有部分，应由业主共同决定。可见，建筑区划内规划的共有部分用途具有法定性，原则上不得改变，但业主基于特定目的和必要，确需改变用途时首先需征得法定数量业主的同意。本案中，HQ 公司改变西侧疏散通道用途，但不能提供已获得法定数量业主同意或事后授权的相关证据，不符合上述法律、司法解释的规定，属于擅自改变共有部分的用途、利用共有部分从事经营性活动。第二，涉案西侧疏散通道在功能上除日常供人员进出外，在发生火灾时还兼具人员疏散、逃生等重要功能，属于公共消防设施，非经相关主管部门审核批准，不得擅自堵塞、改作他用。本案现有证据显示，HQ 公司占用、改变西侧疏散通道并未取得规划、消防相关主管部门的批准同意，一、二审法院均要求该公司提供大厦疏散通道更改符合建筑规划、消防要求的相关证据，但该公司至今无法提供，故在 HQ 大厦主楼已完成竣工验收，且无相关主管部门审批同意情况下，该公司擅自改变大厦规划的疏散通道功能不具有合法依据。同时，《消防法》第二十八条规定，任何单位、个人不得占用、堵塞、封闭疏散通道。可见，HQ 公司占用、封闭疏散通道亦违反消防法的强制性规定，不具有合法性。

综上，HQ 公司擅自占用、改变 HQ 大厦西侧疏散通道，妨碍了大厦业主刘某涛等 11 人对建筑物公用通道的共有使用权，原审判令由该公司排除妨碍、恢复原规划设计原状，符合法律规定，依法应予维持。

至于HQ公司上诉称，《HQ大厦主楼验收会议纪要》已改变了原疏散通道规划、设置的问题。经查，该纪要仅记载“消防通道的问题，由甲方（谢某旺、谢某法）与文化（华）公司洽谈务必在正南面设一消防通道”。从该纪要内容本身分析，该纪要文字意思是解决正南面新设一个消防通道问题，并无关于取消、更改原大厦规划、设计疏散通道的任何意思表示，故HQ公司此理由仅从纪要内容本身所表达的含义就难以成立，更遑论其他，故对该上诉理由，本院不予采纳。

综上，原审认定事实清楚，适用法律准确，依照《民事诉讼法》第一百七十条第一款第一项之规定，经合议庭评议，判决如下：驳回上诉，维持原判。二审案件受理费9800元，由HQ公司负担。

案例述评

依照《物权法》第八十三条（《民法典》第二百八十六条）以及《建筑物区分所有权纠纷解释》（2020年12月23日修正）第十四条的规定，他人侵害小区内业主共有部分导致业主共有权益受损时，业主可向人民法院提起诉讼，维护自己作为共有权人的合法权益。然而，小区内业主共有部分被侵害涉及全体业主的共有权益，部分业主可否就侵害行为直接向法院提起诉讼，各地法院对此有不同的观点。

上引案例一中的北京各法院认为，涉及全体业主共同利益的事项均须由业主共同决定，单一业主不能代为行使权利。上引案例二中，荆门中院认为，一般而言，行为人擅自占用建筑物共有部分、改变其使用功能或者进行经营性活动，若妨害业主对于建筑物共有部分的正常使用，则势必对业主专有权、共有权以及共同管理权的行使产生重大影响，波及业主的自身权益，此时权益受到侵害的业主依法可以向人民法院提起诉讼。

广东省高级人民法院就再审申请人魏某霞与被申请人韶关市志兴物业服务有限公司（以下简称志兴物业公司）建筑物区分所有权纠纷一案，所作出的指令广东省韶关市中级人民法院再审的（2017）粤民申6001号民事裁定书中认为，魏某霞是以志兴物业公司占用属于小区共有的绿地改建成若干个临时停车位出租获利，之后还违规搭建铁棚，进一步破坏原有的绿化，侵害了魏某霞的合法权益，同时雨天带来的噪声严重影响了魏某霞的睡眠；志兴物业公司作为小区的物业管理方对此违建行为负有管理和制止的义务为由，起诉请求判令志兴物业公司限期拆除违法搭建的车棚还原绿地，并将其侵占属于魏某霞共有的经营收益201600元返还并补充到魏某霞共有的专项维修基金中。根据《物权法》第八十三条第二款“业主大会和业主委员会，对任意弃置垃圾、排放污染物或者噪声、违反规定饲养动物、违章搭建、侵占通道、拒付物业费等损害他人合法权益的行为，有权依照法律、法规以及管理规约，要求行为人停止侵害、消除危险、排除妨害、赔偿损失。业主对侵害自己合法权益的行为，可以依法向人民法院提起诉讼”、《建筑物区分所有权纠纷解释》第十四条第一款“建设单位或者其他行为人擅自占用、处分业主共有部分、改变其使用功能或者进行经营性活动，权利人请求排除妨害、恢复原状、确认处分行为无效或者赔偿损失的，人民法院应予支持”的规定，对于未经业主同意擅自占用、处分业主共有部分、改变其使用功能或者进行经营性活动的行为，或者有其他侵害业主共同权益的行为，未成立业主委员会的，有直接利害关系的业主可以自己的名义直接向人民法院提起诉讼；如果仅涉及单个业主或者部分业主权益，单个业主或者部分业主也可作为原告提起诉讼。据此，魏某霞认为志兴物业公司占用业主共有部分并改变使用功能的行为侵害其共有权利，所搭建的铁棚已对其个人生活造成影响，而以受侵害者的身份提起本案诉讼，人民法院应当予以受理并进行实体审理。至于二审法院驳回魏某霞起诉所适用的《物权法》第七十六条和《建筑物区分所有权纠纷解释》第七条，应当理解为，决定《物权法》第七十六条所列的第一项至第四项事项以及上述司法解释第七条规定事项的，应当经专有部分占建筑物总面积过半数的业主且占总人数过半数的业主同意；而决定《物权法》第七十六条所列的第五项、第六项事项的，则必须经过专有部分占建筑物总面积三分之二以上的业主且占总人数三分之二以上的业主同意。上述法律规定并非业主就侵害自己合法权益的行为行使诉权时的前置性规定。

综上，我们认为，《物权法》第七十六条（《民法典》第二百七十八条）中对于业主共同决定重大事项的前置性规定并非业主就侵害自己合法权益的行为行使诉权时的前置性规定。依照《物权法》第八十三条（《民法典》第二百八十六条）、《建筑物区分所有权纠纷解释》第十四条的规定，对于侵害业主共同权益的行为，未成立业主委员会的，有直接利害关系的业主可以自己的名义直接向人民法院提起诉讼；如果仅涉及单个业主或者部分业主权益，单个业主或者部分业主也可以作为原告提起诉讼。

003 婚内能否诉讼要求房产加名?

【典型案例】缪某红与娄某忠共有权确认纠纷上诉案

> **法律焦点：** 根据我国《婚姻法》的相关规定，夫妻在婚姻关系存续期间所得财产，除双方约定或法律特别规定外，归夫妻共同所有，双方享有平等的处理权。然而，自2007年《物权法》出台，特别是最高人民法院颁布了婚姻法司法解释（三）之后，大量婚内房产确权、加名诉讼纠纷不断涌现。那么，在现有法律规定的夫妻共同财产制的基础上，如果未丧失共同共有的基础，一方能否向法院提出诉讼请求，要求确认系争房产为双方共同共有，并要求协助办理房产登记手续?
>
> **关键词：** 婚姻、房产、加名、按份共有、共同共有

案例索引

一审：广东省茂名市茂南区人民法院（以下简称茂南法院）（2013）茂南法民三初字第664号民事判决书

二审：广东省茂名市中级人民法院（以下简称茂名中院）（2014）茂中法民二终字第64号民事判决书

案情介绍

2013年11月1日，娄某忠向茂南法院提起诉讼称：娄某忠与缪某红双方于2009年9月在网上相识，于同年12月15日登记结婚。双方认识后共同购买了位于茂名市×××路×××号大院×号××××房，并以缪某红的名义于2010年4月20日与该房产开发商茂名市××××房地产开发有限公司（以下简称××房产公司）签订《广东省商品房买卖合同》。2010年5月28日双方共同作为借款人及抵押人向中国××银行股份有限公司茂名分行办理上述房屋的按揭贷款。上述房屋虽至今未办理产权证，但已经备案登记在缪某红一人名下。缪某红多次声称上述房屋是其个人财产，为保障娄某忠合法权益，请求法院判令：一、依法确认位于茂名市×××路×××号大院×号××××房属双方共同购买（已支付购房款103793元，银行

按揭贷款370000元），属双方共同共有财产，并判令缪某红协助娄某忠将上述房产备案登记在双方名下；二、判令由被告承担本案的诉讼费用。

缪某红辩称：一、涉案房屋是答辩人婚前个人财产，不是夫妻共同财产，娄某忠请求确认涉案房屋为夫妻共同财产，并将涉案房屋登记在双方名下，没有事实和法律依据。二、娄某忠主张涉案房屋是夫妻共同财产的证据不足，依法不能采信。三、答辩人父母、妹妹支付的90638.5元购房款应视为对其个人的赠与。

茂南法院经审理查明：娄某忠与缪某红于2009年12月15日登记结婚。缪某红于2009年10月6日向××房产公司交付3000元购房定金，于2009年10月13日与××房产公司签订购房认购书。此后，缪某红分别于2009年10月13日、2009年10月22日、2009年10月30日、2010年4月20日向××房产公司支付首期购房款47000元、15000元、25807元、27986元。2010年4月23日，娄某忠委托兰州市东风公证处办理委托公证，委托缪某红办理涉案房屋的购房手续、银行按揭贷款手续、办理及领取房产登记证书手续。2010年5月28日，缪某红与中国××银行股份有限公司茂名分行签订住房公积金借款合同，约定以涉案房屋作抵押物，在住房公积金借款合同抵押人处签有缪某红和娄某忠的名字，缪某红的代理人在庭审时确认娄某忠的名字由缪某红代为签署。涉案房屋至今未办理房屋产权证，但已经备案登记在缪某红名下。现双方因上述房产权属事宜产生争议，娄某忠遂于2013年11月1日诉至法院，提出上述实体权利。

另查明，娄某忠与缪某红婚后购买了位于茂名市×××路×××号大院×号×××房，该房登记在娄某忠名下，后缪某红向茂港区人民法院起诉要求确认茂名市×××路×××号大院×号×××房为夫妻共有并要求加名，娄某忠将茂名市×××路×××号大院×号×××房产权证加上缪某红名字后，缪某红撤回起诉。娄某忠与缪某红婚后还购买位于中山市××镇××路×××号××山庄××××公寓×号楼××××房，该房登记在娄某忠一人名下，后缪某红向中山市第一人民法院起诉，要求确认中山市××镇××路×××号××山庄××××公寓×号楼××××房为夫妻共有并要求加名。中山市第一人民法院审理后作出（2013）中一法坦民一初字第483号民事判决，判决确认中山市××镇××路×××号××山庄××××公寓×号楼××××房为夫妻共有并判决娄某忠协助缪某红将该房屋产权证登记到娄某忠与缪某红双方名下。

茂名中院经审理查明，茂南法院除查明缪某红于2009年10月30日向××房产公司支付首期购房款25807元（实为10807元）存在不当外，其查明的其他基本事实属实，该院予以确认。

茂名中院另查明，2010 年 4 月 20 日，× × 房产公司与缪某红签订《商品房买卖合同》，涉案房屋总价款为 473793 元，缪某红以其名义支付了首期购房款 103793 元给 × × 房产公司（其中 75807 元在婚前支付，27986 元在婚后支付），余款 370000 元，由缪某红在婚后以住房公积金的方式及以涉案房屋作抵押的方式向中国 × × 银行股份有限公司茂名分行借款支付，借款合同落款处抵押人栏有缪某红的签名并由缪某红根据娄某忠的授权签署娄某忠的名字。另外，中国 × × 银行股份有限公司茂名分行先后于 2013 年 11 月 19 日和 2014 年 2 月 17 日出具两份《证明》，前一《证明》内容为：缪某红于 2010 年 5 月 28 日的公积金贷款属于其个人贷款。后一《证明》内容为：兹有缪某红于 2010 年 5 月 28 日在我行办理住房公积金贷款，并以其名下位于茂名市 × × × 路 × × × 号大院 × 号 × × × × 房产作抵押，按照有关规定，签订借款合同要求借款人夫妻双方共同签名。

茂名中院再查明，娄某忠及缪某红夫妻双方未对婚前财产或婚后所得财产全部或部分约定归共同所有或各自所有。

裁判观点

茂南法院经审理认为，夫妻在婚姻关系存续期间所得财产原则上应归夫妻共同所有，法律另有规定除外。娄某忠主张在夫妻关系存续期间购买的位于茂名市 × × × 路 × × × 号大院 × 号 × × × × 房属双方共有，并提交结婚证、商品房买卖合同、购房发票、公证书、住房公积金借款合同予以佐证。缪某红在住房公积金借款合同抵押人处签上缪某红和娄某忠的名字，足以证明该房是娄某忠、缪某红夫妻双方共同出资购买的房产，属夫妻共有的财产。娄某忠该诉求合理合法，予以支持。因涉案房产属于夫妻共同财产，故娄某忠要求将涉案房产备案登记到双方名下的请求，符合法律规定，予以支持。依据《婚姻法》第十七条第一款第五项的规定和《物权法》第九十五条之规定判决：一、位于茂名市 × × × 路 × × × 号大院 × 号 × × × × 房属娄某忠和缪某红夫妻共有财产。二、限缪某红于本判决生效之日起十日内协助娄某忠将位于茂名市 × × × 路 × × × 号大院 × 号 × × × × 房备案登记到娄某忠、缪某红双方名下。案件受理费 50 元，由缪某红负担。

上诉人缪某红不服一审民事判决，向茂名中院提起上诉，请求：1. 依法撤销（2013）茂南法民三初字第 664 号民事判决；2. 依法判决确认茂名市 × × × 路 × × × 号大院 × 号 × × × × 房是上诉人婚前个人财产；3. 本案一、二审诉讼费用由被上诉人承担。主要事实和理由如下：

1. 一审法院认为住房公积金借款合同抵押人处有被上诉人的名字，就足以证明涉案房屋是上诉人与被上诉人夫妻共同的财产，该认定所依据的证据严重不足，依法应予撤销。一审判决认定涉案房屋是上诉人与被上诉人共同出资，是夫妻共同财产的证据是《公证书》及《银行按揭贷款合同》，但两份证据不仅不能证明涉案房屋是双方共同出资购买，相反却能证明涉案房屋与被上诉人无任何关系。首先，《委托书》是单务法律行为，上诉人并未同意接受委托，该《委托书》对上诉人并无法律约束力。其次，在被上诉人授权上诉人办理相关事宜前，上诉人已与××房产公司签订了涉案房屋的买卖合同，因此涉案房屋不可能是在被上诉人委托或者被上诉人与上诉人共同认可的前提下才购买的。再次，被上诉人在一审庭审过程中声称其支付了90000余元首期款，但其没有提供证据予以证实，该主张依法不能成立。最后，《银行按揭贷款合同》上虽有被上诉人名字，但其名字出现的原因并不是被上诉人是按揭房屋的所有权人，而是银行办理公积金贷款手续上的要求。在一审诉讼中，被上诉人亦承认未履行过任何偿还贷款义务，所有贷款均由上诉人偿还。综合上述观点，原判仅凭贷款合同抵押人处有上诉人和被上诉人的签名就认定房屋属于夫妻共有财产明显与事实不符，是错误的认定。

2. 涉案房屋依法应认定为上诉人婚前个人财产。（1）涉案房屋的买卖合同是婚前签订。上诉人于2009年10月6日交付了3000元首期定金给××房产公司。随后又于2009年10月13日与××房产公司签订《认购书》，而被上诉人与上诉人是于2009年12月15日才登记结婚，由此可见，涉案房屋是上诉人于婚前签订买卖合同购买的。（2）涉案房屋首期款103793元中的75807元是在上诉人与被上诉人结婚前支付，剩余的27986元虽然是婚后支付，但该27986元也是由上诉人用婚前个人财产支付的。因此，涉案房屋的首期款依法应认定为上诉人以个人财产支付。（3）涉案房屋是上诉人向银行办理按揭贷款。根据中国××银行股份有限公司茂名分行出具的《证明》，可以充分证明上诉人向银行贷款属于上诉人个人贷款。

综上，上诉人于婚前签订涉案房屋的买卖合同，用个人财产支付首期款并办理了个人住房公积金按揭贷款，根据《最高人民法院关于适用〈中华人民共和国婚姻法〉若干问题的解释（三）》第十条“夫妻一方婚前签订不动产买卖合同，以个人财产支付首付款并在银行贷款，婚后用夫妻共同财产还贷，不动产登记于首付款支付方名下的，离婚时该不动产由双方协议处理。依前款规定不能达成协议的，人民法院可以判决该不动产归产权登记一方，尚未归还的贷款为产权登记一方的个人债务”的规定，涉案房屋依法应认定为上诉人个人财产。综上所述，请二审法院依法支持上诉人的上诉请求。

被上诉人娄某忠答辩称：一审判决认定事实清楚，被答辩人上诉理由不能成立。

1. 原判认定涉案房屋属于答辩人与被答辩人的夫妻共同财产的证据除银行按揭贷款合同外，答辩人还提供了商品房买卖合同、购房发票、公证书、茂名市茂港区人民法院民事裁定书、中山市第一人民法院民事判决书等证据，上述证据已经足以证实涉案房屋为答辩人与被答辩人的夫妻共同财产。

2. 被答辩人办理按揭贷款虽然是以个人名义办理，但由于其是在婚后办理按揭贷款手续，由于答辩人与被答辩人对婚后的财产和债务没有约定，因此根据《婚姻法》及相关规定，被答辩人以个人名义办理的按揭贷款属于答辩人与被答辩人的夫妻共同债务。并且事实上，答辩人虽然没有直接偿还涉案房屋的贷款，但其在婚后以个人名义及以个人款项购买的位于茂名市茂港区、广东省中山市的房屋均属于与被答辩人的共有财产，另外答辩人还承担家庭的日常开支和女儿在香港的出生费用以及生活、医疗、保险等开支。由此可见，就算答辩人婚后没有直接偿还涉案房屋的贷款，但其支付了婚后其他开支，亦应认定涉案房屋属于双方共有。

3. 被答辩人以《公证书》和《委托书》的时间为 2010 年 4 月 23 日来证明涉案房屋不是答辩人委托被答辩人或答辩人与被答辩人共同认可的前提购买根本不能成立。首先，事实上，2009 年 9 月，答辩人与被答辩人通过网络相识并相恋，双方商量结婚事宜，于是双方决定共同购买面积较大的涉案房屋以作婚房。由于答辩人当时还在甘肃省所以才由被答辩人以其名义购买，但涉案房屋是答辩人与被答辩人经商量后共同决定购买的，这不但是本案的客观事实，而且也符合常理。其次，如前所述，购买涉案房屋是答辩人与被答辩人共同商量的结果，答辩人事后以书面形式确认之前的口头委托完全合理合法。《委托书》是公证的内容，《公证书》所公证的就是委托人、委托事项的真实、合法性，被答辩人已经持《公证书》（含《委托书》）办理了住房公积金抵押贷款手续，亦即其已经认可《委托书》并接受了委托，否则其不可能代答辩人在抵押借款合同“抵押人栏”签上答辩人的名字。这是直接证明涉案房屋是双方共同购买的最好证据。最后，购买涉案房屋的《商品房买卖合同》及《购房发票》的时间均发生在答辩人与被答辩人登记结婚之后，该事实也足以证明涉案房屋是由答辩人与被答辩人婚后共同购买。

4. 被答辩人上诉称答辩人支付了 90000 余元给被答辩人用于支付涉案房屋的首期款没有证据。对此，答辩人认为：第一，90000 余元的首付款，答辩人大部分是通过银行提现给被答辩人的；第二，因答辩人与被答辩人对婚后财产没有明确约定，因此婚后无论是以哪一方的名义支付，该首付款均应认定为夫妻双方的行为。

被答辩人称涉案房屋为其婚前个人财产没有事实和法律依据。涉案房屋在事实上和法律上均应认定为答辩人与被答辩人的夫妻共同财产。1. 如前所述，涉案房屋是答辩人和被答辩人经商量后购买的。2. 本案答辩人提交的《商品房买卖合同》《销售不动产统一发票》已经明确证明涉案房屋是在双方登记结婚后才正式购买的。最为关键的是，答辩人与被答辩人均提交的《住房公积金借款合同》是以涉案房屋作抵押向住房公积金中心贷款，该合同“抵押人”一栏签有答辩人与被答辩人双方的名字，因此应认定涉案房屋为答辩人与被答辩人共有。3. 被答辩人已经确认其支付的首期房款中有一笔 27986 元是结婚之后支付的。因此，退一万步来讲，就算涉案房屋是被答辩人婚前认购，但由于其首期购房款有一部分是在婚后支付，并且其办理按揭贷款手续的时间是发生在婚后，因此本案不适用《最高人民法院关于适用〈中华人民共和国婚姻法〉若干问题的解释（三）》第十条的规定。

综上所述，一审判决认定事实清楚，判决结果公平、公正，应予维持；被答辩人的上诉没有事实和法律依据，应驳回其上诉请求，并由其承担一、二审诉讼费用。

茂名中院经审理认为，《婚姻法》第十九条中规定，夫妻可以约定婚姻关系存续期间所得财产以及婚前财产归各自所有、共同所有或部分各自所有、部分共同所有。约定应当采取书面形式。本案被上诉人娄某忠与上诉人缪某红系夫妻关系，双方并未约定婚后所得财产归各自所有或婚前财产属共同所有，故应认定双方婚姻关系存续期间所得财产属夫妻共同所有，双方婚前财产归各自所有。本案中，虽然上诉人缪某红以其名义办理各项购房手续，但首期购房款支付时间跨越婚姻前后，按揭贷款手续亦是在婚后期间办理。由于双方并未约定婚前或婚后财产共同所有或各自所有，因此应认定缪某红婚后支付的首期部分房款及偿还银行贷款所用款项属于其与娄某忠的共有财产，缪某红婚前支付的首期部分房款属于缪某红个人财产。结合涉案房屋在双方结婚前并未登记在任何一方名下以及涉案房屋买卖合同是在婚后签订的事实，故应认定涉案房屋属于娄某忠与缪某红夫妻的共有财产。又因购房款项 473793 元中有 75807 元是缪某红以其婚前财产支付，因此缪某红对涉案房屋应独立享有该部分款项所占份额比例（所占比例为 16% =75807 元 ÷473793 元），即涉案房屋缪某红占 58% 的份额，娄某忠占 42% 的份额。

缪某红认为，涉案房屋买卖合同是其婚前签订，首期房款也是用其个人婚前财产支付，余款亦是以其个人名义向银行办理按揭贷款，根据《最高人民法院关于适用〈中华人民共和国婚姻法〉若干问题的解释（三）》第十条“夫妻一方婚前签订不动产买卖合同，以个人财产支付首付款并在银行贷款，婚后用夫妻共同财产还贷，不动产登记于首付款支付方名下的，离婚时该不动产由双方协议处理。依前款规定不能达成协议的，人民法院可以判决该不动产归产权登记一方，尚未归还的贷款为产权登记一方的个人债务”的规定，涉案房屋依法应认定为其婚前的个人财产。对该主张，本院认为，由于缪某红未能举证证明涉案房屋的首期全部房款是以其婚前财产支付的事实，因此本案并不符合上述司法解释规定的情形，缪某红的上述主张依据不足，本院不予采纳。

另外，本院前述已对涉案房屋作出按份共有的认定，而娄某忠认为涉案房屋是其与缪某红共同共有的主张，因为未能举证证明缪某红婚前首付部分房款中有其共同出资的事实，本院对其主张不予采纳。

综上，原判认定基本事实清楚，但适用法律及判决部分不当，应予纠正。依照《婚姻法》第十七条第一款第五项、第十八条第一项、第十九条第一款，《物权法》第九十三条、第九十四条，《民事诉讼法》第六十四条、第一百七十条第一款第二项规定，判决如下：一、变更茂南法院（2013）茂南法民三初字第664号民事判决第一项为：位于茂名市×××路×××号大院×号××××房属娄某忠和缪某红夫妻共有财产，娄某忠占该房屋42%份额，缪某红占该房屋58%份额。二、维持茂南法院（2013）茂南法民三初字第664号民事判决第二项。三、驳回原审原告娄某忠的其他诉讼请求。一审案件受理费50元，由上诉人缪某红负担46元，由被上诉人娄某忠负担4元。二审案件受理费100元，由上诉人缪某红负担92元，由被上诉人娄某忠负担8元。二审案件受理费100元由缪某红预交，娄某忠负担的8元，限娄某忠在本判决生效后10日内径付给缪某红。

案例述评

司法实践中，对于此类诉讼的处理方式和审判意见并不一致，该类诉讼案件的争议焦点在于：夫妻在婚姻关系存续期间，在夫妻共有基础未丧失的情形下，能否向法院提出共有房产的确权之诉？

部分地方性法院对于夫妻婚内提起的房产确权诉讼不予立案，认为婚姻关系存续期间的无争议的财产处分不属于人民法院受理民事诉讼的范围。[①] 有的裁判观点认为，在法律已明确规定权利归属、内容的前提下，如果夫妻共有基础没有丧失，则无须通过诉讼再次确认，此举属于司法资源的浪费，对确认房产共同共有并协助

① 参考案例（2013）黄浦民四（民）初字第1741号。

登记的诉讼请求，难以支持。[1] 但是，通过大量的案例检索分析，我们发现，对于婚内房产确权案件不予受理或相关诉讼请求不予支持的判决案例还是比较少的，而且时间上也相对较早，大部分法院会依据《物权法》第三十三条“因物权的归属、内容发生争议的，利害关系人可以请求确认权利”之规定，选择受理并就婚内确权案件作出裁判。当下主流的裁判观点认为，双方婚姻关系存续期间购买的房屋属于夫妻共同财产，一方请求确认涉案房屋属于夫妻共同财产，合法合理，应予以支持。具体可参考以下相关判例。

1. 根据我国《民事诉讼法》第一百一十九条的规定，婚内房产确权诉讼符合法定的起诉条件，法院应当受理。

【裁判要旨】吴某爱提起的本案诉讼，符合《民事诉讼法》第一百一十九条“起诉必须符合下列条件：（一）原告是与本案有直接利害关系的公民、法人和其他组织；（二）有明确的被告；（三）有具体的诉讼请求和事实、理由；（四）属于人民法院受理民事诉讼的范围和受诉人民法院管辖”规定的所有起诉条件。一审法院受理本案诉讼，并无不当，本院予以确认。［案号：（2016）粤 07 民终 2044 号；审理法院：江门市中级人民法院］

2. 依据《物权法》第三十三条“因物权的归属、内容发生争议的，利害关系人可以请求确认权利”之规定，法院应当受理婚内房产确权诉讼。只要能够证明诉争房产系婚姻关系存续期间所得，可以被认定为夫妻共同财产，则隐名方可提出确认其是共同共有产权人，并要求登记方协助申请变更房屋产权人登记。

【裁判要旨】原告施某与被告李某龙于 1999 年 9 月 20 日登记结婚，至今双方仍为夫妻关系。本案讼争房产均系原被告夫妻关系存续期间取得，应认定为夫妻共同财产。根据《婚姻法》第十七条第一款“夫妻在婚姻关系存续期间所得的下列财产，归夫妻共同所有：（一）工资、奖金；（二）生产、经营的收益；（三）知识产权的收益；（四）继承或赠与所得的财产，但本法第十八条第三项规定的除外；（五）其他应当归共同所有的财产”和《物权法》第九十五条“共同共有人对共有的不动产或者动产共同享有所有权”、第十条“不动产登记，由不动产所在地的登记机构办理。国家对不动产实行统一登记制度。统一登记的范围、登记机构和登记办法，由法律、行政法规规定”，以及第三十三条“因物权的归属、内容发生争议的，利害关系人可以请求确认权利”的规定，现原告施某提出确认其是讼争房产的共同共有产权人和要求判令被告协助原告申请变更讼争房屋产权人登记的诉讼请

---

① 参考案例（2008）闵民一（民）初字第 7614 号。

求，于法有据，本院予以支持，但应给予被告合理期限协助原告办理权属证书，以一个月期限为宜。［案号：（2015）台民初字第 1627 号；审理法院：福州市台江区人民法院］

3. 在婚姻关系存续期间，不可提出对共同共有房产具体份额的诉讼请求，否则法院会以违反《婚姻法》关于共同财产分割的规定为由驳回申请。

【裁判要旨】涉案房产购买于原、被告婚姻关系存续期间，且该房产系银行贷款购买，尚在还贷过程中。根据婚姻法及司法解释的相关规定，双方婚姻关系期间的还贷部分及相对应的财产增值部分应属于夫妻共同所有的财产。婚姻关系存续期间，夫妻一方请求分割共同财产的，人民法院不予支持。本案原告请求确认其在涉案房产占有 50% 的份额，势必要对上述共同所有部分进行分割，其实质是在婚姻关系存续期间对共同财产进行分割，违反了法律规定。原告应当在婚姻关系解除时根据《婚姻法》第三十九条第一款规定的原则进行处理。因此，原告要求确认其在涉案房产份额的诉讼请求，理由不成立，本院不予支持。［案号：（2018）粤 0303 民初 8385 号；审理法院：深圳市罗湖区人民法院］

通过上引案例分析可知，目前针对我国婚内能否提起房产确权之诉的观点尽管并不统一，但多数法院还是会予以受理并就相关诉求作出裁判。我们认为，法院不予立案的做法并不可取，婚内房产确权之诉有其存在的必要性。理由简述如下：

首先，婚内房产确权之诉有助于区分夫妻个人财产和共同财产。将夫妻婚姻关系存续期间取得的财产想当然认为是夫妻共同财产本身就是错误的。根据我国法律的相关规定：被继承人指定由夫妻一方继承的财产应为一方的个人财产，如赠与人指定赠予夫妻一方的财产也应为一方的个人财产。这些财产都是夫妻婚姻存续期间取得，但却都不是属于夫妻共同的财产。然而在实践中，因为夫妻之间基于婚姻关系存在特殊的身份关系产生共同共有是普遍适用原则，所以在特殊情形下属于个人财产的权利人有必要以确权之诉的方式公示自己的物权，以排除夫妻共有原则的适用。并且在实际的家庭生活中，一旦缔结婚姻关系共同生活，配偶双方往往很难明确地区分出个人财产和夫妻共同财产，夫妻个人财产与夫妻共同财产混同，财产的权属逐渐被模糊化。综上，夫妻一方在婚内提起房产所有权的确认之诉将起到明确财产状况及性质、为所有权人排除妨碍等法律上的作用。上引案例中茂名中院所作判决貌似改变或超出了当事人的诉讼请求，有违反民事诉讼应当遵循的“不告不理”的原则，但却更为准确地界定了双方当事人讼争财产的性质和权益份额，相较仅作出讼争房屋归当事人双方共有的判决而言，无疑还是具有积极和现实意义的。

其次，在所有权不明的情况下，人民法院作为裁判机构，理应受理案件并作出公正判决，以便定分止争。根据《物权法》的相关规定，对于所有权人不明的财产提起的物权确认之诉，是属于法定诉求之列。婚内确权之诉与婚内要求分割共同财产之诉是两个性质完全不同的诉，婚内确权之诉不会使共有基础丧失，不会使财产的状况发生改变，婚内一方提起的财产权确认之诉在法理上应被完全支持。但在司法审判实践中对于一方当事人不仅要求确认共有，而且要求确认房产具体份额（一般是50%）为其所有的，法院则往往不会支持。

最后，婚内房产确权之诉有利于保障隐名共有人对共有财产所享有的权利。现实生活中大量存在夫妻共有房屋只登记在一方名下的情况，权利登记人未经其配偶同意恶意处分房产时，房屋管理局办理过户手续时既不要求提供配偶签字，也不要求提供户口本显示婚姻状况，房屋很容易就过户到第三人名下。《物权法》明确规定了不动产善意取得制度，在该房屋过户到第三人名下后，为了维护交易的安全，保护善意第三人的利益，权利受侵害一方请求法院撤销的诉讼很难得到支持，家事代理及善意取得的界限在司法审判实践中很难区分。

另外，在现实生活中存在很多夫妻共有房产隐名共有人要求加名确认其所有权，而显名共有人不协助的情形。在此种情形下，因为房产登记部门没有确认权，在隐名共有人不同意的情况下，并不能凭双方婚姻关系就认定房产为双方共同所有而予以加名，所以隐名共有人作为物权所有人有权要求公示的权利就应得到保障。

004 不享有合法产权的房产占有人能否获得物权保护？

【典型案例】曾某平与罗某明、张某招占有物返还纠纷再审案

法律焦点： 占有保护制度意在维持或恢复占有的事实状态，进而维护社会秩序，故无论占有人是否存在本权或基于何种本权形成占有，均可依法获得平等、全面的法律保护。当占有人占有的建筑物被侵占时，占有人有权请求返还原物。占有保护请求权主体是原占有人，是对物享有事实上管领力的占有人，无论其是有权占有还是无权占有，均享有占有物返还请求权，其只须举证证明原本占有的事实即可。

关键词： 占有、侵占、返还请求权

案例索引

一审：广东省深圳市罗湖区人民法院（以下简称罗湖法院）（2016）粤0303民初2654号民事判决书

二审：广东省深圳市中级人民法院（以下简称深圳中院）（2016）粤03民终16329号民事判决书

再审审查：广东省高级人民法院（2017）粤民申1584号民事裁定书

再审：深圳中院（2017）粤03民再105号民事判决书

案情介绍

罗湖法院经审理查明：

一、涉案房产位于深圳市罗湖区××房，为布心村村民江某的自建房，没有办理房地产证。加盖有深圳市罗湖区东湖街道布心社区居民委员会公章的《房产转让协议书》载明，案外人江某福、叶某连于2006年11月10日将涉案房产转让给案外人张某胜、张某杰；另一份加盖有深圳市罗湖区东湖街道布心社区居民委员会公章的《房产转让协议书》载明，案外人张某胜、张某杰于2008年8月24日将涉案房产转让给案外人张某涛及张某招，张某招主张案外人张某涛与其为祖孙关系。

二、曾某平为证明其向张某招及案外人张某涛购买涉案房产，先后向罗湖法院

提交落款日期为2009年10月8日及落款日期为2014年8月2日的两份经广东巨龙律师事务所何某生见证的《房产转让协议书》。两份《房产转让协议书》除落款时间不一致外内容完全一致，约定曾某平向张某招及案外人张某涛购买涉案房产，转让价格为人民币（币种下同）52.8万元。曾某平主张落款日期为2009年10月8日的《房产转让协议书》落款时间打印错误的情况，实际上《房产转让协议书》签订时间应为2014年8月2日。曾某平与张某招均确认曾某平已向张某招付清了购房款。

三、2013年9月15日，张某招将涉案房产典当于案外人××典当行，借款30万元，期限为2013年9月15日至同年11月14日。同日，在案外人张某浪的见证下张某招与罗某明签订《抵押物处置协议》，约定将涉案房产抵押给罗某明，在张某招未能按期归还借款的情况下，罗某明有权折价、变卖、拍卖涉案房产实现抵押权。

四、曾某平与张某招及案外人张某涛签订《房产转让协议书》并由曾某平付清房款之后，张某招及案外人张某涛将涉案房产交付曾某平使用。由于张某招未归还借款，罗某明要求占有涉案房产，并因此与曾某平多次发生纠纷。后曾某平将涉案房产出租给案外人王某婷，月租金为2400元。在曾某平将涉案房产出租给案外人王某婷使用期间，罗某明于2015年5月20日开始占有使用涉案房屋，目前涉案房产为出租状态，月租金为2400元。曾某平诉讼请求中所指的租赁合同及押金单据为罗某明从案外人王某婷处取得。

深圳中院二审对一审查明的上述事实予以确认。另查明：（一）罗某明在一审庭审时提交编号为8771421的收款收据一份，内容为：收到租房押金2400元、自2015年5月14日起至31日止共18天租金1390元，共计3790元。收款人为曾某平。（二）罗某明在一审庭审时提交编号为006236的收据一份，内容为：今收到布心花园一区×栋×××房由罗某明先生给本人垫付的2015年5月20日～6月20日一个月的房屋租金叁仟元及两个月的租房押金陆仟元，租金、押金（二押一租）合计玖仟元整。收款单位及经手人为王某婷签名及身份证号。（三）罗某明在一审庭审时提交编号为006237的收据一份，内容为：罗某明代付王某婷租布心花园一区×栋×××房的租房中介费九百元（含卫生费）。经手人处签名为曾某平。罗某明以此主张其与涉案房产承租人王某婷协商后，由罗某明承担王某婷搬离及再租房屋的费用，并由罗某明退还王某婷由曾某平所收取的租金及押金，故王某婷主动腾房并交付罗某明，并将租赁合同以及房屋钥匙和押金收条均交给罗某明，其为腾房共支付了13800元。

曾某平对罗某明提交的租赁合同及押金收据的真实性予以确认，对其他证据不予确认。

深圳中院再审对一审查明的事实与证据予以确认；对二审认定的事实不予认可。另查明，深圳市福田区人民法院于 2016 年 12 月 5 日就罗某明诉张某招民间借贷纠纷一案作出（2016）粤 0304 民初 17242 号民事判决，判决张某招于判决生效后十日内向罗某明偿还借款 24.4 万元及利息。该判决已经生效，且该款项与本案罗某明主张权利基础之张某招欠款相同。

裁判观点

罗湖法院经审理认为，本案争议焦点一为罗某明是否应向曾某平返还涉案房产及房门钥匙。第一，根据《物权法》第一百八十条及第一百八十七条的规定，以建筑物和其他土地附着物抵押的，应当办理抵押登记，抵押权自登记时设立。本案中，罗某明虽与张某招签订了《抵押物处置协议》，但未依法办理涉案房产的抵押登记，故罗某明不享有涉案房产的抵押权，其对涉案房产的占有并不具备合法的依据。第二，曾某平已向张某招支付了 52.8 万元的对价，其有权对涉案房产进行占有、使用及收益。综上，曾某平主张罗某明向其返还涉案物业及房门钥匙诉讼请求，一审法院予以支持。至于罗某明主张的其对张某招享有的债权，应另寻合法途径妥善解决。

本案争议焦点二为罗某明是否应向曾某平赔偿涉案房产的租金损失。根据《民法通则》第九十二条的规定，没有合法根据，取得不当利益，造成他人损失的，应当将取得的不当利益返还受损失的人；本案中，罗某明对涉案房产的占有并不具备合法的依据，其对涉案房产的占有造成了曾某平的损失，其应将因涉案房产取得的不当利益返还给曾某平。罗某明于 2015 年 5 月 20 日开始占有使用涉案房屋；根据罗某明自认，涉案房产目前为出租状态，月租金为 2400 元。因此，曾某平主张罗某明自 2015 年 5 月 20 日起按月租金 2400 元标准向曾某平赔偿租金损失至返还房屋之日止的诉讼请求，罗湖法院予以支持。

曾某平诉讼请求中的租赁合同及押金单据为罗某明从案外人王某婷处取得，上述物品本不属于曾某平，故曾某平主张罗某明向其返还租赁合同及押金单据的诉讼请求，缺乏事实和法律依据，罗湖法院依法不予支持。罗湖法院依照《民法通则》第九十二条，《物权法》第一百八十条、第一百八十七条，《民事诉讼法》第六十四条第一款、第一百四十二条之规定，判决：一、罗某明应于判决生效之日起十日内向曾某平返还位于深圳市罗湖区 ×× 房屋及房门钥匙；二、罗某明应于判决生效之日起十日内自2015年5月20日起按月租金2400元标准赔偿曾某平租金损失至实际返还房屋之日止；三、驳回曾某平的其他诉讼请求。

罗某明不服一审判决，上诉请求：1. 撤销（2016）粤0303民初2654号民事判决；2. 依法改判驳回曾某平的诉讼请求。事实和理由如下：

一、涉案房产于2013年9月15日由张某招典当给××典当行。一审阶段，罗某明提交了当票和××典当行出具的证明，罗某明为出典房屋实际典权人。对涉案房屋出卖前已经典当和罗某明是涉案房屋实际典权人这一重要事实，罗湖法院未予认定，属认定事实不清。2013年9月15日，张某招将涉案房屋典当给××典当行，并领取了30万元的当金，典当期限自2013年9月15日起至同年11月14日止。受××典当行委托，罗某明用个人自有资金给张某招支付当金。罗某明通过银行转账和现金支付的方式给张某招足额支付了当金，罗某明是涉案房屋的实际典权人。典当期限届满后，罗某明曾多次要求张某招支付当金，赎回已典当的涉案房屋，但张某招始终以经济困难为由没有支付当金，赎回已典当的涉案房屋。2014年7月23日，在没有告知罗某明的情况下，张某招将涉案房屋出卖给曾某平。2014年12月12日，罗某明查看涉案房屋情况并准备处置时，才知晓张某招已将涉案房屋出卖给曾某平。对于涉案房屋已经典当和罗某明为涉案房屋的实际典权人的重要事实，罗某明向罗湖法院提交了当票和××典当行的"证明"予以证明，但罗湖法院对案件的重要证据未予认定，属认定事实不清。

二、罗湖法院依照《民法通则》第九十二条，《物权法》第一百八十条、第一百八十七条的规定，作出（2016）粤0303民初2654号民事判决，属于适用法律错误。《民法通则》第九十二条的规定是："没有合法根据，取得不当利益，造成他人损失的，应当将取得的不当利益返还受损失的人。"罗某明是涉案房屋的实际典权人，对涉案房屋进行占有、使用和收益，用以抵偿张某招所欠债务，合情、合理、合法。与罗某明合法占有涉案房屋相反的是，曾某平购买涉案房屋没有合法根据。曾某平购买涉案房屋没有取得涉案房屋所在地村民委员会的同意，曾某平与张某招签订的《房产转让协议书》属无效合同。曾某平没有合法取得涉案房屋的所有权，无权对涉案房屋进行占有和使用。《物权法》第一百八十条是关于抵押财产的范围的规定，《物权法》第一百八十七条是关于禁止流押的规定。《物权法》第一百八十条和第一百八十七条的规定，均不是判决支持曾某平诉讼请求的法律依据。

曾某平二审辩称：一、一审判决认定事实清楚，适用法律正确，罗某明提出的上诉理由与事实不符，没有法律依据。恳请二审法院驳回上诉，维持原判。二、曾某平占有使用涉案房屋合法，应受法律保护。三、罗某明抢占涉案房屋是违法行为，属非法侵害，应承担相应的法律责任。

张某招经深圳中院依法传唤未参加二审调查，亦未作答辩。

深圳中院二审认为，曾某平主张罗某明侵害其物权，请求返还原物，但涉案房产为原村民自建房，没有合法产权证明，曾某平亦未办理相关产权登记，故曾某平对涉案房产不享有合法产权。根据《物权法》第三十四条之规定，无权占有不动产或者动产的，权利人可以请求返还原物。由于曾某平对涉案房产不享有合法产权，故其主张物权保护，不予支持。

此外，根据《物权法》第二百四十五条关于占有保护之规定，占有的不动产或者动产被侵占的，占有人有权请求返还原物，因侵占或者妨害造成损害的，占有人有权请求损害赔偿。曾某平从张某招处购得涉案房产后，出租给案外人王某婷使用，故本案争议发生时，涉案房产的直接占有人为王某婷。罗某明提交的合同及收据等相关证据显示，其与王某婷协商后以代垫新租房屋租金、押金及中介费用并代为退回曾某平收取的租金及押金为对价，换取王某婷将涉案房产移交给罗某明，双方系平等协商达成合意，并不构成《物权法》第二百四十五条意义上的侵占。曾某平虽对上述证据不予认可，但未能举证证明罗某明确以侵夺方式取得涉案房产控制权，故其主张占有保护，本院二审亦不予支持。罗某明的上诉请求成立，予以支持。依照《物权法》第三十四条、第二百四十五条，《民事诉讼法》第一百七十条第一款第二项之规定，判决：一、撤销罗湖法院（2016）粤 0303 民初 2654 号民事判决；二、驳回曾某平的全部诉讼请求。

曾某平申请再审称：一、所有权部分权能即财产权可分离，涉案房屋虽未变更登记在曾某平名下，但不表示曾某平不能享有占有、使用、收益的权利。曾某平占有使用涉案房屋并取得相关收益的权利源于涉案房屋所有权人的交付、授意和认可，源于权利让渡，并未损害他人的权益，应认定为合法，受法律保护。二审法院片面认为曾某平不享有法律上的产权对其返还原物的诉讼请求不予支持是错误的，完全忽略了所有权部分权能可与法律上的所有权人相分离。即使未办理产权登记，在法律上产权难以确认，但涉案房屋仍属于个人财产的属性并未改变，为维护涉案财产的稳定性，应保护这种财产状态。二、占有使用涉案房屋并取得相关权益的权利人是曾某平，并非王某婷，二审驳回曾某平的诉讼请求，等同于认同罗某明占有涉案房屋的合法性。但事实上，罗某明既无权解除曾某平与王某婷的房屋租赁合同，也无权占有涉案房屋，其所谓的房屋抵押因未登记而无效。非法的占有不应受法律保护，请予以纠正。据此，曾某平请求依法予以改判。

被申请人罗某明辩称，曾某平与张某招恶意串通损害房屋典押权人的利益，曾某平不能证明自己是房屋的合法所有人，罗某明在王某婷同意的情况下住进涉案房屋，实现其抵押权是合法有效的，二审判决认定事实清楚，适用法律正确，请求依法驳回曾某平的再审请求。

被申请人罗某明的委托诉讼代理人周某华认为，一、对一审、二审法院认定的事实是认可的。广东高院作出的裁定适用法律错误，单纯地适用《物权法》第二百四十五条的规定，而罔顾第三十四条、第二百四十一条等规定。虽然该法第二百四十五条是有关占有问题的概念，但是该法同时规定了非法占有和合法占有，这是需要厘清的。广东高院认为，罗某明以涉案房产已经抵押给××典当行而直接占有涉案房产缺乏法律依据，该观点是错误的，没有尊重一审、二审查明的事实。二、自始至终，曾某平没有提供任何证据证明其合法取得房屋的权利。基于此，我方认为本案再审申请人没有权利提出返还房屋的请求。三、从整个案件来看，曾某平对房屋一直没有真正占有和实际使用，他仅与张某招签订了一份房屋买卖合同，而且该合同是非法的。在签订房屋买卖合同后，他与李某和签订了租赁合同，后来又和王某婷签订了租赁合同，这样他就认为占有、使用了房屋。我方认为，曾某平的这一系列行为是基于非法的买卖关系，曾某平根本没有实际对房屋进行占有和使用，而且罗某明从王某婷手中获得房屋付出了对价，且不构成《物权法》第二百四十五条法律意义上的侵占行为，罗某明是从王某婷的手中把房屋接过来，王某婷是心甘情愿地把房屋交给罗某明的，罗某明通过这样一系列的行为把房屋收回来，不是侵占行为。我方认为，深圳中院二审的裁判观点和认定的事实非常准确，是合法的。

被申请人张某招未提交答辩意见。

深圳中院再审认为，《物权法》第二百四十五条第一款规定："占有的不动产或者动产被侵占的，占有人有权请求返还原物；对妨害占有的行为，占有人有权请求排除妨害或者消除危险；因侵占或者妨害造成损害的，占有人有权请求损害赔偿。"第一，占有保护请求权的基础是占有事实，而非基于确定的权利，是法律为保护占有的事实而特别赋予占有人的一种救济性权利。第二，作为请求权主体的原占有人，是对物享有事实上管领力的占有人，无论其是有权占有还是无权占有，均享有占有物返还请求权，其只须举证证明原本占有的事实即可。本案中，曾某平提交的经广东巨龙律师事务所何某生见证的《房产转让协议书》证明其向张某招及案外人张某涛购买涉案房产，双方均确认曾某平已经付清购房款，且张某招已将涉案房产交由曾某平使用，曾某平将涉案房产出租给案外人王某婷。因此，曾某平提供的证据可证明其为涉案房产的占有人，有权对涉案房产进行占有、使用及收益。罗某明以涉案房产已经抵押给××典当行而直接占有涉案房产缺乏法律依据。因此，二审判决认定其与王某婷协商后以代垫新租房屋租金、押金及中介费用并代为退回曾某平收取的租金及押金为对价换取王某婷将涉案房屋移交给罗某明的行为并不构成侵占，与《物权法》第二百四十五条的规定不符。罗某明的行为是对曾某平占有的侵占，应予返还；对于因此造成的损失应予赔偿。

此外，二审判决将案外人王某婷的占有与曾某平的占有割裂开并对立起来，甚至以王某婷的占有否定曾某平的占有是错误的。事实上，王某婷的占有是基于租赁关系的使用，是依从于曾某平的占有的占有，曾某平系主占有而王某婷系从占有，两者不应等量齐观，更不能以从占有人的行为改变主占有人的占有地位。

再者，深圳市福田区人民法院于2016年12月5日就罗某明诉张某招民间借贷纠纷一案作出的（2016）粤0304民初17242号民事判决已经生效，说明此前罗某明与张某招的欠款纠纷另有解决渠道，而此后该纠纷已然解决，罗某明无占有涉案房屋的道理。

综上，二审认定事实、适用法律、裁判结果均不当，应予改判；一审认定事实清楚，证据确实充分，适用法律正确，裁判得当，程序合法，应予维持；再审申请人申请有理，予以支持。被申请人及其委托诉讼代理人所提意见无事实及法律依据，亦与常理相悖，不予采纳。依照《民事诉讼法》第二百零七条第一款、第一百七十条第一款第二项之规定，判决如下：一、撤销深圳中院（2016）粤03民终16329号民事判决；二、维持罗湖法院（2016）粤0303民初2654号民事判决。二审案件受理费50元，由被申请人罗某明负担；再审申请人曾某平预交的再审案件受理费50元，本院予以退回。

案例述评

一、返还原物纠纷与占有物返还纠纷之区别

上引案例中，一、二审确定的案由为返还原物纠纷，而再审确定的案由则为占有物返还纠纷。《民法典》第二百三十五条规定：“无权占有不动产或者动产的，权利人可以请求返还原物。”第四百六十条规定：“不动产或者动产被占有人占有的，权利人可以请求返还原物及其孳息；但是，应当支付善意占有人因维护该不动产或者动产支出的必要费用。”由此可见，返还原物纠纷是指权利人请求无权占有不动产或动产的人返还该物的纠纷。占有物返还纠纷是指占有物被他人非法侵占，占有人请求返还的纠纷。同属物权纠纷，而且往往会产生竞合的情形，但二者的区别是明显的。返还原物纠纷中的物指的是物质形态的物、特定物，返还应当以原物存在为前提，占有物返还纠纷所要求返还的既可以是特定物，也可以是某些种类物

如货币。返还原物请求权的主体是原来的物的所有权人，而占有物返还请求权主体是物的合法占有人，比如租赁权人、典权人等。二者都是针对物的请求权，请求方式等相同，但保护的权利主体不同，并且行使占有物返还请求权必须是有侵占行为和结果的发生，这里的侵占是一种积极的侵夺行为，消极的行为不构成侵占，而返还原物请求权的行使，并不要求原物是被侵占而产生。

二、不享有合法产权的占有人能否主张占有物返还请求权

占有作为占有人对不动产或者动产实际控制与支配的事实状态，其本身并不一定反映产权关系。占有制度所保护的也仅仅是占有的事实状态，而非通过确认、保护占有而对占有物进行权属判断，故占有人提出返还原物请求权仅以其长期、持续、和平地占有标的物为前提。在司法实践中，权利保护需以权利人提供相应的权利依据为前提，可能存在举证困难的问题，但在占有制度的框架内，是有权占有还是无权占有，是基于债权、物权还是人身关系的占有均无须考虑，占有人仅需证明其持续稳定地实际占有标的物这一事实即可，这无疑减轻了当事人的维权负担。上引案例中现有证据能够证明曾某平并非涉案不动产的合法产权人，但其基于对涉案房产的购买、出租和控制，已对该不动产形成稳定的占有，应受法律保护。

所谓无权占有，是指无正当权源而占有他人之物的状态。物权人请求返还标的物，必须是占有人为无权占有。至于无权占有的发生原因如何，期间长短，占有人善意或恶意，有无过失，均在所不问。无权占有人，包括直接占有人、间接占有人。占有辅助人系受他人指示而占有，不是占有人。占有人对占有拥有正当权源的，为有权占有，物权人不得对其行使物的返还请求权。有权占有，可以是基于物权（如建设用地使用权、宅基地使用权、土地承包经营权）而占有他人之物；也可以是基于债权而占有，如承租人基于租赁合同关系而占有租赁物，借用人基于借用合同关系而占有借用物等。

需要注意的是，《民法典》第四百六十二条规定："占有的不动产或者动产被侵占的，占有人有权请求返还原物；对妨害占有的行为，占有人有权请求排除妨害或者消除危险；因侵占或者妨害造成损害的，占有人有权依法请求损害赔偿。占有人返还原物的请求权，自侵占发生之日起一年内未行使的，该请求权消灭。"据此，无权占有人的返还原物请求权需在一年内行使。有权占有人对动产或者不动产的占有有其背后的本权为依据，但对于无权占有人而言，其对动产或者不动产的控制与支配状态并无权利基础。而一旦占有的事实状态被打破，非占有人基于其侵占事实，亦可能形成新的占有，故为了维护社会秩序，在区分占有与侵占时，需以一年的和平、稳定控制作为界限。占有人提出返还原物请求权应以一年为除斥期间。上引案例中，在曾某平将涉案房产出租给案外人王某婷使用期间，罗某明于2015年5月20日开始占有使用涉案房屋，也即出现侵占涉案房屋的行为。曾某平在一年之内即提起占有保护之诉，请求人民法院恢复原有的占有状态，未超过一年的除斥期间，属于占有制度的保护范围。

罗湖法院一审判决适用了《物权法》第一百八十条、第一百八十七条，深圳中院二审判决则适用了《物权法》第三十四条、第二百四十五条，对此，我们认为，单纯基于占有的返还原物请求权不适用《物权法》第三十四条。《物权法》第三十四条仅适用于基于本权的返还原物请求权，主要是指所有人的返还原物请求权。用益物权人和担保物权人的返还原物请求权是所有人返还原物请求权的派生，故亦适用该条规定。而占有人的返还原物请求权则属于所有人返还原物请求权的进一步扩张适用，因《物权法》在第二百四十五条中对占有人的返还原物请求权作了特别规定，因此单纯基于占有的返还原物请求权不适用《物权法》第三十四条。

二、房屋租赁合同纠纷

005 房屋承租人未经出租人同意签订的转租合同的效力如何？

【典型案例】李某萍与赵某英房屋租赁合同纠纷上诉案

法律焦点：法律没有规定未经出租人同意而转租的合同无效，只是赋予出租人合同解除权。承租人未经出租人同意擅自转租，性质上相当于无权处分，对于无权处分的行为，并不当然无效。转租合同只要依法成立，且不具备我国《民法典》民事法律行为所列无效的事由，对合同效力即应给予肯定评价。出租人解除租赁合同不影响转租合同的效力，司法实践中应严格把握合同相对性原则，法院不必主动审查出租人对转租行为的意见，转租合同的效力不应因出租人对转租行为的意见受到影响。

关键词：房屋租赁合同、转租、效力

案例索引

一审：江苏省徐州市云龙区人民法院（以下简称云龙法院）（2014）云民初字第2346号民事判决书

二审：江苏省徐州市中级人民法院（以下简称徐州中院）（2015）徐民终字第4217号民事判决书

案情介绍

2012年2月，原告李某萍（乙方）与被告赵某英（甲方）签订《房屋租赁合同》，约定：1. 甲方出租给乙方的门面房位于户部山商贸城B1－2－129，出租房屋面积40平方米，房屋现有装修及设施、设备。2. 甲方出租给乙方的房屋租赁期自2012年2月10日起至2014年6月1日止；乙方向甲方承诺，租赁该房屋仅作服装

销售使用；租赁期满，甲方有权收回出租房屋，乙方应如期交还；乙方如要求续租，则必须在租赁期满两个月之前书面通知甲方，可重新使用，重新签订租赁合同。3. 经双方协商该房屋每月租金为4000元，三个月付一次，房租费在每月1日前交。4. 乙方如因使用不当造成房屋及设施损坏的，应立即负责修复或经济赔偿。5. 租赁期内未经甲方同意，乙方不得转租、转借承租房屋；若甲方在此期间出售房屋，须在两个月前书面通知乙方，在征得乙方同意后方可实施。6. 该房屋转让费为4万元。《房屋租赁合同》还约定了其他相关事项，赵某英、李某萍分别在合同甲方、乙方处签名。《房屋租赁合同》第八条第二款载明，“租赁期满后，如果乙方不再续租，下一个承租方应当支付乙方4万元转让费，该费用由甲方负责收取并在房屋交接时向乙方付清”，在本案庭审过程中，原、被告双方均认可在签订合同时已经将该条内容删掉。合同签订后，李某萍给付赵某英房屋押金8000元，转让费4万元以及首期三个月租金12000元赵某英将涉案房屋交付李某萍用于经营服装生意，在《房屋租赁合同》下方注明：“收到房屋押金8000元整，在房屋没有损坏的情况下，中止合同时如数退还。已付4万元转让费”，并向李某萍出具收条，载明：今收房租12000元，转让费4万元，押金8000元，赵某英，2012.2.6。后李某萍每三个月向赵某英支付房租12000元并承租涉案房屋用于经营服装生意，2013年11月15日李某萍通过向赵某英银行账户汇款12000元用于支付2013年11月至2014年1月的租金，庭审中双方均认可租金支付至2014年2月10日。2014年3月初，李某萍以原房屋所有权人赵某不同意继续转租为由，向赵某英要求解除房屋租赁合同，经双方协商，赵某英于2014年3月7日将涉案房屋钥匙取走，双方解除房屋租赁合同关系。现李某萍以诉称理由起诉至本院，要求赵某英返还房屋押金及转让费共计48000元，赵某英反诉要求李某萍交纳2014年2月、3月的租金8000元。

另查明，涉案房屋登记所有权人为赵某，为查明案件事实，法院追加赵某作为本案第三人参加诉讼。本案审理过程中，被告赵某英称赵某于2014年10月去世，原告李某萍以赵某已去世，涉案房屋继承人无法确定为由向本院递交中止审理申请，本院作出裁定，中止本案审理。后本院依职权调查，亦未能确定赵某的户籍信息以及涉案房屋的继承情况。

又查明，赵某（甲方）与案外人冯某（乙方）签订房屋租赁合同，载明：1. 甲方出租给乙方的门面房位于户部山商贸城B1-2-129，出租房屋面积为40平方米，房屋现有装修及设施、设备。2. 甲方出租给乙方的房屋租赁期共36个月，自2011年6月1日起至2014年6月1日止；乙方向甲方承诺，租赁该房屋仅作服装销售使用；租赁期满，甲方有权收回出租房屋，乙方应如期交还；乙方如要求续租，则必须在租赁期满两个月之前书面通知甲方，可重新使用，重新签订租赁合同。3. 经双方协商该房屋每月租金为 3500 元，三个月付一次，房租费在每月 1 日前交。4. 乙方如因使用不当造成房屋及设施损坏的，乙方应立即负责修复或经济赔偿。5. 租赁期内未经甲方同意，乙方不得转租、转借承租房屋；若甲方在此期间出售房屋，须在两个月前书面通知乙方，在征得乙方同意后方可实施。6. 该房屋转让费为 3.5 万元；租赁期满后，如果乙方续租则优先选择，租赁价格依时情合理收取，下一个承租方应当支付乙方 3.5 万元转让费，该费用由甲方负责收取并在交接房屋时向乙方付清。《房屋租赁合同》还约定了其他相关事项，赵某、冯某分别在合同甲方、乙方处签名。在本案庭审中，冯某作为赵某英的证人出庭作证称：其作为涉案房屋的承租人，在涉案房屋与赵某英合伙经营服装生意，生意交由赵某英负责经营；赵某知道其与赵某英合伙经营服装生意，房屋租金也是由赵某英支付给赵某；赵某英将涉案房屋转租给李某萍，其与赵某对此均知情，且赵某同意转租。赵某英将房屋转租给李某萍时，房屋内的装修有模特、衣架、灯具、地面、墙面、墙顶装饰，赵某英称上述装饰是其在经营期间投入进行装饰装修的。

裁判观点

云龙法院经审理认为，2012 年 2 月，原告李某萍与被告赵某英签订《房屋租赁合同》系双方真实意思表示，且不违反法律、行政法规的强制性规定，合法有效，双方应当按照合同约定履行各自的义务。

《房屋租赁合同》载明的“租赁期满后，如果乙方不再续租，下一个承租方应当支付乙方 4 万元转让费，该费用由甲方负责收取并在房屋交接时向乙方付清”在双方签订合同时被划去，原、被告双方没有约定转让费 4 万元在房屋租赁合同解除时予以返还，故原告（反诉被告）李某萍主张被告（反诉原告）赵某英应当返还转让费 4 万元无事实和法律依据，法院不予支持。

在《房屋租赁合同》下方被告赵某英注明“收到房屋押金 8000 元整，在房屋没有损坏的情况下，中止合同时如数退还”，在李某萍、赵某英解除房屋租赁合同时，赵某英未对房屋内设施是否损坏提出异议，故原告李某萍主张被告赵某英应当返还房屋押金 8000 元，法院予以支持。

原告李某萍主张与被告赵某英于 2014 年 2 月 10 日达成解除租赁关系的协议，但未能提供证据证明，且赵某英予以否认，对于李某萍的主张，法院不予采信。赵某英于 2014 年 3 月 7 日向李某萍收回涉案房屋钥匙的行为视为其同意与李某萍解除房屋租赁关系，李某萍应向赵某英交付房屋租金至2014年3月7日。在本案庭审过程中，双方均认可李某萍已将房屋租金交付至2014年2月10日，故李某萍还应向赵某英交付房屋租金3600元。因赵某英应当返还李某萍房屋押金8000元，扣除李某萍还应向原告交纳的房屋租金3600元，赵某英还应返还李某萍4400元。综上，依照《合同法》第八条、第二百一十二条之规定，判决：一、被告（反诉原告）赵某英于本判决生效之日起十日内向原告（反诉被告）李某萍支付房屋押金5400元。二、驳回原告（反诉被告）李某萍的其他诉讼请求。案件受理费1000元，反诉案件受理费50元，由原告（反诉被告）李某萍负担900元，被告（反诉原告）赵某英负担150元（因李某萍已预交1000元，赵某英已预交50元，赵某英在履行本判决时直接支付李某萍案件受理费100元）。

上诉人李某萍不服一审民事判决，向徐州中院提起上诉称：一审判决认定事实不清，本案在涉案房屋产权人未到庭的情况下，有重要事实没查清即确认转租合同有效并以此作出判决，无事实依据。事实和理由如下：一、上诉人与被上诉人签订的租赁合同是无效合同。被上诉人将所承租的涉案房屋在未告知原房屋所有权人赵某的情况下，转租给上诉人。2014年2月底，房主赵某得知房屋被转租的事实后，找到上诉人，要求上诉人尽快搬离。这是上诉人在合同期满前搬出并解除租赁合同的真实原因。该转租合同是无效合同，被上诉人收取房屋转让费无依据，应予退还。二、原审判决认定事实不清。一审为查清案件事实，依职权追加房主赵某为第三人到庭诉讼，被上诉人称房主赵某于2014年10月去世，应当提供证据予以证实，即便房主去世，也应当追加其继承人参加本案诉讼，一审法院应当追加赵某（或其继承人）参与诉讼而没有追加，致使重要事实未查清，包括被上诉人是否告知准备转租涉案房屋的问题。三、被上诉人的证人证言不应得到采信。证人冯某是被上诉人的经营合伙人，与本案有利害关系，其证言有单一性，不具有证明力。故房主是否同意转租必须房主到庭才能查清，仅凭冯某单一陈述，不能得出房主同意转租的定性结论。综上，请求撤销一审判决或依法改判。一、二审诉讼费由被上诉人承担。

针对李某萍的上诉，赵某英答辩称：1. 本案双方当事人之间签订的租赁合同是有效的，原房主对于赵某英将涉案房屋进行转租是明知的，且没有在相关期限内提出异议，所以转租合同是有效的，事实上双方也依法履行了转租合同，所以李某萍应当依照协议约定履行自己的义务。2. 虽然一审法院曾经追加房主参与诉讼，因房主去世，但是一审法院曾经对本案进行了实地调查，所以判决认定的事实是有一定依据的，冯某的证人证言也是真实有效的，证明李某萍事实上承租了涉案房屋直至2014年4月初。

上诉人赵某英不服一审民事判决，向徐州中院提起上诉称：2014年3月初，被上诉人李某萍在拖欠上诉人赵某英两个月租金未付并且未经告知其同意的情况下私自撤租走人。上诉人发现涉案出租房屋每日未开门经营后考虑到如果被上诉人私自撤租，上诉人在出租屋内还有好多财产，所以找到被上诉人要钥匙开门查看。但上诉人给的钥匙不对，无法打开房门。上诉人找李某萍换钥匙，李某萍置之不理，2014年4月1日赵某解除了与上诉人之间的房屋租赁合同，因被上诉人不将钥匙交于上诉人，致使上诉人也无法于2014年4月1日将钥匙交与赵某，后赵某砸锁后进入房屋。一审法院认定上诉人2014年3月7日要钥匙查看出租房屋视为同意解除房屋租赁合同关系是错误的，解除房屋租赁关系至少应至2014年4月1日，所以被上诉人应支付租金至2014年4月1日。请求撤销一审判决的第一项并依法改判。诉讼费用由被上诉人承担。

针对赵某英的上诉，李某萍答辩称：赵某英在上诉状中说与李某萍之间并没有约定解除合同，李某萍是在没有告知赵某英情况下单方解除合同走人，本案一审法院查明了这个事实，双方实际交接是在2014年3月7日，赵某英到李某萍经营的新生里市场当面交接的钥匙，并非赵某英所称李某萍是单方解除合同，李某萍提前解除合同并非本人自愿，因为房屋所有权人赵某及赵某女儿多次找到李某萍，并和李某萍多次通话说涉案房屋赵某英转租给李某萍的事实并没有得到赵某的同意，所以要求李某萍限时搬出，这也是我方搬出涉案房屋的真实原因。赵某英要求我方继续交纳合同剩余期间的租金是没有事实依据的。

根据诉辩双方的诉辩意见，经双方当事人确认，本案二审期间的争议焦点是：1. 本案双方当事人之间签订的房屋租赁合同效力如何认定。2. 双方当事人实际解除房屋租赁合同的具体日期如何认定。3. 李某萍要求赵某英支付其收取的4万元转让费应否予以支持。

二审期间，李某萍提交了如下证据：

证据一：2014年4月12日的电话录音，通话人是房主赵某的女儿，本案当事人李某萍以及其女儿彭某婷三人的电话通话记录。证明对于涉案房屋，赵某英转租给李某萍的事实和行为，房主赵某是不明知的。

证据二：李某萍发给赵某英的手机往来短信内容，证明双方实际交接房屋的时间是2014年3月，合同解除的具体日期是2014年3月。

赵某英对以上证据质证认为，这两份证据不属于新证据，原则上不予质证，一审中李某萍的代理人没有及时取得以上证据，不影响当事人依法举证的权利义务行使。电话录音不能证明李某萍的观点，因为是李某萍女儿和赵某女儿的通话，李某萍女儿和赵某女儿不是涉案租赁合同主体，另外该录音时间是2014年4月12日，赵某英已经与房主赵某在2014年4月1日解除了合同，所以在此期间李某萍和赵某之间的争执与我方没有任何关系。短信里面涉及的内容都是属于李某萍的单方行为，并没有我方对于短信的回复和认可，所以也不能证明李某萍的观点。

徐州中院经审理认为，电话录音可以证明房主一方让其退租的事实，但对判断本案双方当事人之间的转租合同效力及转让费应否返还，并无关联。手机短信里面涉及的内容是李某萍单方向赵某英发出的，证实其提出退租的时间，但并无赵某英的短信回复，故仅凭该短信内容不足以证明双方退租达成合意的具体时间。故对李某萍举出的该两份证据材料的证据效力，均不予确认。

围绕法庭归纳的争议焦点，徐州中院作出如下评判：

一、本案双方当事人之间签订的房屋租赁合同效力如何认定的问题。李某萍主张其与赵某英的房屋租赁合同无效的理由是，赵某英系在房主赵某不知情的情况下进行擅自转租。本院认为，我国《合同法》第二百二十四条规定："承租人经出租人同意，可以将租赁物转租给第三人。承租人转租的，承租人与出租人之间的租赁合同继续有效，第三人对租赁物造成损失的，承租人应当赔偿损失。承租人未经出租人同意转租的，出租人可以解除合同。"据此规定，承租人如将租赁物转租给第三人，应当征得出租人的同意，但是从该条文得不出未经出租人同意，转租无效的结论，只是赋予了出租人享有解除其与承租人之间租赁合同的权利。何况，承租人未经出租人同意擅自转租，性质上相当于无权处分，对于无权处分的行为，并不当然无效。《最高人民法院关于审理买卖合同纠纷案件适用法律问题的解释》第三条第一款规定："当事人一方以出卖人在缔约时对标的物没有所有权或者处分权为由主张合同无效的，人民法院不予支持。"当事人一方对于其不享有标的物所有权的买卖行为，尚且不能主张无效，"举重以明轻"，对于未经出租人同意的转租合同主张无效，同样也不能支持。本案双方当事人之间签订的房屋租赁合同系双方当事人的真实意思表示，内容不违反我国法律法规的强制性规定，不存在我国《合同法》第五十二条应当认定无效的情形，故应当认定有效，一审判决关于双方当事人合同效力的认定，并无不当。何况，双方当事人之间租赁合同效力对于租金计算及转让费退还并无实质影响。

二、关于本案双方当事人实际解除房屋租赁合同的具体日期如何认定的问题。《最高人民法院关于适用〈中华人民共和国民事诉讼法〉的解释》第九十一条规定："人民法院应当依照下列原则确定举证证明责任的承担，但法律另有规定的除外：……（二）主张法律关系变更、消灭或者权利受到妨害的当事人，应当对该法律关系变更、消灭或者权利受到妨害的基本事实承担举证证明责任。”本案中，李某萍以被房主要求退租为由而提前解除了与赵某英之间的租赁合同关系，对于解除合同的具体日期，应由李某萍负举证责任。一审期间，赵某英在 2014 年 10 月 8 日庭审时陈述，“原告于 2014 年 3 月单方要求解除合同撤租……并将房屋的钥匙交与被告，说明原、被告之间已不存在相关的纠纷”。2015 年 6 月 10 日庭审时，其又陈述，“3 月 5 日我发现涉案房屋关门了，就到原告的宣武商贸城的门面房找原告，我问她为何没有开门营业，她说她不干了。我就问原告东西搬走了没有，原告说东西已全部搬走……”根据赵某英的自认，李某萍已经完成了举证责任，而无须另行举证何时搬出涉案房屋。一审认定李某萍陈述 2014 年 3 月 7 日将涉案房屋钥匙交与赵某英的事实成立，并据此认定双方租赁关系解除是正确的。赵某英虽然主张与赵某签订的终止租赁协议的日期是 2014 年 4 月 1 日，但是其只能约束该协议双方，而不能约束合同外的第三人，故对赵某英主张 2014 年 4 月 1 日作为其与李某萍租赁合同的解除时间，不应予以支持。

三、李某萍要求赵某英支付其收取的 4 万元转让费应否予以支持。李某萍主张其和赵某英之间的转租合同是无效合同，赵某英收取房屋转让费无依据，应予退还。本院认为，1. 转让费是否收取违反民事活动遵循当事人意思自治原则，法无禁止即自由。在房屋租赁活动尤其是房屋转租中，当事人约定收取转让费，司空见惯，对于转让费的性质因个案差异而有不同的认定，但是无论性质如何界定，我国法律法规没有明令禁止出租人或转租人收取转让费，故收取转让费的行为不能判定为违法。2. 赵某英应否返还李某萍转让费取决于双方当事人之间的合同约定，“合同是当事人之间最高的法律”。其一，本案中，李某萍持有的双方房屋租赁合同第八条第二款“租赁期满后，如果乙方不再续租，下一个承租方应当支付乙方 4 万元转让费，该费用由甲方负责收取并在房屋交接时向乙方付清”等内容已被划去，这说明双方对于转让费是否返还自始没有约定。其二，在该合同尾部手写部分注明“收到房屋押金 8000 元整，在房屋没有损坏的情况下，中止合同时如数退还。已付 4 万元转让费”。据此约定，房屋押金在中止合同时是要退还的，而对于 4 万元转让费却没有提及是否退还。既然押金明确要予以退还，而对于转让费是否退还却只字不提，按照“明示其一则排除其他”的合同条款解释规则，本院只能推定双方对于转让费是无须返还的。故李某萍主张赵某英返还转让费 4 万元，无事实和法律依据，不予支持。

综上，李某萍和赵某英的上诉理由均不能成立，故不予支持。原审判决认定事实清楚，适用法律正确，依法应予维持。依照《民事诉讼法》第一百七十条第一款第一项之规定，判决如下：驳回上诉，维持原判。二审案件受理费1000元，由上诉人李某萍负担865元，赵某英负担135元。

案例述评

一、转租合同与原租赁合同的关系

我们认为，转租合同和原租赁合同之间虽然存在一定的关联性或从属性，但转租合同与原租赁合同是两个独立的合同，不是严格意义上的主从关系。转租合同的效力并不因未经原出租人同意或原出租人不同意或原租赁合同的无效而当然无效。

二、承租人擅自转租情形下转租合同的效力问题

我国《民法典》第七百一十六条规定："承租人经出租人同意，可以将租赁物转租给第三人。承租人转租的，承租人与出租人之间的租赁合同继续有效；第三人造成租赁物损失的，承租人应当赔偿损失。承租人未经出租人同意转租的，出租人可以解除合同。"该条并未规定未经出租人同意而转租的合同无效，只是赋予出租人合同解除权。从该条规定难以反推出"非经出租人同意，不得将租赁物转租他人"的规定，无法排除"承租人不经出租人同意，也可以将租赁物转租给第三人"的结论。也就是说，合同法未从法律层面就擅自转租合同的效力作出评价，这也就导致理论界和司法实务界对擅自转租合同的效力认定存在不同的观点。

依通说，擅自转租属于无权处分，而无权处分的合同属于效力待定合同，如果权利人不追认或无权处分人事后未取得处分权，则合同无效。

我们认为，有必要将无权处分制度规制的对象限缩解释为处分行为，作为负担行为的合同之效力，不同于其所导致的物权变动结果，不应受到处分权缺失的影响，擅自转租并非无权处分。除非转租合同符合《民法典》所规定的合同无效之情形，出租人、承租人、次承租人不能请求确认转租合同无效。在审理转租合同纠纷案件时，应当严格把握合同相对性原则，法院不必主动审查出租人对转租行为的意见，出租人对转租的意见并不影响转租合同的效力。毕竟契约自由是合同法的一个重要原则，其目的是鼓励交易，维护交易安全。非法转租合同本质上属于债权合同，债权合同成立的效力不应当受第三人约束，因此转租合同虽未经出租人同意，亦应为有效合同。法律规定转租需经出租人同意是出于保护出租人的利益，但往往未经过出租人同意的转租并不损害出租人的利益，出租人与承租人签订租赁合同的目的无非就是获取出租房屋带来的租金收益，转租行为并不影响出租人实现收益。

就上引案例而言，徐州中院的判案理由可圈可点，其并未简单机械地适用最高

人民法院房屋租赁司法解释的规定，而是认为从我国《合同法》第二百二十四条的规定，不能得出未经出租人同意，转租无效的结论，只是赋予了出租人享有解除其与承租人之间租赁合同的权利。同时认为，承租人未经出租人同意擅自转租，性质上相当于无权处分，对于无权处分的行为，并不当然无效。参考《最高人民法院关于审理买卖合同纠纷案件适用法律问题的解释》第三条第一款规定："当事人一方以出卖人在缔约时对标的物没有所有权或者处分权为由主张合同无效的，人民法院不予支持。"当事人一方对于其不享有标的物所有权的买卖行为，尚且不能主张无效，"举重以明轻"，对于未经出租人同意的转租合同主张无效，同样也不能支持。我们认为，上述房屋租赁司法解释中关于承租人未经出租人同意擅自转租合同无效的规定，与合同法精神相悖，应予修正。最高人民法院 2020 年 12 月 23 日修订的《关于审理城镇房屋租赁合同纠纷案件具体应用法律若干问题的解释》（自 2021 年 1 月 1 日起施行）已经删除了"出租人知道或者应当知道承租人转租，但在六个月内未提出异议，其以承租人未经同意为由请求解除合同或者认定转租合同无效的，人民法院不予支持"的规定。

006 承租人已向原业主交租金能否当然免除其向新业主交租金？

【典型案例】深圳市 GDT 投资有限公司与深圳市龙岗区布吉坂田 YX 电子元件厂、台湾地区 YX 电子工业股份有限公司租赁合同纠纷案

> **法律焦点：** 房屋承租人向原所有权人交纳租金能否成为向新买受人拒交租金的抗辩理由？如何平衡和保护各方当事人的合法权益？
>
> **关键词：** 房屋租赁合同、转让、租金支付

案例索引

一审：广东省深圳市龙岗区人民法院（以下简称龙岗法院）（2007）深龙法民初字第 6562 号民事判决书

案情介绍

被告深圳市龙岗区布吉坂田 YX 电子元件厂（以下简称深圳 YX 电子元件厂）系被告台湾地区 YX 电子工业股份有限公司（以下简称台湾地区 YX 电子公司）的来料加工企业。2002 年 6 月 18 日，台湾地区 YX 电子公司与孙某芬签订了一份《租赁合约》，主要约定：由该公司租赁孙某芬自有的位于布吉坂田竹头窝宝利工业区第 5 栋第 2 层、第 4 层（共用面积 2880 平方米）作为办公场所，租期从 2002 年 6 月 17 日起至 2008 年 6 月 18 日止，共 6 年。工业厂房租金为每月 8.95 元/平方米，共 25776 元。以 1% 的幅度逐年递增，租金每月结算一次，每月 5 日前交清，逾期不交，每拖延一天按每天加收租金总额 5% 的滞纳金；逾期一个月不交，视为对方违约，并双倍加收违约金。水、电、管理费及其他费用由租户直接向管理部交纳。本合同签字生效后，承租人须交 2 个月的租金作为定金。

上述《租赁合约》签订后，台湾地区 YX 电子公司租赁孙某芬的上述厂房实际由深圳 YX 电子元件厂使用。深圳 YX 电子元件厂已向孙某芬及孙某芬委托管理的深圳市艺坛实业发展有限公司（深圳市艺坛宝利物业管理部系该公司内设机构）交纳了 2 个月的租赁押金及 2007 年 5 月 31 日前的租金。

2006 年 3 月 1 日和 3 月 9 日，原告深圳市 GDT 投资有限公司（以下简称原告）

分别参加深圳市福田区人民法院委托深圳市房地产交易中心在深圳市振兴路东八号设计大厦2楼举行的第452场和第456场房地产专场拍卖会，由原告分别以590万元和5123064元竞得深圳市龙岗区布吉坂田竹头窝轻工厂房第5栋第2~4层和第5~8层。2007年3月15日，深圳市福田区人民法院以（2006）深福法执字第1031－5号民事裁定书，依法裁定将上述房产过户到原告名下。深圳市福田区人民法院于2007年5月29日作出（2006）深福法执字第1031－3号通知书，通知包括深圳YX电子元件厂在内的深圳市龙岗区布吉坂田竹头窝轻工厂房第5栋第2~8层租户，其租赁的厂房已归原告所有，厂房出租收益也由原告享有，租户应将2007年3月15日之后的租金交给原告。原告称其于2007年4月9日向深圳YX电子元件厂发出书面通知，向其出示相关法律文书、表明新业主身份，告知其自2007年3月16日起房租应交给原告，并于2007年4月16日前带齐公司营业执照副本、法人身份证到原告处重新签订租赁合同，并交纳2007年3月16日至4月15日的租金，逾期不签将视作主动放弃租赁关系处理。对此，两被告否认收到该通知。两被告以台湾地区YX电子公司与原业主孙某芬签订有《租赁合约》，且已将2007年4月、5月租金预交给深圳市艺坛宝利物业管理部等为由，拒绝向原告交租。

在原告取得上述厂房所有权之前，被告与原业主对《租赁合约》进行了变更，放弃了合约中关于滞纳金的约定。

原告诉称，深圳YX电子元件厂占有、使用原告的厂房，没有合法的理由4个月不交租，违反我国《民法通则》《合同法》的规定以及《租赁合约》的约定，侵害了原告的合法权益，已经构成根本违约，台湾地区YX电子公司作为深圳YX电子元件厂的来料方单位，应对深圳YX电子元件厂的上述行为承担连带清偿责任。为此，原告依法提起诉讼，请求法院依法判令：1. 解除台湾地区YX电子公司与原业主孙某芬签订的《租赁合约》；2. 深圳YX电子元件厂立即搬离原告厂房；3. 深圳YX电子元件厂向原告支付厂房租金103104元及违约金（租金从2007年3月16日起算，暂算至2007年7月15日，具体金额截算到深圳YX电子元件厂实际搬离原告厂房之日止）；4. 深圳YX电子元件厂承担本案诉讼费、查档费及其他相关费用；5. 台湾地区YX电子公司对深圳YX电子元件厂上述金额承担连带清偿责任。

两被告共同答辩称：一、答辩人没有义务重复交纳2007年3月16日至同年5月31日的租金，原告的相关诉讼请求应当予以驳回。

首先，原告于2007年3月15日通过拍卖形式取得涉案厂房的所有权，但答辩人在原告取得涉案厂房所有权之前即已经向业主交纳了2007年5月31日之前的租金，并交纳了相当于两个月租金的押金。其次，原告在竞买涉案厂房时，其与深圳市土地房产交易中心签订的《拍卖成交确认书》中已明确注明：水、电、煤气、管理费等相关债务承担人为买受人；房地产按交付时现状拍卖；租约情况为有。原告通过拍卖形式取得涉案厂房的所有权，其所取得的是涉案厂房当时的现状所有权，包含该厂房当时所应承担的相关债权债务，以及该厂房原业主在该厂房范围内必须履行的全部义务。答辩人已经交纳的 2007 年 3 月 16 日至同年 5 月 31 日的租金及两个月的押金已包含在原告竞买厂房的价值之内。原告的主张于理于法均无据。最后，原告获得涉案厂房所有权的形式是拍卖，在涉案厂房进入拍卖程序后，原业主和原告均未通过任何方式向答辩人（承租人）告知，答辩人在这种情况下所交纳的房租合情合理合法，依法应受到法律保护。因此，既然答辩人在合法的情况下为履行《租赁合约》义务而交纳了房租，原告再次主张答辩人重复交纳房租明显侵犯了答辩人的合法权益，答辩人无义务重复交纳房租，原告的相关诉讼请求应当予以驳回。

二、原告取得涉案厂房所有权后并未能保证厂房的正常使用，违约在先，答辩人有权行使不安抗辩权，拒绝交纳租金。

原告与深圳市土地房产交易中心签订的《拍卖成交确认书》约定，原告在取得涉案房屋所有权后，必须办理相关的水电、车位、电梯使用等配套设施的相关手续，但原告至今仍未能依约办理上述相关手续。继而直接导致物业管理公司不定期地对涉案厂房实施停水停电措施，并且，由于涉案厂房所使用的车位、电梯、进出道路均为原业主所有，在原告未能与原业主办理相关手续的情况下，答辩人根本无法继续使用原来提供的车位、电梯、进出道路等相关配套设施。这从根本上改变和影响了涉案厂房的使用和收益。原告的上述行为已经明显表示其无法继续保证涉案厂房的正常使用和《租赁合约》的继续履行，其违约在先。因此，答辩人停止交纳房租完全是在行使其不安抗辩权，依据《合同法》第六十八条、第二百二十八条的规定，答辩人有权拒绝继续交纳租金，直至能正常使用为止。

三、原告主张滞纳金的诉求，无事实依据，更与事实不符，依法应当予以驳回。

本案中，虽然原告取得涉案厂房所有权后，原《租赁合约》对于原告和答辩人继续有效，但在原告取得该厂房所有权之前，答辩人与原业主已经口头达成一致，对《租赁合约》进行了修改，放弃了关于滞纳金的相关条款。原告在本案中主张滞纳金明显与事实不符，应当予以驳回。原告主张解除合同的理由不足，原告违约在先，根据“买卖不破租赁”的原则，合同未到期，被告不能搬离厂房。

裁判观点

龙岗法院经审理认为，台湾地区 YX 电子公司与孙某芬就孙某芬自有的位于深圳市龙岗区布吉坂田竹头窝宝利工业区第 5 栋第 2 层、第 4 层所签订的《租赁合约》及所作的放弃滞纳金的约定，是合约双方当事人的真实意思表示，并未违反法律、法规的禁止性规定，为合法有效的合同和约定。原告通过参加深圳市福田区人民法院委托深圳市房地产交易中心进行的房地产专场拍卖会，竞得上述《租赁合约》项下的房产所有权。2007 年 3 月 15 日，深圳市福田区人民法院以（2006）深福法执字第 1031 –5 号民事裁定书，依法裁定将上述房产过户到原告名下。自 2007 年 3 月 15 日起原告取得上述房产的所有权。深圳市福田区人民法院于 2007 年 5 月 29 日作出（2006）深福法执字第 1031 –3 号通知书，通知包括深圳 YX 电子元件厂在内的深圳市龙岗区布吉坂田竹头窝轻工厂房第 5 栋第 2 ~ 8 层租户，其租赁的厂房已归原告所有，厂房出租收益也由原告享有，租户应将 2007 年 3 月 15 日之后的租金交给原告。依照《合同法》第二百二十九条的规定，租赁物在租赁期间发生所有权变动的，不影响租赁合同的效力。这也即民法理论中通常所讲的“买卖不破租赁”原则。据此，原告在取得前述《租赁合约》项下房产的所有权后，台湾地区 YX 电子公司与孙某芬所签订的上述《租赁合约》的合同效力仍然存续，只是该《租赁合约》项下出租人的权利义务依法应由原告享有和承担。原告虽诉称其于 2007 年 4 月 9 日向深圳 YX 电子元件厂发出书面通知，表明新业主身份，告知交租及重新签订租赁合同等事项。但两被告否认收到该通知，原告未能提供相应证据证实其确已将该通知送达至被告，故本院对原告主张的该项事实不予以采信。两被告以与孙某芬签订有《租赁合约》，且已将 2007 年 4 月、5 月租金预交给深圳市艺坛宝利物业管理部、原告在取得涉案房屋所有权后未办理相关水电、车位、电梯使用等配套设施的手续等为由，与原告发生租金支付等争议，并非法定或约定的解除合同事由，原告在本案中要求解除上述《租赁合约》，并要求深圳 YX 电子元件厂立即搬离合约项下的厂房缺乏事实根据和法律依据，本院不予支持。

原告自 2007 年 3 月 15 日起取得上述房产的所有权，深圳市福田区人民法院于 2007 年 5 月 29 日通知深圳 YX 电子元件厂等租户，应将 2007 年 3 月 15 日之后的租金交给原告。故原告在本案中诉讼要求被告按照前述《租赁合约》中约定的租金标准（25776 元/月），要求被告支付从 2007 年 3 月 16 日起至实际搬离上述厂房之日止的租金，系在法律规定的范围内对自己民事权利和诉讼权利的处分，且符合深圳市福田区人民法院上述通知的交纳租金时间要求，本院予以支持。

深圳 YX 电子元件厂作为前述厂房的实际使用者和台湾地区 YX 电子公司的来料加工企业，依法应与台湾地区 YX 电子公司连带承担租金支付义务。台湾地区 YX 电子公司与孙某芬就前述《租赁合约》项下的逾期交纳租金的滞纳金约定在原告取得该合约项下房产前作了放弃，并不违反法律规定，且被告系以原告在取得涉案房屋所有权后未办理相关水电、车位、电梯使用等配套设施的手续等为由，与原告发生租金支付等争议，并非无故拒绝支付租金，原告诉讼要求被告支付违约金缺乏事实根据和法律依据，本院不予以支持。被告答辩主张其已向原业主孙某芬及其厂房租赁管理人等所支付 2007 年 3 月 16 日至同年 5 月 31 日的租金及两个月的押金，依法可另行向孙某芬等进行主张，其在本案中不能据此对抗原告的相应租金支付要求。

原告诉讼要求被告支付查档费及其他相关费用，未能提供充足证据证明该费用的实际发生与被告的行为有法律上的因果关系，故本院予以驳回。

综上，依照《民事诉讼法》第十三条、第六十四条第一款，《最高人民法院关于民事诉讼证据的若干规定》第二条，《合同法》第六十条、第一百零七条、第二百二十九条的规定，判决如下：一、台湾地区 YX 电子公司于本判决生效之日起 10 日内支付原告自 2007 年 3 月 16 日起至 2007 年 7 月 15 日止的厂房租金 103104 元，并按照前述《租赁合约》约定的租金支付标准（25776 元/月）继续支付至深圳 YX 电子元件厂实际搬离原告所有的上述厂房之日止；二、深圳 YX 电子元件厂对台湾地区 YX 电子公司的前项给付款承担连带清偿责任；三、驳回原告要求台湾地区 YX 电子公司、深圳 YX 电子元件厂支付租金违约金的诉讼请求；四、驳回原告要求解除台湾地区 YX 电子公司与原业主孙某芬签订的《租赁合约》的诉讼请求；五、驳回原告要求深圳 YX 电子元件厂立即搬离原告厂房的诉讼请求；六、驳回原告要求台湾地区 YX 电子公司、深圳 YX 电子元件厂承担查档费及其他相关费用的诉讼请求。

台湾地区 YX 电子公司、深圳 YX 电子元件厂如果未按本判决指定的期间履行金钱给付义务，应当依照《民事诉讼法》第二百三十二条的规定，加倍支付迟延履行期间的债务利息。

本案案件受理费 3857 元（计算至 2007 年 10 月 12 日），减半收取 1928.5 元，由原告负担 771.4 元，台湾地区 YX 电子公司、深圳 YX 电子元件厂负担 1157.1 元。案件受理费原告已预交 2362 元，扣除其负担的 771.4 元，余款 1590.6 元于本判决生效后由本院依法退回原告，被告负担的 1157.1 元案件受理费，于本判决生效之日起 7 日内径行向本院交纳。

案例述评

承租人向原所有权人交纳租金能否成为向新买受人拒交租金的抗辩理由？我们认为：

上引案例中，原告主张2007年3月16日至同年5月31日的租金依据的是已生效的深圳市福田区人民法院民事裁定的规定，该生效裁定具有较强的公示和公信力，且应当得到执行。被告和原业主签订的租赁合同约定租金是按月交纳的，如果认定已经无须再向原告交纳上述期间租金，则一方面极易诱发道德风险，也即存在该被告与原所有权人恶意串通损害新买受人利益的可能。另一方面如果该被告不明知该厂房已被拍卖由本案原告竞得，那么该厂房的原所有权人属于明知或应当知道原告为新的厂房所有人，上述期间的房租其已无权收取应由新买受人收取的事实，本着诚实信用原则，其也不应收取被告所交的租金。况且按照拍卖常规，拍卖公告当中已经标明拍卖标的物存在租约的权利瑕疵，按照拍卖工作流程，相关厂房原所有人也应当通知作为承租人的被告，告知其可依法参与竞买行使同等条件下的优先购买权。据此，根据证据的高度盖然性原则，可以合理怀疑被告在原告取得所有权后再向原所有权人交纳租金并不是基于诚实信用和善意，或者租金收据不是真实的。

承租人确已向原房东交过房租，现依法再次向新房东交纳房租。从表面上看，承租人陷入“二次交租”的处境，似乎很不公平。但我们认为，法律上仍然给了承租人相应的救济途径，即有权追究原房东的违约责任或不当得利，要求原房东将无法继续履行期间的房租返还。权衡各方主体权益后，法律和司法审判实践选择了优先保护产权人房东的利益，认定“买卖不破租赁”的同时，给予新房东收房、收租的权利，给予承租人向原房东主张违约责任或不当得利的权利。当然，如果承租人系在参与竞买的买受人竞得房屋之前按照与出租人间的约定，预付了买受人竞买成功之后一定期间的租金，且买受人事先知情的则可视为该房产所有权上的债务负担，买受人可作为新的房产权利人向原所有人即出租人追偿该期间的租金，原承租人无须另行向新的所有人交纳重复的租金。

三、一手房买卖合同纠纷

007 商品房买卖合同备案登记与商品房预售登记是否相同？

【典型案例】钱某艳、洪某珍与刘某平、广东 CC 建设集团有限公司、张某霞第三人撤销之诉案

> **法律焦点：** 商品房预告登记与商品房预售合同登记备案有何区别，一房二卖中第一买受人办理预售登记在先，能否对抗合法占有房屋的第二买受人，商品房预售合同登记备案后能否产生权利保护优先效力？
>
> **关键词：** 商品房买卖合同、预告登记、预售登记、一房二卖

案例索引

一审：广州市海珠区人民法院（以下简称海珠法院）（2015）穗海法民三重字第 4 号民事判决书（以下简称一审判决）

二审：广州市中级人民法院（以下简称广州中院）（2016）粤 01 民终 18356 号民事判决书（以下简称二审判决）

再审审查：广东省高级人民法院（以下简称广东高院）（2017）粤民申 4283 号民事裁定书（以下简称再审裁定）

案情介绍

1998 年 9 月 25 日，张某霞作为广东 CC 建设集团有限公司（以下简称 CC 公司）的委托代理人与刘某平签订《房地产订购书》，约定刘某平向 CC 公司订购由 CC 公司兴建并经广州市国土局房地产管理局批准出售的、坐落于广州市海珠区滨江东路海景苑第 B 幢（座）第九层 A 号的房地产，定价为 531050 元，刘某平向 CC 公司支付定金 10000 元等。1998 年 10 月 5 日，刘某平（乙方，买方）与 CC 公司

（甲方，卖方）签订《房地产预售契约》（编号：穗房预契字第 No. 98005705 号），订明：乙方向甲方预购广州市海珠区滨江东路海景苑第 B 幢（座）第九层 A 号，朝向东西向，建筑面积为 81.7 平方米，成交总价格为 531050 元；甲方应于 1999 年 5 月 16 日前将该房地产建成并正式交付乙方使用；该房地产在实际交付使用后 90 天内，甲方应协同乙方办理该房地产的产权过户手续和房地产登记手续；本契约经甲、乙双方签署并经广州市房地产交易所审核、登记后生效；等等。附件二约定，乙方选择分期付款方式，必须在《房地产预售契约》签署后将首期款 161050 元交付或汇入甲方的售房款银行监控账户内等。该《房地产预售契约》于 1998 年 10 月 8 日经广州市房地产交易所预售登记。

CC 公司分别于 1998 年 9 月 25 日、1998 年 11 月 8 日开具收据给刘某平，载明收到刘某平购买涉案房屋订金 10000 元和购房款 402209.1 元。

1999 年 4 月 12 日，CC 公司向刘某平发出《办理交楼手续通知书》。1999 年 4 月 14 日，刘某平与广州谊居物业管理有限公司签订了《海景苑 B 幢商品房交付使用合同》《海景苑管理公约》。

1999 年 4 月 6 日，刘某平与广东 CC 建设总公司综合二处签订《租赁合同》，订明刘某平将涉案房屋租给综合二处作周转房；每月租金为 350 元，第二年开始每年递增 5%；租赁期限自 1999 年 4 月 15 日起至 2009 年 4 月 14 日止，共 10 年；综合二处在租赁期间可将房屋转租、分租、借住或与他人互换房使用；等等。

2005 年 11 月 16 日，钱某艳、洪某珍向海珠法院提起诉讼，要求 CC 公司、张某霞立即交付房屋权属证书，并支付迟办证违约金，为其办理永久用电和永久用水设施的报装手续。海珠法院于 2006 年 2 月 15 日作出的（2005）海民三初字第 4282 号民事判决书判决：一、CC 公司、张某霞在本判决生效之日起 30 日内协同钱某艳、洪某珍办理广州市海珠区滨江东路海景苑第 B 幢（座）第九层 A 号房屋的产权过户手续和房地产登记手续。二、CC 公司、张某霞按钱某艳、洪某珍已付房款 341506 元为本金，参照中国人民银行规定的金融机构计收逾期贷款利息的标准，计付从 2003 年 11 月 16 日起至协同钱某艳、洪某珍办理上述房屋的产权过户手续和房地产登记手续之日止的迟办证违约金给钱某艳、洪某珍；其中：本判决生效之日前的违约金在本判决生效之日起 10 日内一次性支付，之后按月支付；违约金总额以不超过钱某艳、洪某珍已付房款 341506 元为限。三、CC 公司、张某霞在本判决生效之日起 30 日内为钱某艳、洪某珍向有关部门办理广州市海珠区滨江东路海景苑第 B 幢（座）第九层 A 号房屋的永久用水、用电的报装手续。四、驳回钱某艳、洪某珍的其他诉讼请求。并查明：对于 1992 年 3 月 28 日，CC 公司（甲方）与广东CC建设工程公司第17施工队（乙方）签订《建筑工程承包合同》，约定甲方就广州市穗航房地产开发公司滨江东路鸭墩水地段建设住宅楼工程发包给乙方总承包，乙方负责该地段住宅楼的土建施工，室内外水电安装及其管理，负责施工临时用水及永久性户内、外供水、供电等费用。1999年6月26日，CC公司（甲方）和广东CC建设总公司综合二处（乙方）签订《补充合同》，约定甲乙双方1992年3月28日签订的滨江东路鸭墩水地段商住楼的《建筑工程承包合同》，作如下补充，乙方负责本地段全部工程费，负责室内外水电增容安装费、排污费、设计费、土地出让金（土地有偿使用费）及费用等一切有关税费（包括售房发票税按4200元/平方米缴纳），销售回迁安置后剩余的九层住宅楼，销售所得的利润除缴交售房营业税后全部归乙方所有，负责向建委、市规划局、市国土房管局办理有关审批、报建和产权手续，等等。1996年6月，CC公司（甲方）与张某霞（乙方）签订《经营责任承包合同》，约定甲方属下的第二综合处，由乙方按照甲方企业法人营业执照登记的经营范围、经营方式承包经营，承包期限暂订3年，从1996年1月1日起至1998年12月31日止。在甲方统一领导下，乙方自主经营，独立核算，盈亏自负，风险独担，甲方是企业法人，属下第二综合处不具备企业法人资格，如需要申领项目公司企业法人执照或不具备企业法人资格的营业执照，由甲方办理等。1998年1月，CC公司取得《广州市预售商品房证》，载有预售证号：980027号，项目名称：海景苑（第二期预售：自编A、B幢），所在地：滨江东路鸭墩水地段等。张某霞以CC公司（卖方）的委托代理人的名义与钱某艳、洪某珍（订购方）签订一份《房地产订购书》，订明订购方向卖方订购由卖方兴建并经广州市国土局房地产管理局批准出售的、坐落于广州市海珠区滨江东路海景苑海华阁第B幢北梯第九层A号东南向81.7平方米的房地产。双方同意并确认，该房地产的定价为341506元，订购方向卖方支付10000元作为订购方履行本《房地产订购书》的定金，交房日期为1999年5月16日。之后，钱某艳、洪某珍向CC公司属下的综合二处支付了全部购房款341506元和1.5%契税5233元。1999年6月29日，CC公司向钱某艳发出《办理交楼手续通知书》，载明刘某平认购了上址房屋，请钱某艳、洪某珍于1999年7月1日到海景苑现场售楼部交纳尾期楼款17075.3元，同时向管理处缴纳有关管理费用。钱某艳、洪某珍按该通知接收并使用上址房屋至今。诉讼中，钱某艳、洪某珍与CC公司确认广东CC建设总公司先后更名为广东CC建设工程公司、广东CC建设集团有限公司，CC公司确认广东CC建设工程公司第17施工队更名为广东CC建设总公司综合二处，由张某霞承包经营。

2014年12月30日，刘某平起诉要求撤销（2005）海民三初字第4282号民事判决书，海珠法院于2015年3月5日以（2015）穗海法民三初字第152号民事判决书撤销（2005）海民三初字第4282号民事判决书。钱某艳、洪某珍不服该判决，遂向广州中院提起上诉。广州中院于2015年10月28日作出（2015）穗中法民五终字第2836号民事裁定书，认为："……人民法院对第三人撤销之诉案件，应当组成合议庭开庭审理。鉴于本案为第三人撤销之诉纠纷，但海珠法院仍于2015年3月5日以独任审判的方式对本案作出判决，严重违反法定程序……"裁定如下：一、撤销海珠法院（2015）穗海法民三初字第152号民事判决；二、本案发回海珠法院重审。

海珠法院于2015年11月18日以（2015）穗海法民三重字第4号立案并重新组成合议庭审理本案。

海珠法院重审中依法向房管部门调取了广州市海珠区滨江东路鸭墩水地段海景苑B幢北梯第九层A房的《广州市预售房地产交易登记情况表》，载明该房屋的预售人（开发商）是CC公司，预购人是刘某平，占有部分为全部，建筑面积为81.7平方米，成交价格为531050元，付款方式为按揭付款，签约日期为1998年10月5日，登记日期为1998年10月8日，交楼日期为1999年5月16日，已预征契税为7966元，过户情况为未过户，等等。

2014年6月26日，钱某艳、洪某珍向海珠法院提起（2014）穗海法民三初字第923号（以下简称923号案）诉讼，要求确认CC公司与刘某平签订的房地产预售契约无效，并要求刘某平、CC公司、张某霞撤销涉案房屋的预售合同登记，刘某平于2014年12月23日应诉。后来，钱某艳、洪某珍申请撤诉。2016年1月27日，钱某艳、洪某珍又向海珠法院提起（2016）粤0105民初字第1043号（以下简称1043号案）诉讼，同样要求确认CC公司与刘某平签订的房地产预售契约无效，并要求刘某平、CC公司、张某霞撤销涉案房屋的预售合同登记，刘某平已于2016年3月15日应诉。

广州中院除确认上述海珠法院认定的事实外，还查明：海珠法院于2016年8月16日以1043号民事判决书判决：一、CC公司与刘某平在本判决生效之日起十日内到房管部门撤销关于广州市海珠区滨江东路鸭墩水地段海景苑B幢北梯第九层A房的预售合同登记；二、驳回钱某艳、洪某珍的其余诉讼请求。刘某平不服向广州中院提起上诉，广州中院于2017年3月以（2016）粤01民终17936号民事判决认定在广州市房地产交易所已就刘某平与CC公司就涉案房屋签订的《房地产预售契约》进行预售登记后，CC公司未取得刘某平的同意而将其出售给钱某艳、洪某珍，并不能发生物权效力。据此判决：一、撤销海珠法院（2016）粤0105民初

1043 号民事判决；二、驳回钱某艳、洪某珍的诉讼请求。

裁判观点

海珠法院经审理认为，刘某平表示其应诉923号案时，才知道（2005）海民三初字第4282号民事判决书的存在。经查，刘某平于2014年12月23日应诉923号案。钱某艳、洪某珍称刘某平早已知道（2005）海民三初字第4282号案，但未提交证据予以证实，故对钱某艳、洪某珍该抗辩意见，海珠法院不予采纳。对刘某平于2014年12月23日知道（2005）海民三初字第4282号案的事实，海珠法院予以认定。刘某平于2014年12月30日提起本案诉讼，未超过六个月的期限。涉案房屋在广州市房管部门已登记预购人为刘某平，海珠法院于2006年2月15日作出的（2005）海民三初字第4282号民事判决书判决CC公司、张某霞在本判决生效之日起30日内协同钱某艳、洪某珍办理广州市海珠区滨江东路海景苑海华阁第B幢北梯第九层A号房屋的产权过户手续和房地产登记手续以及永久用水、用电的报装手续，存在法律上的障碍，且与刘某平有法律上的利害关系。故对刘某平要求撤销（2005）海民三初字第4282号民事判决书的第一项、第三项，海珠法院予以支持。（2005）海民三初字第4282号民事判决书的第二项与刘某平并无法律上的利害关系，故刘某平要求撤销该项判决，海珠法院不予支持。

依照《民事诉讼法》第五十六条和《最高人民法院关于适用〈中华人民共和国民事诉讼法〉的解释》第三百条的规定，海珠法院于2016年4月12日判决如下：一、撤销（2005）海民三初字第4282号民事判决书第一项、第三项；二、驳回原告的其余诉讼请求。本案受理费100元，由四被告共同承担。

上诉人钱某艳、洪某珍不服一审民事判决，向广州中院提起上诉称：请求撤销原判决，改判驳回刘某平的诉讼请求。事实与理由如下：

1. 海珠法院对第三人撤销之诉存在重大误解。根据《民事诉讼法》第五十六条第三款的规定，第一，第三人撤销之诉不仅应当查明刘某平提交的证据是否真实合法有效，而且要将其放入被申请撤销的原生效判决案件中进行全面审理，审查刘某平提交的证据是否足以否定原生效判决。如果可以，即撤销原判决并予以改判，如果不足以推翻原判决，则判决驳回诉讼请求。第二，第三人撤销之诉，通常来说，是第三人与原生效判决各当事人之间实体权利的最后结果，其审理和判决结果如果生效，则他们之间的争议已经完全解决，不需要也不能另外再进行诉讼和处理，除非第三人在起诉时没有提出具体民事权利主张。然而，从案件原审审理过程和判决结果来看，海珠法院应仅对本案进行了程序审查或者说形式审查，而不是实体审理。这表现在以下几个方面：（1）原审法官拒绝钱某艳、洪某珍要求对刘某平提交的证据进行鉴定的申请，理由是不需要，并表示钱某艳、洪某珍可以在另案中提出该等鉴定申请。这表明原审对刘某平提交的证据，仅进行了形式审查，同时也表明海珠法院认为各方对于本案权利争议还需要另案处理。（2）原审在审理和判决中没有对原生效判决的审理过程进行评述，也没有对原生效判决案件中以及在本案中钱某艳、洪某珍提交的证据进行认定和评述，也没有对钱某艳、洪某珍的答辩理由进行评述（除认为刘某平应当知道原生效判决这一程序性理由外），更没有将钱某艳、洪某珍的证据与刘某平的证据进行比较评述，而是简单地审查了刘某平提交的证据即作出撤销原生效判决的判决，显然是一种程序审理或者形式审理的表现。（3）本案中，刘某平本来已经提出了具体的民事权利主张，但海珠法院要求其撤回该等主张，这也足以说明，海珠法院在本案中不想涉及具体民事权利的实体处理，而是仅作程序审理的意图。（4）原审判决认为（2005）海民三初字第 4282 号民事判决第一项、第三项存在法律上的障碍，且与刘某平有法律上的利害关系，故予以撤销。可见，原审认为，只要刘某平与第 4282 号民事判决可能存在法律上的利害关系，而不管这种利害关系是否足以否定钱某艳、洪某珍的权利，就简单地撤销原生效判决。因此，海珠法院仅进行形式审理，或者程序审理，与第三人撤销之诉的立法原意并不相符，是对此诉的重大误解。需要特别强调的是，如果海珠法院在主观上确存在以上意图，则对于有关问题，应该有明确的表述或指向，包括钱某艳、洪某珍申请证据鉴定的事实和意见，钱某艳、洪某珍可另行起诉的指引，以及本案审判中仅进行形式或者程序审查的宗旨等，均应当在判决书中明示，即既要指明钱某艳、洪某珍的救济途径，又要免除以后对此问题的争议。但是，原审判决在钱某艳、洪某珍提出这样的明确要求的情况下，仍然拒绝对此予以明确。

2. 海珠法院的审理和判决完全错误。海珠法院存在仅进行程序审查的理念下作出上述判决的可能性，但也不能排除海珠法院主观上并无这种想法，而是一直当作实体审理来处理，并且作出原审判决。如果是这样，则原审存在以下重大错误：

（1）原审认定事实错误。原审判决中“经审理查明……”的事实，应当依据各方提交的证据、经鉴定的证据、经法庭调查的事实进行综合认定。但本案中，海珠法院只是依据刘某平的陈述和证据即作出事实认定。在原审庭审过程中，钱某艳、洪某珍也对本案事实作出相应的陈述和提交众多证据。刘某平存在购房后 16 年仍未付清房款、从未到过涉案房屋、在同小区其他业主积极采取法律手段维权的同时不闻不问等不合常理的事实；而钱某艳、洪某珍在购房后即付清全部房款，接收房屋并合法占有入住涉案房屋达 16 年之久、积极采取法律手段维权等事实，原审判决却没有予以认定。

（2）海珠法院采信证据错误。刘某平的陈述需要有合法有效的证据来支持，而对于刘某平提交的证据，钱某艳、洪某珍存疑要求鉴定未果。既然未经鉴定，就不能直接作为认定事实的依据，另外钱某艳、洪某珍在原审中也提交了相应证据，且大部分证据已经在（2005）海民三初字第4282号案中经过海珠法院认定其真实性、合法性，并据此作出判决。海珠法院应该就双方的证据结合双方的陈述进行比较，最终得出结论，但本案海珠法院没有做到这一点，就作出实体判决，这是完全错误的。

（3）海珠法院判决错误。原审判决结论错误，钱某艳、洪某珍对本案涉案房屋具有无可争辩的优先权。表现在已经付清全部房款并合法占有、入住超过16年，并且在此过程中一直积极维权，尽了适当的注意义务。而刘某平在长达16年的时间里，对房屋实体和房屋产权均漠不关心，从未到过涉案房屋，不合常理；且房款至今也没有付清；刘某平原为张某霞手下的员工，而购房价格畸高，一般价格为4200元/平方米左右，刘某平却以6500元/平方米的单价成交，足以证明刘某平的交易不具有真实性。而刘某平所进行的预售商品房的备案登记，并不是不动产所有权的变更登记，也不是不动产的预告登记，而只是行政管理的性质，属于债权债务的登记，并不能证明其对房屋的优先权。因此，钱某艳、洪某珍对涉案房屋具有无可争辩的优先权，应当依法驳回刘某平的诉讼请求。

海珠法院错误判决的后果：

（1）海珠法院进行简单的程序审理后即撤销了（2015）海民三初字第4282号民事判决书第一项和第三项，其后果是非常严重的，严重损害了钱某艳、洪某珍的权益。钱某艳、洪某珍能否另案提出与已撤销判决项相同的诉讼请求以及能否在另案中对刘某平提供的证据申请鉴定还不能确定，因为一方面原审判决没有明示，另一方面刘某平的所有证据已经在本案中作出认定并作为判决的依据。

（2）海珠法院撤销（2005）海民三初字第4282号民事判决书第一项和第三项的判决依据明显不足。假如在另案中刘某平提供的证据材料被证明有瑕疵，或者认为钱某艳、洪某珍提供的证据效力高于刘某平提交的证据，钱某艳、洪某珍的主张高于刘某平的主张，那么海珠法院又必然另外作出与（2005）海民三初字第4282号民事判决书第一项、第三项相同的判决。这样一来，原审判决就撤销了可能在以后案件中再次作出同样判决的判项，这是对司法资源的浪费，也是对司法公信力的嘲讽。总之，原审判决应当对涉案房屋归钱某艳、洪某珍所有还是归刘某平所有这一关键问题作出回答，如果不作出明确回答，则应清楚明确地表明本案对此不作处理的意思并陈述其理由，并对当事方其他救济途径予以明示。

综上，原审误解了第三人撤销之诉的性质，查明的事实不清，依据不足，违反法律法规的规定，判决是错误的，应当予以纠正，以维护钱某艳、洪某珍的合法权益。

针对钱某艳、洪某珍的上诉，被上诉人刘某平答辩称，同意一审判决。

广州中院经审理认为，本院2017年3月所作出（2016）粤01民终17936号民事判决已认定在广州市房地产交易所已就刘某平与CC公司就涉案房屋签订的《房地产预售契约》进行预售登记后，CC公司未取得刘某平的同意而将其出售给钱某艳、洪某珍，并不能发生物权效力，故钱某艳、洪某珍要求依据其与CC公司所签订的合同办理涉案房屋的产权过户手续和房地产登记手续理由不成立。据此，一审法院根据刘某平的请求撤销（2005）海民三初字第4282号民事判决书第一、三项并无不当，本院予以维持。

关于钱某艳、洪某珍在二审提交的证据的问题。由于钱某艳、洪某珍提交的证据并不能证明其主张，故本院不予接纳。

综上所述，钱某艳、洪某珍的上诉请求不能成立，应予驳回；一审判决认定事实清楚，适用法律正确，应予维持。依照《民事诉讼法》第一百七十条第一款第一项规定，判决如下：驳回上诉，维持原判。二审案件受理费100元，由钱某艳、洪某珍负担。

钱某艳、洪某珍不服广州中院（2016）粤01民终18356号民事判决，向广东高院申请再审。

广东高院经审查认为，本案系第三人撤销之诉。根据钱某艳、洪某珍的再审申请，本案应审查的主要问题是：（一）刘某平提起本案撤销之诉是否超过法定期限；（二）4282号民事判决书第一项、第三项应否撤销。

关于刘某平提起本案撤销之诉是否超过法定期限的问题。在钱某艳、洪某珍为原告的4282号案诉讼中，刘某平未被列为当事人也未被通知参加诉讼。刘某平不知道4282号案诉讼而未参加，不能归责于刘某平本人。刘某平于2014年12月23日应诉923号案时才获知4282号判决书的存在，其于2014年12月30日提起本案撤销之诉，未过六个月期限。

关于4282号民事判决书第一项、第三项应否撤销的问题。4282号民事判决书判决CC公司、张某霞协同钱某艳、洪某珍办理案涉房屋的产权过户手续和房地产登记手续以及永久用水、用电的报装手续，但广州中院（2016）粤01民终17936号生效判决书已认定，刘某平与CC公司签订的案涉《房地产预售契约》已在广州市房地产交易所进行预售登记，CC 公司未取得刘某平同意将案涉房屋出售给钱某艳、洪某珍，不能发生物权效力。综上，4282 号判决与刘某平有法律上的利害关系且 4282 号判决书确有错误，原审判决根据刘某平的请求撤销 4282 号判决书第一项、第三项并无不当。

综上，钱某艳、洪某珍的再审申请不符合《民事诉讼法》第二百条规定的应当再审的情形。依照《民事诉讼法》第二百零四条第一款、《最高人民法院关于适用〈中华人民共和国民事诉讼法〉的解释》第三百九十五条第二款的规定，于 2019 年 2 月 7 日作出（2017）粤民申 4283 号民事裁定，驳回钱某艳、洪某珍的再审申请。

案例述评

一、商品房“预告登记”（以下简称预告登记）与“商品房预售合同登记备案”（以下简称预售登记）的联系与区别

我们认为，一、二审判决及再审裁定将《物权法》所规定的商品房等不动产预告登记与该法实施之前的预售登记的作用相混淆，以致认定案件基本事实错误，错误认为刘某平与 CC 公司签订的《房地产预售契约》于 1998 年 10 月 8 日办理了预售登记后即具有阻碍 CC 公司将同一房屋再行出售给钱某艳、洪某珍的效力，一审判决更是认为海珠法院 4282 号判决 CC 公司、张某霞协同钱某艳、洪某珍办理涉案房屋过户登记手续以及水电报装手续“存在法律上的障碍”且与刘某平“有法律上的利害关系”，并据此撤销了海珠法院 4282 号判决主文的第一项、第三项。

2009 年修正的《城市房地产管理法》第四十五条第二款规定：“商品房预售人应当按照国家有关规定将预售合同报县级以上人民政府房产管理部门和土地管理部门登记备案。”自 2007 年 10 月 1 日起施行的《物权法》第二十条规定：“当事人签订买卖房屋或者其他不动产物权的协议，为保障将来实现物权，按照约定可以向登记机构申请预告登记。预告登记后，未经预告登记的权利人同意，处分该不动产的，不发生物权效力。预告登记后，债权消灭或者自能够进行不动产登记之日起三个月内未申请登记的，预告登记失效。”

我们认为，预售登记是指开发企业在房屋预售合同签订后向房地产管理部门和市、县人民政府土地管理部门办理的登记备案手续；而预告登记是指为保全一项以将来发生的不动产物权变动为目的的请求权的不动产登记。它将债权请求权予以登记，使其具有对抗第三人的效力，使妨害其不动产物权登记请求权所为的处分无效，以保障将来本登记的实现。

预售登记与预告登记有着本质区别：预告登记是为了保障未来权利的实现，经过预告登记的预告登记权利人将阻碍其他人变动不动产的物权。而商品房预售合同备案登记并未将商品房预售合同所确定的债权转化为买受人对所购商品房享有的物权。两者的不同具体体现在以下五个方面：

1. 法律性质不同。预告登记是由《物权法》规定的一种不动产登记制度，属于民事制度。而预售登记是由《城市房地产管理法》规定的行政管理措施，属于行政管理制度。

2. 目的不同。预告登记的主要目的是保障债权人将来能够实现物权；预售登记在行政上对预购人具有保护功能，有助于建设行政管理部门加强对房地产市场的监督管理，维护房地产市场的健康发展。

3. 登记方法不同。预告登记必须是在双方有预告登记的约定之后才能申请，原则上必须由双方共同申请，除非法律另有规定。而预售登记是一种只针对房地产开发企业的强制性制度。

4. 适用范围不同。预告登记的适用范围比预售登记的适用范围广，在房屋的买卖、抵押和建设用地使用权的转让中都可以进行预告登记。但是，预售登记只适用于商品房预售。

5. 登记部门不同。预告登记的主体机关是唯一的，即房屋登记机构。而预售登记的主体管理机构法律赋予给了当地人民政府。它可以是建设行政主管部门，可以是房地产管理部门，也可以委托给房屋登记机构，具有较大的灵活性。

需要强调的是，刘某平的预售登记日期为 1998 年 10 月 8 日，在《城市房地产管理法》实施后，《物权法》实施前，该日尚不存在“预告登记”的说法和规定。在《物权法》实施后，刘某平与 CC 公司也未按该法规定申请进行预告登记。如按照上述裁判中将预售登记混同于预告登记的观点，也因涉案房屋在能够进行不动产登记之日起三个月内未申请登记，预告登记失效。上述一、二审判决及再审裁定不但赋予不是预告登记的预售登记以阻碍其他人变动不动产的物权效力，且无视《物权法》所规定的预告登记的生效期间，显然属于适用法律错误。

二、一房二卖中即使第一买受人办理房屋网签手续（预售登记）在先，也不能对抗合法占有房屋的第二买受人，钱某艳、洪某珍应对涉案房屋享有优先权

1. 刘某平在提起案涉第三人撤销之诉时，尚未付清涉案房屋“购房款”。因其转移房屋所有权的请求权受其是否付清房款的限制，故依照《最高人民法院关于人民法院民事执行中查封、扣押、冻结财产的规定》（法释〔2004〕15 号）的规定，也不具备阻却执行的情形，其作为房屋买卖合同债权人的民事权益应不足以对抗原生效判决（海珠法院 4282 号判决）的效力。

依照《广东省高级人民法院关于审理第三人撤销之诉案件疑难问题的解答》（粤高法〔2017〕152 号）第五条、第六条的规定，“生效判决、裁定、调解书的内容损害第三人民事权益，是提起第三人撤销之诉的条件之一”，“普通债权原则上不适用第三人撤销之诉进行保护”，刘某平依据其与 CC 公司签订的《房地产预售契约》享有的并非物上请求权，而是合同债权请求权，且为普通债权，正如前述其并非享有《物权法》上预告登记的物权，故其原则上不适用第三人撤销之诉，但即便一审法院受理了其提起的案涉第三人撤销之诉，也因其不具备可以阻却执行的情形，其作为债权人的民事权益也不足以对抗原生效判决（海珠法院 4282 号判决）的效力。

刘某平无充足证据证实其已向 CC 公司支付了全部购房款，亦未实际占有涉案房屋，依法其不具备可以阻却海珠法院 4282 号判决执行的情形。刘某平作为没有付清购房款的买受人提起的第三人撤销之诉，因其转移房屋所有权的请求权受其是否付清了房款限制，根据《最高人民法院关于人民法院民事执行中查封、扣押、冻结财产的规定》（法释〔2004〕15 号）第十七条“被执行人将其所有的需要办理过户登记的财产出卖给第三人，第三人已经支付部分或者全部价款并实际占有该财产，但尚未办理产权过户登记手续的，人民法院可以查封、扣押、冻结；第三人已经支付全部价款并实际占有，但未办理过户登记手续的，如果第三人对此没有过错，人民法院不得查封、扣押、冻结”的规定，其也不具备可以阻却执行的情形，此种情形下债权人的民事权益应不足以对抗原生效判决（海珠法院 4282 号判决）的效力。（该意见可参阅最高人民法院 2016 年 12 月 9 日《第二巡回法庭巡回区内第三人撤销之诉案件调研报告》）

2. 正如广东高院（2017）粤民申 4282 号民事裁定中所称“本案实质是一房两卖”，对涉案房屋的产权转移登记，是钱某艳、洪某珍还是刘某平享有优先权的问题。一、二审判决对钱某艳、洪某珍及刘某平的房屋产权转移登记请求均不予支持，特别是认为钱某艳、洪某珍的转移登记存在法律上的障碍，于法无据，应予纠正。依照相关规定，一房二卖中即使第一买受人办理房屋网签手续（预售登记）在先，也不能对抗合法占有房屋的第二买受人。钱某艳、洪某珍应对涉案房屋享有优先权。理由如下：

（1）关于商品房预售合同登记备案后能否产生权利保护优先效力的问题。

根据《物权法》《合同法》《最高人民法院关于审理商品房买卖合同纠纷案件适用法律若干问题的解释》《第八次全国法院民事商事审判工作会议（民事部分）纪要》（2016 年最高人民法院发布）等规定，对于“一房多卖”情形下，如果数份合同均有效且买受人均要求履行合同的，原则上应按照如下顺序确定权利保护顺位，明确履行合同的买受人：一是已经办理商品房所有权转移登记；二是合法占有房屋；三是合同履行情况、买卖合同成立先后等。对于合同履行情况，应综合各买受人实际付款数额的多少及先后、是否办理了网签等因素公平合理确定；对买卖合同成立的先后，应综合主管机关备案时间、合同载明的签订时间以及其他证据确定。在现行法律法规及司法解释中，并未明确优先保护登记备案的合同，以及登记备案在先的合同。

（2）《第八次全国法院民事商事审判工作会议（民事部分）纪要》对房地产纠纷案件中的合同效力、一房数卖的合同履行、以房抵债等问题进行了规定。审理一房数卖纠纷案件时，如果数份合同均有效且买受人均要求履行合同的，一般应按照已经办理房屋所有权变更登记、合法占有房屋以及合同履行情况、买卖合同成立先后等顺序确定权利保护顺位。

从最高人民法院的态度可看出：

第一，已经办理房屋所有权转移登记的，房屋归该购房者。这是因为物权优先于债权的原则，除非第三人能证明上述交易是恶意串通来达到否定合同效力的目的。

第二，均未办理房屋所有权转移登记或预告登记，已经实际合法占有房屋的，房屋归该买受人（但出卖人与买受人之间恶意串通的除外）。

（3）虽然根据我国《物权法》规定，房屋的所有权转移以办理产权登记过户为标准，但是，房屋的转移占有与交付使用，仍然具有明显的公示与公信的现实作用，其中一份合同已经得到实际的履行，体现了卖房人 CC 公司履行合同的真实意愿。

（4）在数份商品房买卖合同中，有一份合同已经办理了合同登记备案（网签），而另一份已经将标的房屋实际交付使用。合同的登记备案仅系双方当事人对于合同本身成立效力的一种确认与强化，没有实际履行意义，此时应当确认已经将标的房屋实际交付使用的合同得到优先履行。

（5）2017 年 9 月 12 日《广东省高级人民法院关于审理房屋买卖合同纠纷案件的指引》（被 2020 年 12 月 31 日公布的《广东省高级人民法院关于废止部分审判业务文件的决定》废止）第二十四条规定："出卖人就同一房屋签订多重买卖合同，在买卖合同均有效的情况下，买受人均要求继续履行合同的，一般应当按照下列情形分别处理：（一）先行办理房屋所有权转移登记的买受人请求确认所有权已经转移的，应予支持；（二）均未办理房屋所有权转移登记，先行办理房屋所有权转移预告登记的买受人在预告登记有效期内请求继续履行合同的，应予支持；（三）均无上述履行行为，先行接受商品房交付的买受人请求继续履行合同的，应予支持；（四）均无上述履行行为，登记机关已经受理其房屋所有权转移登记申请的买受人请求继续履行合同的，应予支持；（五）均无上述履行行为，先行办理网上签约或者商品房预售合同备案的买受人请求继续履行合同的，应予支持；（六）均无上述履行行为，先行依约支付价款的买受人请求继续履行合同的，应予支持；（七）均无上述履行行为，成立在先合同的买受人请求继续履行合同的，应予支持……”

（6）《北京市高级人民法院关于审理房屋买卖合同纠纷案件若干疑难问题的会议纪要》（2014 年 12 月 16 日，京高法发〔2014〕489 号）规定，一房数卖中的数个买受人均要求继续履行房屋买卖合同的，应当依据《全国民事审判工作会议纪要》第二部分第（二）方面、《北京市高级人民法院关于审理房屋买卖合同纠纷案件适用法律若干问题的指导意见（试行）》（2010 年 12 月 22 日，京高法发〔2010〕458 号）第十三条的规定确定权利保护顺位。① 办理商品房预售合同备案或房屋网签手续买受人的权利，不能对抗合法占有房屋的买受人。

本案中，钱某艳、洪某珍与刘某平均未办理房屋所有权转移登记或预告登记，但钱某艳、洪某珍已经实际合法占有房屋 16 年多，并已支付全部购房款，而刘某平不但未支付全部购房款，更未实际占有房屋，故依法该房屋应归钱某艳、洪某珍所有。

---

① 《北京市高级人民法院关于审理房屋买卖合同纠纷案件适用法律若干问题的指导意见（试行）》第十三条第一款规定：“出卖人就同一房屋分别签订数份买卖合同，在合同均为有效的前提下，买受人均要求继续履行合同的，原则上应按照以下顺序确定履行合同的买受人：（1）已经办理房屋所有权转移登记的；（2）均未办理房屋所有权转移登记，已经实际合法占有房屋的；（3）均未办理房屋所有权转移登记，又未合法占有房屋，应综合考虑各买受人实际付款数额的多少及先后、是否办理了网签、合同成立的先后等因素，公平合理的予以确定。”

008 商品房认购书转化为商品房买卖合同应具备哪些条件?

【典型案例】民生 DD 深圳房地产开发有限公司与李某坤商品房预售合同纠纷上诉案

> **法律焦点：**商品房认购书与商品房预售合同之间是何关系，商品房认购书能否转化为商品房预售合同，认购书不能得到切实履行时，如何确定当事人的权利义务，商品房认购书是否必须具备《商品房销售管理办法》第十六条规定的13项内容方能有机会成为商品房买卖合同?
>
> **关键词：**认购书、预约合同、商品房买卖合同

案例索引

一审：深圳市龙岗区人民法院（以下简称龙岗法院）(2016) 粤 0307 民初 13607 号民事判决书

二审：深圳市中级人民法院（以下简称深圳中院）(2018) 粤 03 民终 6102 号民事判决书

案情介绍

2015 年 1 月 24 日，李某坤作为买方，民生 DD 深圳房地产开发有限公司（以下简称民生 DD 公司）作为卖方，双方签订了《深圳市房地产认购书》，约定李某坤向民生 DD 公司认购 DD 花园一区二期 3 栋 2904 号房产，套内建筑面积为 67.83 平方米，总价款为 170 万元，买方采取向银行借款方式付款。签订认购书时，买方应向卖方支付定金 5 万元。该认购书第五条约定，签订认购书之日起 7 日内，买卖双方应签订正式的买卖合同，买卖合同一旦签订，认购书的效力即行终止。并备注：自此套房源解锁之日起 7 天内交清首期款，并办理银行按揭手续。同日，双方签订《深圳市房地产认购书补充协议》。双方确认买方向民生 DD 公司购买 DD 花园一区二期项目的第三栋 2904 号房，建筑面积为 89.72 平方米，套内建筑面积为 67.83 平方米，房屋折前总价款为 1755751 元，买方按揭付款，优惠总价款为 170 万元，买方应当在签订房地产买卖合同及补充协议之前支付总楼款不少于 30% 的首

付款，同时备齐银行按揭相关资料及办理相关按揭手续。第三条约定：1. 买方需办理按揭贷款手续的，卖方不承诺代办按揭手续，仅负有代为联系按揭贷款银行及协助买方与银行签订按揭贷款合同之义务。2. 在签署认购书和本补充协议前，买方已认真阅读卖方公示的房地产买卖合同及补充协议；买方对房地产买卖合同及补充协议不持异议；认购书和本补充协议签署后，买方不得因房地产买卖合同及补充协议有异议而拒绝签署。3. 在签署认购书和本补充协议前，买方已经充分了解政府出台的限制购房政策，因此认购书和本补充协议签订后，买方不得以自身违反政策为由提出解除认购书和本补充协议。第四条约定，买方应于签署认购书之日起7日内到DD中央王座营销中心与卖方签署房地产买卖合同及补充协议等一系列文件。如因买方原因导致无法在约定的时间内签订，买方已付定金不予退还，同时已签署的认购书和本补充协议自动失效，买卖双方权利义务即行终止，卖方可将涉案房产另行出售。第六条约定，备注：自此套房源解锁之日起7日内交清首期款，并办理银行按揭手续。同日，李某坤支付民生DD公司定金5万元。

2015年5月11日，民生DD公司向DD花园二期有关业主发出《关于加快DD花园二期查封房源回款的相关情况说明》，对已经交付定金尚未支付首期款的房源，提出以下建议：1. 5月12日至21日付清首付款的房源，在原认购价的基础上给予额外99折优惠；2. 5月22日至31日付清首付款的房源，按原认购价继续履行协议；3. 6月1日仍未交付首期款的房源，我司将单方面解除认购协议，并按规定双倍返还购房定金。同时承诺：1. 查封房源在交清首付款之日起，90日内解除查封状态；2. 如超过90日内未解除查封状态，我司将自房源交清首付款第91日起，按日向业主支付万分之三的违约金，直至解除房源查封状态。

2015年10月至2016年1月，李某坤通过短信方式，与民生DD公司一名朱姓经理进行沟通，要求民生DD公司签订合同、继续履行合同。民生DD公司对该短信不予认可。

2015年11月9日，李某坤向深圳市规划和国土资源委员会龙岗管理局提交DD中央王座营销中心信访，2015年12月1日，深圳市规划和国土资源委员会龙岗管理局向李某坤作出复函，称已于2015年11月18日为双方搭建协商平台，双方分歧较大，无法达成一致意见，请寻司法途径进一步解决问题。

2016年7月11日，李某坤在深圳市龙岗区公证处的公证下通过中国邮政向民生DD公司邮寄《催告函》，催告民生DD公司在2016年7月20日前与李某坤签署正式的房地产买卖合同，并协助其办理银行按揭手续。民生DD公司在收到上述催告函后，并未配合李某坤办理相关的手续。

2016年9月1日，龙岗法院经李某坤的申请，委托深圳市国策房地产土地估价有限公司对涉案房产在提起诉讼之日的市场价值进行评估，该评估公司作出评估报告书，评定涉案房产在李某坤提起诉讼时的市场价值为3050480元。

另查，深圳中院作出（2014）深中法立保字第41号民事裁定书，于2014年8月8日查封了民生DD公司名下含涉案房产在内的167套房产。2015年9月29日，深圳中院作出（2015）深中法执字第1534－2号民事裁定书，解除民生DD公司名下含涉案房产在内的167套房产查封。

李某坤向龙岗法院起诉请求：1. 解除李某坤、民生DD公司之间签署的《深圳市房地产认购书》及《深圳市房地产认购书补充协议》；2. 民生DD公司双倍返还李某坤定金10万元；3. 民生DD公司赔偿李某坤损失1479920元；4. 民生DD公司承担本案公证费、评估费、快递费共计1910元；5. 本案诉讼费用由民生DD公司承担。

裁判观点

龙岗法院经审理认为，李某坤与民生DD公司签订的房地产认购书及补充协议为双方当事人真实意思表示，内容不违反法律、行政法规的强制性规定，为有效合同，双方应遵照履行。双方在认购书及补充协议中约定在将来一定期限内签订房屋买卖合同，属于预约合同。双方在签订房地产认购书及补充协议时，房产处于查封的状态，双方在房产解封之前所签订的合同并不具备继续履行的条件，且民生DD公司作为开发商，对双方签订合同负有通知义务，故对民生DD公司关于由于李某坤的原因导致双方无法签订买卖合同，双方签订的房地产认购书自动失效的主张，依法不予采信。民生DD公司于2015年5月11日出具的《关于加快DD花园二期查封房源回款的相关情况说明》，系民生DD公司单方的意思表示，不对李某坤产生约束。涉案房产于2015年9月29日的查封已被解除，民生DD公司未按照双方签订的认购书及补充协议的约定，通知李某坤签订房地产买卖合同、交付首期款，李某坤通过短信、信访、邮件等方式要求民生DD公司签订买卖合同、继续进行房屋买卖交易，而民生DD公司经李某坤催告，仍不配合与李某坤签订买卖合同，违背了诚实信用的原则，导致李某坤信赖利益的损失，应当承担损害赔偿责任。李某坤作为守约方，要求解除与民生DD公司签订的认购书及补充协议，一审法院依法予以支持。现因房价上涨，认购书及补充协议约定的定金已经不足以弥补民生DD公司的违约行为给李某坤带来的损失，故李某坤要求赔偿房屋差价损失，龙岗法院予以支持。依据深圳市国策房地产土地估价有限公司作出的《房地产估价报告》，涉案房产在李某坤起诉时价值为3050480元，故民生DD公司应当赔偿李某坤损失1350480元（3050480元-1700000元）。赔偿损失与双倍返还定金不应同时主张，经龙岗法院释明，李某坤选择要求民生DD公司赔偿损失，民生DD公司收取李某坤的定金5万元，民生DD公司应当予以返还。李某坤通过公证的方式向民生DD公司送达相关材料所产生的费用，不属于必然产生的损失，该费用由李某坤自行承担。李某坤单方委托评估所支付的评估费用，由李某坤自行承担。

综上，龙岗法院依照《合同法》第四十二条第三项、第六十条、第一百零七条、第一百一十四条第一款，《民事诉讼法》第六十四条第一款之规定，判决如下：一、解除李某坤与民生DD公司之间签署的《深圳市房地产认购书》及《深圳市房地产认购书补充协议》；二、民生DD公司于本判决生效之日起十日内返还李某坤定金5万元；三、民生DD公司于本判决生效之日起十日内赔偿李某坤损失1350480元；四、驳回李某坤其他诉讼请求。如果上述付款义务人未按本判决指定的期间履行给付金钱义务，应当依照《民事诉讼法》第二百五十三条的规定，加倍支付迟延履行期间的债务利息。案件受理费19306元（李某坤已预交），由李某坤负担1902元，民生DD公司负担17404元；评估费10126元（李某坤已预交），由民生DD公司负担。

上诉人民生DD公司不服一审民事判决，向深圳中院上诉请求：1. 撤销原判；2. 依法改判由民生DD公司双倍返还定金10万元。

事实和理由：一、双方没有签订《商品房买卖合同》的原因在于李某坤拒绝支付购房首付款。2015年5月11日，民生DD公司向所有DD花园二期签订过《深圳市房地产认购书》及《深圳市房地产认购书补充协议》的购房者（包括李某坤）发出书面的《关于加快DD花园二期查封房源回款的相关情况说明》（以下简称《情况说明》）。在该《情况说明》中，民生DD公司提出建议："1.5月12日至21日交清首付款的房源，在原认购价基础上给予额外99折优惠；2. 5月22日至31日交清首付款的房源，按原认购价继续履行认购协议；3.6月1日仍未交付首付款的房源，我司将单方面解除认购协议，并按协议规定双倍返还购房定金。"李某坤在一审时，提交了该份《情况说明》，还在提交的《公证书》及2016年7月11日的《催告函》中确认收到了《情况说明》并明确："故本人未在6月1日前交清首付款"。李某坤没有在2015年6月1日前交付首期款的理由："但由于本房地产仍处于查封状态，本人对交清首付款存在一定顾虑，且要求交付首期款只是贵公司的单方意思表示和建议，并无事实和法律依据，故本人未在6月1日前交清首付款。"一审法院判决认定，"民生DD公司2015年5月11日出具的《关于加快DD花园二期查封房源回款的相关情况说明》，系民生 DD 公司单方的意思表示，不对李某坤产生约束”以及“房产处于查封状态，双方在房产解封之前所签订的合同并不具备继续履行的条件”，并以此判决由民生 DD 公司承担损害赔偿责任。民生 DD 公司认为李某坤顾虑房产没有解封，因而不肯交付首期款的辩解并不成立，双方签订认购书时房产已然被查封，合同及补充协议上均有载明，李某坤也支付了购房定金。因此，李某坤不支付首期款应视为同意与民生 DD 公司解除认购关系。只是后来深圳房价上涨，李某坤反悔，才在当年 10 月后提出与民生 DD 公司签订购房合同。另外，既然法院认定房产处于查封状态，双方在房地产解封之前所签订的合同不具备履行条件，那么，2015 年 1 月 24 日双方所签订的《深圳市房地产认购书》及《深圳市房地产认购书补充协议》也应当被认定为不具备履行条件，因为 DD 花园二期被查封的时间是签订认购书和认购书补充协议之前。按照《广东省高级人民法院关于审理房屋买卖合同纠纷案件的指引》第七条第四项的规定，双方签订的《深圳市房地产认购书》及《深圳市房地产认购书补充协议》应该被认定为有效合同。因此，民生 DD 公司的《情况说明》也应当认为是具备履行条件的，李某坤未在期限内交付首期款，应当视为对民生 DD 公司邀约的拒绝。但一审判决选择性地认定《情况说明》中关于首期款的交付因房产被查封不具备履行条件来认定对李某坤无约束，属于对同一个事实采用不同的标准。民生 DD 公司认为此为认定事实不清。

二、适用法律不当。深圳市同致诚土地房地产估价顾问有限公司 2016 年 8 月 18 日出具《报告书》，对涉案房产估价为 3050480 元，房产估价时点设定为 2016 年 7 月 20 日。一审判决以此时间的房屋价格差额计算李某坤的损失，属于适用法律不当。2015 年 5 月 11 日，民生 DD 公司用《情况说明》明示李某坤，6 月 1 日前没有交付首期款，单方解除合同，并双倍返还定金，此后的行为都表明不予签订房地产买卖合同的意思。李某坤知道后并未采取措施补救，直至 2016 年 7 月提起诉讼请求损害赔偿，自民生 DD 公司明示不予签订合同时间已超过一年之久，这一年中深圳房价涨幅巨大，房价在此期间基本翻倍。一审法院将李某坤怠于行使权利致使房产价格增长，算作由民生 DD 公司承担的损失，缺乏法律依据。民生 DD 公司认为，即使计算李某坤的损失，也应当是自 2015 年 1 月 24 日至 2015 年 6 月 1 日期间房产价格增幅的部分。

民生 DD 公司二审庭审时补充事实和理由：一、李某坤以涉案房地产处查封状态为由，在认购书订立之日起 7 日内拒绝与民生 DD 公司订立正式的房地产买卖合同，根据涉案房地产认购书第五条第二款的约定，涉案房地产认购书及其补充协议已于 2015 年 2 月 1 日依法自动失效，并由民生 DD 公司承担后果。原审判决以“房产解封之前所签订的合同并不具有继续履行的条件”为由否定上述事实，违反了认购书的约定和法律规定。1. 涉案房地产在订立房地产认购书时处于查封状态，李某坤完全知悉。房地产认购书第五条第一款约定，自签订房地产认购书之日起 7 日内买卖双方签订正式的买卖合同，房地产认购书并未约定签订正式的买卖合同须以房地产解封为前提条件。李某坤以该房地产未解封为由拒绝在 7 日内与民生 DD 公司签订正式的买卖合同没有事实和法律依据，属于违约行为。涉案房地产认购书依约于 2015 年 2 月 1 日自动失效，正式的房地产买卖合同未能签订，依法应当归责于李某坤。2. 虽然法律禁止被查封房地产的转让，但并不禁止订立房地产买卖合同，已经订立的房地产买卖合同也不因约定时房地产被查封而无效或失效。在双方均知悉涉案房地产处于查封状态之下，当事人完全可以就解封事项达成一致，从而签订正式的买卖合同。若双方就此不能达成合意，导致正式的买卖合同不能签订，也不可归责于任何一方。原审法院以“房产解封之前所签订的合同并不具有继续履行的条件”为由否定房地产认购书关于“自签订房地产认购书之日起 7 日内买卖双方应签订正式的买卖合同”的效力，从而否定涉案房地产认购书依约于 2015 年 2 月 1 日已经自动失效的法律后果，明显混淆了正式买卖合同的订立条件和合同履行条件的区别，没有法律依据。3. 民生 DD 公司于 2015 年 5 月 11 日向 DD 花园二期购房者发出《情况说明》，性质属于民生 DD 公司向购房者发出的变更涉案房地产认购书效力期限及内容的要约，因李某坤拒绝接受，涉案房地产认购书的效力并没有延长，依约仍于 2015 年 2 月 1 日失效。在房地产认购书已经自动失效的情形下，民生 DD 公司并无与李某坤签订正式买卖合同的义务。原审法院以涉案房地产于 2015 年 9 月 29 日解封后民生 DD 公司未与李某坤签订正式买卖合同为由认定民生 DD 公司构成违约与事实和法律规定不符。

1. 如前所述，涉案房地产认购书因双方未在约定期限内签订正式的买卖合同，已于 2015 年 2 月 1 日自动失效。此后，民生 DD 公司通过《情况说明》的方式向包括李某坤在内的买方提出变更房地产认购书期限和内容的要约，但李某坤并没有承诺，依法不发生变更的效力，涉案房地产认购书的效力没有恢复并延期。对此，原审判决也依法认定《情况说明》系民生 DD 公司单方意思，对李某坤没有约束力。

2. 在涉案房地产认购书失效的情形下，李某坤要求民生 DD 公司与其订立房地产买卖合同缺乏合同依据。原审判决认定李某坤不配合民生 DD 公司签订买卖合同违反了房地产认购书的约定，违背了诚实信用原则，明显错误。

3. 导致正式的买卖合同没有订立、房地产认购书自动失效的原因在于李某坤拒绝按照约定的时间协商订立合同。在订立房地产认购书时李某坤已经知悉涉案房地产处于查封状态，若因房地产处于查封状态而不能与李某坤就正式买卖合同的条款达成一致，也不可归责于双方。

二、即使因民生 DD 公司的原因导致正式的买卖合同未能签订，民生 DD 公司应当承担的也是违反预约合同的违约责任或构成正式买卖合同的缔约过失责任，而不是违反买卖合同的违约责任，原审判决按照房屋差价判令民生 DD 公司赔偿损失 1350480 元，等同于违反正式买卖合同所承担的违约责任，于法无据，明显违背公平原则。

1. 根据房地产认购书第五条的约定，即便是因民生 DD 公司的原因导致正式买卖合同未能签订，民生 DD 公司依约应双倍返还定金。该责任性质上属于违反预约合同的违约责任，若该定金责任明显不足以弥补李某坤的信赖利益损失，李某坤可以请求增加赔偿，前述信赖利益赔偿责任性质上属于正式买卖合同的缔约过失责任，责任的大小应按照李某坤的信赖利益损失进行确认，而该信赖利益损失应以李某坤为签订和准备履行正式买卖合同所支出的合理费用为标准，房屋差价显然不包括其中。原审判决根据李某坤起诉时涉案房地产的评估价值与房地产认购书约定的购房总价款的差额计算，并认定为李某坤的信赖利益损失，混淆了违反预约合同的违约责任和违反正式房地产买卖合同的违约责任的区别，本质上是混淆了预约和本约的法律区别。

2. 再退一步，即便房屋差价损失可作为李某坤的信赖利益损失，也不应以李某坤起诉时的房屋评估价格计算差价，而应以房地产认购书失效之日即 2015 年 2 月 1 日的房屋评估价格计算差价。同时，计算损失时应当考验李某坤未采取合理措施导致损失不当扩大，以及是否超过民生 DD 公司订立房地产认购书时预见到或者应当预见到的因违约可能造成的损失。原审判决全然不考虑上述因素，直接判决民生 DD 公司赔偿差价损失，使赔偿金额高达约定购房价款的 80%，不仅远远超出当事人立约时的预见，更违反了民法公平原则。

综上，原审判决认定事实错误，适用法律不当，请二审法院依法纠正。

针对民生 DD 公司的上诉，李某坤答辩称：一审判决认定事实清楚，适用法律正确，请求二审法院驳回上诉，维持原判。首先，从民生 DD 公司的上诉请求第二项看，民生 DD 公司已自认其违约；其次，根据双方签署的房地产认购书以及房地产认购书补充协议，民生 DD 公司无权要求李某坤在房屋解除查封前交清首期款，李某坤也无义务在涉案房产解除查封前支付首期款；再次，根据现行法律规定，民生 DD 公司已自认其违约，其并无法律依据解除合同；最后，根据一审查明的相关事实，民生 DD 公司一直同意签署正式的房地产买卖合同，只是在 2015 年 10 月之后态度突然发生变化，开始对签署正式的房地产买卖合同进行推诿。

深圳中院经审理认为，李某坤与民生 DD 公司签订的涉案《深圳市房地产认购书》《深圳市房地产认购书补充协议》虽约定双方在将来一定期限内签订正式的买卖合同，但认购书及补充协议对拟购房屋的位置、面积、价款、付款时间、付款方式作出了明确的约定，已经具备房屋买卖合同的主要条款，且民生 DD 公司已收取李某坤的购房定金。故根据《最高人民法院关于审理商品房买卖合同纠纷案件适用法律若干问题的解释》第五条之规定，本院认定该《认购书》及《补充协议》为房屋买卖合同，原审法院将其认定为预约合同不当，本院予以纠正。

民生 DD 公司主张李某坤未在签订认购书之日起 7 日内即 2015 年 1 月 31 日前签订正式的买卖合同，故根据《补充协议》第四条之约定，该《认购书》与《补充协议》已自动失效，定金应予没收。但民生 DD 公司未能举证证明双方未在上述约定的时间内签订正式买卖合同的原因在于买方。事实上，直至 2015 年 5 月 11 日民生 DD 公司向 DD 花园二期有关业主发送《情况说明》时采用的仍是"认购价""认购协议"等表述，说明民生 DD 公司此时仍然认可《认购书》与《补充协议》的效力。况且，民生 DD 公司的上诉请求之一为"改判民生 DD 公司双倍返还定金"。综上，本院对民生 DD 公司关于涉案《认购书》与《补充协议》已于 2015 年 2 月 1 日自动失效的主张不予采纳。涉案《认购书》与《补充协议》系合法有效的房屋买卖合同，双方应全面适当地履行各自的合同义务。

涉案《认购书》及《补充协议》均明确约定李某坤应于涉案房产解锁（解除查封）之日起 7 天内交清首期款并办理银行按揭手续，而民生 DD 公司在 2015 年 5 月 11 日向相关业主发出的《情况说明》中告知李某坤等业主于 6 月 1 日前交付首期款，否则将单方面解除合同，且明确查封房源将在交清首付款之日起 90 日内解除查封状态。两相对比，民生 DD 公司在《情况说明》中提出的要约条件明显比《认购书》及《补充协议》中的约定条款更为苛刻，加重了买方李某坤的责任，李某坤有权不予承诺。该《情况说明》对李某坤不产生法律约束力。在涉案房产于 2015 年 9 月 29 日解除查封后，李某坤有权依照《认购书》及《补充协议》的约定要求民生 DD 公司继续履行房屋买卖合同。民生 DD 公司经李某坤多次催告，仍拒绝履行其卖方义务，构成根本违约，应当承担相应的违约责任。李某坤要求民生 DD 公司赔偿房屋差价损失，于法有据，本院依法予以支持。

综上所述，民生 DD 公司的上诉请求不能成立，应予驳回；一审判决虽对合同性质认定不当，但实体处理正确，应予维持。依照《民事诉讼法》第一百七十条第一款第一项之规定，判决如下：驳回上诉，维持原判。二审案件受理费 2300 元，由上诉人民生 DD 公司负担。

案例述评

一、认购书的性质与效力

认购书是广泛存在于商品房销售中的一种文书。由于其独特的法律地位和对双方权利义务不甚清晰的界定，加之理论和司法实务界对认购书的性质、效力确认上的不一，以致由认购书及其中定金所引起的纠纷日渐增多，已成为人民法院民事审判中亟待解决的问题之一。

学术界普遍认为，房地产开发商未办理商品房预售许可证就与预购人所签订的商品房认购书无效。[①] 司法实务界则多认为，认购书并非商品房预售合同，不能把商品房买卖合同的生效要件误认为是商品房认购书的生效要件。认购书的内容一般包括：双方当事人的基本情况、房屋基本情况（包括位置、面积、单价等）、签署正式契约的时限约定等。认购书应当在开发商已办妥开发项目的立项、规划、报建审批手续，开发项目已定型，但尚未取得商品房预售许可证的期间内签订。[②] 我们赞同商品房预售许可证并非商品房认购书有效条件的观点。那种视认购书为废纸的观点或做法虽用心良苦，却无益于培养自立的市场主体，也与市场经济条件下最大可能地尊重当事人意思自治的精神相悖。

在传统的民法理论中，契约可以分为本约与预约，本约是相对于预约而言的，在预约中约定将来要订立的契约即为本约；预约则是约定将来订立一定契约的契约。[③] 预约合同的效力是在当事人之间产生届时签订本约的权利和义务。

认购协议书是商品房买卖双方在签署预售合同或买卖合同前所签订的文书，是对双方交易房屋有关事宜的初步确认。简单来说，即是卖方承诺在一定期间内保证不将房屋卖给除买方外的第三人，买方则保证将在此期间内遵循协议约定的条款与卖方就买房事项进行商谈。这种认购行为的主要特征是买卖双方约定的为将来订立合同而谈判的义务，而并非最终达到签约。认购书与正式买卖合同的关系为预约合同与本合同的关系。预约合同最突出的特征在于，它约定的是当事人为将来订立本合同而谈判的义务。本合同约定的是当事人为特定行为的义务，而不是对行为结果

---

① 参见符启林主编：《商品房预售法律制度研究》，中国政法大学出版社 2002 年版，第 100 页；陈耀东：《商品房买卖法律问题专论》，法律出版社 2003 年版，第 249 页。

② 参见最高人民法院民一庭编著：《最高人民法院关于审理商品房买卖合同纠纷案件司法解释的理解与适用》，人民法院出版社 2003 年版，第 65 页。

③ 参见史尚宽：《债法总论》，中国政法大学出版社 2000 年版，第 12 页。

的直接确认。“预约的目的在于有事实或法律上的障碍，暂无法订定主契约时”，约定将来订立一定合同；预约的目的在于签订本约，而预约合同属诺成性合同而非实践性合同，不受要物约束。预约合同履行完毕，“事实或法律上的障碍”即不存在，填充缺失条款和明确不确定条款的条件已成熟，诺成性合同即转化为实践性合同，预约即转化为本约。①

二、预约的常见类型

预约的常见类型有两个：一是将行谈判的预约。是因存在事实或法律上的障碍、暂时无法订定主契约时，缔约双方为订立主契约而事先约定的程序，对当事人加以拘束，法律标的是即将举行的谈判，当事人有义务提出缔结主契约的要约并为此磋商。如果当事人诚实信用地进行谈判以后仍然不能达成本约，谈判的任何一方均不受合同的约束。二是带未决条款的预约。交易的大部分条款已经在预约中确定，但是当事人仍有义务就未决条款继续谈判，待全部问题解决以后再整合为最后的本约。它与将行谈判预约的区别在于，除了拥有对未决条款将行谈判的预约以外，还包括缔约双方对已决条款是有效合同的约定。《国际商事合同通则》第 2. 1. 14 条（1）规定：“如果当事人各方意在订立一项合同，但却有意将一项条款留待进一步谈判商定或由第三人确定，则这一事实并不妨碍合同的成立。”为保证由已决条款组成的合同能够实际履行，该通则建立了替代交易制度，在缔约双方不能就未决条款取得一致时，允许双方约定的第三人或者有管辖权的法院介入，按照公平交易原则对未决内容进行填充，排除未决部分的不确定性后，当事人的交易义务也就固定下来了。

三、商品房认购书与商品房买卖合同能否转化

上引案例涉及商品房认购书与商品房预售合同的关系、认购书不能得到切实履行时如何确定当事人的权利义务等问题。案中双方当事人对认购书的效力均无异议，争议的焦点为：认购书是否已转化为商品房预售合同，民生 DD 公司不能继续履行与李某坤所签订的认购协议，是赔偿李某坤的期待利益②还是信赖利益③，判决采信的信赖利益又该如何计算？

我们认为，一般情况下订购协议具有预约性质，它不能当然替代作为本约的买

---

① 参见最高人民法院民一庭编著：《最高人民法院关于审理商品房买卖合同纠纷案件司法解释的理解与适用》，人民法院出版社 2003 年版，第 67、68 页。

② 期待利益，又称履行利益，是指合同有效成立后当事人希望的，通过履行合同所带来的利益，是与既存利益方向相反的将来利益，合同的圆满履行是其实现的条件。

③ 信赖利益，是指对合同或要约赋予了信赖的一方当事人所固有的，因信赖可能或已经受到损失的利益，包括财产利益和机会利益。

卖合同，但订购协议如符合特定的条件是可以转化为买卖合同的。

关于商品房认购书与商品房买卖合同能否转化的问题，《最高人民法院关于审理商品房买卖合同纠纷案件适用法律若干问题的解释》（法释〔2003〕7号，2020年12月23日修正）第五条作了规定："商品房的认购、订购、预订等协议具备《商品房销售管理办法》第十六条规定的商品房买卖合同的主要内容，并且出卖人已经按照约定收受购房款的，该协议应当认定为商品房买卖合同。"最高人民法院民一庭认为：该条将商品房买卖认购书认定为商品房买卖合同，即认定名为预约实为本约，应具备两个条件：一是具备《商品房销售管理办法》第十六条规定的商品房买卖合同的主要内容；二是出卖人已按约定收取购房款（既应包括全款，也应包括部分购房款）。认购书被认定为本约，除合同条款齐备外，还应具备合同实际履行条件。同时又认为：一般来说，只要合同条款齐备、明确，具备《商品房销售管理办法》第十六条[①]规定的商品房买卖合同的主要内容，即可认定为本约，无须附加实际履行条件。订立本约的日期，即使是事后补订的，也应是交付第一部分价金之日。从立法趋势上讲，应加重对不动产预约的规范力度，而对认定成立本约不必附加履行条件。本条规定"出卖人已按约定收取购房款"作为商品房买卖合同成立的要件之一，主要是考虑到商品房买卖的实际情况。尽管认购书具备本约的内容，但合同当事人的真实意思是签订预约合同，故本条解释附加买受人交纳全部或部分房款的合同才转化为正式的商品房买卖合同。以这种方式区分预约与本约，符合我国商品房销售市场的实际情况，法官、律师、公民都容易理解。本解释作出的规定也是符合现行法律、法理和商品房交易实务的。[②]

最高人民法院作为最高审判机关，其作出的司法解释具有法律效力，在全国各地法院的审判活动中应予执行。依照《商品房买卖合同司法解释》第五条的规定，商品房买卖认购书能够认定为商品房买卖合同的可谓凤毛麟角，条件虽只有两个，似乎不多，但条件之严苛惊人，单是第一个条件须具备《商品房销售管理办法》第

---

① 《商品房销售管理办法》第十六条规定："商品房销售时，房地产开发企业和买受人应当订立书面商品房买卖合同。商品房买卖合同应当明确以下主要内容：（一）当事人名称或者姓名和住所；（二）商品房基本状况；（三）商品房的销售方式；（四）商品房价款的确定方式及总价款、付款方式、付款时间；（五）交付使用条件及日期；（六）装饰、设备标准承诺；（七）供水、供电、供热、燃气、通讯、道路、绿化等配套基础设施和公共设施的交付承诺和有关权益、责任；（八）公共配套建筑的产权归属；（九）面积差异的处理方式；（十）办理产权登记有关事宜；（十一）解决争议的方法；（十二）违约责任；（十三）双方约定的其他事项。"

② 参见最高人民法院民一庭编著：《最高人民法院关于审理商品房买卖合同纠纷案件司法解释的理解与适用》，人民法院出版社2003年版，第70、71页。

十六条规定的商品房买卖合同的主要内容就多达 13 项，而商品房认购书签订实务中能够同时满足这 13 项条件的认购书并不多见；至于第二个条件，出卖人已按约定收取购房款实系合同履行条件。尽管称将“出卖人已按约定收取购房款”作为商品房买卖合同成立的要件之一，主要是考虑到商品房买卖的实际情况，符合我国商品房销售市场的实际情况，法官、律师、公民都容易理解，符合现行法律、法理和商品房交易实务。但据我们多年来的房地产审判实践发现，将“出卖人已按约定收取购房款”作为商品房买卖合同成立的要件之一，恰恰多令人难以理解，尤其是商品房的认购人想不通，也与有关法理精神相悖。简要分析如下：

据上述最高人民法院民一庭的理解，实系将认购书（预约合同）中收取购房款条款的履行作为商品房买卖合同的成立要件之一，且是否实际收取的主动权或者说决定权在房地产开发商，这种规定与我国《合同法》第八条第一款“依法成立的合同，对当事人具有法律约束力。当事人应当按照约定履行自己的义务，不得擅自变更或者解除合同”的规定不符。规定拘束力的目的是更好地体现合同自治原则和诚实信用原则。商品房买卖合同作为合同的一种适用合同法的规定应无异议。《商品房买卖合同司法解释》第五条的规定虽称系根据《合同法》《民法通则》等法律并结合民事审判实践所制定，但不能找到相关的法律规定，因此，只能是根据民事审判实践、法理和商品房交易实务了。试举一例，某房产开发公司作为甲方与作为乙方的韩某签订的《预定房协议》中约定：“乙方自愿预约甲方鑫景嘉苑项目 1 号楼商铺单元 04 室，单价 3600 元/平方米。甲方承诺在乙方交付 4 万元定金后，单价及位置均维持本协议不变。乙方在接到甲方交款通知之日起二月内未交付全部房款，则视为乙方自动放弃该房屋，甲方有权将乙方所预定房屋出售，乙方无异议。未尽事宜，双方友好协商解决。”协议签订后，乙方按约交付定金。但直至所预定房屋竣工，甲方办理了商品房预售许可证，乙方仍未收到甲方的交款通知。乙方主动找到甲方要求交付购房款，却遭到甲方的拒绝。乙方认为甲方拒绝收款的真实原因是所预定的商铺较预定协议签订时的价格有了较大幅度的提高，甲方为追求高额利润而不会向乙方发出交款通知，更不会与乙方按预定协议约定的价格签订购房合同，遂以双方之间的预定协议实为商品房买卖合同为由，向法院提起诉讼要求甲方履行交付商铺的义务。如据《商品房买卖合同司法解释》第五条的规定，显然韩某的诉讼请求不能成立，因为一方面该预定协议未能包括《商品房销售管理办法》第十六条规定的 13 项主要内容；另一方面作为销售商的甲方未实际收取其购房款。韩某的起诉状系律师斟酌代书，可见无论是作为普通公民的韩某还是作为法律服务提供者的律师，对《商品房买卖合同司法解释》第五条的规定并非理解得那么透彻。大多数公民还是更倾向基于善良的愿望，本着诚实信用原则去努力实现自己或双方签订预约合同时的真实意思，不承想预约合同成为买卖合同并非易事。退一步讲，即便双方预定协议已包括《商品房销售管理办法》第十六条规定的13项主要内容，也因韩某自己不能实现交付开发商购房款的条件（一个愿给，一个拒收），商品房买卖合同的成立要件之一欠缺，只能“望房兴叹”。

我们认为，最高人民法院的这一规定，貌似合理，实则极不公允，也有悖法理。理由有两个：

一是所谓的“我国商品房销售市场的实际情况”和“现行商品房交易实务”，主要是反映了作为强势单元的房地产开发商一方的缔约及房屋销售行为，现实生活中的实际情况往往是开发商“一言堂”，提供的认购书是其精心制作的格式条款，作为购房者的公民个人是很难有发言权的。就像前面所举的例子，预约合同中的购房款能否实际交付并非取决于购房人，而是由开发商掌握着“霸权”——静候通知。

二是所谓的“法官、律师、公民都容易理解”以及“符合现行的法律、法理”，前者似乎有些武断，上引例子恰恰说明有的律师和公民是理解不透的，至于法官“守法是天职”，所以纵使该规定不合法的精神与社会一般民众的意愿，但只要该规定未被废止、修改，还是要贯彻执行的。“司法内在封闭性、保守性是司法的一般性特征。对法律规范的尊崇，对法律技术的自重通常成为司法机构及其成员的基本价值取向。司法机构及其成员习惯于从自身墨守的规范价值中寻求自我欣赏，而外部的社会变化，尤其是经济现象的变化较难引致司法的实际重视。”①

所谓“符合现行的法律、法理”，没有法律明文规定商品房认购书必须具备《商品房销售管理办法》第十六条规定的13项内容方能成为商品房买卖合同。预约既然以将来订立一定合同为目的，当然属于债权合同。预约既然属于合同，当然也适用一般合同法的规则。②《合同法》第十二条以列举的方式规定了合同一般应包括的八种条款③，这八种条款并不都是合同的主要条款，也不要求预约中全部具备。一般来说，合同主要条款是足以使合同成立的条款，不同类型的合同其主要条款也

---

① 参见顾培东：《中国司法改革的宏观思考》，引自“中国律师”网站，http://www.chineselawyer.com.cn/meban-jianzheng-1.htm。

② 参见符启林主编：《商品房预售法律制度研究》，中国政法大学出版社2002年版，第94页。

③ 合同的内容由当事人约定，一般包括以下条款：（一）当事人的名称或者姓名和住所；（二）标的；（三）数量；（四）质量；（五）价款或者报酬；（六）履行期限、地点和方式；（七）违约责任；（八）解决争议的方法。当事人可以参照各类合同的示范文本订立合同。

不同。比如，买卖合同，只要具备标的和数量两个条款合同就能成立，其他条款都可以通过补充协议和法定的合同补充方法来解决。① 从法的效力层次面上讲，《商品房销售管理办法》系建设部颁发的部委规章，而《合同法》系全国人大通过的法律，法律的效力高于部委规章。我们没有理由选择适用与上位法规定相冲突的下位法的规定，况且，这种情况也根本不存在适用“特别法优于普通法”原则的基础，因《商品房销售管理办法》与《合同法》根本就不是同一位阶的法律、法规或规章。

《商品房买卖合同司法解释》第五条规定商品房认购书必须具备《商品房销售管理办法》第十六条规定的13项内容才有机会成为商品房买卖合同，是不利于切实保护购房者的权益的，无形当中也鼓励了不良开发商违背诚实信用原则，故意不予磋商洽谈订立本约或者恶意毁约否认本约的成立。

四、认购书的法律规制

我国《民法通则》及《合同法》对认购书所属的预约合同都未置一词，但这并不表明对认购书的调整无法可依。目前，在司法实践中，认购书的民事责任似乎只与定金有关，这无益于对双方权利的保护。认购书作为预约合同，本身已具备合同成立的要件。违反认购书会引起定金罚则的适用，但并不仅限于定金罚则，违约责任形式中的赔偿损失也可适用。本合同虽未正式签订，但当事人因签订认购书之故，可能已发费了相当费用并放弃了众多其他机会，这种损失被称为信赖利益，为法律保护的客体之一。至于实际履行的责任，依据上文的分析，在现行规定下，认购书加诸当事人的只是基于诚实信用原则为公平谈判的行为，法院不应要求实际履行正式合同。其实，司法实务中，已有法院置《商品房买卖合同司法解释》第五条规定于不顾，作出了相应的判决，如浙江省高级法院在审理陈某红与浙江福田房地产开发有限公司预订单继续履行纠纷案中即认为预约合同双方对商品房的面积和单价作了明确约定，并注明交房日期，就已经具备了商品房买卖合同的主要条款，其他条款双方只需根据商品房预（销）售合同格式文本和交易习惯即可确定，并对全面履行预订单的诉讼请求予以支持。②

我们对浙江省高院的终审判决持肯定的态度，在当今社会中，随着“诚信危机”的出现，一些房地产开发商已经意识到了不守诚信必然会严重地影响企业自身

---

① 参见韩强：《论预约的效力与形态》，载《华东政法学院学报》2003年第1期，第49页；姜丛华、朱宁：《从商品房认购书谈“预约合同”预约研究》，载 www. allbrightlaw. com. cn/lvBBS. htm。

② 参见浙江省高级法院审理的陈某红与浙江福田房地产开发有限公司预订单继续履行纠纷案，转自翁醉：《法院改判能否止住违约者失信脚步?》，载《中国房地产报》2004年7月5日第8版，第1113期。

的长远发展，因此追求诚信已越来越被更多的房地产开发商所推崇，诚信已被认为是最好的竞争手段，而只有做到以诚待客，做一个有责任感的开发商，才能赢得消费者的信赖，也才能成为最后的赢家。作为掌握司法审判权的人民法院不应“助纣为虐”，把一些不良开发商的所谓“通行规则”奉为圭臬，作为司法裁判的基础，这会使广大民众对司法的公平正义产生信任危机。正如学者所言：“司法的良窳关系着民心的向背，司法能获得人民的信赖与尊重，是社会得以发展的重要力量。”[①]因此，作为司法裁判者不可不慎。

基于前述法理分析和司法个案处理中的做法，我们认为，在立法中有必要明确一旦预约合同中出现足以确定合同基本框架的交易房屋标的、价金、质量环境标准等核心条款时，则可以推定双方承认由已决条款构成的合同的效力，并准备按照预约内容履行。如果当事人不能就未决条款达成一致，可以由双方信赖的第三方完成填空；形成诉讼时，由法院依照公平原则和诚实信用原则在判决中确定。

《民法典》第四百九十五条第一款规定：“当事人约定在将来一定期限内订立合同的认购书、订购书、预订书等，构成预约合同。”至此，我国法律中正式规定了预约合同。

---

① 参见翁岳生：《迎接新世纪从尊重人性尊严出发，建立温暖公正全民信赖的司法》，载《法令月刊》2000 年第 1 期。

009 商品房层高“缩水”如何索赔?

【典型案例】梁某茵与江门 YX 城建房地产开发有限公司、广州市 A 城市建设开发有限公司商品房预售合同纠纷案

> **法律焦点**：对于开发商交付商品房的实际层高与合同约定层高不符，对层高误差赔偿标准问题，目前法律法规及司法解释均没有明确规定。在商品房买卖合同双方对此也无合同约定的情形下，如何处理商品房层高“缩水”索赔问题，在司法实践中不无争议且做法不一。对于商品房层高误差，能否直接类推适用《最高人民法院关于审理商品房买卖合同纠纷案件适用法律若干问题的解释》第十四条（2020 年 12 月 23 日修正后删除）的规定或合同约定中关于面积误差的处理原则?
>
> **关键词**：商品房预售合同、层高缩水、索赔

案例索引

一审：广东省江门市蓬江区人民法院（以下简称蓬江法院）（2016）粤 0703 民初 534 号民事判决书

二审：广东省江门市中级人民法院（以下简称江门中院）（2016）粤 07 民终 2454 号民事判决书

再审审查：广东省高级人民法院（以下简称广东高院）（2017）粤民申 1365 号民事裁定书

案情介绍

由江门 YX 城建房地产开发有限公司（以下简称江门 YX 公司）开发的“星汇名庭”房地产项目位于江门市南侧，属于江门市名校紫茶小学招生地段。该项目共分四期，一期至三期均为住宅项目，其中第一期和第二期从规划设计、报建、施工到竣工验收，层高标准均设定为 3. 15 米。第一期于 2011 年 7 月 21 日开盘销售，江门 YX 公司为此曾在 YX 集团网页及相关网络媒体上宣传该楼盘，宣传的内容除第一期开售的开阳星院的基本情况外，还就整个“星汇名庭”项目的总占地面积、容

积率、绿地率及整体设计风格和理念等做了介绍，其中关于住宅层高的宣传为3.15米。

本案讼争涉及的天璇星院6幢12层1203单元属于“星汇名庭”第三期项目。2013年8月16日，“星汇名庭”第三期项目开工建设，并于2015年8月18日完成竣工验收备案登记。从该期项目的规划设计、报建、施工到竣工验收等各个阶段的相关资料所记载的内容来看，层高标准均设定为3米。

2014年7月22日，江门YX公司经依法审批取得了第三期天璇星院第5～7幢的《广东省江门市商品房预售许可证》，编号为江预许字第2014087号。

2014年10月31日，梁某茵与江门YX公司签订一份《广东省商品房买卖合同》，主要约定：梁某茵向江门YX公司购买由其开发的位于江门市蓬江区“星汇名庭”天璇星院6幢12层1203室房屋；该房屋为预售商品房，用途为住宅，属钢筋混凝土结构，层高为3.15米，建筑面积共158.48平方米，套内建筑面积为126.52平方米，公共部位与公用房屋分摊建筑面积为31.96平方米；该商品房单价为每平方米7538元，总价款为1194622元，梁某茵通过申请办理银行按揭方式支付房款；江门YX公司应当在2016年3月30日前将符合合同约定的商品房交付梁某茵使用等。双方在该合同中还对商品房面积差异情形应如何处理作了明确而具体的约定，但并未就商品房层高差异问题的处理予以约定。

合同签订后，梁某茵依约履行了支付全部房款1194622元的义务，江门YX公司并为其开具了相应的发票。

从2015年11月开始，江门YX公司陆续向梁某茵及“星汇名庭”第三期其他业主分别寄发《致歉信》，主要内容为：“……为便于阁下尽早入住，我司早于2015年11月进行内部验收检查。检查时发现合同约定存在误差，把三期商品房实际层高3米写成3.15米。而实际层高与报建图、施工图及实际样板间展示区的数据相符（有所有报建图纸及实体样板间为证）。经核查，证实我司相关人员在确认网签买卖合同时，沿用了一、二期的旧网签合同版本，数据录入时由于工作人员失误所导致。目前层高仍符合国家《住宅设计规范》第5.5.1条规定的住宅层高≥2.8米的要求，不影响居住和使用功能。现我司就合同内容数据录入有误一事郑重告知阁下，请阁下知悉并向您真诚道歉，恳请取得您的谅解……”

江门YX公司在该《致歉信》中还提出了补偿方案，拟赠送一年物业管理费或车位购买优惠代金券5000元的礼包，同时明确告知梁某茵等业主如同意该补偿方案可在15天内通过签订《确认函》的方式予以确认，并在2015年12月20日前办理收房手续。随后，经梁某茵对涉案房屋进行现场核查和验收，发现江门YX公司所述层高差异情况属实。

江门 YX 公司在向包括梁某茵在内的其他业主寄发《致歉信》的同时，还通过张贴公示、与相关业主召开会议通报情况以及向江门市住房和城乡建设局申请更正数据等措施进行善后处理。另据江门 YX 公司反映，截至 2016 年 6 月 7 日，在该公司已出售的 934 套商品房中，已有 656 户业主接受该公司上述补偿方案并与其签订了《确认函》，但本案梁某茵并未接受该公司的补偿方案。该层高差异问题后经双方多次协商，由于分歧较大，最终未能就赔偿标准达成一致意见，梁某茵遂诉至蓬江法院。

梁某茵起诉后，江门 YX 公司于 2016 年 4 月 1 日向江门市蓬江公证处就“星汇名庭”第三期的施工图纸、预售许可证、商品房交付使用告知书、户型示意图及层高标识等资料的公示现状及内容申请进行保全证据公证。该公证处公证人员于当日下午到达“星汇名庭”交房接待中心，对该中心的现场以及涉案相关楼盘分别进行了查看、拍照及录像并制作了（2016）粤江蓬江第 000600 号《公证书》。根据该《公证书》的内容显示，当日“星汇名庭”交房接待中心有摆放第三期施工图纸、楼盘宣传等资料，其中施工图纸资料中记载层高数据为 3 米。另外，第三期的天玑星院和天璇星院部分单元张贴有户型图及印有“本产品标准层高 3 米”字样的标示牌。

江门 YX 公司于 2009 年 7 月 23 日成立，其类型属于法人独资有限责任公司，股东为广州市 A 城市建设开发有限公司（以下简称广州 A 城建公司）。

截至法庭辩论终结，广州 A 城建公司仅提供了江门 YX 公司、广州 A 城建公司的工商查档基本资料和验资报告，其在一审庭审后曾以财务证据收集较为烦琐为由书面向蓬江法院申请给予 15 个工作日的时间，但其超出限期至今仍未能提供经会计师事务所审计的财务会计报告等其他能证明江门 YX 公司的财产独立于广州 A 城建公司财产的证据。

梁某茵向蓬江法院起诉请求：1. 江门 YX 公司赔偿梁某茵因层高减少造成的损失 77934.86 元；2. 广州 A 城建公司对江门 YX 公司在第一项诉讼请求的债务范围内承担连带清偿责任；3. 本案的诉讼费用由江门 YX 公司、广州 A 城建公司承担。

裁判观点

蓬江法院经审理认为，本案为商品房预售合同纠纷。梁某茵与江门 YX 公司签订的《广东省商品房买卖合同》系双方的真实意思表示，内容没有违反法律、行政法规的强制性规定，其双方间的商品房预售合同法律关系合法有效，依法应予保护，双方均应严格按照合同的约定行使权利和履行义务。本案纠纷系因涉案商品房的实际层高与合同约定层高不符而引起的，根据梁某茵的起诉意见和江门 YX 公司、广州 A 城建公司的抗辩意见，双方争议的焦点主要体现在三个方面，现分别作具体分析和认定意见如下：

一、江门 YX 公司的行为是否构成违约及应否承担违约责任？

合同中约定的商品房层高为 3.15 米，实际层高为 3 米，双方在庭审中对此均予确认，但江门 YX 公司认为此系工作人员录入错误所致，而非其真实意思表示，且 3 米的层高仍高于国家的强制性标准，故该情形不构成违约，其不应承担违约责任。对此，蓬江法院认为：首先，《合同法》第一百零七条规定："当事人一方不履行合同义务或者履行合同义务不符合约定的，应当承担继续履行、采取补救措施或者赔偿损失等违约责任。"本案中，江门 YX 公司作为房地产开发单位和商品房出卖人，其交付的商品房应当符合法定和约定条件，现其拟交付商品房的实际层高与合同约定不符，该情形即构成瑕疵履行，即使商品房实际层高符合甚至高于国家强制性标准，也构成违约。其次，在考虑江门 YX 公司应否承担违约责任时，除了就层高的降低究竟是江门 YX 公司的故意即存在欺诈情形，还是如其所说的仅为录入时的"笔误"进行定性以外，还应具体结合案件的实际情况来综合认定。根据本案查明的事实，涉案楼盘从最初的图纸设计、报建到建设施工，再到工程竣工验收合格，相关的图纸资料等都明确标示层高设计为 3 米，并不存在更改原规划层高设计方案的情形。最后，本案中并无证据显示江门 YX 公司在"星汇名庭"第三期项目开盘时曾将层高 3.15 米作为该期楼盘销售亮点来进行广告宣传。因此，根据以上事实，并结合一般经验法则来推定，江门 YX 公司存在欺诈、故意隐瞒事实的主观恶意的可能性较小，应属于其行为时的外在表示与内心实际意思效果不一致的情形，故江门 YX 公司关于合同约定层高 3.15 米属信息录入错误，不是其真实意思表示的抗辩意见更加接近客观事实，蓬江法院对此予以确认。但是，梁某茵作为普通购房者，且并非专业人士，相对于作为出卖方的江门 YX 公司而言，其在一般情况下对商品房相关资料的掌握系处于弱势地位，在购买商品房时是难以做到详尽地了解所购商品房的相关规划设计及施工、竣工图纸等资料的，对于商品房层高的确认一般只能依赖于合同的约定，且根据江门 YX 公司在"星汇名庭"第一期、第二期开盘时通过公司网页等渠道所做销售广告的内容来看，关于总占地面积、容积率、绿地率等数据是针对整个"星汇名庭"项目的，这在一定程度上也可能致使梁某茵产生了理解上的误区，误认为 3.15 米的层高也是针对"星汇名庭"项目的整体宣传。江门 YX 公司虽然向江门市蓬江公证处就"星汇名庭"第三期的施工图纸、预售许可证、商品房交付使用告知书、户型示意图及层高标识等的公示现状及内容申请进行保全证据公证，但该公证行为系发生在梁某茵起诉之后，且无法直接证明江门 YX 公司在涉案商品房销售当时就已处于《公证书》所载明的公示现状。故梁某茵有理由相信江门 YX 公司在合同中关于层高 3.15 米的意思表示。当发现商品房层高现状与合同约定不符时，确会给梁某茵带来一定的心理落差，且从实际状况考虑，层高 3 米和 3.15 米也会对实际居住的舒适度产生一定的影响。因此，虽然江门 YX 公司并非主观恶意，但这不能作为其完全免责的合法事由，基于梁某茵对江门 YX 公司信赖利益的丧失，该公司仍应对此承担相应的违约责任。

二、在既无法律明确规定又无合同约定的情形下江门 YX 公司应如何承担违约责任？

该争议焦点实质就是层高误差赔偿标准如何确定的问题。该问题目前法律法规及司法解释均没有明确规定，双方对此也无合同约定。本案梁某茵在诉讼请求中所列的赔偿计算依据是《最高人民法院关于审理商品房买卖合同纠纷案件适用法律若干问题的解释》第十四条的规定以及双方在《合同补充协议》中约定的关于面积误差的处理原则。对此蓬江法院认为，商品房层高误差与面积误差虽然均属于瑕疵履行的情形，且买受人的诉讼主张主要就是要求出卖人承担违约责任，如返还相应购房款、解除合同、赔偿损失等，但毕竟层高与面积对于商品房而言是不相同的决定性因素，如涉案商品房是按面积计算单价而非按层高计算单价、面积大小决定着商品房交易契税税率的高低和住宅专项维修资金的数额等。因此，对于商品房层高误差的处理不宜直接类推适用上述司法解释或合同约定中关于面积误差的处理原则。故梁某茵主张适用上述法定或约定的面积误差处理原则来直接处理层高误差赔偿标准问题，没有法律依据，蓬江法院不予支持。本案中，合同约定层高为 3.15 米，实际层高为 3 米，两者相差 0.15 米，层高误差比绝对值为 4.76%。蓬江法院认为可将该层高误差比绝对值 4.76% 作为确定赔偿比例的参考基数，然后在此基础上再根据公平原则以及案件的实际情况进行综合考量，酌情确定最终的赔偿比例。

首先，如前所述，涉案合同中的层高 3.15 米的数据为江门 YX 公司笔误所致，梁某茵所应获得的主要是信赖利益的赔偿。至于实际损失的问题，因“星汇名庭”楼盘目前属于江门市名校紫茶小学的招生地段，为江门市优质的学区房，故其市场销售价格较为稳定，且目前梁某茵并无证据证明该楼盘第三期商品房的价值因受到层高问题影响而致贬损或者对其造成了其他经济损失。

其次，“星汇名庭”楼盘第三期项目从规划设计、报建到建设施工均按照 3 米层高的设计标准进行，并未更改原规划层高设计方案，故江门 YX 公司实际上并不存在因层高降低而减少工程成本支出，进而额外获利的情形。

最后，根据国家住房和城乡建设部发布的国家标准《住宅设计规范》的规定，普通住宅层高宜为2.8米，该规范是为了确保住宅设计符合经济、适用、安全等要求而制定的国家标准，已充分考虑了住宅的空间、通风、采光等因素，而涉案商品房层高为3米，高于国家标准0.2米，因此就正常居住使用功能方面对普通人而言不会造成实质性的影响。

除此之外，江门YX公司在发现商品房层高信息录入有误后，通过采取向房地产行政主管部门申请更正、张贴公示及向包括梁某茵在内的众多买受人发出《致歉信》等善后措施进行处理，并根据《致歉信》中确定的补偿方案与大部分买受人签署了《确认函》，取得了较好的处理效果。

鉴于上述情形，并结合考量涉案商品房的用途以及本地经济生活水平等其他因素，蓬江法院认为就层高误差问题应以江门YX公司酌情按总房价2%的标准赔偿梁某茵为宜，即总房价1194622元×2% =23892.44元。对于梁某茵本案中主张的赔偿金额77934.86元，超出23892.44元的部分，蓬江法院不予支持。

三、广州A城建公司应否对江门YX公司的债务承担连带责任？

经庭审查明，江门YX公司为法人独资的有限责任公司，即公司法意义上的一人有限责任公司，其唯一股东为广州A城建公司。蓬江法院认为，一人有限责任公司作为独立的法人，有独立于其股东的人格，该独立人格表现在一人有限责任公司有独立的财产、独立的名称，能以自己的名义独立参加民事活动，享有民事权利，承担民事义务，特别是能用自己的财产独立地承担公司对外经营产生的一切债务。《公司法》第六十三条，“一人有限责任公司的股东不能证明公司财产独立于股东自己财产的，应当对公司债务承担连带责任”的规定，从该条规定的立法目的来看，主要是维护正常的交易秩序，防止公司的股东利用公司法确立的有限责任制度，滥用公司的人格，致使其公司在财产、人格方面混淆，从而给公司的债权人或社会造成损害。该条款明确规定了一人有限责任公司的股东承担举证责任这一举证责任倒置的特别情形。故在本案中，应由广州A城建公司举证证明该公司与江门YX公司不存在公司人格混同和资产混同等情形。本案审理过程中，广州A城建公司虽提交了江门YX公司、广州A城建公司的工商查档基本资料和验资报告，但该类证据仅能证明江门YX公司、广州A城建公司工商登记的基本情况以及注册资本和实收资本的出资额及变动情况。除此之外，广州A城建公司至今仍未能提供经会计师事务所审计的财务会计报告等其他能证明江门YX公司的财产独立于广州A城建公司财产的证据。故依照上述法律的规定，广州A城建公司应对江门YX公司的本案债务承担连带责任。梁某茵的该项诉讼请求合法有据，蓬江法院依法予以支持。

据此，蓬江法院依照《合同法》第六十条、第一百零七条、第一百一十一条，《公司法》第六十四条，《民事诉讼法》第六十四条、第六十五条以及《最高人民法院关于民事诉讼证据的若干规定》第二条、第九条的规定，判决如下：一、江门 YX 公司应于一审判决生效之日起 10 日内赔偿 23892.44 元给梁某茵；二、广州 A 城建公司对江门 YX 公司的上述债务承担连带责任；三、驳回梁某茵的其他诉讼请求。如果未按一审判决指定的期间履行给付金钱义务，应当依照《民事诉讼法》第二百五十三条之规定，加倍支付迟延履行期间的债务利息。一审案件受理费 1848 元，由梁某茵负担 1275 元，由江门 YX 公司和广州 A 城建公司共同负担 573 元。

梁某茵不服一审判决，上诉请求：1. 撤销一审判决第三项；2. 变更一审判决第一项为：江门 YX 公司应立即赔偿 77934.86 元给梁某茵；3. 变更一审判决第二项为：广州 A 城建公司对江门 YX 公司的 77934.86 元债务承担连带责任；4. 本案的诉讼费用由江门 YX 公司、广州 A 城建公司承担。事实和理由如下：

一、江门 YX 公司的行为属于欺诈，构成违约，一审法院支持江门 YX 公司关于《广东省商品房买卖合同》约定层高 3.15 米属信息录入错误，不是其真实意思表示的抗辩意见，显属错误。

1. 江门 YX 公司与梁某茵在双方自愿、平等的条件下经双方合意签订《广东省商品房买卖合同》，显然在合同中约定层高 3.15 米是双方的真实意思表示。江门 YX 公司一共面向社会销售了大约 1000 套“星汇名庭”第三期的房屋，在销售的一年多时间里，没有人对《广东省商品房买卖合同》约定的层高 3.15 米提出任何异议，可见在这 1000 多名业主及其家人的认知里，以及在江门 YX 公司的几十位销售人员的认知里，均认为其所销售房屋的层高为 3.15 米，因此，江门 YX 公司所称的“笔误”根本不可能存在。

2. 江门 YX 公司与梁某茵在签订《广东省商品房买卖合同》之前及当时均没有告知、提示梁某茵涉案房屋的实际层高为 3 米，梁某茵对涉案房屋实际层高 3 米的情况完全不知情。江门 YX 公司提供的《公证书》的公证行为发生在 2016 年 4 月 1 日，系在梁某茵起诉之后，无法证明江门 YX 公司在梁某茵以及“星汇名庭”第三期其他业主在签约之前或者当时就已处于《公证书》所载明的公示现状，特别是有公示涉案房屋层高 3 米。

3. 江门 YX 公司在销售“星汇名庭”第三期房屋的过程中，一直以 3.15 米层高对外进行虚假宣传，其行为实属欺诈。至于江门 YX 公司辩称宣传广告的发布日期为 2011 年，广告的内容仅指向天璇星院的部分房屋，不能成立。因为根据梁某茵提供的《公证书》公证的日期显示，截至2015年11月18日，该广告依然在YX集团官网中公示，其中该广告宣传内容的第一段介绍了开阳星院的开盘，第二段明确介绍了“项目总占地面积约21.9万平方米，总建筑面积约58万平方米……分三期开发……首期是开阳星院”，然后第三段又明确介绍“星汇名庭的整体设计……室内户型设计以舒适、豪华为主题，大开间、隐梁隐柱、3.15米层高等都充分体现了星汇名庭奢适生活的居住模式”。而且江门YX公司的代理人在庭审中已明确承认YX集团官网中的上述广告宣传是对江门“星汇名庭”整个房地产项目即包括“星汇名庭”第三期房屋在内的整体宣传。更何况，根据梁某茵及“星汇名庭”第三期其他业主反映，江门YX公司的销售人员在销售过程中一直对梁某茵及其他业主介绍“星汇名庭”第三期房屋的层高为3.15米，并以此作为主要卖点吸引梁某茵及其他业主，从而增加“星汇名庭”第三期房屋的销售数量。

4. 鉴于“星汇名庭”第一期、第二期房屋层高均为3.15米，且江门YX公司对外宣传“星汇名庭”第三期房屋层高时也是3.15米，江门YX公司却在报建时将“星汇名庭”三期房屋层高改为3米，其在销售房屋时应承担提示注意或者明确说明的义务。江门YX公司没有提供证据证明其履行过提示注意或者明确说明的义务，导致了梁某茵的重大误解，致使梁某茵以3.15米层高的房屋单价购买了实为3米层高的房屋，这必定会给梁某茵造成严重损失。

5. 以江门YX公司的实力、地位不可能出现其所辩称的“笔误”。江门YX公司的行为属虚假宣传，已构成欺诈，而且江门YX公司交付房屋的实际层高与合同约定不符，应当承担违约责任。

二、江门YX公司的行为属虚假宣传，已构成欺诈及违约，依法应向梁某茵承担违约责任。但一审法院就涉案房屋层高误差问题仅按总房价2%为标准判决违约赔偿责任，明显错误且严重显失公平。梁某茵希望二审法院从以下几个方面考虑梁某茵的损失，并结合江门YX公司应承担的社会责任及其实施虚假宣传的欺诈行为所带来的社会负面影响，判决支持梁某茵主张的赔偿数额。

1. 梁某茵受江门YX公司的虚假宣传所蒙骗，多支付了购房款，因此造成了实质损失。

2. 梁某茵受江门YX公司的虚假宣传所蒙骗，被迫接受不满意的房屋。

3. 江门YX公司交付的房屋层高不符合合同约定，造成梁某茵的使用不便，影响通风采光。

4. 江门YX公司交付的房屋层高不符合合同约定，造成涉案房屋的消防隐患风险增大。

5. 江门 YX 公司因为减低涉案房屋的层高，节约大量的建筑成本而额外获利。

6. 诚信是企业最重要的社会责任，江门 YX 公司应为违背诚实信用原则的行为承担相应的法律责任。虽江门 YX 公司反映，截至 2016 年 6 月 7 日，在其已出售的 934 套商品房中，已有 656 户业主接受该公司上述补偿方案并与其签订了《确认函》，但江门 YX 公司并没有提供该 656 户业主所签订的《确认函》，也不能证明这些已签订《确认函》的业主不是在江门 YX 公司诱签而是自愿的情况下所签的《确认函》。但一审法院在江门 YX 公司没有提供有效证据证明的情况下，仅凭江门 YX 公司的片面之词，则认为江门 YX 公司在发现商品房层高信息录入有误后，通过采取向房地产行政主管部门申请更正、张贴公示及向包括梁某茵在内的众多买受人发出《致歉信》等善后措施进行处理，并根据《致歉信》中确定的补偿方案与大部分买受人签署了《确认函》，取得了较好的处理效果的事实认定，显然缺乏有效证据予以支持。

综上所述，对于赔偿数额的计算，应比照《最高人民法院关于审理商品房买卖合同纠纷案件适用法律若干问题的解释》第十四条的规定，以及双方在《合同补充协议》中约定的关于面积误差的处理原则，即江门 YX 公司应赔偿梁某茵的违约赔偿金额为 77934.86 元。

三、江门 YX 公司为一人有限责任公司，广州 A 城建公司为江门 YX 公司的唯一股东，根据《公司法》第六十三条的规定，在广州 A 城建公司不能证明江门 YX 公司的财产独立于其财产的情况下，应当对江门 YX 公司的本案债务承担连带责任。鉴于广州 A 城建公司未能提供有效的证据证明江门 YX 公司的财产独立于其财产，因此一审判决广州 A 城建公司对江门 YX 公司的债务承担连带责任是正确的，但广州 A 城建公司对江门 YX 公司承担连带责任的债务金额应为 77934.86 元。

江门 YX 公司、广州 A 城建公司辩称：

一、梁某茵并未提供证据证明按照当前层高 3 米交付房屋已对其造成了经济损失，房屋当前的自然状况符合（高于）我国现行国家标准及行业标准，不会对梁某茵的居住体验或居住安全带来任何不利，要求江门 YX 公司赔偿损失没有任何事实依据。首先，当前梁某茵支付的房屋对价是层高为 3 米的房屋的对价，而非 3.15 米的对价。房屋价格是依据涉案房屋建筑面积计价，所以，涉案房屋价款实际与层高无关。梁某茵在决定购买该房屋时是基于宣传资料、广告中标注的层高 3 米，以及在层高 3 米的样板房中实地的体验而决定购买的，梁某茵同意支付当前对价也是基于上述事实而作出的决定。那么当前以层高 3 米交付房屋与梁某茵选购时的预期是一致的，错误的 3.15 米的层高数据不会使房屋价值变得更高或更低，更不会造成梁某茵“严重损失”。其次，根据国家标准《住宅设计规范》第 5. 5. 1 条的规定，住宅层高宜为 2. 80 米，该规范是为了保证住宅设计符合经济、适用、安全等要求而制定的国家标准，已充分考虑了住宅的空间、通风、采光等因素，可见住宅层高达到 2. 80 米即已经足以满足一般住宅的日常居住要求，确保住宅的空间、通风、采光等都有足够的实用性、舒适性、安全性。当前交付的房屋层高为 3 米，高于国家标准 20 厘米（高于标准 7. 14%），其空间、通风、采光均不存在对梁某茵不利的影响。最后，房屋价格由诸多因素共同构成，包括建设成本、房屋面积、坐落、层高、生活配套、学位等，是综合的居住体验决定了房屋的价格。江门 YX 公司从未在三期销售的过程中标榜层高为 3. 15 米，也未以层高 3. 15 米带来更好的居住体验作为房屋的卖点吸引梁某茵购买。可见，层高是 3 米还是 3. 15 米并不是该房屋价格的决定性因素。事实上，该房屋属于江门市优质的学位房，拥有江门市名校某甲小学学位，且所在小区生活配套设施完善，这才是决定该房屋价值较为重要的因素。另外，由于从设计到施工，该房屋的层高一直是 3 米，不存在江门 YX 公司因降低层高而带来建设成本的下降及销售利润的提高。

二、参照面积补差原则处理层高差异所得出的标准严重显失公平，大大加重江门 YX 公司损失；直接按层高误差比例乘以总房价标准计算，并未区分案件具体情况，也不具有科学性，不应采纳使用；一审判决按照总房价 2% 的赔偿标准过高，应予以降低。其他答辩意见以上诉状为准。

江门 YX 公司、广州 A 城建公司上诉请求：1. 改判一审判决第一项为“江门 YX 公司应于本判决生效之日起十日内补偿人民币 8000 元给梁某茵”；2. 上诉费由梁某茵承担。事实和理由如下：

1. 层高与面积是两个完全不同的概念，一审以层高误差绝对值作为江门 YX 公司承担非恶意违约责任的参考不当。案涉房屋层高 3 米，就居住使用功能而言已经高于国家标准，甚至可以说优于江门市一般住宅层高状况，因此对于购房者来说显然并不存在不利影响。

2. 梁某茵没有举证证明其损失数额，即可以考虑江门 YX 公司是否因为违约获得利益以及获得利益的大小作为参考依据。

3. 根据江门 YX 公司行业经验初步判断，若三期实际层高差异 0. 15 米，总造价减少约 418 万元（其中，砌筑减少 80. 45 万元，混凝土减少 53. 19 万元，钢筋减少 66. 66 万元，保温隔热工程减少 17. 37 万元，墙柱面工程减少 196. 86 万元，油漆工程减少 3. 90 万元），三期一共 1061 户（涉及层高笔误 934 户），每户造价减少约 3940 元。申请由法院委托有资质的造价咨询单位作出评估。

4. 星汇名庭三期住宅规划设计时间是2013年2月，2013年7月经由江门市规划局审核。据此，涉案房屋涉及的江门YX公司建设成本早在2013年年初就已确定。并且，依据《商品房买卖合同》，江门YX公司不得擅自变更设计规划。在涉案住宅项目建设过程中，江门YX公司均没有变更设计规划，严格按照设计规划图纸施工，不存在额外获利的情况。

三、江门YX公司已与第三期涉及层高纠纷的总共934套房屋中的689户（截止到2016年11月3日）购房人签订补偿方案并已实际履行。那么超过70%的大多数业主（符合《物权法》第七十六条、第九十七条对“大多数业主”的规定）对该处理方案是认可和满意的，也就是说该方案是公平合理的。事实上，江门YX公司基于笔误产生的层高误差而获得的成本节省远远低于该补偿数额。那么，在法律没有规定、合同没有约定的前提下，以上述方案的补偿数额（不超过购房合同价款的1%）作为标准来认定本案违约损失数额是比较恰当的。同时，也符合大多数星汇名庭三期业主的意愿，符合公平合理的原则，更有利于本案及相关案件的处理。

四、一审判决江门YX公司赔偿标准为23892.44元，该标准显失公平。依据《2015年江门市国民经济和社会发展统计公报》，全年江门市居民人均可支配收入为22364元。通过比较可看出，江门YX公司因合同笔误需要赔偿给梁某茵的金额与全年江门市居民人均可支配收入相当。即梁某茵因江门YX公司的笔误，在交易商品房无其他质量瑕疵的情况下，仍然可以获得约江门市全年居民人均可支配收入。该标准有违公平合理的基本原则，二审法院应当依据江门市国民经济情况予以降低。

梁某茵辩称：1. 江门YX公司交付的涉案房屋层高3米，与合同约定的3.15米不符，构成违约是不争的事实。2. 江门YX公司的行为属于虚假宣传，已构成欺诈以及违约，依法应当向梁某茵承担违约责任。因此，江门YX公司承担的违约责任应属于赔偿性质，而不是补偿性质。3. 江门YX公司认为一审判决的赔偿标准过高应该参照其已经促成调解的661户赔偿标准，每户8000元较为合理的上诉理由，缺乏事实及法律依据。4. 房屋的价款虽然是以建筑面积计算，但众所周知，房屋价款不仅是由建筑面积确定，也是由单价确定，而房屋的层高是房屋单价决定因素之一，同样是房屋建筑成本的因素之一，所以房屋层高的降低必定会减少房屋建筑成本以及房屋单价，所以江门YX公司交付与合同不符的房屋层高已经额外获得了利益。其他答辩意见以上诉状为准。

江门中院经审理认为，本案系商品房预售合同纠纷。根据《最高人民法院关于适用〈中华人民共和国民事诉讼法〉的解释》第三百二十三条“第二审人民法院应当围绕当事人的上诉请求进行审理。当事人没有提出请求的，不予审理，但一审判决违反法律禁止性规定，或者损害国家利益、社会公共利益、他人合法权益的除外”的规定，本院仅对各方的上诉请求进行审查，对各方当事人没有提出请求的不予审查。本案二审期间的争议焦点是：1. 江门 YX 公司是否应承担违约责任。2. 如需承担违约责任，违约责任大小如何确定。3. 广州 A 城建公司应承担连带责任大小是多少。

一、关于江门 YX 公司是否应承担违约责任的问题。本院认定江门 YX 公司应承担违约责任。事实和理由如下：

1. 江门 YX 公司主张因合同版本使用错误从而导致案涉房屋层高错误将 3 米约定为 3. 15 米。其主张为意思表示错误。对此需要对表意人即江门 YX 公司是否无意发出与内心真意不一的意思表示进行解释。从江门 YX 公司的陈述可知，与案涉房屋情况相同的房屋共计 900 多户，即意味着江门 YX 公司在前后销售房屋两年左右时间内分别与购房者磋商、议价和签订购房合同，对层高的约定反复讨论 900 多次，江门 YX 公司均无对层高 3. 15 米提出属错误意思表示。依此情形，难以认定江门 YX 公司提出的 3. 15 米层高属其无心之失。房屋销售人员代表江门 YX 公司对层高提出的要约，应认定为江门 YX 公司真实意思表示。江门 YX 公司辩称的内部出现交接问题属其内部管理事宜，不影响对其真实意思表示的判断。江门 YX 公司的此点主张，理据不充分，本院不予采纳。一审判决认定合同约定层高 3. 15 米属江门 YX 公司笔误亦不妥，本院予以纠正。梁某茵主张实际层高与合同约定层高不符，属江门 YX 公司欺诈。欺诈的成立应以行为人故意为构成要件之一，本案中，就现有证据不足以证明江门 YX 公司有实施欺诈行为的故意。梁某茵的此点主张，本院亦不采纳。

2. 双方签订的《商品房买卖合同》由江门 YX 公司提供，相关数据亦为江门 YX 公司记载，合同中数据为江门 YX 公司真实意思表示；案涉房屋属预售性质，梁某茵签署《商品房买卖合同》时仅能就合同条款进行审查，难以对房屋设计规划资料、实际建筑情况等审查，因此设计规划层高不应作为双方真实意愿之表达，应认定双方对《商品房买卖合同》条款记载事项达成合意。《商品房买卖合同》内容亦未违反法律、行政法规的强制性规定，其双方的商品房预售合同法律关系合法有效，依法应予保护，双方应根据《商品房买卖合同》的约定履行各自义务。

3. 根据《合同法》第一百零七条“当事人一方不履行合同义务或者履行合同义务不符合约定的，应当承担继续履行、采取补救措施或者赔偿损失等违约责任”的规定，江门 YX 公司交付的房屋层高比合同约定少 0. 15 米，属履行合同义务不符合约定，无论其主观是否有过错，其均应依约承担违约责任。

二、关于江门 YX 公司承担违约责任大小的问题。

各方实质上是对确定违约责任大小的计算标准存在争议。梁某茵主张参照《最高人民法院关于审理商品房买卖合同纠纷案件适用法律若干问题的解释》第十四条的规定计算，误差比例超过 3% 的部分应按二倍予以赔偿，计算后应按房屋总价格 ×6. 52% 确定违约责任大小。江门 YX 公司主张不承担违约责任，同时提出即使确定存在违约责任，按房屋总价格的 6. 52% 或者层高误差比例 4. 76% 或者一审判决确定的 2% 都不合理，应按实际减少的建筑成本金额确定。江门 YX 公司另外表示愿意按房屋总价格的 1% 予以补偿。《最高人民法院关于审理商品房买卖合同纠纷案件适用法律若干问题的解释》第十四条关于面积误差比超过 3% 的按二倍予以赔偿的规则，实质上包括补偿性赔偿和惩罚性赔偿，其中的一倍是赔偿实际损失，另一倍则是惩罚性赔偿。惩罚性赔偿实质上是通过授予私人惩罚权的方式实现本应由公法担当的惩罚与威慑目的的特殊惩罚制度，因此双方因合同违约而进行惩罚性赔偿的适用前提应是法定、双方约定或违约方存在恶意损害他人权益的严重不法行为。目前，未有对层高误差进行惩罚性赔偿的成文规定，本案合同双方也未对此进行约定，亦无证据显示江门 YX 公司存在恶意损害购房者利益的严重不法行为。因此，不应参照《最高人民法院关于审理商品房买卖合同纠纷案件适用法律若干问题的解释》第十四条增加惩罚性赔偿标准计算本案的违约赔偿数额。关于江门 YX 公司提出的按其实际减少的建筑成本来计算赔偿数额的主张，因购房者是以市场价格而非建筑成本价格购买房屋，计算赔偿时以建筑成本价格为标准明显对购房者不公，且不同施工单位管理水平差异、采购成本不同，建筑成本难以类化。因此，不应按江门 YX 公司实际减少的建筑成本计算违约赔偿数额，江门 YX 公司提出的评估申请亦不予准许。

梁某茵提出的违约责任类型为赔偿损失，根据《合同法》第一百一十三条“当事人一方不履行合同义务或者履行合同义务不符合约定，给对方造成损失的，损失赔偿额应当相当于因违约所造成的损失，包括合同履行后可以获得的利益，但不得超过违反合同一方订立合同时预见到或者应当预见到的因违反合同可能造成的损失”的规定，因案涉房屋层高不符合合同约定，导致房屋在通风、采光等舒适度方面与预期相比均有下降，房屋价值亦会随之较预期有所降低，梁某茵确有损失，其损失大小应是符合约定房屋与实际交付房屋按交付时的市场价值的差价大小。但因梁某茵未对该市场价值差价大小提出明确证据证明，则由本院根据案件实际情况予以确定。

在判断符合约定房屋与实际交付房屋按交付时的市场价值的差价大小时，首先应明确：在普通住宅中，房屋面积误差与层高误差对房屋总价影响的权重系数并不一致。目前除了按套计价的以外，房地产市场交易习惯是以房屋面积计价（房屋总价 = 总面积 × 面积单价）。因此，面积误差对房屋总价的影响权重系数为 1，面积减少的比例即房屋总价相应减少的比例。除商铺、别墅、厂房以及对层高有特别要求的房屋外，对于普通住宅而言，购房者购买房屋后主要使用空间为面积，即面积的减少属于功能性影响；在层高达到国家标准层高或以上的前提下，房屋高度的变化主要对舒适度产生影响，此时层高对人们在使用房屋中的作用要小于面积的作用。虽然购房者最终获得的是空间使用权，但如前分析由于房屋这种特殊商品的面积和层高的作用影响不一样，并且面积绝对数远大于层高绝对数。因此，即使同比例地减少空间体积，层高减少导致空间体积横向减少对住户的影响，要小于面积减少导致空间体积纵向减少带来的影响。由此可以认定，在层高达到国家标准层高或以上的前提下，高度对于房屋总价的影响权重应小于面积对房屋总价的影响权重。以上述分析为基础，参考面积对房屋总价的影响权重系数为 1，本院酌定在层高达到国家标准层高或以上的前提下，高度对于房屋总价的影响权重系数为 0. 6。因此，房屋层高误差对房屋总价的影响应为：房屋层高误差比例 × 权重系数 × 房屋总价。房屋层高误差比例计算方式为：（合同约定层高 - 实际层高）/合同约定层高。本案中代入上述公式可以认定案涉房屋因房屋层高误差导致价值减少数额为 4. 76% × 0. 6 × 1194622 元 = 34118. 4 元，此亦是江门 YX 公司应赔偿的数额。一审判决酌定按总房价的 2% 比例予以赔偿，与本院认定不一致，本院予以变更。

三、关于广州 A 城建公司应承担多少连带责任的问题。

因江门 YX 公司、广州 A 城建公司未对广州 A 城建公司应承担连带责任上诉，仅对连带责任数额上诉，本院对一审判决关于广州 A 城建公司承担连带责任的认定予以确认。如前认定，江门 YX 公司应承担的赔偿金额为 34118. 4 元，广州 A 城建公司应对此数额承担连带责任。

综上所述，江门 YX 公司、广州 A 城建公司的上诉请求不能成立，应予驳回；梁某茵的上诉请求部分成立，对成立部分予以支持，不成立部分予以驳回。一审判决认定事实清楚，但确定违约责任大小欠妥，应予改判。依照《合同法》第六十条、第一百零七条、第一百一十一条、第一百一十三条，《公司法》第六十四条，《民事诉讼法》第一百七十条第一款第二项的规定，判决如下：

一、撤销蓬江法院（2016）粤 0703 民初 534 号民事判决；二、江门 YX 公司应于本判决生效之日起十日内赔偿 34118. 4 元给梁某茵；三、广州 A 城建公司对江门

YX 公司的上述债务承担连带责任；四、驳回梁某茵的其他诉讼请求。如果未按本判决指定的期间履行给付金钱义务，应当依照《民事诉讼法》第二百五十三条之规定，加倍支付迟延履行期间的债务利息。一审案件受理费为 1848 元，由梁某茵负担 1039 元，由江门 YX 公司、广州 A 城建公司共同负担 809 元。二审案件受理费为 1848 元，由梁某茵负担 1039 元，由江门 YX 公司、广州 A 城建公司共同负担 809 元；梁某茵多预缴的 809 元、江门 YX 公司多预缴的 1443.5 元、广州 A 城建公司多预缴的 1443.5 元，本院予以退回。

江门 YX 公司和广州 A 城建公司对二审判决不服，向广东高院申请再审称：1. 二审判决对部分事实的认定缺乏证据支持。涉案购房合同约定层高为 3.15 米属笔误。2. 二审判决对双方提出的违约责任大小标准的依据没有公平对待和认定，认定结论明显具有倾向性，并无事实依据。3. 二审判决认定高度对房屋总价的影响权重系数为 0.6，没有事实和法律依据。赔偿计算的权重系数应为 0.3～0.4。

梁某茵提交意见称，二审判决认定事实清楚，适用法律正确。江门 YX 公司、广州 A 城建公司的再审请求没有事实和法律依据，二审判决后，江门 YX 公司已履行了二审判决所确定的赔偿义务。请求法院驳回其再审申请。

广东高院经审查认为，根据江门 YX 公司、广州 A 城建公司申请再审的意见，本案主要审查的问题是：江门 YX 公司承担的违约责任大小的确定问题。从二审判决查明认定的事实来看，本案中，江门 YX 公司作为房地产开发及销售一方，其交付的涉案房屋层高比合同约定的 3.15 米少 0.15 米，属于履行合同义务不符合约定，依照《合同法》第一百零七条“当事人一方不履行合同义务或者履行合同义务不符合约定的，应当承担继续履行、采取补救措施或者赔偿损失等违约责任”的规定，二审判决认定江门 YX 公司应承担违约责任，并无不当。对于如何确定层高误差的赔偿标准问题，涉案商品房买卖合同对此没有约定，目前法律法规及相关司法解释亦未明确规定。二审判决根据本案的实际情况进行综合考量，酌情认定涉案房屋层高对房屋总价的影响权重系数为 0.6，据此认定江门 YX 公司因涉案房屋层高误差应赔偿的数额为房屋层高误差比例 × 权重系数 × 房屋总价即 4.76% ×0.6 × 1194622 元 = 34118.4 元，并无明显不当。江门 YX 公司、广州 A 城建公司申请再审认为赔偿计算的权重系数应为 0.3～0.4，依据不足，本院不予支持。江门 YX 公司、广州 A 城建公司的再审申请不符合《民事诉讼法》第二百条规定的再审情形。依照《民事诉讼法》第二百零四条第一款、《最高人民法院关于适用〈中华人民共和国民事诉讼法〉的解释》第三百九十五条第二款的规定，裁定如下：驳回江门 YX 公司、广州 A 城建公司的再审申请。

案例述评

开发商交付商品房的实际层高与合同约定层高不符，如何确定层高误差赔偿标准的问题，目前法律法规及司法解释对此均没有明确规定。在商品房买卖合同双方对此也无合同约定的情形下，如何处理商品房层高“缩水”的索赔问题，商品房买卖双方因立场不同而说辞不一，司法审判实践中的做法亦不尽相同。

一、层高“缩水”不同于面积“缩水”

层高是指住宅高度以“层”为单位计量，每一层的高度国家在设计上有要求，这个高度就叫层高。它通常包括下层地板面或楼板面到上层楼板面之间的距离。住房和城乡建设部、原国家质量监督检验检疫总局联合发布的《住宅设计规范》（GB 50096－2011）规定，住宅层高宜为2.80米。《住宅设计规范》规定，室内净高是指“楼面或地面至上部楼板底面或吊顶底面之间的垂直距离”。室内净高和层高的关系可以用公式来表示：层高＝室内净高＋楼板厚度，即层高和楼板厚度的差叫室内净高。《商品房买卖合同》中一般就层高进行约定，而许多买受人在交房验收时测量的是室内净高，忽视了楼板厚度，因此产生了误解。

房屋的建筑面积系指房屋外墙（柱）勒脚以上各层的外围水平投影面积，包括阳台、挑廊、地下室、室外楼梯等，且具备上盖，结构牢固，层高2.20米以上（含2.20米）的永久性建筑。商品房的销售面积即购房者所购买的套内或单元内建筑面积（以下简称套内建筑面积）与应分摊的公用建筑面积之和。商品房销售面积＝套内建筑面积＋分摊的公用建筑面积。

《房地产权证》上一般会包括3个面积：总建筑面积、套内建筑面积和分摊建筑面积。房屋的总建筑面积是指建筑物各屋外墙（或外柱）外围以内水平投影面积之和，一般是以房管局属下测绘所所测量出来的数据为准的。在办理房产证的时候并没有实物测量，所以有时会产生面积误差。

面积误差比计算：面积误差比＝（实际计价面积－合同约定面积）/合同约定计价面积×100%。一般情况下，在房屋交易过程中签订的《房地产买卖合同》中有明确约定，如果实际面积跟合同约定面积出现误差的，误差比不超过±3%。

二、商品房层高误差的处理能否直接类推参照适用2020年12月23日修正前的《最高人民法院关于审理商品房买卖合同纠纷案件适用法律若干问题的解释》第十四条的规定或商品房买卖合同约定中关于面积误差比的处理原则？

2020年12月23日修正前的《最高人民法院关于审理商品房买卖合同纠纷案件适用法律若干问题的解释》第十四条规定：“出卖人交付使用的房屋套内建筑面积

或者建筑面积与商品房买卖合同约定面积不符，合同有约定的，按照约定处理；合同没有约定或者约定不明确的，按照以下原则处理：（一）面积误差比绝对值在3%以内（含3%），按照合同约定的价格据实结算，买受人请求解除合同的，不予支持；（二）面积误差比绝对值超出3%，买受人请求解除合同、返还已付购房款及利息的，应予支持。买受人同意继续履行合同，房屋实际面积大于合同约定面积的，面积误差比在3%以内（含3%）部分的房价款由买受人按照约定的价格补足，面积误差比超出3%部分的房价款由出卖人承担，所有权归买受人；房屋实际面积小于合同约定面积的，面积误差比在3%以内（含3%）部分的房价款及利息由出卖人返还买受人，面积误差比超过3%部分的房价款由出卖人双倍返还买受人。”

该条中关于面积误差比超过3%部分的房价款按二倍予以赔偿的规则，实质上包括补偿性赔偿和惩罚性赔偿，其中的一倍是赔偿实际损失，另一倍则是惩罚性赔偿。惩罚性赔偿的实质是通过授予私人惩罚权的方式实现本应由公法担当的惩罚与威慑目的的特殊惩罚制度，因此双方因合同违约而进行惩罚性赔偿的适用前提应是法定、双方约定或违约方存在恶意损害他人权益的严重不法行为。鉴于目前未有对层高误差进行惩罚性赔偿的成文规定，上引案例中合同双方未对此进行约定，亦无证据显示江门YX公司存在恶意损害购房者利益的严重不法行为。据此，一、二审法院均未参照《最高人民法院关于审理商品房买卖合同纠纷案件适用法律若干问题的解释》第十四条增加惩罚性赔偿标准计算本案的违约赔偿数额。

江门中院经审理认为，案涉房屋层高不符合合同约定，导致房屋在通风、采光等舒适度方面与预期相比均有下降，房屋价值亦会随之较预期有所降低，梁某茵确有损失，其损失大小应是符合约定房屋与实际交付房屋按交付时的市场价值的差价大小。但因梁某茵未对该市场价值差价大小提出明确证据证明，则由本院根据案件实际情况予以确定。在层高达到国家标准层高或以上的前提下，高度对房屋总价的影响权重应小于面积对房屋总价的影响权重。面积误差对房屋总价的影响权重系数为1，面积减少的比例即房屋总价相应减少的比例，参考面积对房屋总价的影响权重系数为1，酌定在层高达到国家标准层高或以上的前提下，高度对于房屋总价的影响权重系数为0.6，并据此确定房屋层高误差对房屋总价的影响应为：房屋层高误差比例×权重系数×房屋总价。

我们认为，江门中院的裁判方法较好地平衡了商品房买卖双方的利益，是一个值得类似案件借鉴的方法。广东省清远市中级人民法院在所审理的（2018）粤18民终3760号上诉人连州市碧桂园房地产开发有限公司与被上诉人王某芳商品房预售合同纠纷一案中即肯定了广东省连州市人民法院参照江门中院裁判方法确定赔偿系数为0.6的做法。

010 竣工验收备案是不是开发商迟延交房的“挡箭牌”？

【典型案例】深圳市 YT 区住房和建设局与戴某奋等 11 人建筑工程竣工验收备案行政纠纷上诉案

> **法律焦点：**房地产开发商取得建设工程竣工验收备案回执，是商品房具备法定和约定交付条件的司法裁判衡量标准。而取得竣工验收备案回执的前提是取得主体结构工程、消防工程、电梯工程、燃气工程等工程的验收合格证书。但是，一个来自深圳两级法院的行政案件却确认了深圳市住房和建设局在实施竣工验收备案时未将规划、环保、人防作为验收条件等行为属于行政违法，该判决生效后，深圳市住房和建设局若再未将规划、环保、人防等验收合格文件作为备案法定条件之一均属于违法行政行为。
>
> **关键词：**商品房交付条件、竣工验收备案收文回执、验收条件

案例索引

一审：广东省深圳市盐田区人民法院（以下简称盐田法院）（2014）深盐法行初字第 15 号行政判决书

二审：广东省深圳市中级人民法院（以下简称深圳中院）（2014）深中法行终字第 384 号行政判决书

案情介绍

2010 年 8 月 26 日，第三人深圳市 JLY 投资发展有限公司向深圳市 YT 区住房和建设局（以下简称 YT 区住建局）提出金山碧海花园项目竣工验收备案申请，盐田区住建局审核了第三人提交的该项目竣工验收备案申请表、房建竣工验收报告、公安消防部门出具的竣工验收消防备案受理凭证、质量技术监督部门出具的电梯验收文件、燃气专项工程竣工验收报告、建筑节能专项验收意见书、所有建设单位的法定代表人证明书和委托书，认为第三人的申请符合《深圳市建设工程质量管理条例》第五十九条规定的竣工验收备案条件，于当日向第三人出具了《深圳市房屋建筑项目竣工验收备案收文回执》（编号：2010－35）。该收文回执有如下特别提示：

1. 此回执只是盐田区住建局收到第三人所报备案资料的证明；2. 根据国务院文件《关于取消第二批行政审批项目和改变一批行政审批项目管理方式的决定》，竣工验收备案为告知性备案；3. 本工程竣工验收备案信息可在深圳市盐田区政府信息网（www. yantian. gov. cn）上查询。2014 年 1 月 2 日，戴某奋等 11 人与岑某英、肖某芳共 13 人因不服盐田区住建局上述竣工验收备案行为，共同向深圳市盐田区人民政府申请行政复议。同年 2 月 25 日，盐田区人民政府作出深盐府复决〔2014〕1 号行政复议决定书，维持盐田区住建局对金山碧海花园项目作出的房屋建筑项目竣工验收备案（编号：2010－35）。该 13 名申请人不服该复议决定，向该院提起诉讼。诉讼期间，岑某英、肖某芳向该院提出撤诉申请，该院于 2014 年 4 月 30 日裁定准许岑某英、肖某芳撤回起诉。又，戴某奋、陈某、杨某芳、张某智、苏某分别向深圳仲裁委员会申请仲裁，要求第三人支付所购房产延期办证违约金。2012 年 3 月 29 日至 2013 年 4 月 24 日，深圳仲裁委对以上案件分别开庭审理，庭审期间该 5 人对第三人提交的本案竣工验收备案收文回执均进行了质证。另，金山碧海花园大部分业主已入住并办理了房地产证。

裁判观点

盐田法院经审理认为，根据《深圳市建设工程质量管理条例》第八条的规定，盐田区住建局作为建设行政主管部门，具有对本辖区内建设工程质量实行监督管理的职责。该案的争议焦点是：一、盐田区住建局的备案行为是否属于人民法院行政诉讼受案范围；二、戴某奋等 11 人的起诉是否超过法定的起诉期限；三、盐田区住建局作出的房屋建筑项目竣工验收备案行为是否符合法律规定。

关于焦点一，《建设工程质量管理条例》第四十九条第二款规定：“建设行政主管部门或者其他有关部门发现建设单位在竣工验收过程中有违反国家有关建设工程质量管理规定行为的，责令停止使用，重新组织竣工验收。”《深圳市建设工程质量管理条例》第五十九条第二款规定：“建设行政主管部门发现建设单位违反建设工程质量管理法律、法规的，应当责令工程停止使用、重新组织验收、重新办理备案手续。”根据以上法规的规定，建设工程质量管理部门对建设工程竣工验收备案申请应进行审核，若发现建设单位在竣工验收过程中有违反国家有关建设工程质量管理规定行为的，应当责令停止使用、重新组织竣工验收、重新办理备案手续，因此，盐田区住建局是否核准竣工验收备案将对建设单位的权利义务产生实质影响，该院认为该备案行为是可诉的具体行政行为。关于焦点二，《最高人民法院关于执行〈中华人民共和国行政诉讼法〉若干问题的解释》第四十一条第一款规定：“行政机关作出具体行政行为时，未告知公民、法人或者其他组织诉权或者起诉期限的，起诉期限从公民、法人或者其他组织知道或者应当知道诉权或者起诉期限之日起计算，但从知道或者应当知道具体行政行为内容之日起最长不得超过2年。”本案中，戴某奋等11人最早在2012年3月20日知道《深圳市房屋建筑项目竣工验收备案收文回执》的内容，因此戴某奋等11人在2014年3月6日提起行政诉讼没有超过上述司法解释规定的2年起诉期限，故该院对第三人该项主张不予采纳。关于焦点三，《建设工程质量管理条例》第四十九条第一款规定：“建设单位应当自建设工程竣工验收合格之日起15日内，将建设工程竣工验收报告和规划、公安消防、环保等部门出具的认可文件或者准许使用文件报建设行政主管部门或者其他有关部门备案。”《深圳市建设工程质量管理条例》第五十九条第一款规定：“建设单位应当自房屋建筑工程竣工验收和消防、电梯、燃气等工程验收合格之日起15日内，将竣工验收报告和有关合格证明文件或者准许使用文件报建设行政主管部门备案。”《深圳市实施〈中华人民共和国人民防空法〉办法》第二十八条规定：“人民防空工程实行竣工验收制度……其他人民防空工程竣工后，建设单位在组织建设工程竣工验收的同时，应当向人民防空主管部门申请专项验收……未进行人民防空工程专项验收或者验收不合格的，建设主管部门不得办理建设工程竣工验收备案手续。”根据以上法规的规定，建设单位在深圳市申请竣工验收备案时，应当在房屋建筑工程竣工验收和消防、电梯、燃气等工程验收合格后十五日内，将建设工程竣工验收报告和规划、公安消防、环保等部门出具的认可文件或者准许使用文件、人民防空工程专项验收文件报建设行政主管部门办理备案手续。本案中，盐田区住建局只审查了第三人提交的房屋建筑工程竣工验收报告和消防、电梯、燃气等工程验收报告资料，而没有审查规划、环保、人防等行政主管部门出具的认可文件，即向第三人办理了竣工验收备案，该备案行为与上述法规的规定不符。鉴于金山碧海花园700多户业主已入住并办理了房产证，若撤销该竣工验收备案将会对整个小区业主的共同利益造成重大影响，因此依照《最高人民法院关于执行〈中华人民共和国行政诉讼法〉若干问题的解释》第五十八条的规定，该院确认盐田区住建局作出的金山碧海花园项目竣工验收备案行为违法，盐田区住建局应当责令第三人就金山碧海花园项目重新办理备案手续。综上，依照《最高人民法院关于执行〈中华人民共和国行政诉讼法〉若干问题的解释》第五十八条的规定，判决确认盐田区住建局于2010年8月20日作出的金山碧海花园项目竣工验收备案行为违法。案件受理费人民币50元，由盐田区住建局承担。

上诉人盐田区住建局不服该判决，向深圳中院提起上诉，请求撤销一审判决，驳回被上诉人的一审诉讼请求。主要事实和理由如下：

一、一审判决认定事实错误。

1. 依照《深圳市房屋建筑工程竣工验收及备案办法》第十六条和《政府信息公开条例》的规定，主动公开的政府信息如同颁布的其他行政法规等规范性文件一样，以公布之日作为公民知道的具体时间。被上诉人不是竣工验收备案的行政相对人，上诉人没有向其告知或送达的义务，一旦上网公布，即应推定各方知道或应当知道该备案信息。本案对于被上诉人知道竣工验收备案时间的认定，应将 2010 年 8 月 20 日作为备案行政行为诉讼时效的起算时间点。

2. 因所购房产延期办证问题，戴某奋、陈某、杨某芳、张某智、苏某 5 名被上诉人曾分别向深圳仲裁委员会申请仲裁。其仲裁案件开庭时间在 2012 年 3 月 20 日至 2013 年 4 月 20 日之间，开庭审理时对备案收文回执进行了质证。一审法院以最早开庭的时间（2012 年 3 月 20 日）作为被上诉人最早知道上诉人颁布备案回执的时间，并以此作为诉讼时效的起算时间显然是错误的。

二、一审判决适用法律错误。

1. 上诉人作出备案行为的法律依据是《深圳市建设工程质量管理条例》第五十九条、《深圳市房屋建筑工程竣工验收及备案办法》（深建字〔2003〕63 号）第十五条、《深圳市住房和建设局非行政许可审批和登记实施办法》（深建规〔2012〕8 号）编号 04 非行政许可审批和登记事项：建设工程竣工验收备案审核第二条。

2.《深圳市建设工程质量管理条例》与《建设工程质量管理条例》没有冲突。《建设工程质量管理条例》第四十九条规定没有明确向建设主管部门备案应当出具什么文件。《深圳市建设工程质量管理条例》作为地方性法规，是对《建设工程质量管理条例》的明确和细化，与上位法并不冲突。《深圳市实施〈中华人民共和国人民防空法〉办法》第二十八条规定虽然在工程竣工备案前要求人防工程验收合格，但没有将其列为竣工验收备案必须提交的文件。

3.《深圳市建设工程质量管理条例》是深圳市政府在依法行政基础上，进行行政审批制度改革的成果。《深圳市建设工程质量管理条例》对竣工验收备案条件进行简化，未将规划、环保等验收合格证列为竣工验收备案的必要申请材料是基于简化办事程序，提高效率和投资效益等方面的考虑。

三、其他。

1. 一审判决“确认被告作出的金山碧海花园项目竣工验收备案行为违法，9 被告应当责令第三人就金山碧海花园项目重新办理备案手续”的陈述不准确，原验收备案行为确认违法后，应当责令第三人补充竣工验收备案的有关材料，纠正备案行为中不符合法律规定的部分，而不是重新办理。

2. 关于涉案项目，包括被上诉人在内的728户业主均已入住并办理了房产证，且目前深圳市范围内建设行政主管部门据此进行的竣工验收备案已逾千宗，若建设行政主管部门的此类备案行为被确认违法，将对政府公信力及社会秩序稳定造成难以估量的影响。

综上所述，请求二审法院依法改判，支持上诉人的上诉请求。

被上诉人戴某奋等11人答辩称：

一、有关诉讼时效的认定，并不存在事实认定错误问题。上诉人提出将建设工程验收备案信息通过"深圳建设信息网"向社会公示应产生诉权时效计算的意见，应考虑两个关键因素：第一，是否有法律上的明确规定，否则行政机关在自己官方网站的公示行为不具有送达、通知特定当事人的作用，行政机关因建设"阳光政府"所作的努力及采取的相关措施不能成为当事人行使诉权限制的理由。第二，是否符合比例原则。两年诉讼时效的起算点不仅需要考虑推定的条件，也需要考虑推定的合理性，更需要考虑诉权时效的起算点是否符合比例原则。行政行为的送达告知和通知义务则是针对特定的相对人和利害关系人，用政府信息公开来代替行政行为的送达和通知，颠覆了行政传统和理论。同时，政府信息的公开也不同于行政法规等规范性文件的公布生效，两者并不具有可比性。原审法院以第三人在仲裁程序中将竣工备案提交作为证据使用并以最早庭审质证的时间作为诉讼时效的起算点，并无不妥。

二、上诉人作出竣工备案行为的全部法律依据中不包括国务院制定的《建设工程质量管理条例》，这本身就说明上诉人存在适用法律错误。地方行政机关对法律和行政法规仍负有优先适用的义务。建设部依据《建设工程质量管理条例》制定的《房屋建筑和市政基础设施工程竣工验收备案管理办法》第五条明确罗列了各类向建设主管部门备案应当提供的文件，其中就包含环保和规划部门出具的验收认可文件。国务院制定的《建设工程质量管理条例》的法律效力和位阶高于一般性地方法规《深圳市建设工程质量管理条例》，同样，建设部制定的《房屋建筑和市政基础设施工程竣工验收备案管理办法》也高于深圳市建设局制定的《深圳市房屋建筑工程竣工验收及备案管理办法》。两者规定若有不一致，行政机关应根据上位法优先适用的原则办理事务。

三、行政审批制度的改革目标不是仅仅停留在简化手续上，而是在符合法律规定的条件下以更快捷的方式实现公众利益的保障为要旨。以行政审批改革为口号将规划、环保、人防验收剔除竣工验收备案，导致的后果是房地产开发商将商品房交付业主投入使用后，却因规划不合格或环保不合格等原因迟迟不能办理房产证，侵害业主利益。

四、上诉人认为确认违法后不应要求其重新办理，该意见忽视了公共利益之保障所在和对司法裁量权的尊让。金山碧海花园直至一审审结仍未获得环保验收和人防验收合格，责令补正并不能保证在案结之后可以促使第三人通过积极的行为获得环保和人防验收，以满足公共利益保障之目的。因此，在此情形下唯有要求重新办理才能更快速地促使第三人尽快消除违法现状，以保障金山碧海花园所有业主的利益。

综上，被上诉人戴某奋等 11 人请求驳回上诉，维持原判。

深圳中院经审理认为，关于本案诉讼时效起算点的问题。《最高人民法院关于执行〈中华人民共和国行政诉讼法〉若干问题的解释》第四十一条第一款规定，行政机关作出具体行政行为时，未告知公民、法人或者其他组织诉权或者起诉期限的，起诉期限从公民、法人或者其他组织知道或者应当知道诉权或者起诉期限之日起计算，但从知道或者应当知道具体行政行为内容之日起最长不得超过 2 年。该解释第四十二条中规定，“公民、法人或者其他组织不知道行政机关作出的具体行政行为内容的，其起诉期限从知道或者应当知道该具体行政行为内容之日起计算”。本案中，11 名被上诉人并不是竣工验收备案行政行为的相对人，其获知相应备案行为内容的方式，应符合合法合理的形式。2012 年 3 月 20 日至 2013 年 4 月 24 日，深圳仲裁委对 11 名被上诉人中的 5 人与第三人之间就支付延期办证违约金案件分别先后开庭审理，庭审期间对第三人提交的本案竣工验收备案收文回执均进行了质证。因此，原审法院认定 11 名被上诉人最早在 2012 年 3 月 20 日知道本案《深圳市房屋建筑项目竣工验收备案收文回执》的内容，并无不妥。因此，11 名被上诉人在 2014 年 3 月 6 日提起行政诉讼并没有超过司法解释规定的 2 年起诉期限。上诉人主张主动公开的政府信息，应以公布之日作为公民知道的具体时间，备案信息一旦上网公布，即应推定各方知道或应当知道该备案信息。本案应将 2010 年 8 月 20 日作为备案行政行为诉讼时效的起算时间点。上诉人的主张无事实和法律依据，上网公布信息并不能必然推出 11 名被上诉人即获知备案信息。本院对上诉人该项主张不予支持。

关于本案法律适用的问题。国务院制定的《建设工程质量管理条例》第四十九条第一款规定，建设单位应当自建设工程竣工验收合格之日起 15 日内，将建设工程竣工验收报告和规划、公安消防、环保等部门出具的认可文件或者准许使用文件报建设行政主管部门或者其他有关部门备案。《深圳市建设工程质量管理条例》第五十九条第一款规定，建设单位应当自房屋建筑工程竣工验收和消防、电梯、燃气等工程验收合格之日起15日内，将竣工验收报告和有关合格证明文件或者准许使用文件报建设行政主管部门备案。《深圳市实施〈中华人民共和国人民防空法〉办法》第二十八条规定："人民防空工程实行竣工验收制度……其他人民防空工程竣工后，建设单位在组织建设工程竣工验收的同时，应当向人民防空主管部门申请专项验收……未进行人民防空工程专项验收或者验收不合格的，建设主管部门不得办理建设工程竣工验收备案手续。"国务院制定的《建设工程质量管理条例》是现行有效的行政法规，《深圳市建设工程质量管理条例》是现行有效的较大市地方性法规，并不是经济特区法规。根据《立法法》第七十九条第二款的规定，行政法规的效力高于地方性法规、规章。由于《深圳市建设工程质量管理条例》的相关规定限缩了《建设工程质量管理条例》中规定的建设单位的法定义务，故本案应适用国务院制定的《建设工程质量管理条例》的相关规定。上诉人主张《深圳市建设工程质量管理条例》是对《建设工程质量管理条例》的明确和细化，无事实和法律依据，本院不予支持。本案中，第三人在申请竣工验收备案时，除提交房屋建筑工程竣工验收报告和消防、电梯、燃气等工程验收报告资料外，还应将规划、环保等部门出具的认可文件或者准许使用文件、人民防空工程专项验收文件报建设行政主管部门办理备案手续。上诉人在办理备案过程中未审查规划、环保、人防等行政主管部门出具的认可文件，即向第三人办理了竣工验收备案，该备案行为与上述法规的规定不符。原审法院鉴于金山碧海花园700多户业主已入住并办理了房产证，若撤销该竣工验收备案将会对整个小区业主的共同利益造成重大影响，确认上诉人作出的金山碧海花园项目竣工验收备案行为违法，并无不妥。但在原备案行为未被撤销的情况下，要求上诉人责令第三人就金山碧海花园项目重新办理备案手续，二者冲突，欠妥当。根据《最高人民法院关于执行〈中华人民共和国行政诉讼法〉若干问题的解释》第五十八条的规定，本院责令上诉人采取相应的补救措施。

综上所述，上诉人盐田区住建局的上诉理由不成立，上诉请求不予支持。原审法院认定事实清楚，适用法律正确，符合法定程序，依照《行政诉讼法》第六十一条第一项的规定，判决如下：驳回上诉，维持原判。

案例述评

一、深圳经济特区法规与设区的市法规的区别

1989年4月4日，第七届全国人民代表大会第二次会议通过《关于国务院提请审议授权深圳市制定深圳经济特区法规和规章的议案的决定》；1992年7月1日，

第七届全国人大常委会第二十六次会议作出决定，授权深圳市人大及其常委会根据具体情况和实际需要，遵循宪法的规定以及法律和行政法规的基本原则制定法规在深圳特区实施，并报全国人大常委会、国务院、广东省人大常委会备案；授权深圳市人民政府制定规章并在深圳特区组织实施。根据上述授权决定和《立法法》的相关规定，经济特区法规与设区的市法规相比，具有其特殊性：

一是立法权的来源不同。经济特区的立法权来源于最高国家权力机关或其常设机关的授权规定。设区的市法规的立法权来源于立法法的规定。

二是立法的效力等级和调整范围不同。一般说，经济特区立法的效力等级一般低于授权主体本身制定的规范性法律文件，又高于一般地方与受权主体相同级别的国家机关所制定的普通规范性法律文件。经济特区立法的范围，以不超出授权主体的授权范围为限，但可以或应当超出受权机关的职权范围；而设区的市法规所调整的范围，是以立法法所规定的事项范围或地方的立法主体的职权范围为限。

三是内容方面不同。经济特区立法带有明显的破格性、先行性，在遵循宪法的规定以及法律和行政法规的基本原则的前提下，可以对已有相关立法的具体规定做出变通。

四是立法程序方面不同。经济特区法规需报全国人大常委会、国务院和省人大常委会备案，但和设区的市制定的地方性法规有所不同，不需要报省人大常委会批准。

二、有关“商品房交付条件”的法律法规、规范性文件规定

商品房买卖中，开发商交房和买受人收房是商品交付的重要环节。双方容易出现争议的情况如下：一是开发商在合同规定的期限内通知交房，购房人认为房屋未达到交付条件而拒绝收房；二是购房人收房后认为房屋不符合交付条件而主张开发商按迟延交房承担违约金。

那么，在什么样的情况下，商品房符合交付条件，即使购房人拒绝收房也视为收房呢？在什么样的情况下，商品房不符合交付条件，即使收房也是无效交付，视为没有交付呢？有关“商品房交付条件”的法律法规、规范性文件主要有以下规定：

1.《城市房地产管理法》第二十七条规定：“房地产开发项目的设计、施工，必须符合国家的有关标准和规范。房地产开发项目竣工，经验收合格后，方可交付使用。”

2.《建筑法》第六十一条规定：“交付竣工验收的建筑工程，必须符合规定的建筑工程质量标准，有完整的工程技术经济资料和经签署的工程保修书，并具备国家规定的其他竣工条件。建筑工程竣工经验收合格后，方可交付使用；未经验收或者验收不合格的，不得交付使用。”

3.《城市房地产开发经营管理条例》第十七条规定：“房地产开发项目竣工，依照《建设工程质量管理条例》的规定验收合格后，方可交付使用。”

4.《建设工程质量管理条例》第十六条规定：“建设单位收到建设工程竣工报告后，应当组织设计、施工、工程监理等有关单位进行竣工验收。建设工程竣工验收应当具备下列条件：（一）完成建设工程设计和合同约定的各项内容；（二）有完整的技术档案和施工管理资料；（三）有工程使用的主要建筑材料、建筑构配件和设备的进场试验报告；（四）有勘察、设计、施工、工程监理等单位分别签署的质量合格文件；（五）有施工单位签署的工程保修书。建设工程经验收合格的，方可交付使用。”

第四十九条规定：“建设单位应当自建设工程竣工验收合格之日起15日内，将建设工程竣工验收报告和规划、公安消防、环保等部门出具的认可文件或者准许使用文件报建设行政主管部门或者其他有关部门备案。建设行政主管部门或者其他有关部门发现建设单位在竣工验收过程中有违反国家有关建设工程质量管理规定行为的，责令停止使用，重新组织竣工验收。”

5.《商品房销售管理办法》第三十条规定：“房地产开发企业应当按照合同约定，将符合交付使用条件的商品房按期交付给买受人。未能按期交付的，房地产开发企业应当承担违约责任。因不可抗力或者当事人在合同中约定的其他原因，需延期交付的，房地产开发企业应当及时告知买受人。”

第四十条规定：“房地产开发企业将未组织竣工验收、验收不合格或者对不合格按合格验收的商品房擅自交付使用的，按照《建设工程质量管理条例》的规定处罚。”

三、商品房的单体验收与综合验收

《城市房地产开发经营管理条例》第十七条规定：“房地产开发项目竣工，依照《建设工程质量管理条例》的规定验收合格后，方可交付使用。”而该条并未规定验收合格系单体验收还是综合验收。根据2018年3月19日《国务院关于修改和废止部分行政法规的决定》第二次修订的《城市房地产开发经营管理条例》已将该条例原第十八条删除。原第十八条规定：“住宅小区等群体房地产开发项目竣工，应当依照本条例第十七条的规定和下列要求进行综合验收：（一）城市规划设计条件的落实情况；（二）城市规划要求配套的基础设施和公共设施的建设情况；（三）单项工程的工程质量验收情况；（四）拆迁安置方案的落实情况；（五）物业管理的落实情况。住宅小区等群体房地产开发项目实行分期开发的，可以分期验收。”

《关于商品房买卖合同中商品房交付使用条件有关问题的复函》中明确提到：《广东省商品房买卖合同》（示范文本）第八条第一款中的“该商品房经验收合格”，是指该建设单位已在当地建设行政主管部门办理了工程竣工验收备案手续。

四、关于“商品房经竣工验收合格的标准”问题

从上述国务院发布的法规可以判断建设工程竣工验收的主体是建设、设计、施工、工程监理、勘察五家单位，而不是工程质量监督机构。因此，五家单位对工程进行竣工验收，并按照行政主管部门的要求在《建设工程质量竣工验收意见书》中签字盖章确认该工程已达到上述验收合格条件的，应认定为“经验收合格”。

另外，《建设工程质量管理条例》第四十九条第一款规定，“建设单位应当自建设工程竣工验收合格之日起 15 日内，将建设工程竣工验收报告和规划、公安消防、环保等部门出具的认可文件或者准许使用文件报建设行政主管部门或者其他有关部门备案”。住房和城乡建设部印发的《房屋建筑和市政基础设施工程竣工验收规定》（建质〔2013〕171 号）第九条也规定：“建设单位应当自工程竣工验收合格之日起15 日内，依照《房屋建筑和市政基础设施工程竣工验收备案管理办法》（住房和城乡建设部令第 2 号）的规定，向工程所在地的县级以上地方人民政府建设主管部门备案。”

从上述国务院的法规和住房和城乡建设部的规章可见，行政机关对工程质量的管理行使的只是监督备案管理职能，即取得竣工验收的备案回执就符合“商品房经竣工验收合格”的标准了。《深圳市建设工程质量管理条例》是由广东省第十届人民代表大会常务委员会批准的现行有效的设区的市法规（上引案例中深圳中院认为属较大市地方性法规，在严格意义上讲，深圳市并非国务院审批确定的“较大的市”），并不是经济特区法规。根据《立法法》第七十九条第二款（2015 年 3 月 15 日修正后为第八十八条第二款）的规定，行政法规的效力高于地方性法规、规章。由于《深圳市建设工程质量管理条例》的相关规定虽然限缩了《建设工程质量管理条例》中规定的建设单位的法定义务，但《城市房地产开发经营管理条例》原第十八条并未规定未经综合验收不得交付，而此规定仅为管理性规范，而非效力性规范，且《国务院关于第三批取消和调整行政审批项目的决定》已经取消了综合验收的审批程序。因此，房屋经单体验收合格后即可以交付使用。上引案例中的裁判观点值得商榷。

五、深圳市商品房的交付条件

《深圳市中级人民法院关于审理商品房买卖纠纷案件若干问题的指导意见（试

行)》第五条规定，商品房预售合同明确约定了房地产交付条件，预售方在未达到合同约定的交付条件的情况下交付房地产的，买方有权拒绝接受交付，并有权要求预售方承担延期交房的违约责任。

《深圳市建设工程质量管理条例》第五十五条第二款规定，“房屋建筑工程经竣工验收合格，并取得消防、电梯、燃气竣工验收合格证明或者准许使用文件后，方可投入使用”。

在深圳地区，开发商交付房屋需要符合什么条件？深圳中院《关于审理商品房买卖纠纷案件若干问题的指导意见（试行）的说明》：“第五、六条是关于商品房预售合同中房屋交付标准的确定及延期交房行为的认定问题。《深圳市建设工程质量管理条例》第五十五条第二款规定，房屋建筑工程经验收合格，并取得消防、电梯、燃气竣工验收合格证明或者准许使用文件后，方可投入使用。可见，在深圳市，房屋等建筑工程是否具备投入使用的条件，以是否取得主体结构工程、消防工程、电梯工程、燃气工程验收合格证书为判断标准。”

从以上深圳中院的规定来看，在深圳地区，取得主体结构、消防、电梯、燃气四项工程的验收合格证书为法定交付条件。如果不符合以上四个交付条件，购房人可以拒绝收房并据此要求开发商承担迟延交房的违约金，即使购房人已收房，开发商的交付行为也因违反法律、行政法规的强制性规定而无效，属于无效交付，购房人仍可主张开发商迟延交房的违约责任。

011 以炒房为目的的房屋买卖合同是无效还是不成立？

【典型案例】李某振与倪某房屋买卖合同纠纷上诉案

法律焦点：司法实务中，围绕着是否属于“名为买房，实为炒房”，该情形下所涉房屋买卖合同的成立、有效与否，是部分无效还是全部无效，以及是否损害国家利益，可谓众说纷纭、做法不一。

关键词：炒房合同、成立、效力

案例索引

一审：天津市武清区人民法院（以下简称武清法院）（2017）津0114民初4190号民事判决书

二审：天津市第一中级人民法院（以下简称天津一中院）（2017）津01民终6868号民事判决书

案情介绍

原告倪某与被告李某振双方对下列事实无争议：1. 倪某于2015年8月23日与天津市鸿翔投资有限公司（以下简称鸿翔公司）订立的期房“天津市商品房买卖合同”约定，倪某购买坐落于武清区×××××路×××××苑69号楼-7房屋，该公司于2017年8月31日前向倪某交付上述房屋。倪某已领取《天津市房屋登记证明》，登记日期为2015年9月6日，面积为168.6平方米，抵押权利价值130万元，抵押期限至2043年。2. 2016年11月29日，倪某与李某振订立《房屋买卖居间合同》。该合同约定：倪某将购买的上述房屋卖与李某振，定金为50万元，房屋价格为310万元。双方在倪某房产证办理完后两个月前到房管局签署《天津市房产买卖协议》并办理银行贷款手续（第九条第二款约定为，倪某所有房产手续办理完毕后双方到房管局办理买卖相关手续）。第九条第四款约定，倪某承诺在房管局办理手续时此房可以过户到李某振的指定人名下。倪某已分期收取李某振定金50万元。3. 双方订立合同时，对第九条第四款约定的“指定人”是不特定的，没有明确范围。4. 李某振属非天津市户籍居民家庭，从订立合同至今不符合在武清区购房资格条件。

倪某自认事实：双方签订的涉案合同，是预售商品房再行转让行为，违反法律法规强制性规定。

李某振自认事实：双方订立涉案合同3年前以妻子名义已在武清区购买了房屋，孩子能够在武清区上学，该房装修基本完工，但只有50平方米住不开。

李某振主张的事实：1. 购房是为自家孩子上学居住需要。提供了其妻微信聊天记录、其在武清区注册某公司租赁“武清区×产业园综合办公楼1250室”的书证；2. 倪某订立涉案合同时知道李某振上述买房的事实；3. 李某振父亲李某助有资格与倪某过户。提供了肃宁县某村村委会及镇派出所证明其父子关系的证明原件、李某助身份证及塘沽区某厂集体户口页复印件、李某助在该厂已经退休的证明原件。

倪某对李某振主张的上述3个事实均不予认可。认为如果知道李某振已在武清区有房就不会将房卖给李某振，李某振是否居住所需与李某振购房无关；父子关系证明不完备，且倪某是与李某振订立的合同，与其父无关。

一审法院持李某振提供的李某助的户口页、身份证、证明3份材料到武清区不动产登记事务中心调取了房屋限购相关规定，并咨询得知：李某助目前名下无登记的房产，但是否在武清区有购房资格不能确定，因为缺少配偶及未成年子女材料。

倪某向一审法院起诉请求：1. 依法确认倪某、李某振双方签订的《房屋买卖居间合同》无效；2. 如不能确认该合同无效，请求人民法院依法解除该合同；3. 诉讼费用由李某振承担。

裁判观点

武清法院经审理认为，本案争议的焦点为：一、双方签订的合同是否有效；二、如果有效是否应当解除。

一、关于双方签订的合同是否有效问题。

2005年，《国务院办公厅转发建设部等部门关于做好稳定住房价格工作意见的通知》（国办发〔2005〕26号）第七条规定，“国务院决定，禁止商品房预购人将购买的未竣工的预售商品房再行转让”；随后《建设部关于贯彻〈国务院办公厅转发建设部等部门关于做好稳定住房价格工作意见的通知〉的通知》（建住房电〔2005〕33号）第三条规定，“当前一些地方出现的投机炒房行为，是造成住房价格过快上涨、市场秩序混乱的重要原因。根据城市房地产管理法的有关规定，国务院决定禁止商品房预购人将购买的未竣工的预售商品房再行转让”；2017年，国家出台更严厉的打击投机炒房的限购政策，4 月 1 日实施的《天津市人民政府办公厅关于进一步深化我市房地产市场调控工作的实施意见》（津政发〔2017〕48 号）规定，坚持“房子是用来住的、不是用来炒的”的定位，深化区域性住房限购，对在本市拥有 1 套及以上住房的非本市户籍居民家庭，暂停在本市（滨海新区除外）再次购买新建商品住房和二手住房；之后，本市法院出现认定“名为买房，实为炒房”的行为，依法认定合同不成立，驳回索赔诉讼请求的判例。

涉案双方所签合同第九条第四款约定的可过户到不特定的指定人名下，是典型的炒房条款。订立合同时，倪某知道或应当知道其所购房屋禁止其再行转让，另外，即使不知道李某振已有住房，也应当审查李某振是否具有购房资格而没有审查，是对签订该条款的故意放任；李某振在武清区已有住房，并主张倪某和中介知晓，当时其被限购的《天津市人民政府办公厅关于进一步促进我市房地产市场平稳健康发展的实施意见》（津政发〔2016〕80 号）已经实施将近 2 个月，更应当知道自己家庭已没有购房资格，仍与倪某协商签订此条款，是故意而为；李某振一直主张其父有资格过户，但订立合同时并没有指明，现在也没有全面提供其父具有购房资格的证明材料，所以，由其父替其过户并无证据表明是其订立合同时的真实意思。

另，李某振主张购房是自家住房需要，这属于主观认识和自我决策问题，难以考察订立合同的真正动机。且李某振已有住房 3 年却没有入住，也未安置孩子上学，更难以确认李某振的主张。

综上，该约定条款，具有恶意串通损害国家利益即国家房地产市场秩序性质，应确认无效，但不影响其他条款的效力，因为禁止预售商品房再行转让的规定，不是效力性强制规定。

二、关于有效合同条款是否应当解除问题。

2016 年 10 月 1 日实施的（津政发〔2016〕80 号）第一条、2017 年 4 月 1 日实施的（津政发〔2017〕48 号）第一条均规定：在本市拥有 1 套及以上住房的非本市户籍居民家庭，暂停在本市六区及武清区再次购买商品住房和二手住房。“户籍居民家庭”的含义，在《市国土房管局关于落实房地产市场调控工作有关问题的通知》（津国土房发〔2017〕6 号）（三）中规定，是指在公安户籍部门登记的家庭，家庭成员含购房人、配偶及未满 18 岁的未成年子女，认定依据为户口簿及婚姻登记信息。根据上述规定，李某振家庭成员没有资格在武清区再次购买住房，因此涉案合同的其他条款虽然有效但无法履行，使倪某及时出售房屋回笼资金、李某振及时取得过户房屋的合同目的不能实现。

《最高人民法院关于适用〈中华人民共和国合同法〉若干问题的解释（二）》第二十六条规定，合同成立以后客观情况发生了当事人在订立合同时无法预见的、非不可抗力造成的不属于商业风险的重大变化，继续履行合同对于一方当事人明显不公平或者不能实现合同目的，当事人请求人民法院变更或者解除合同的，人民法院应当根据公平原则，并结合案件的实际情况确定是否变更或者解除。作为涉案合同重要补充的“可以过户到指定人名下”的条款被确认无效，且合同订立后国家和本市出台的限购政策越发严格，国家打击投机炒房、稳定房地产市场措施越发全面，符合上述规定的情形，结合本案实际，本院对涉案合同的有效条款予以解除。

涉案合同的部分条款确认无效，部分条款确认解除，倪某、李某振双方都有责任。合同解除后，根据公平原则及本案情况，倪某收取的李某振定金 50 万元应予退还。此案经调解未果，本院依照《民法通则》第四条，《合同法》第五十二条第一款第二项，《最高人民法院关于适用〈中华人民共和国合同法〉若干问题的解释（二）》第十四条、第二十六条，《国务院办公厅转发建设部等部门关于做好稳定住房价格工作意见的通知》第七条，《建设部关于贯彻〈国务院办公厅转发建设部等部门关于做好稳定住房价格工作意见的通知〉的通知》第三条，《天津市人民政府办公厅关于进一步促进我市房地产市场平稳健康发展的实施意见》第一条，《天津市人民政府办公厅关于进一步深化我市房地产市场调控工作的实施意见》首部和第一条及有关民事法律政策之规定，判决如下：一、2016 年 11 月 29 日倪某与李某振签订的《房屋买卖居间合同》第九条第四款无效；二、2016 年 11 月 29 日倪某与李某振签订的《房屋买卖居间合同》解除（不含第九条第四款）；三、倪某于本判决生效后 5 日内退还李某振定金 50 万元。案件受理费 40 元，倪某担负 20 元，李某振担负 20 元。

李某振上诉请求：1. 撤销一审判决，发回重审或改判驳回被上诉人的全部诉讼请求。2. 一、二审诉讼费由被上诉人承担。事实和理由：1. 一审认定事实错误。2016 年 11 月 29 日，双方签订的房屋买卖居间合同是双方的真实意思表示，上诉人购买此房的目的是改善家庭居住条件及孩子能在天津上学，且上诉人正在办理天津落户手续。一审法院认定双方所签订的合同的第九条第四款为炒房条款与事实不符。2. 合同签订后，上诉人已经支付了 50 万元定金，合同尚在履行过程中，原审法院直接认定无法办理过户与事实不符。3. 一审法院在未查清合同目的的情况下，认定双方合同的约定具有串通损害国家利益的性质系适用法律错误。4. 双方之间签订的合同并不存在法定解除的情形，亦不存在双方合同无法履行的现实不能。

倪某辩称，同意一审判决。被上诉人与上诉人之间的合同因为国家政策的原因不能履行，上诉人已经购买了武清区的一套房子，按照政策不能再买了。合同第九条第四款涉嫌炒房的情形，如果想把房屋过户到指定人的名下，应该让指定人来签订合同。而且案外人并没有购房的经济实力和实际需要，上诉人与被上诉人签订的第三人条款并不是出于第三人的实际需要，而是为了实现上诉人规避国家法律政策从而达到非法购房的目的，也即合同法规定的以合法形式掩盖非法目的，因此属于无效条款。

天津一中院经审理认为，关于合同第九条第四款效力问题，第一，涉案房屋禁止再行转让，且上诉人非天津户籍，其家庭已在天津市购置一套房产，根据政策无资格再行购买。第二，约定“可以过户到指定人名下”，该条款是典型的炒房条款。上诉人虽主张其父有资格过户，但订立合同时并没有指明，据此，一审法院根据相关法律，结合国家政策之规定，认定此条款属于炒房条款且确认此条款无效并无不当。关于有效合同条款是否应当解除的问题，上诉人家庭没有资格在武清再次购买住房，上诉人虽主张正在办理天津户口，但截至二审开庭之日，上诉人的天津户口依然没有办理下来。据此，一审法院判令解除合同并返还定金亦无不妥。

综上所述，李某振的上诉请求不能成立，应予驳回；一审判决认定事实清楚，适用法律正确，应予维持。依照《民事诉讼法》第一百六十九条第一款、第一百七十条第一款第一项规定，判决如下：驳回上诉，维持原判。二审案件受理费80元，由上诉人李某振负担。

案例述评

一、“名为买房，实为炒房”合同不成立、有效，还是部分无效抑或全部无效

2016年3月，房产中介人员尤某某利用自身优势从市民吴某某手中购买房屋，双方签订房屋买卖居间合同，并约定买方在办理房屋手续时房子可以过户给第三方。卖方发现买主系炒房人员后，提出解除合同。天津市滨海新区人民法院塘沽审判区经审理后，认定双方签订的买卖合同不成立。

天津这组判决针对的是个别房产中介，违反居间合同的忠诚义务的炒房行为，而不是要对所有买房合同的“主观心理”是否炒房作出认定。法院认定中介买房合同不成立的理由是，合同不是“真实意思表示”。

有媒体将上述判决解读为法院判决“炒房合同无效”，很多民众认为今后大家买卖房产，只要找出双方当事人带有“炒房”的目的，那么，所签订的购房合同就会立刻被推翻，即一切“炒房合同”皆无效。

天津市滨海新区人民法院塘沽民二庭副庭长李桂华表示，此类案件多为房地产

中介人员，利用具有的房源信息优势及熟悉房屋交易流程优势，与卖房人签订房屋买卖合同，再加价转卖给他人从中牟利。为了保证其顺利实施倒房行为，此类合同一般都约定交付定金后便腾空并移交房屋，此举是为方便让实际买房人看房。同时还会约定允许过户给第三方，是为保证卖房人与实际买房人办理过户。当卖房人陷入炒房人的圈套，拒绝履行合同时就会被以违约为由起诉，并索要高额违约金。

天津市滨海新区人民法院塘沽审判区认为，此类案件中签订买卖合同只是先占房屋的购买机会，同时另寻买主，将房屋转售他人从中牟利，而并非真要购买该房屋，其签订买卖合同并非真实意思表示，故该买卖合同不成立。此外，炒房人的行为既会造成实际买卖双方互不了解，影响实际买卖双方的缔约选择权，也会造成房屋交易的环节增多而增加实际买卖双方的交易成本和违约风险，实际上已经影响了实际买卖双方当事人的合法权益，有违诚实信用原则，干扰了正常的市场交易秩序，故依法不予保护。

武清法院于 2018 年 3 月 20 日就其审理的原告钱某亮与被告周某燕、第三人李某环合同纠纷一案所作出的（2017）津 0114 民初 7670 号民事判决书的判案理由中称：公民从事民事活动，应当遵循诚实信用原则。同时，应当遵守法律、行政法规，尊重社会公德，不得扰乱社会经济秩序。被告与第三人之夫孙某庆签订的《售房协议书》约定的内容中有“乙方有权指定该宗房产过户到指定人名下”的内容，且在签订该《售房协议书》后，被告与第三人办理了委托合同并进行了公证，委托事项中包括查询档案、出售、产权转移登记、缴纳税费、取款及代为签订房屋买卖协议及相关手续的文件等事项，明显不符合正常房产交易行为的特征，且在庭审中，被告对于在签订《售房协议书》后为何与第三人办理公证委托一事不能作出合理解释，由此可见本案被告不是真正的买房人，购买涉案房屋并非被告的真实意思表示，被告的行为“名为买房，实为炒房”。因此，被告与第三人之夫孙某庆签订的《售房协议书》不成立。

天津市蓟州区人民法院就其审理的原告董某涛与被告孙某杰、张某菊、天津市某房地产经纪有限公司房屋买卖合同纠纷一案，作出的（2017）津 0119 民初 2860 号民事判决的判案理由中称，孙某杰、张某菊等仅凭合同中写明的“卖方同意买方更名”不足以证实董某涛购买诉争房屋系炒房行为。

江苏省常州市天宁区人民法院就其审理的原告丁某与被告钱某芬、康某确认合同无效纠纷一案，作出的（2017）苏 0402 民初 4112 号民事判决认为，房地产交易应遵从诚实信用的原则且不能违反法律法规或恶意规避国家政策。若要认定合同无效，根据《合同法》第五十二条的规定，需存在下列情形之一：1. 一方以欺诈、胁迫的手段订立合同，损害国家利益；2. 恶意串通，损害国家、集体或第三人利益；3. 以合法形式掩盖非法目的；4. 损害社会公共利益；5. 违反法律、法规的强制性规定。若要认定民事法律行为无效，根据《民法总则》第一百四十六条的规定，需要存在该情形：行为人与相对人以虚假的意思表示实施的行为，即需要双方当事人共同作出虚假的意思表示。本案中根据查明的事实，丁某与钱某芬在曹某1、曹某2的中介居间签订了《房屋买卖协议》，该合同系双方在充分议价的基础上自愿签订；丁某的本意就是出售房产，不论钱某芬是带着何种目的购买该房产，但其真实意思还是购房而非怀有其他目的；买卖时双方不存在价格欺诈或一方胁迫另一方的情况；房款钱某芬已经支付完毕，丁某与钱某芬业已办理了合同约定的公证手续，房屋亦交付给了钱某芬，虽然没有过户，但根据合同内容可以视为双方已经将合同履行完毕，房屋所有权此时已经归属钱某芬。根据现有证据，无法确定钱某芬的本意就是为赚取差价而低价买进再待高价时伺机卖出，即使钱某芬为专业中介，假装以女儿买房的名义进行洽谈购房但实际为了倒卖，这种行为虽然不值得提倡，却不违反法律法规的禁止性规定，不损害国家利益、社会公共利益或第三人利益，也不是一种非法目的，故丁某要求确认其与钱某芬之间的《房屋买卖协议》无效的诉讼请求不予支持。

江苏省苏州市中级人民法院就其所审理的上诉人姚某红与被上诉人陈某武、原审第三人苏州市某房产经纪有限公司房屋买卖合同纠纷一案，于2019年5月13日所作出的（2018）苏05民终9885号民事判决书的判案理由中认为，姚某红通过购买VIP会员卡取得涉案房屋的购房资格后与陈某武签订该房屋的买卖合同，属于转卖房号的行为。另经一审法院查明，姚某红与陈某武房屋买卖合同上约定单价为18285.70元/平方米，而案外人徐某、樊某芳与商品房开发商就涉案房屋签订的商品房买卖合同约定的购买单价为10456.42元/平方米，该单价与涉案买房合同中单价的差额为7829.28元/平方米，姚某红从中获利高达百万余元。因此，该种行为实质系“名为买房、实为炒房”的行为，因违反社会公共利益，该炒卖房号行为应认定为无效。原审苏州市吴江区人民法院作出的（2018）苏0509民初2404号民事判决对此认定并无不当。

二、认定“炒房合同”、确认买卖合同不成立或无效须谨慎

通过上引案例可知，围绕着是否属于“名为买房，实为炒房”以及“名为买房，实为炒房”情形下所涉房屋买卖合同的成立与否、是否有效、是部分无效还是全部无效，在司法实务中可谓众说纷纭、做法不一。我们认为，在法律上，可以说根本不存在什么“炒房合同”的合同类型，不论是法律规定的如买卖合同等有名合同，还是房屋买卖过程中买卖双方在合同中所约定的在房产转移登记时，买方有权指定第三方作为转移登记的房产权利人，起码在该房屋买卖合同中并未具体明确地载明买方加价转让给该第三方。故此，即便事实上存在买方加价转让的情形，该房屋买卖合同中的指定第三方为转移登记的权利人，该合同也不能够称为“炒房合同”，在法律上该约定比较符合我国合同法上合同权利义务概括转移的法律现象。

对部分媒体所解读的“炒房合同无效”，只是针对房产中介违背诚信原则“双方代理”、高价转售的行为，而绝非意味着司法机关要对所有的房屋买卖合同进行买房动机是否为“炒房”的主观审查。

在此，需要正本清源、以正视听的是，不少媒体曾经热炒的天津市滨海新区人民法院塘沽审判区“炒房合同”无效的判决，实属以讹传讹。就实际情况而言，该法院并未判决中介以炒房为目的的房屋买卖合同无效，而是经过审理认为买方作为房产中介人员利用其具有的房源信息优势及熟悉房屋交易流程优势，签订买卖合同的目的是转售他人，并非购买卖方名下的房屋，其签订买卖合同并非真实意思表示，故该买卖合同不成立。可以比较肯定地说，这部分案件的判决结果并不具有普遍意义，也即不能据此推导出只要卖方找到所谓买方“炒房”的事实，就可以诉请要求确认买卖合同不成立或无效，理由有三个：

一是现实生活中，究竟是否为“炒房”，并不都是那么容易被发现和判断的，买方不会以书面或口头形式直截了当地告知卖方其买房的目的就是加价转售。

二是依照法律规定，依法成立的合同具有法律约束力，民事活动应当遵循公平合理和诚实信用原则，法律鼓励交易和诚实信用，以利于促进资源的合理有效配置，人民法院和仲裁机构在法律适用的利益衡量和价值判断上更倾向于不轻易地否定合同的效力。

三是对上述媒体所报道案例，从某种程度上讲，法院判决更多的是基于买方为房地产中介人员的特殊身份，因其利用自身优势，违背诚实信用原则，干扰了正常的房屋市场交易秩序，背离了中介机构及其人员应有的职业忠诚和勤勉尽责的居间服务规范，而不予支持买方要求继续履行合同并赔偿损失的诉讼请求。

天津市滨海新区人民法院塘沽审判区对 17 件房屋买卖合同纠纷案件认定为“名为买房，实为炒房”的行为，是针对个别房产中介因违反“居间合同”所要求的诚实守信而进行的炒房行为，而不是要对所有房产买卖合同中带有“炒房”目的的当事人主观心理进行否定。法院在判决中认定此类中介买房合同不成立，是以“签订买卖合同并非中介的真实意思表示”为由，自有其法律上的正确性。

需要特别予以说明和强调的是，中介人员利用职务便利，提前签约再高价转售的行为，与普通民众所进行的单纯“炒房”行为还是有着本质区别的。因为前者违背诚实信用原则，违反居间合同义务，违反职业伦理，超出中介经营范围，损害了委托人，哄抬了房价，扰乱了正常的房地产市场交易秩序，该行为的社会危害要比单纯投资“炒房”导致的后果严重得多，所以司法机关对其完全没有姑息的必要。

我们认为，如果是中介人员以压低卖方房价和抬高买方房价的方式“吃差价”，扰乱房地产交易市场秩序和房产中介居间服务市场秩序的，买卖合同不成立，但如果是非中介人员的普通“炒房”人，以变更主体的方式加价转售他人，则不能动辄否定合同成立并生效的法律事实。上引案例中，武清法院和天津一中院均认为合同第九条第四款“此房可以过户到乙方指定人名下”之约定是典型的炒房条款，进而认为属于当事人恶意串通损害国家利益的无效条款。我们对此认定不予苟同，理由有两个：一是无证据证明系合同双方恶意串通，只能说明系合同双方意思自治的约定；二是该种约定是否属于损害国家利益也是不无疑问的，国家利益不应泛化。法院因合同买方不具有购房资格以及未能在法庭辩论终结前提供指定的具有购房资格的买方，认为合同履行存在法律上或事实上的障碍，根据当事人的请求判决解除合同本无可厚非，但非要将该条款认定为无效的“炒房”条款，则着实有进一步商榷的必要。

012 商品房买卖合同与“捆绑”虚假装修合同的效力如何认定?

【典型案例】广州南沙经济技术开发区A物业发展有限公司与黄某川、广东B装饰设计工程有限公司商品房预售合同纠纷上诉案

> **法律焦点：**商品房开发商与买受人签署《商品房买卖合同》的同时，再由开发商及/或第三方与买受人签署《委托装修合同》的“双合同”交易模式下，《委托装修合同》是否有效，《委托装修合同》是否完全独立于《商品房买卖合同》，在购房人违约未支付“装修费”情形下，开发商能否同时主张解除《商品房买卖合同》及《委托装修合同》?
>
> **关键词：**商品房买卖合同、虚假装修合同效力及独立性

案例索引

一审：广东省广州市南沙区人民法院（以下简称南沙法院）（2016）粤0115民初3695号民事判决书

二审：广东省广州市中级人民法院（以下简称广州中院）（2017）粤01民终4225号民事判决书

案情介绍

广州南沙经济技术开发区A物业发展有限公司（以下简称A公司）是广州市南沙区南沙街××大道××街11座3楼的开发商，于2013年7月5日取得该楼宇的商品房预售许可证。2013年6月22日，A公司（甲方、通信地址：广州市区××街××大道）与黄某川（乙方、通信地址：广州市白云区××大道南54号）签订了《商品房买卖合同》、合同附件一至七及补充协议（附件七）附录一至三。合同约定：乙方向甲方购买位于广州市区××大道北××湾自编×号楼B单元801房，建筑面积共108.79平方米，总房价918634元（合同网上签订之日支付278634元，剩余房款64万元须于2013年9月22日前申请办理银行按揭手续）。交房条件为：该商品房项目工程竣工验收合格，并取得建设工程质量监督机构出具的商品房建设项目符合验收管理规定的《建设工程质量监督报告》和规划、公安消防、人防、环

保部门出具的认可文件或准许使用文件；满足供水、供气、供电及通邮等必要居住条件，并取得公共服务单位出具的永久供水、供气、供电、通邮的证明文件。合同约定房屋交付的时间为 2015 年 3 月 15 日前。甲方如未能按本合同规定的期限交房，按本合同附件七《商品房买卖合同补充协议》第六条的约定处理。由于乙方原因，导致未能按期交付的，双方同意视为甲方已按期交房。乙方应在接到收楼通知书之日起 7 日内对该商品房进行验收，如有异议，应当在验收期限届满之日起 3 日内以书面形式提出，逾期不提出，视为同意接收该商品房。甲方交付使用的商品房的装饰、设备标准应符合双方约定的标准，达不到约定标准的，乙方有权要求按照本合同附件七《商品房买卖合同补充协议》第十五条的约定处理等。《商品房买卖合同》附件七为《商品房买卖合同补充协议》，该协议第四条约定：甲乙双方一致同意将《商品房买卖合同》第十二条关于交房条件全部约定变更为：该商品房项目工程竣工验收合格，并取得了本补充协议第七条约定的由相关政府行政主管部门出具的认可文件或准许使用文件和公共服务单位出具的证明文件。第六条约定：甲方如未能按《商品房买卖合同》中约定的时间交房，逾期不超过 90 日，应自本合同第十三条规定的最后交房期限的第二日起至实际交付之日止，按日向乙方支付已支付房价款万分之三的违约金，合同继续履行。逾期超过 90 日后，乙方有权单方面解除合同，如果乙方要求继续履行合同，合同继续履行，自《商品房买卖合同》第十三条规定的最后交房期限的第二日起至实际交付之日止，甲方按日向乙方支付已支付房价款万分之三的违约金。第七条约定：甲乙双方一致同意将《商品房买卖合同》第十五条关于房屋交付时的有关资料的全部约定变更为：甲乙双方进行房屋验收交接时，甲方应当向乙方提供有关该商品房的下列资料：（一）规划部门出具的建设工程规划许可证；（二）规划部门出具的建设工程规划验收合格证；（三）环保部门出具的环保预验收意见书；（四）供水、供电、供气的永久使用证明材料；（五）档案部门出具的认可文件或准许使用文件；（六）《房地产（住宅）质量保证书》；（七）《房地产（住宅）使用说明书》；（八）《临时管理规约》或《管理规约》；（九）竣工验收备案表。第十五条约定：该商品房为毛坯房，甲方不负责装饰，交付标准按《商品房买卖合同》附件六的约定执行。除该商品房与《商品房买卖合同》附件六约定的交付标准不一致外，乙方在该商品房交付时不得以对该商品房有异议为由拒绝收楼，乙方以此为由拒绝收楼或拒绝办理交付手续而引起的逾期交楼的法律后果由乙方自行承担。第十七条约定：在保修期内，乙方发出书面保修通知书 25 日内，甲方既不履行保修义务也不书面通知保修责任异议的，乙方可以自行或聘请他人进行维修，合理的维修费用由甲方承担。在任何阶段，不管任何原因导致甲方应承担保修、修补责任，且甲方在履行保修、修补责任过程中，需要乙方配合、协助的，乙方应进行配合、协助，并同意不因配合和协助提出任何要求。若乙方不进行配合、协助而导致甲方无法履行保修、修补责任的一切法律后果，甲方不承担。

在上述商品房买卖合同签订当日，黄某川作为甲方（委托方）、佛山市顺德区雅骏装饰设计工程有限公司作为乙方［承接方、现广东B装饰设计工程有限公司（以下简称B公司）］、A公司作为丙方（开发商），三方签订了《委托装修合同》及合同附件一至三。合同约定：甲乙双方一致同意甲方委托乙方对涉案房屋进行装修，并一致确认乙方按本合同附件一装修户型平面图和附件二装修内容和设备标准对房屋进行装修装饰，由乙方包工包料完成，甲方应向乙方支付的装修费为304612元（甲方2013年6月22日前向乙方支付装修费91383.6元，2013年9月22日前向乙方支付装修费152306元，2013年12月22日前向乙方支付装修费60922.4元）。甲方应于2015年3月15日起10天内前往丙方处办理收楼手续，同时将该房屋交给乙方装修；甲方未在该约定的期限内办理收楼手续的，则由丙方于前述约定的甲方应收楼期限届满之次日将房屋交付给乙方，甲方自愿认可丙方交付房屋给乙方即视为已交付给甲方、甲方已收楼且没有任何异议。乙方于房屋交付给其装修之日起170天内完成房屋的装修装饰。房屋的装修在交付使用时如存在属于工程范围的质量问题的，甲方有权要求保修和修复，乙方应承担保修、修复责任。在保修期内，不管任何原因导致乙方应承担保修、修补责任，且乙方在履行保修、修补责任过程中，需要甲方配合、协助的，甲方应进行配合、协助，并同意不因配合和协助提出任何要求。若甲方不进行配合、协助而导致乙方无法履行保修、修补责任的一切法律后果，乙方不承担。另外，在该合同附件二中列明了涉案房屋的装修标准及配套设施。

黄某川在签订上述合同后支付了全部购房款918634元，根据其提供的发票，其中按揭款64万元，已于2014年3月25日前全部支付；而《委托装修合同》约定的装修费仅支付91383.6元，余下的装修费213228.4元至今未支付。2014年12月30日，A公司向合同上载明的黄某川的通信地址邮寄收楼通知，通知可于2014年12月31日交房，但黄某川称未收到通知。A公司曾于2015年1月1日通过短信方式通知黄某川收楼，但至今尚未办理收楼手续。黄某川称曾多次要求A公司交付涉案房屋，A公司以黄某川未付清房款为由没有交付。

黄某川曾因涉案房屋延期交付的问题向南沙法院提起（2015）穗南法民三初字第1181号民事诉讼，在该案中黄某川要求A公司将已经完成的装修拆除，将涉案房屋以毛坯状态交付黄某川，并要求A公司支付从2015年3月16日起至实际交付之日止的延期交楼违约金。黄某川另提起（2015）穗南法民三初字第1182号民事诉讼，在该案中黄某川以已书面通知取消委托装修为由，要求B公司退还装修款60922.8元。据南沙法院作出的（2015）穗南法民三初字第1181号、第1182号民事判决书查明：“2015年3月9日，黄某川向广州市区××大道××湾行政部寄送《关于取消装修委托的声明》，声明称：‘取消对B公司的装修委托及三方签订的委托装修合同。’A公司及B公司称没有收到上述声明。黄某川提供视频资料以证明2015年9月13日前往涉案楼盘现场送达《关于拒绝收楼的声明》，声明称：‘买方于2015年3月22日前往房屋所在地办理收楼手续，却发现卖方的严重违约行为，原定毛坯交付的房屋已经基本装修完成，买方无法判断毛坯时的房屋是否符合交楼标准，遂当面提出异议并拒绝收楼，卖方无法给出合理解释，于是买卖双方当天没有办理收楼手续。现买方专此书面声明拒绝收楼。’A公司及B公司确认视频拍摄地点为涉案楼盘售楼处，但不认可收到上述拒绝收楼声明。A公司及B公司在庭审中表示，当时涉案楼盘是以精装房报建并准备以带精装修出售，但因在销售过程中遇到政府限价才将原本一个购房合同拆分为毛坯房和装修两份合同与黄某川分别签约。就房地产市场调控政策问题，南沙法院曾在另案中就该此向广州市国土资源和房屋管理局区分局发出《征询函》，该局以穗国房南〔2015〕67号复函回复表示，其严格按照《广州市国土房管局关于落实广州市房地产市场调控政策加强房地产市场监管的通知》执行相关房地产市场调控政策。该局将上述通知作为复函附件一并提供给南沙法院。根据上述通知规定，从2013年4月24日起，本市（含市辖10区、从化市和增城市）实行商品住宅预（销）售网上价格申报，房地产开发企业预（销）售商品住宅前，应办理预售价格网上申报，并接受国土房管部门的价格指导。未办理网上价格申报或申报价格过高且不接受国土房管部门指导的，暂不核发预售许可证；超过申报价格销售的，暂停网上签订商品房买卖合同。为了查明案件的事实，南沙法院就涉案楼盘是否以精装房报建销售的问题，前往区档案馆调取了涉案楼盘所属工程项目的城建档案，该工程项目名称为A××湾二标段总承包工程，发包单位是A公司，总承包单位是四川省第六建筑有限公司，其中建筑装饰装修分部（子分部）工程的专业承包单位是深圳市纪德建筑安装工程有限公司，由该公司编制涉案楼宇的室内精装修工程装饰施工方案，经报审后组织施工。上述装饰装修工程竣工验收时间为2014年7月7日。”A公司、黄某川对上述查明的事实没有异议。A公司、黄某川及B公司虽然签订了《委托装修合同》，约定由黄某川在办理收楼手续时或由碧桂园在约定的收楼期限届满之次日，将涉案房屋交给B公司装修，但B公司在向黄某川发出交付涉案房屋通知时，涉案房屋已经是带精装修状态。南沙法院认为，根据上述情形，并结合当时的房地产市场调控政策、涉案房屋相关城建档案资料及当事人陈述等事实，可以认定黄某川在购买涉案房屋时，虽然分别与A公司、B公司签订“毛坯房”买卖合同和装修合同，但涉案房屋实际上是带装修出售，装修合同所约定的装修费用反映的并非真实装修成本，而是房价款的一部分，其与“毛坯房”买卖合同所约定的价款，共同构成涉案房屋的总价款。因此，《委托装修合同》并非独立于《商品房买卖合同》之外的单个合同。南沙法院分别驳回了黄某川的诉讼请求，各方均未上诉，上述判决均已生效。

一审另查明，佛山市顺德区雅骏装饰设计工程有限公司（以下简称雅骏公司）于2016年1月15日核准变更名称为B公司。

二审法院除确认一审法院查明的上述事实外，另查明：二审中，黄某川提交以下证据：1. 电话录音光盘及四次电话通话文字整理材料，文字材料记载黄某川与B公司电话通话内容，拟证明黄某川当时已经在和雅骏公司的电话中取消了装修委托，并且询问收件地址然后邮寄了书面的取消装修委托通知，邮寄之后又电话询问是否收到通知，对方表示收到。2.《关于取消装修委托的声明》以及快递单存根，拟证明黄某川在2015年3月9日向A公司和B公司邮寄了《关于取消装修委托的声明》。A公司质证表示：1. 录音证据并非二审新证据。2. A公司无法确定录音证据来源的原始载体。3. 从录音通话内容中，无法明确黄某川所主张的通话对象的相关身份信息，以及其主张的B公司或A公司一致同意黄某川主张的取消委托的相关材料的送达地址或对象。4.《关于取消装修委托的声明》以及快递单存根并非二审新证据。5. 快递单的具体信息不明确。6. 快递单的收件人虽然写了A公司，但是在黄某川与A公司签订的《商品房买卖合同》中，已经明确双方因涉案合同履行所送达相应文件的通信地址，黄某川在快递单上填写的送达地址并非合同约定的通信地址，也不是A公司的经营地址，因此该证据无法证实邮件已经送达A公司。

2016年8月18日，A公司向一审法院起诉请求：1. 黄某川立即支付拖欠的购房款213228元。2. 黄某川向A公司支付逾期付款违约金（违约金计算方法：按揭部分违约金，从2013年9月23日至2014年2月8日，以64万元为本金，从2014年2月9日至同年3月21日，以14万元为本金，按日万分之三的标准计算；从2013年9月23日至黄某川实际付清之日，以152306元为本金，按日万分之三的标准计算；从2013年12月23日至黄某川实际付清之日，以60922.4元为本金，按日万分之三的标准计算）。3. 黄某川承担本案的全部诉讼费用。

裁判观点

南沙法院经审理认为，《商品房买卖合同》和《委托装修合同》没有违反法律和行政法规的强制性规定，合法有效，双方均应按合同约定履行。从A公司、黄某川和B公司签订的《委托装修合同》内容看，各方当事人缺乏对相关装修条款的明确约定，没有约定各类装修对应的单价、面积、材料、品牌等，虽然约定了装修价款的总额，却没有关于金额如何构成的约定。另外，从合同履行情况看，虽然合同约定由黄某川在办理收楼手续时或由A公司在约定的收楼期限届满之次日，将涉案房屋交给B公司装修，但A公司在通知黄某川交付涉案房屋时，涉案房屋已经是带精装修状态，且第三人确认装修款项实际是购房款。根据上述情形，并结合当时的房地产市场调控政策、涉案房屋相关城建档案资料及当事人陈述等事实，可以认定黄某川在购买涉案房屋时，虽然分别与A公司及B公司签订“毛坯房”买卖合同和装修合同，但涉案房屋实际上是带装修出售，装修合同所约定的装修费用反映的并非真实装修成本，而是房价款的一部分，其与“毛坯房”买卖合同所约定的价款，共同构成涉案房屋的总价款。《委托装修合同》实质上并非委托合同，黄某川认为其可以随时解除委托的答辩，与事实不符，一审法院不予采纳。如前所述，《委托装修合同》所约定的装修费用是涉案房屋房价款的一部分，且B公司明确该款项的权利人为A公司，B公司对此不主张任何权利，而由A公司主张。据此，A公司有权主张《委托装修合同》约定的款项。黄某川未按合同约定支付该款项，已经构成违约，A公司诉请黄某川支付欠付款项213228元及自逾期之日起至还清之日止违约金合理有据，一审法院予以支持。黄某川抗辩依据不足，一审法院不予采纳。

关于A公司主张的按揭付款部分房价款的违约金问题。A公司、黄某川在合同中约定按揭款项由黄某川在2013年9月22日前申请办理银行按揭手续，并按照按揭方式付款，但双方对按揭款项具体支付时间未有明确约定。A公司没有证据证明黄某川有迟延申请办理按揭手续行为，且黄某川申请办理按揭手续后，银行何时发放贷款，并非黄某川所能控制，故A公司该部分诉请没有事实及合同依据，一审法院不予支持。

综上所述，一审法院依照《合同法》第六条、第七十九条、第一百零七条，《民事诉讼法》第六十四条第一款的规定，于2016年12月9日作出如下判决：一、黄某川应于该判决发生法律效力之日起十日内向A公司支付房价款213228元及违约金（违约金的计算方法：从2013年9月23日起至2013年12月22日止，以

152306元为本金，从2013年12月23日起至实际付清之日止，以213228元为本金，按每日万分之三的标准计算）。二、驳回A公司的其他诉讼请求。如果未按该判决指定的期间履行给付金钱义务，应当依照《民事诉讼法》第二百五十三条之规定，加倍支付迟延履行期间的债务利息。一审案件受理费2958元，由A公司承担889元，黄某川承担2069元。

上诉人黄某川上诉请求：1. 撤销一审判决，将案件发回重审。2. 一、二审费用全部由A公司承担。事实与理由如下：

一、一审法院在案件审理中遗漏了足以改变判决结果的重要事项。黄某川在一审中提出了已取消装修委托（有电话录音和签收快递单为证）的重要事项，因为该事项在《委托装修合同》中已明确约定了产生的后果，足以影响判决结果，该事项的遗漏导致了判决结果的不公正。

二、一审法院关于《委托装修合同》的认定既相互矛盾又违背《合同法》的精神。

1. 一审认定《委托装修合同》合法有效，那么法院就应该严格按照该合同约定的各个事项去裁判双方的权利义务，但一审法院的选择性采纳对黄某川十分不公平，并且判决书中法院又声称部分《委托装修合同》实质并非委托合同，这样相互矛盾的认定导致了判决结果的严重不公正。

2. 《委托装修合同》中约定："黄某川与B公司一致同意：黄某川应于2015年3月15日起的10日内去A公司处办理收楼手续，同时将该房屋交给B公司装修；黄某川在该房屋交付给B公司装修前擅自解除委托装修合同取消对装修委托的，应向B公司支付装修费用总额40%的违约金（从已收取的装修费用中扣除）。"而黄某川正是在2015年3月9日（在合同约定的房屋交付给B公司装修前）就以电话和书面的形式取消了对B公司的装修委托（有电话录音和签收快递单为证）。那么按照合同约定，黄某川需要支付装修费用总额40%的违约金给B公司，而并非需要补齐装修款。

三、A公司故意违反国家法律规定、故意违反政府的限价政策和严重违背合同约定事项的事实不应作为对A公司有利的证据采纳。

1. 故意违反国家法律规定。一审判决书经法院审理查明的事实中，A公司于2013年7月5日取得该楼宇的商品房预售许可证。根据我国《城市房地产管理法》第四十四条的规定，商品房预售应已经向县级以上人民政府房产管理部门办理预售登记，取得商品房预售许可证明。而双方签订预售合同的时间为2013年6月22日，也就是说A公司在签订合同时隐瞒了还未取得商品房预售许可证的事实，存在欺诈黄某川及违反国家相关法律的行为。

2. 故意违反政府限价政策。从一审庭审记录可以看到，A公司自称是为了逃避政府关于房地产市场的限价政策才将合同拆分为“双合同”。这种恶意违反政府限价政策的行为使政府的规定形同虚设，严重损害了政府的行政强制力和威严，同时也损害了国家、社会公共利益。

3. 严重违背合同约定。在《商品房买卖合同》和《委托装修合同》中均约定A公司应于2015年3月15日将毛坯房屋交付给黄某川，然后由黄某川交给B公司装修，工期为170天。而A公司却严重违约没有按照合同约定交付毛坯房屋给黄某川，反而在没有征得黄某川同意的情况下提前开始装修。

A公司二审辩称：不同意黄某川的上诉请求，理由：一、《委托装修合同》并非独立于《商品房买卖合同》的单一委托合同，其款项与买卖合同的款项共同构成涉案商品房的总价款，且涉案房屋在《委托装修合同》约定的交付装修之时已完成装修，不存在黄某川主张的解除委托的前提。二、A公司并未收到黄某川的取消装修委托的通知。三、《商品房买卖合同》的买卖价格符合合同签订时广州市的相关销售政策，不存在黄某川主张的违法违规情形。

原审第三人B公司经本院依法传唤未到庭参加诉讼，亦未提交书面意见。

广州中院审理认为，本案争议的焦点是涉案房屋是否属于带装修出售，《委托装修合同》约定的装修款是不是购房款的一部分。对此问题，一审法院从双方的签约背景、合同条款、履行过程等多个方面进行分析，进而认定涉案房屋为带装修出售，《委托装修合同》约定的装修款和《商品房买卖合同》约定的购房款共同构成涉案房屋的总价款。该认定符合案件实际情况，本院予以确认。因装修款并非反映真实的装修成本，实为购房款的一部分，黄某川以已要求解除《委托装修合同》为由拒绝支付装修款理由不能成立，本院不予支持。A公司请求黄某川支付欠付款项及从逾期支付之日起至付清之日止的违约金合理有据，应予支持。

综上所述，黄某川的上诉请求不能成立，应予驳回；一审判决认定事实清楚，适用法律正确，应予维持。依照《民事诉讼法》第一百七十条第一款第一项规定，判决如下：驳回上诉，维持原判。二审案件受理费4138元，由上诉人黄某川负担。

案例述评

近年来，为应对政府对楼市施行的限价调控政策，商品房销售市场发展出了“双合同”的交易模式，其具体表现形式为，在一个购房行为中，开发商与买受人签署《商品房买卖合同》的同时，再由开发商及/或第三方与买受人签署《委托装修合同》。通过前述操作，开发商将原本属于购房款一部分的款项予以拆分，并将此部分款项作为《委托装修合同》项下的价款，以此来躲避主管部门对于房屋销售价格方面的监管。

在上述“双合同”的交易模式下，开发商一般核心关注以下两个方面的问题：一是“双合同”中《委托装修合同》是不是有效合同：如果其无效，装修价款将如何处理？二是《委托装修合同》是否完全独立于《商品房买卖合同》，因购房人违约，开发商能否同时主张解除《商品房买卖合同》及《委托装修合同》？

一、商品房销售“双合同”模式下《委托装修合同》的效力

关于“双合同”的交易模式下《委托装修合同》的效力问题，主要有两种观点：

第一种观点为无效论，即认为，《委托装修合同》缺乏对相关装修条款的明确约定、未实际履行，交易双方隐藏的真实意思表示是拆分购房款，《委托装修合同》项下的款项实际为购房款，《委托装修合同》应为无效合同。

案例

黄某健与广州广进房地产开发有限公司商品房预售合同纠纷上诉案［广州中院；案号：（2018）粤01民终15723号］

【基本案情】2013年11月21日，广州广进房地产开发有限公司（以下简称广进公司）与黄某健签订《广州市商品房买卖合同（预售）》，约定黄某健向广进公司购买案涉房屋，约定房屋是装修交付，买卖合同价款为1320908元。同日，购房人与案外人广东宏大建筑安装工程有限公司（以下简称宏大公司）签订《装饰工程委托协议书》，装修价款282805元。上述两份合同签订后，购房人支付了装修款和房价款。后因广进公司逾期办证产生纠纷，购房人起诉要求逾期办证违约金，并按照装修款和房价款的总额为基数计算。

【裁判观点】广州中院审理认为，黄某健与广进公司签订的买卖合同中已经约定案涉房屋装修交付，可见，装修的义务主体应为广进公司，黄某健无须再行与他人就案涉房屋签订装修合同。广进公司主导黄某健与宏大公司签订的装修合同，并非合同双方当事人的真实意思表示。广进公司主导黄某健与宏大公司签订装修合同实为将案涉房屋交易价款拆分为两个部分，有规避地方政府房地产调控限价政策、逃避税收的嫌疑，损害了社会公共利益。依照《民法总则》第一百四十六条的规定，黄某健与宏大公司签订装修合同为虚假意思表示，并未真正履行，且有违法嫌疑，应为无效。双方当事人隐藏的真实意思表示为案涉房屋实际交易价款为1603785元。因此，黄某健要求以房屋交易价款1603785元作为计算逾期办证违约金的基数，于法有据，应予支持。

第二种观点为有效论，即认为，拆分价格、捆绑装修销售不必然违法，《委托装修合同》有效。

案例

张某虎与北京田家园新城房地产开发有限公司等确认合同效力纠纷案［北京市房山区人民法院；案号：（2015）房民初字第13031号］

【基本案情】2013年12月29日，张某虎（买受人）与出卖人北京田家园新城房地产开发有限公司（以下简称田家园房地产公司）签订《北京市商品房预售合同》。2013年11月23日，张某虎（甲方，业主）与田华建筑公司（乙方，装修单位）、田家园房地产公司（丙方）签订《幸福家居解决方案协议书》，写明“确知较通常市场价格偏高，但鉴于丙方的品牌价值、技术、设计、服务理念等因素，甲方认为公平合理”。张某虎曾向田家园房地产公司出具了书面承诺，内容为：“经出卖人给予买受人充分提示、解释及说明，买受人已详细阅读并充分理解《幸福家居解决方案协议书》（以下简称《协议》）的条款及其含义。买受人在此确认：买受人签署《协议》系本人真实意思表示，不存在重大误解，也不认为《协议》存在显失公平情形，买受人自愿选择幸福家居解决方案并自愿签署《协议》。”张某虎以上述协议剥夺其作为消费者的自主选择权和公平交易权，以合法形式掩盖非法目的，且损害社会公共利益为由提起诉讼，请求判决《幸福家居解决方案协议书》无效。

【裁判观点】北京市房山区人民法院审理认为，第一，涉诉协议为张某虎、田家园房地产公司和田华建筑公司共同订立，系三方合意的结果；结合张某虎承诺已然理解并自愿选择订立涉诉装修协议，以及并非一家房地产开发商在该地段销售商品房的事实，张某虎提出侵害其自主选择权和公平交易权的主张，不予采信。第二，张某虎认同所售商品房的品质，并依约定支付了装修费用，捆绑销售折算后的房价有可能高于政府指导价格，但该情形并不必然导致销售行为的违法性，故其提出拆分价格、捆绑装修的做法实际在掩盖变相涨价之非法目的，已然构成以合法形式掩盖非法目的之主张，不予采信。涉诉销售项目的业主具有特定性，不涉及不特定公众利益人的合法利益，即不涉及社会公共利益。故张某虎提出涉诉装修协议损害社会公共利益的主张，亦不予采信。综上所述，张某虎请求确认《幸福家居解决方案协议书》无效的诉讼请求，缺乏依据，证据不足，不予支持。据此，依照《合同法》第五十二条之规定，判决驳回原告张某虎的诉讼请求。

二、《委托装修合同》是否完全独立于《商品房买卖合同》，因购房人违约，开发商能否同时主张解除《商品房买卖合同》及《委托装修合同》

关于“双合同”的交易模式下《委托装修合同》与《商品房买卖合同》是否相互独立的问题，司法实务中主要有两种观点：

第一种观点认为，《委托装修协议》与《商品房买卖合同》相互独立有效，不得以未履行《委托装修协议》为由要求一并解除《商品房买卖合同》。

案例

武汉锦苑中南房地产开发有限公司（以下简称称中南公司）与童某田装饰装修合同纠纷案［武汉市黄陂区人民法院；案号：（2018）鄂0116民初6595号］

【基本案情】2017年12月23日，童某田与中南公司签订了一份《武汉市商品房买卖合同》，约定房屋（毛坯）总价款为989652元。同时针对该购房合同，签订了一份《房屋委托装修协议》，约定装修总价为230500元，并约定如果童某田逾期付款累计达10天，中南公司有权解除装修协议和购房合同。童某田在履行了支付全部购房款义务后，未在约定期限内给付装修款，中南公司提起诉讼，要求解除《武汉市商品房买卖合同》及《房屋委托装修协议》。

【裁判观点】法院认为，双方签订《武汉市商品房买卖合同》与《房屋委托装修协议》，系两个相对独立的合同，是双方真实意思的表示，并不违反法律规定，该合同合法有效，双方应依约全面履行合同义务。童某田在《武汉市商品房买卖合同》中已经履行了全部义务；同时，双方在《武汉市商品房买卖合同》中明确约定了单方解除合同的条件及相关事项，中南公司主张因《房屋委托装修协议》的解除，就直接导致《武汉市商品房买卖合同》的解除，显然缺乏事实与法律依据。

第二种观点认为，《房屋委托装修协议》约定的装修费用反映的并非真实的装修成本，而是房价款的一部分，据此《房屋委托装修协议》应为购房合同的组成部分，不得单独解除。

案例

余某园与阜阳市颍州A公司房地产开发有限公司（以下简称A公司）委托合同纠纷案［安徽省阜阳市中级人民法院；案号：（2018）皖12民终514号］

【基本案情】2017年5月2日，余某园与A公司签订《认购书》及《装修合同》。《认购书》载明：余某园已明确知悉此认购价为毛坯房价格，但鉴于其希望购买精装修商品房，故自愿委托甲方于交付前对该毛坯房进行精装修，乙方需于交付前另行支付装修费用257805元。后余某园基于A公司存在捆绑装修行为，起诉要求解除《装修合同》。

【裁判观点】法院认为，从本案的认购书及附件中反映，双方签订的系购买精装修房的合同。虽然其后分别签订了装修合同和商品房买卖合同，但《装修合同》约定的装修费用反映的并非真实的装修成本，而是房价款的一部分，其与购房合同约定的价款共同构成涉案房屋的总价款。余某园单独要求解除涉案《装修合同》不符合法律规定。若认为上述合同具有解除的法定事由，可以对涉案装修合同、商品房买卖合同一并予以解除。

我们综合分析上引案例认为：“双合同”的销售模式虽然从交易外观上来看是由两份独立的合约组成，但是这种交易外观刻意隐藏了其背后真实的交易内核——拆分房价，绕开价格监管。究竟是尊重交易外观，还是探究背后真意，是实务处理的核心所在。如果过分强调对于外观的尊重，并通过司法裁判的方式将这种有意包装过的交易模式进行权威背书，实际上有损调控政策权威，害及社会公共利益（对于此处的公共利益，本书认为调控政策的考量是为了稳定房地产市场价格，促进房地产业的有序及长远发展，是承载了特定价值取向的社会公共利益）。因此，我们可以看到在实务处理中，大部分法院会选择将《委托装修协议》与《商品房买卖合同》放在一起进行系统看待，并综合考量《委托装修协议》项下究竟能否对应有真实、具体、等价相当的装修合同内容，并据此判断装修协议项下的价款与房屋价款之间的关系，这种选择的背后也体现了人民法院对于“实质正义”的价值追求。

在上述前提下，对于问题一，虽然实践中出现了上文列举的不同法院观点，但是可以看到不同的观点之间仍然具有共通性，即没有刻意割裂《委托装修协议》与《商品房买卖合同》之间的关系，并一致认为装修价款是购房价款的一部分；观点之间的不同主要集中在《委托装修协议》是否要认定为无效，但即便是在将《委托装修协议》进行无效化处理的案件中，人民法院也并没有判处开发商返还装修价款，而仍然将其认定为购房价款的组成部分。

自2017年10月1日起施行的《民法总则》（自2021年1月1日起施行的《民法典》）第一百四十六条规定：“行为人与相对人以虚假的意思表示实施的民事法律行为无效。以虚假的意思表示隐藏的民事法律行为的效力，依照有关法律规定处理。”我们认为，上引案例中的《委托装修合同》或《装修合同》本身作为伪装行为无效，而包含装修款在内的商品房买卖合同作为隐藏行为，在不违反法律、行政法规的效力性强制性规定的情况下，可以肯定其在当事人之间的合同效力。根据《民法总则》第一百四十六条的规定，通谋虚伪意思表示是指表意人与相对人进行通谋，双方一致对外做出虚假的、非自己真意的意思表示，双方合意造成订立某项法律行为的表面假象，但其真意并非追求有关法律行为的法律效果产生。这里的“通谋”不同于《民法总则》第一百五十四条规定的“恶意串通”，通谋虚伪表示之无效不以损害第三人为必备要件。开发商为了规避政府的调控政策，实现利益最大化，采用“双合同”的模式销售房屋，具有明显的虚伪故意，并采取积极行为主导购房者与装修公司签订装修合同。购房者虽明知双方并非签订真实的装修合同，但仍在签订上述两份合同后，支付房价款和装修款，其通过消极的默示行为予以配合，与开发商形成通谋。因此，开发商与购房者之间构成通谋虚伪意思表示。

我国《民法总则》第一百四十六条、第一百五十三条、第一百五十四条规定了民事法律行为无效的情形，法律行为评价为无效的情形大致有两个：一是违背了当事人的真实意思表示，这充分体现了尊重当事人的意思自治和自由意志的民法理念。二是经立法者和裁判者进行价值判断和利益衡量后，对超出自由界限的法律行为进行否定性的评价，此种限制的最终落脚点为国家利益、社会公共利益以及他人合法权益。

通谋虚伪表示的效力属于绝对无效还是相对无效的问题，体现了不同的民法价值理念和取向，以及对善意第三人信赖利益保护的程度。我国《民法总则》第一百四十六条从“伪装行为”和“隐藏行为”两个层面的法律关系进行分析，分两款规定了通谋虚伪行为的法律效力。

关于伪装行为的效力。行为人与相对人以虚假的意思表示实施的民事法律行为，民法典规定为无效。当事人的自由意志是民法公平正义的正当性基础，意思自治以意思表示真实为前提，若为虚假意思表示，显然有悖于当事人的真实意思，应被认定为无效。

关于隐藏行为的效力。隐藏行为，是被伪装行为所掩盖，代表表意人与相对人真实意思表示的行为，其效力应依照相关法律规定处理。该条款的规定是通谋虚伪表示相对无效的体现。相对无效的概念是适应社会经济发展、维护交易稳定的需要，以及为了保护善意当事人和第三人的正当利益发展而来。未将隐藏行为认定为绝对无效，可减少因契约无效所引发的各种负面影响，有利于效率价值、经济效益、自由意志的实现。隐藏行为根据具体情形，可呈现有效、无效、效力待定、可撤销等多种法律状态。具体则依据民法典中关于民事法律行为效力的规定进行处理。

开发商为规避政府的调控政策，实现利益最大化，利用“双合同”模式销售房屋，将案涉房屋交易价款拆分为两个部分，有规避地方政府房地产调控限价政策、逃避税收的嫌疑，损害了社会公共利益。开发商违反了国家限价政策，是认定装修合同无效的一个裁判和说理依据。

最高人民法院针对再审申请人毛某华与被申请人林某汉、一审被告刘某求执行异议之诉纠纷一案，于2017年12月16日作出的（2016）最高法民再113号再审民事判决书中即一个区分伪装行为和隐藏行为的效力的代表性案例。该案中最高人民法院认为，根据《民法总则》第一百四十三条第二项之规定，民事法律行为应当具备“意思表示真实”的条件。《民法总则》第一百四十六条规定：“行为人与相对人以虚假的意思表示实施的民事法律行为无效。以虚假的意思表示隐藏的民事法律行为的效力，依照有关法律规定处理。”案涉《房屋买卖合同》买卖店面的约定本身是当事人之间的虚伪意思表示，刘某求与林某汉签订案涉《房屋买卖合同》的真实目的是以案涉店面担保刘某求本金为800万元、借款期限为三个月、利率为日0.3%的债务的履行，当事人间达成一致的真实意思即隐藏行为是将案涉店面作为借款合同的担保。根据《民法总则》第一百四十六条之规定，本院认定案涉《房屋买卖合同》本身作为伪装行为无效，而借款担保作为隐藏行为，在不违反法律、行政法规的强制性规定的情况下，可以肯定其在当事人之间的合同效力。

关于《委托装修协议》是否独立于《商品房买卖合同》的问题，上引案例中武汉市黄陂区人民法院认为《委托装修协议》独立于《商品房买卖合同》，从而不支持同时解除《委托装修协议》《商品房买卖合同》的开发商主张。我们合理探究法院如此裁判的真实逻辑在于该案中购房人已经履行了大部分的合同义务（按照商品房买卖合同的标的额来看，购房人已经全部履行完毕；如将两份合同一并来看，购房人也已经支付了81%的合同价款），在此等情况下如果支持同时解除对于购房人而言无疑有失公允。该种处理方式也可以说是对于“实质正义”的追求方式，但是此等处理方式虽然看起来维护了购房人的利益，但却是以法院的视角定义了“购房人的利益”，购房人在作出购房决定之前及当时，应当是知道装修价款实际上是购房款的组成部分，如此处理结果与交易双方的交易本意而言冲突甚明。故此，我们更认同安徽省阜阳市中级人民法院的裁判观点，正是对上文所述合约关系方面的印证，其合理性不再赘述。

013 开发商为套取银行贷款签订虚假房地产买卖合同情形下贷款合同是否有效?

【典型案例】ZS 银行股份有限公司深圳罗湖支行与张某利等确认合同无效纠纷上诉案

> **法律焦点**：合同关系以外的第三人能否提起确认合同无效之诉？冒用他人名义与贷款银行签订的《住房按揭抵押贷款合同》是否成立、是否有效？商品房买卖合同和借款合同不是主从合同关系，商品房买卖合同的不成立、无效并当然地代表借款合同的不成立或无效。
>
> **关键词**：商品房买卖合同、按揭贷款合同、冒签姓名、成立、确认合同无效

案例索引

一审：深圳市福田区人民法院（以下简称福田法院）（2014）深福法民三初字第 1199 号民事判决书

二审：深圳市中级人民法院（以下简称深圳中院）（2018）陕 01 民终 8145 号民事判决书

案情介绍

香珠花园项目原名香珠园。1994 年 3 月 8 日和 4 月 8 日，深圳市农科科学研究中心（以下简称农科中心）与香港华深国际发展公司（以下简称香港华深）就农科中心自留用地（宗地号 B302－21）分别签订了《合作开发“深圳农贸综合批发市场”合同书》及《补充协议书》。合同约定，由农科中心在自留用地范围内提供用地，香港华深提供建设资金，共同开发房地产项目，项目建成后，双方按 3∶7 的比例分成。同年 4 月 8 日，农科中心又与香港华深及深圳华深房地产开发公司（以下简称深圳华深，此后该公司先后改名为深圳华深实业发展公司、深圳市辰森实业发展有限公司）签订协议书，将原香港华深提供建设资金的约定改为香港华深与深圳华深共同提供资金。深圳华深因无力投入资金开发该土地，于 1995 年 3 月 8 日

与深圳泰生实业公司（以下简称泰生公司，原法定代表人为张某某）签订了《合作开发农科商住楼合同书》，约定由泰生公司负责提供开发该项目的所有资金。1997 年 3 月 3 日，农科中心、深圳华深与原深圳市国土局签订了深地合字（福 95）039 号《深圳市土地使用权出让合同书》。1997 年 8 月 15 日和 10 月 28 日，农科中心、深圳华深、泰生公司分别签订了《合作开发农科商住楼补充合同》《合作开发农科商住楼合同书》，最终约定，农科中心与深圳华深提供合作用地，泰生公司提供开发项目的所有资金，建成后的房产按农科中心 19.8%、深圳华深 15.2%、泰生公司 65% 的比例分成，其中深圳华深按合同应分得的 15.2% 的房产以 3300 万元人民币（币种下同）转让给泰生公司［泰生公司实际向深圳华深（此后的深圳市辰森实业发展有限公司，以下简称辰森公司）支付 40016390 元，其中，辰森公司从 1997 年至 1998 年分七笔向成都军区驻深办付款共计 2650 万元］。至此，张某某所在的泰生公司在与农科中心、辰森公司签订一系列合作合同后，开始开发建设“香珠花园”项目。泰生公司因无履行合同的能力，张某某便在香珠花园开工建设并取得房地产销售许可证后，将香珠花园的房产采取签订假销售合同向银行按揭、重复销售、假销售高息借款等方式，骗取巨额资金。张某某犯合同诈骗罪被广东省高级人民法院判处 15 年有期徒刑。

2010 年 6 月 9 日，深圳市规划和国土资源委员会第一直属分局（甲方）与泰生公司（乙方）签署《深地合字（福 95）039 号〈深圳市土地使用权出让合同书〉第一补充协议书》，该补充协议书称：根据 2010 年 2 月 10 日中共深圳市委政法委员会《“香珠花园”案件“02.10”协调会议纪要》（深政法委〔2010〕5 号）意见，结合辰森公司已被吊销营业执照的情况，按照 2010 年 4 月 30 日“香珠花园”案件善后处理工作领导小组办公室《关于“香珠花园”专案有关问题的函》的精神，甲方同意乙方承接辰森公司在原合同书规定的权利、责任和义务，乙方应保障农科中心在本宗地的合法权益，并按专案组上述会议纪要的要求监督落实。

2010 年 11 月 12 日，香珠花园项目完成初始登记，AB 栋、C 栋、D 栋全部登记至泰生公司名下。

1999 年 4 月 20 日，泰生公司原法定代表人张某某以辰森公司（甲方）委托代理人身份与曾某华（乙方）签订一份《深圳市房地产买卖合同（预售）》，约定乙方向甲方购买香珠花园 C 栋 × × ×房，建筑面积为 226.65 平方米，单价为 5000 元/平方米，总价款为 1133250 元；甲方委托工行深东支行国贸办为预收款的代收机构和监管机构，乙方于签订合同时付清全部楼价款，将款项汇入上述代收机构；甲方须于 1999 年 5 月 30 日将合同规定之验收合格的房地产交付乙方使用等内容。同一天，泰生公司向曾某华出具收款收据，确认收到曾某华购买香珠花园C栋×××房的房款1133250元。2011年3月30日，曾某华与张某利签订《合同转让协议》，约定曾某华将其在上述合同中的权利义务无偿转让给张某利。同日，泰生公司与张某利确认，曾某华已支付的购房款实际为80万元。泰生公司与张某利签订《补充协议》，约定因辰森公司登记的经营期限到期，已由泰生公司全部承继享有该公司的所有香珠花园的房地产权利，双方同意将上述房地产买卖合同的卖方由辰森公司变更为泰生公司，张某利购买的香珠花园C栋×××房建筑面积为227.03平方米，单价仍为每平方米5000元，总价款为1135150元，张某利需补交房款335150元。次日，张某利向泰生公司转账支付了335150元。此后，张某利实际使用了香珠花园C栋×××房。

另查，1998年7月6日，甲方辰森公司与乙方“曾某华”签订一份《深圳市房地产买卖合同》，约定“曾某华”向辰森公司购买香珠花园C栋×××房，单价为8200元/平方米，总价款为1853650元。1998年8月24日，ZS银行股份有限公司深圳罗湖支行（以下简称招行罗湖支行）作为贷款人、抵押权人与借款人、抵押人“曾某华”，担保人、回购人辰森公司签订一份《个人购房楼宇按揭（抵押）贷款合同》（以下简称《贷款合同》），约定“曾某华”向招行罗湖支行借款99万元，“曾某华”以香珠花园C栋×××房作为抵押。该两份合同经过了深圳市福田区公证处公证。签订借款合同后，“曾某华”在《招行银行借款借据》上签名，并与招行罗湖支行向房地产登记部门递交了《深圳市房地产（楼花）抵押登记申请书》，香珠花园C栋×××房办理了抵押登记，抵押人是“曾某华”，抵押权人是招行罗湖支行。经张某利申请，原审法院委托广东南天司法鉴定所对辰森公司与“曾某华”于1998年7月6日签订的《深圳市房地产买卖合同》，招行罗湖支行与“曾某华”、辰森公司于1998年8月24日签订的《贷款合同》《招商银行借款借据》《深圳市房地产（楼花）抵押登记申请书》等四份材料中“曾某华”的签名真实性进行笔迹鉴定，广东南天司法鉴定所作出的粤南〔2015〕文鉴字第53号《文书司法鉴定意见书》认定，上述四份检材中“曾某华”的签名与曾某华签名样本字迹均不是同一人书写。

张某利诉至福田法院，请求判令：1. 确认招行罗湖支行与曾某华签订的个人住房按揭抵押贷款合同及抵押权无效，泰生公司对合同无效承担连带责任；2. 招行罗湖支行、泰生公司、辰森公司承担原审案件诉讼费用。原审诉讼中，张某利明确其第一项诉讼请求包含了招行罗湖支行、泰生公司、辰森公司应将香珠花园C栋×××房的楼花按揭抵押注销的意思表示。

裁判观点

福田法院审理认为，曾某华与辰森公司于1999年4月20日签订的《深圳市房地产买卖合同（预售）》是双方的真实意思表示，内容不违反法律的强制性规定，应认定为有效。因香珠花园已初始登记至泰生公司名下并已对外公示，应视为泰生公司已对外概括承受了辰森公司在涉案买卖合同中的全部权利义务。曾某华与张某利签订《合同转让协议》，将其与辰森公司签订的《深圳市房地产买卖合同（预售）》中的权利义务转让给了张某利，泰生公司对此没有异议，并与张某利签订了《补充协议》，收取了张某利补交的购房款。上述事实表明，曾某华与辰森公司于1999年4月20日签订的《深圳市房地产买卖合同（预售）》中买方已变更为张某利、卖方已变更为泰生公司，张某利是香珠花园C栋×××房的利害关系人。香珠花园C栋×××房因招行罗湖支行与“曾某华”、辰森公司于1998年8月24日签订的《贷款合同》而设定了抵押，抵押权人是招行罗湖支行。该抵押登记已影响到了香珠花园C栋×××房购买人张某利的权益，张某利主张抵押登记所依据的合同无效，是为实现自己的合同权益，招行罗湖支行辩称张某利的主体资格不适格，依据不足，福田法院不予采信。辰森公司与“曾某华”于1998年7月6日签订的《深圳市房地产买卖合同》，招行罗湖支行与“曾某华”、辰森公司于1998年8月24日签订的《贷款合同》《招商银行借款借据》及《深圳市房地产（楼花）抵押登记申请书》等四份材料中“曾某华”的签名不是曾某华本人所签，说明是有人冒用曾某华的名义，签订虚假的买卖合同、借款合同骗取招行罗湖支行的贷款，该买卖合同、借款合同是以合法形式掩盖非法目的，依照《合同法》第五十二条第三项，应确认为无效。招行罗湖支行依据无效合同及虚假的抵押人曾某华签名取得的香珠花园C栋×××房抵押登记亦应确认为无效。合同无效，抵押登记自始无效，不因经过时间的长短和是否有他人的主张而改变其效力，招行罗湖支行辩称合同、抵押登记有效，以及张某利的主张超过了诉讼时效，没有法律依据，福田法院不予采纳。综上所述，依照《民法通则》第五十八条第一款第七项、第二款，《合同法》第五十二条第三项，《民事诉讼法》第一百四十二条之规定，判决如下：一、确认招行罗湖支行与“曾某华”、辰森公司于1998年8月24日签订的《贷款合同》无效；二、确认抵押人为“曾某华”、抵押权人为招行罗湖支行关于抵押物为香珠花园C栋×××房的抵押登记行为无效，招行罗湖支行应将该抵押登记注销。案件受理费13700元、鉴定费27160元（均已由张某利预交），由招行罗湖支行负担。

招行罗湖支行不服原审判决，向深圳中院提起上诉，请求：1. 撤销（2014）

深福法民三初字第1199号民事判决第一项、第二项；2. 驳回张某利的全部诉讼请求；3. 张某利承担本案一、二审的全部案件受理费以及鉴定费。上诉事实和理由如下：

一、本案张某利依法并不具备提起诉讼主张招行罗湖支行与曾某华签订的《贷款合同》及抵押权无效的原告主体资格。依照我国《民事诉讼法》第一百一十九条的规定，所谓"原告与本案有直接利害关系"是指作为原告的公民、法人或其他组织自身的财产权、人身权或其他民事权益受到侵害或者与他人直接发生民事权利义务的争议，张某利因此而向人民法院起诉，要求法律保护。直接利害关系是一种权利、义务的冲突关系，属于法律上而非事实上的利害关系。而在本案当中，张某利既非招行罗湖支行与曾某华之间签订的《贷款合同》的当事人一方，与依法是否应当确认《贷款合同》无效亦不存在法律上的直接利害关系，因此并不具备提起诉讼主张《贷款合同》及抵押权无效的原告主体资格。结合张某利在原审起诉状中陈述的事实和理由，认定张某利与本案是否存在直接利害关系取决于张某利关于其取得深圳市福田区农轩路香珠花园C栋×××房产的实际所有权的主张依法是否成立。但在本案当中，张某利主张其取得涉案房产的实际所有权缺乏充分的事实及法律依据，理由如下：

1. 涉案房产并未经不动产登记机构依法登记于张某利名下，因此张某利主张其取得涉案房产的实际所有权明显依据不足。

2. 张某利提交的由原审被告辰森公司与曾某华于1999年4月20日签订的《深圳市房地产买卖合同》（以下简称《买卖合同Ⅱ》）真实性、合法性和有效性明显存疑，原审判决认为《买卖合同Ⅱ》"是双方的真实意思表示，内容不违反法律的强制性规定，应认定有效"显属错误，理由如下：（1）《买卖合同Ⅱ》第五条约定购房款应汇入辰森公司在"工行深东支行国贸办"开立的监管账户，但本案当中并没有任何证据证明曾某华已履行完毕该项付款义务。张某利提供的用于证明曾某华已付清购房款的《收款收据》的出具方为"深圳泰生实业公司"（更名之前的泰生公司）而非《买卖合同Ⅱ》的卖方即原审被告辰森公司，该《收款收据》的开具时间"1999年4月20日"与张某利提交的《关于曾某华购买香珠花园C栋×××房情况说明》中张某某所陈述的付款时间"1998年3月27日"明显存在矛盾，付款金额不一致。《收款收据》的格式亦不一致（张某某在上述情况说明中陈述"收款收据上记载的房号由C栋××房改为C栋×××房并加盖公章"，但《收款收据》中并未体现相关改写内容）。同时，曾某华以现金形式一次性支付金额为1133250元的购房款的真实性本身也严重存疑。（2）上述《收款收据》显示泰生公司已收到曾某华付清的购房款1133250元，但泰生公司项目负责人“严某辉”于2011年3月30日签字确认的《关于确定“香珠花园”C栋×××室购房金额的方案》中却显示“预售合同中实际缴纳房款金额”为80万元。两者之间明显存在矛盾，曾某华是否实际支付《买卖合同Ⅱ》约定的购房款以及实际支付的购房款金额（如有）显然缺乏有效证据予以证明。

3. 张某利提交的由张某利与曾某华签署的《合同转让协议》、与泰生公司签署的《补充协议》依法均应认定为无效。理由如下：（1）我国《城市房地产管理法》第三十八条规定：“下列房地产，不得转让……（六）未依法登记领取权属证书的”。而就《合同转让协议》的约定内容而言，其客观效果与曾某华将尚未依法登记领取权属证书的涉案房产转让给张某利无异，故应认定《合同转让协议》因违反《城市房地产管理法》第三十八条的上述规定而无效。（2）上述《合同转让协议》《补充协议》签订之前，涉案房产已办妥以招行罗湖支行作为抵押权人的楼花抵押登记手续，因此，根据我国《担保法》第四十九条的规定，曾某华通过签署《合同转让协议》的方式将涉案房产转让给张某利的行为亦应认定为无效。（3）根据《合同转让协议》的约定，曾某华同意将其在相关预售合同及补充协议项下的全部权利和义务无偿转让给张某利，明显不符合通常的房产交易规则和惯例，故《合同转让协议》的真实性严重存疑。（4）根据《补充协议》的约定，张某利应当向泰生公司补交购房款335150元，而根据张某利在本案中主张的事实和理由以及所提供的证据2《收款收据》显示，曾某华已于“1999年4月20日”一次性支付完毕全部购房款1133250元，故《补充协议》的真实性亦明显存疑。

4. 《贷款合同》的签订时间为1998年8月24日，且涉案房产在当时即已办妥该《贷款合同》项下以招行罗湖支行作为抵押权人的楼花抵押登记手续并产生相应公信公示效力，而曾某华与辰森公司签订《买卖合同Ⅱ》的时间为1999年4月20日，张某利与曾某华签订《合同转让协议》的时间为2011年3月30日，均显著晚于涉案房产办妥《贷款合同》项下以招行罗湖支行作为抵押权人的楼花抵押登记的时间。因此，即便上述《合同转让协议》《补充协议》合法有效，在张某利明知或应知涉案房产已办妥以招行罗湖支行作为抵押权人的楼花抵押登记的情况下，张某利主张其在上述《合同转让协议》《补充协议》项下取得的合同权益应当获得保护并以之对抗招行罗湖支行根据《贷款合同》所享有的抵押权等权益于法于理亦不应当予以支持。

5. 从证据证明力的角度分析，张某利提交的证据《香珠花园物业部收费通知单》并不足以证明张某利实际使用了涉案房产，原审判决认为“此后，原告张某利实际使用了香珠花园C栋×××房”依据不足。并且，即便《香珠花园物业部收费通知单》能够证明张某利实际使用涉案房产，依法亦不足以证明张某利已取得涉案房产的实际所有权。

二、原审判决认为招行罗湖支行与曾某华签订的《贷款合同》“是以合法形式掩盖非法目的，依照《合同法》第五十二条第三项，应确认为无效”明显错误，《贷款合同》及抵押权依法不应被认定为无效。

1. 依据《合同法》第五十二条的规定，依照全国人大常委会法制工作委员会所作的立法解释，“以合法形式掩盖非法目的”是指“行为人为达到非法目的以迂回的方法避开了法律或者行政法规的强制性规定，所以又称为伪装合同”，且依照通常理解，“以合法形式掩盖非法目的”的行为包括四个构成要件：一是具有合法形式的表面行为，即具有掩盖性的虚伪表示；二是行为人具有非法目的；三是具有合法形式掩盖的隐藏行为，即被掩盖的真实民事行为；四是当事人双方主观上存有故意通谋的非真实意思表示。而具体到本案当中，首先，原审法院查明《贷款合同》系他人冒用曾某华的名义与招行罗湖支行签订，因此《贷款合同》并不具有“合法形式”（“合法形式”是指法律行为在形式上符合法律关于其成立、生效和有效的要件，满足法律适用过程中的形式化要求，根据《民法通则》第五十五条的规定，通常包括行为人具有相应的民事行为能力、意思表示真实、不违反法律或者社会公共利益）。其次，《贷款合同》并未同时包括用来掩盖另一种民事行为的表面行为（伪装行为）和被掩盖的隐藏行为（真实行为）。最后，在本案中并没有任何证据表明《贷款合同》双方当事人在主观上存在故意通谋的非真实意思表示。由此可见，《贷款合同》并不存在我国《合同法》第五十二条第三项规定的“以合法形式掩盖非法目的”的情形，原审判决认为《贷款合同》“是以合法形式掩盖非法目的，依照《合同法》第五十二条第三项，应确认为无效”明显错误。与此同时，《贷款合同》亦不存在我国《合同法》第五十二条规定的其他任何一项依法应认定为无效的情形。

2. 即便如原审法院查明，《贷款合同》系他人冒用曾某华的名义与招行罗湖支行签订，但依法亦并不因此导致《贷款合同》及抵押权无效。具体理由如下：（1）由于《贷款合同》的签订时间为1998年8月24日且涉案房产在当时即已办妥《贷款合同》项下以招行罗湖支行作为抵押权人的楼花抵押登记手续并产生相应公信公示效力，因此在《贷款合同》确系他人冒用曾某华的名义与招行罗湖支行签订的情况下，亦应当认定曾某华知道或者应当知道他人以其本人名义签订《贷款合同》，但曾某华截至目前，在超过17年的期间内均未对此明确作出否认表示，因此依照我国《民法通则》第六十六条（本人知道他人以本人名义实施民事行为而不作否认表示的，视为同意）的相关规定，应当认定曾某华同意《贷款合同》的签署，且《贷款合同》对招行罗湖支行和曾某华具备法律约束效力。需要特别强调的是，在《贷款合同》确系他人冒用曾某华的名义与招行罗湖支行签订的情况下，冒用人是如何获得曾某华的身份信息的？虽然泰生公司在原审阶段曾主张《贷款合同》系泰生公司原法定代表人张某某在曾某华不知情的情况下安排员工盗用其身份证复印件后与招行罗湖支行签订，但并未提供任何证据予以证明，其真实性存疑。结合张某利在原审阶段提交的证据5《关于曾某华购买香珠花园C栋×××房情况说明》中张某某陈述其与曾某华系老乡关系的情况并从高度盖然性的角度推断，曾某华主动将其身份信息提供给冒用人的可能性极大，亦应当据此认定曾某华知道或者应当知道且同意冒用人以其本人名义签订《贷款合同》。（2）即便《贷款合同》确系他人在违背曾某华意愿的情况下冒用曾某华的名义与招行罗湖支行签订且曾某华对此明确作出否认表示，其法律后果亦应为《贷款合同》在招行罗湖支行与曾某华之间不产生法律约束效力，但《贷款合同》仍将在招行罗湖支行与“冒用人”之间成立并产生法律约束效力，招行罗湖支行作为“相对人”有权依照我国《合同法》第五十四条［下列合同，当事人一方有权请求人民法院或者仲裁机构变更或者撤销：（一）因重大误解订立的；（二）在订立合同时显失公平的。一方以欺诈、胁迫的手段或者乘人之危，使对方在违背真实意思的情况下订立的合同，受损害方有权请求人民法院或者仲裁机构变更或者撤销］的相关规定请求人民法院予以撤销，但在招行罗湖支行行使撤销权之前或招行罗湖支行放弃撤销权的情况下，依法并不应当认定《贷款合同》无效。

三、即便张某利依法具备提起本案诉讼的原告主体资格且招行罗湖支行与曾某华签订的《贷款合同》及抵押权依法应当被认定为无效，张某利在本案中主张的诉讼请求业已超过诉讼时效，人民法院依法不应予以保护。《贷款合同》的签订时间为1998年8月24日，且涉案房产在当时即已办妥《贷款合同》项下以答辩人作为抵押权人、抵押编号为楼9832××的楼花抵押登记手续并产生相应公信公示效力，故依照我国《民法通则》第一百三十五条（向人民法院请求保护民事权利的诉讼时效期间为二年，法律另有规定的除外）、第一百三十七条（诉讼时效期间从知道或者应当知道权利被侵害时起计算）的相关规定，张某利在本案中主张的诉讼请求业已超过诉讼时效，人民法院依法不应予以保护。

综上所述，原审判决确认招行罗湖支行与“曾某华”、辰森公司于1998年8月24日签订的《贷款合同》无效，确认抵押人为“曾某华”、抵押权人为招行罗湖支行关于抵押物为香珠花园C栋×××房的抵押登记无效以及招行罗湖支行应将该抵押登记注销，属于明显错误。

被上诉人张某利答辩称：一、张某利通过与曾某华签订的合同转让协议取得了涉案房产的权利，取得了本案一审的主体资格，招行罗湖支行称张某利不具有一审原告的诉讼主体资格没有法律和事实依据。二、曾某华在1998年7月6日签订的《深圳市房地产买卖合同》和1998年8月24日签订的《贷款合同》《招行银行借款借据》《深圳市房地产（楼花）抵押登记申请书》等中的曾某华签名由一审法院委托南天司法鉴定所进行鉴定，鉴定出四份材料中的曾某华签名不属于同一人书写，签名不是本人所签，是虚假的，因此四份合同是虚假文件，因此该抵押登记行为应无效。三、招行罗湖支行主张张某利诉讼时效问题，张某利知道权利被侵害的时间应该是得知签名是虚假的，也就是说鉴定出不是曾某华签订的时间才是主张合同无效的起算时间，所以应该以一审作出鉴定的时间知道权利被侵害，因此张某利主张抵押权无效并没有超过诉讼时效，请求驳回上诉。

泰生公司答辩称：一、一审认定事实清楚，说理清晰，程序合法，招行罗湖支行没有新的证据和事实。二、涉案抵押合同无效性早已经由（2006）深中刑财执字第9号裁判书确认，关于香珠花园签订假销售合同进行按揭贷款办理抵押登记的169套房产具体数字统计说明，这个文件其中就有本案的房产，是属于假按揭，假销售合同，所以合同的无效性是正确的。三、涉案房产的诉讼时效问题，作为诉讼参与人，本案张某利主张的是物权，抵押权属于物权的一部分，物权不受诉讼时效的限制，招行罗湖支行抗辩不能成立。请求驳回上诉，维持原判。

辰森公司、曾某华未答辩。

深圳中院审理认为，曾某华与辰森公司于1999年4月20日就香珠花园C栋×××房签订的《深圳市房地产买卖合同（预售）》是双方当事人真实意思表示，未违反法律、行政法规的强制性规定，应认定为有效。曾某华将其在上述合同中的权利义务概括转移给了张某利，辰森公司权利义务的继受者泰生公司对此予以确认，并与张某利签订了《补充协议》。上述合同的履行过程中，张某利已支付了全部购房款并实际使用了涉案房产，其有权对涉案香珠花园C栋×××房主张权利。张某利虽非1998年辰森公司与“曾某华”就涉案房产签订的《房地产买卖合同》以及“曾某华”与招行罗湖支行签订的《贷款合同》的当事人，但上述合同的处理涉及张某利的权利，张某利有权作为利害关系人提起本案确认合同效力之诉。

根据原审法院委托司法鉴定得出的鉴定结论，辰森公司与“曾某华”于1998

年7月6日签订的《深圳市房地产买卖合同》，招行罗湖支行与“曾某华”、辰森公司于1998年8月24日签订的《贷款合同》《招商银行借款借据》及《深圳市房地产（楼花）抵押登记申请书》等四份材料中“曾某华”的签名不是曾某华本人所签，故上述合同均非曾某华本人的真实意思表示，合同未成立。上述合同并非曾某华本人与辰森公司串通以合法形式掩盖非法目的而签订，原审将上述合同认定为无效不当，本院予以纠正。招行罗湖支行依据未成立的合同就涉案香珠花园C栋×××房办理的抵押登记无效，原审判令招行罗湖支行应当将该抵押登记注销并无不当。

张某利就本案提起的为确认合同无效之诉，而本院确认涉案合同未成立。确认合同的效力或成立的请求权实质为形成权，不适用诉讼时效的规定，招行罗湖支行关于诉讼时效的抗辩没有依据，本院不予支持。

综上，原审认定事实清楚，但对法律的适用部分有误，本院予以纠正。上诉人招行罗湖支行的上诉没有法律依据，本院予以驳回。依照《合同法》第二十五条，《民事诉讼法》第一百七十条第一款第二项之规定，判决如下：一、维持福田法院（2014）深福法民三初字第1199号民事判决第二项；二、变更福田法院（2014）深福法民三初字第1199号民事判决第一项为：确认招行罗湖支行与“曾某华”、辰森公司于1998年8月24日签订的《贷款合同》未成立；三、驳回张某利的其他诉讼请求。本案一审案件受理费13700元、二审案件受理费13700元，鉴定费27160元，均由招行罗湖支行负担。

案例述评

一、合同关系以外的第三人能否提起确认合同无效之诉问题

合同具有相对性，是指合同只对缔约当事人具有法律上的约束力，对合同关系以外的第三人不产生法律约束力。但某些特殊的情况下，能否突破合同相对性原则，由合同外的第三人提起确认合同无效的诉讼？

我们认为，一份合同约定的事项往往不仅涉及合同双方当事人的权益，有些情况下还会与合同当事人之外第三人有直接的利害关系，若以合同相对性为由一概禁止与该合同约定事项有直接利害关系的第三人提起确认合同无效之诉，那么第三人的合法权益将无法得到保障，这也违背了合同法律制度的初衷。因此，结合相关案例的裁判思路，我们认为与合同约定事项有直接利害关系的第三人有权提起确认合同无效之诉，具体可参考以下案例：

1. 在合同关系以外的第三人确认合同无效之诉中，所谓第三人与合同约定事项有直接利害关系，该关系是一种权利义务的冲突关系，且只能是现实存在的一种

已然状态，而非一种将来发生的或然状态。

案例

原告廖某泉与被告黄某业、郑某确认合同无效纠纷案［中山市第一人民法院；案号：（2017）粤 2071 民初 15052 号］

【裁判要旨】中山市第一人民法院经审查裁定认为，本案案由为确认合同无效纠纷，关于合同以外的第三人提起确认合同无效之诉，应当满足第三人与合同约定事项有直接利害关系这一条件。对此，原告主张，其基于对被告黄某业债权转化为涉案房屋使用权，故两被告之间的约定事项与其有直接利害关系；被告黄某业主张，因原告与被告黄某业的抵押合同中关于转让房地产权属的约定无效，原告并未取得涉案房地产权属，故原告不具有本案主体资格；被告郑某主张，原告的合同为抵押合同，抵押物不能转让。本院认为，在合同以外的第三人确认合同无效之诉中，所谓第三人与合同约定事项有直接利害关系，是指作为原告的公民、法人或组织的自身的财产权、人身权，以及其他民事权益受到侵犯，抑或与他人直接发生了民事、权利义务上的争议，该关系是一种权利义务的冲突关系，且只能是现实存在的一种已然状态，而非一种将来发生的或然状态。本案中，原告与被告黄某业的法律关系为借款抵押合同关系，根据《物权法》第一百八十六条，《担保法》第四十条的规定，原、被告在《借款合同》中约定在债务履行期届满原告未受清偿时，涉案楼房及土地物业全部自然归属原告所有，违反了法律规定，该条款为无效约定，故原告未能取得涉案房地产权属，无权基于该房地产使用权，提出本案诉讼。关于原告与被告黄某业之间的债权，原告仅提交了借款合同、证人证言及 15 万元的银行转账记录，但由于该债务并未经过生效法律文书确认，且现有证据亦不能反映原告与黄某业之间债权债务的真实情况，本院认为原告亦无法依据其对黄某业享有债权的理由提起本案确认合同无效之诉。综上，本院根据现有证据无法认定两被告协议约定的事项与原告存在直接利害关系，原告应当承担举证不能的不利后果，原告起诉不符合合同以外的第三人提起确认合同无效之诉的条件，本院依法予以驳回。

2. 民事诉讼的当事人应当与案件有直接利害关系，仅存在间接利害关系不具有确认合同无效的诉讼主体资格。

案例

上诉人艾某胜与被上诉人武汉市常达商贸有限公司（以下简称常达公司）确认合同无效纠纷上诉案［湖北省武汉市中级人民法院；案号：（2018）鄂 01 民终 3586 号］

【裁判要旨】本院认为，根据我国传统民事诉讼理论的观点，民事诉讼的当事人应当与案件有直接利害关系，以自己的名义参与诉讼并受裁判结果的约束，故而

《民事诉讼法》第一百一十九条第一项规定，原告应当是与案件有直接利害关系的公民、法人和其他组织。刘某保与村委会签订案涉《协议书》系刘某保合法处分自身民事权益，与艾某胜无关。虽然由于刘某保与艾某胜系母子关系，该协议对艾某胜的利益可能产生一定影响，但该影响是基于艾某胜对刘某保享有的继承权发生，而不是直接源于案涉《协议书》有关权利义务的设定，因而艾某胜对案涉《协议书》或者说本案仅存在间接利害关系而不是直接利害关系。刘某保在案涉《协议书》公证一年多后去世，如其对案涉《协议书》有异议有足够时间可供其本人提起诉讼，但刘某保生前始终未就此起诉，艾某胜担当其母诉讼缺乏合理性与必要性，无权以自己的名义提起本案诉讼。

需要强调的是，我们并没有否认合同相对性原则作为合同法中的基础地位，合同相对性原则仍然是一个基本原则，只是随着经济的快速发展和交易的日趋频繁，固守这一原则并不一定符合当事人的意愿，并且在很大程度上已难以平衡当事人和第三人之间、当事人与社会之间的利益。我们倡导的是既要坚守相对性原则的基础性地位，又要与时俱进，在特定情形下对其作适度的例外和突破，从而做到二者的有机结合与协调发展。目前，我国民法典合同编的相关规定对合同相对性原则也有了适当的突破，如买卖不破租赁、撤销权的行使等。

综上，我们认为，请求确认合同无效的民事主体不应以合同相对人为限，合同外的第三人有权提起确认合同效力无效之诉，但不是所有场合都适用，其适用需要有严格的条件，通过上引案例总结如下：

首先，有无利害关系是关键。根据《民事诉讼法》第一百一十九条第一项的规定，原告应当是与案件有直接利害关系的公民、法人和其他组织，虽然诉讼权利是当事人享有的基本权利，但不是每个公民都是适格主体。

其次，该利害关系是直接的利害关系。上引第三个案例已明确提到，由于合同对第三人仅存在间接的利害关系，即使该合同对第三人会产生一定的影响，但该影响并非直接源于合同本身，故不具备诉讼主体资格。

最后，所谓直接的利害关系，是现实中已经存在的一种已然状态，而非一种将来发生的或然状态。简单地说，就是合同已经侵害到了第三人的权益，并不是将来可能会侵害到第三人权益，是一种已经发生的确定状态。

二、出卖人为套取贷款伪造他人签名签订的虚假房屋买卖合同及房屋担保贷款合同的效力问题

开发商为套取银行资金，伪造他人签字，与自己签订虚假房屋买卖合同，并与银行签订借款合同、抵押合同的情形下，对虚假房屋买卖合同应认定为因买受人意

思表示不真实又无事后追认而应认定合同不成立，或买受人虽追认但认可合同目的并非买房而是“帮助”开发商套取银行贷款，应认定虚假房屋买卖合同无效几无争议。例如，广东省高级人民法院于 2017 年 10 月 11 日印发的《关于审理房屋买卖合同纠纷案件的指引》第十二条规定：“出卖人为套取贷款与他人签订虚假的房屋买卖合同，应当依照民法总则第一百四十六条第一款的规定，认定买卖合同无效。金融机构知道或者应当知道房屋买卖合同虚假，仍然与买受人签订房屋担保贷款合同的，该贷款合同亦属虚假，应当认定无效。该贷款合同关系实际存在于金融机构与出卖人之间，合同效力依照民法总则第一百四十六条第二款的规定处理。”又如，徐州大舜房地产开发有限公司诉王某强商品房预售合同纠纷案（载《最高人民法院公报》2013 年第 12 期）裁判摘要：房地产开发企业以规避国家对房地产行业调控为目的，借他人名义与自身签订虚假商品房买卖合同，抵押套取银行信贷资金的，如果商品房买受人明知合同非双方真实意思表示，则该情形符合《合同法》第五十二条第三项的规定，应当认定合同无效。

但是，关于“假按揭”合同的成立及效力问题，司法实践中存在不同观点：第一种观点认为，只要是“假按揭”的，相应的合同效力都应予以否定。第二种观点认为，对“假按揭”合同效力的认定，应分不同情况予以认定。

我们同意上述第二种观点。因为商品房买卖合同和借款合同不是主从合同关系，商品房买卖合同的无效并不能当然代表借款合同的无效。借款合同的效力可分为以下三种情况：

其一，银行不知情的具有真实签名的“假按揭”借款合同的效力。由于开发商和借款人的真实意图不在于购买住房，而是帮助骗取银行贷款，因此开发商和借款人意思表示不真实。我国《合同法》第五十四条第二款规定：“一方以欺诈、胁迫的手段或者乘人之危，使对方在违背真实意思的情况下订立的合同，受损害方有权请求人民法院或者仲裁机构变更或者撤销。”《民法典》第一百四十八条规定：“一方以欺诈手段，使对方在违背真实意思的情况下实施的民事法律行为，受欺诈方有权请求人民法院或者仲裁机构予以撤销。”根据此规定，该种借款合同应属于效力待定的合同，在银行行使撤销权之前，借款合同是有效的。实务中，银行为了自己的债权利益，一般不会行使撤销权，可以认定该类按揭合同是有效合同。

其二，银行知情的具有真实签名的“假按揭”借款合同的效力。贷款人明知借款人没有购房意图而不禁止发放贷款甚至还帮助操作“假按揭”贷款，对此类借款合同的效力问题，从合同自由的原则出发，在没有其他违法因素的前提下，如果银行、借款人和开发商对“假按揭”的事实明知但都愿意承担此后果的，应视为双方的意思表示真实，所以银行与借款人签订的借款合同属于有效合同。另外，由于银行明知借款人的欺诈意图，所以，银行不是善意相对人，其不得以受到欺诈为由，作为受损害方变更或撤销合同。

其三，银行不知情的开发商伪造借款人签名的“假按揭”贷款合同的效力。贷款合同系开发商假冒他人名义签订，银行作为不知情的善意一方当事人依法可以请求人民法院判决予以撤销或宣告贷款合同无效，其不请求撤销或宣告无效的，开发商作为冒用人应当自行承担因相关合同签订与履行引发的法律责任。

北京市高级人民法院《北京市法院关于审理个人购房贷款纠纷案件座谈会纪要》（2007 年 8 月 9 日，京高法发〔2007〕273 号）第一条规定：“个人购房贷款合同的效力问题：1. 在个人购房贷款合同履行过程中，查明开发商以使用贷款为目的、以其他个人名义贷款，由自己作为担保人，并将贷款用于本企业经营的，开发商应为贷款的实际使用人，上述行为属于借款人、担保人（开发商）擅自改变借款用途的违约行为，该违约行为不影响个人购房贷款合同的效力，在审理中应认定贷款合同有效。2. 在个人购房贷款合同履行过程中，出现了符合《合同法》第五十四条第二款规定的情形，利益受损害方有权请求人民法院变更或撤销贷款合同。如其不行使请求人民法院变更或撤销贷款合同的权利，在审理中仍应认定贷款合同有效。”

北京市高级人民法院《关于审理房屋买卖合同纠纷案件若干疑难问题的会议纪要》（2014 年 12 月 16 日，京高法发〔2014〕489 号）第三条规定：基于假按揭签订房屋买卖合同的效力当事人为套取银行贷款虚构房屋买卖事实订立买卖合同，双方并无买卖房屋的真实意思表示，房屋买卖合同无效。当事人尚未还清银行贷款的，对于合同无效的法律后果可以参照《最高人民法院关于审理商品房买卖合同纠纷案件适用法律若干问题的解释》第二十五条（该条中规定：商品房买卖合同被确认无效或者被撤销、解除后，商品房担保贷款合同也被解除的，出卖人应当将收受的购房贷款和购房款的本金及利息分别返还担保权人和买受人）的规定处理。

最高人民法院就再审申请人中建三局第二建设工程有限责任公司与被申请人长沙市旨新金属材料有限公司、一审被告福建新华夏建工有限公司以及一审第三人林某海、林某兴、胡某伟、福建新华夏建工武汉有限公司买卖合同纠纷一案，于 2018 年 4 月 25 日作出的（2018）最高法民再 23 号民事判决书中认为：“合同如系假冒他人名义签订，相关当事人依法可以请求人民法院判决予以撤销或宣告无效，当事人不请求撤销或宣告无效的，冒用人应当自行承担因相关合同签订与履行引发的法律责任。就本案而言，在对方当事人未依法请求人民法院撤销涉案合同或宣告合同无效的情况下，武汉新华夏公司及胡某伟等人作为冒用人应当自行承担合同相关责任。”

上引案例中，招行罗湖支行在上诉理由中即称，“即便《贷款合同》确系他人在违背曾某华意愿的情况下冒用曾某华的名义与招行罗湖支行签订且曾某华对此明确做出否认表示，其法律后果亦应为《贷款合同》在招行罗湖支行与曾某华之间不产生法律约束效力，但《贷款合同》仍将在招行罗湖支行与‘冒用人’之间成立并产生法律约束效力，招行罗湖支行作为‘相对人’有权依照我国《合同法》第五十四条的相关规定请求人民法院予以撤销，但在招行罗湖支行行使撤销权之前或招行罗湖支行放弃撤销权的情况下，依法并不应当认定《贷款合同》无效”。

综上，我们认为：1. 出卖人为套取信贷资金与他人签订虚假的商品房买卖合同，属于“以合法形式掩盖非法目的”和合同双方通谋的虚伪意思表示签订的合同，该商品房买卖合同应归于无效。出卖人如为套取信贷资金与虚构的买受人即冒用他人名义签订的商品房买卖合同，属于缺乏合同一方主体真实意思表示的主体和内容均不成立的合同，该商品房买卖合同应属于不成立。

2. 金融机构如知道或者应当知道当事人以虚假的商品房买卖合同套取信贷资金，仍与“买受人”及“担保人”签订商品房担保贷款合同的，该商品房担保贷款合同也属无效合同。

3. 金融机构如不知情，不知商品房买受人是真实还是虚假，开发商作为出卖人和实际借款人故意隐瞒真实情况，使银行因虚假信息陷入错误认识，违背其真意，金融机构均可以被欺诈为由主张撤销贷款合同。在金融机构未主张撤销贷款合同的情形下，开发商作为实际的借款人应履行贷款合同中借款人的义务。

上引案例中，银行在发放贷款和进行抵押预告登记时虽存在一定过失，即银行作为专业从事贷款业务的金融机构，应遵守金融管理机构的贷款管理规定以及合理的商业准则，谨慎勤勉经营，在资信调查、文件审核、现场考察、资力评估、信息甄别等方面履行谨慎审查义务，按照《贷款通则》第三十七条和《个人贷款管理暂行办法》第十三条、第十四条和第十五条等的规定，在发放贷款和接受抵押前应对借款人和抵押物进行尽职调查，在签署抵押合同及办理抵押预告登记过程中核对当事人身份，落实“面签制度”“双人谈话制度”等，毕竟公证书不能替代银行贷款审查义务，但银行的这一过失属于轻过失，不应让其承担贷款合同不成立或无效的重后果。

014 开发商未取得商品房预售许可证所签认购书是否有效？

【典型案例】西安 WT 科技实业集团有限公司与李某茹确认合同无效纠纷上诉案

> **法律焦点：** 认购书作为特殊的担保合同，其成立和法律效力均不因预售合同的存在和效力而受影响，特别是认购书中独立存在的定金条款更不能因预售合同未能签订而失去法律效力。
>
> **关键词：** 认购书、商品房预售许可证、效力

案例索引

一审：陕西省西安市长安区人民法院（以下简称长安法院）（2018）陕0116 民初 2519 号民事判决书

二审：陕西省西安市中级人民法院（以下简称西安中院）（2018）陕 01 民终 8145 号民事判决书

案情介绍

一审法院认定事实："紫杉庄园"项目，又名"澜香山"项目，由西安 WT 科技实业集团有限公司（以下简称 WT 公司）开发建设。2016 年 4 月 25 日，WT 公司与李某茹签订认购合同一份，由李某茹（乙方）认购 WT 公司（甲方）开发建设的位于陕西省××区××街办西××路以西"紫杉庄园"项目商品房，双方在该认购合同中约定："一、内部认购房源基本情况：1. 认购房源：'紫杉庄园'（暂定名）×幢×－×号。2. 认购房源销售面积约 200 平方米。3. 认购房源销售总价 1720000 元，大写人民币壹佰柒拾贰万元整。二、付款方式及内部认购优惠价格：1. 乙方内部认购该房屋选择总房价款 100% 付款比例。2. 根据乙方内部认购该房屋付款比例甲方给予乙方总房价款 7 折优惠，优惠后总价 1204000 元，大写人民币壹佰贰拾万肆仟元整。3. 乙方应于 2016 年 4 月 25 日一次性向甲方支付该认购房源 100% 房价款 1204000 元，大写人民币壹佰贰拾万肆仟元整。三、甲乙双方权益：1. 本合同签订后，甲方须为乙方保留该房屋至签订正式《商品房买卖合同》时，

且不得与第三方签订该房屋的《商品房内部认购合同》或《商品房买卖合同》，并承诺在乙方携本合同与甲方签订《商品房买卖合同》时，甲方将完全履行本合同约定的房屋位置、面积、价款、户型等条款。2. 乙方在与甲方约定的时间内办理完毕付款及购房相关手续，在签订《商品房买卖合同》时可享有一次更名机会。3. 乙方在内部认购期间为一次性付款，在办理签订《商品房买卖合同》时享有重新选择付款方式的权益，乙方如若选择商业贷款形式购买，需递交按揭相关资料并办理完毕银行审批面签手续，待银行审批放款后甲方于15日内将乙方向银行贷款部分房价款如数退还乙方。4. 本合同签订后，乙方接到甲方通知后应在15日内到甲方指定的地点与甲方签订《商品房买卖合同》，并承诺在与甲方签订《商品房买卖合同》时，乙方将完全遵循本合同中约定的房屋位置、面积、价款、户型等条款。逾期办理则视为乙方自动放弃所认购房屋，甲方则另行安排出售，不予保留。”该合同下方加盖有WT公司的公章，并有李某茹签名。合同签订当日，李某茹即向WT公司缴纳1204000元购房款，WT公司向李某茹出具收据。

2016年8月3日，西安市长安区住房保障和房屋管理局（以下简称长安房管局）对案涉项目进行检查，发现该项目未办理销售手续，涉嫌无证销售，遂于同年8月9日作出处理决定：责令WT公司停止一切销售行为及和房屋销售相关的广告宣传活动；立即进行企业经营整改，并对违规销售的房屋逐一清退；尽快办理相关建审手续。后，WT公司仍未办理商品房预售许可证。2018年2月12日，WT公司以案涉房屋未取得商品房预售许可证为由将李某茹起诉至法院，请求确认双方签订的认购合同无效。2018年3月1日，长安房管局因WT公司在案涉项目未取得商品房预售许可证的情况下擅自违规销售，对WT公司予以行政处罚，责令停止销售活动，补办许可证，并处罚款720758元。同年3月5日，WT公司缴纳罚款。庭审中，李某茹认可双方当事人所签订的认购合同系事实上的房屋买卖合同。庭审后，一审法院向李某茹释明合同无效的后果，但李某茹坚持认为合同有效，坚持要求WT公司交房。另查明，案涉项目现已取得土地使用权证、建设用地规划许可证、建设工程规划许可证、建筑工程施工许可证。

WT公司向一审法院起诉请求：一、依法确认WT公司与李某茹签订的认购合同无效；二、诉讼费用由李某茹承担。

西安中院二审查明，2011年4月15日，WT公司取得案涉房地产开发项目的土地使用权证；2012年1月19日，取得建设用地规划许可证；2017年6月2日，取得建设工程规划许可证；2017年7月27日，取得建筑工程施工许可证；2018年5月10日，缴纳案涉地块廉租住房建设资金6060600元；2018年6月8日，取得商品房预售许可证。案涉房地产项目于2016年5月动工建设，2017年5月工程主体封顶，截至目前，水电气暖及小区道路、绿化等均未完工，也未进行验收。WT公司于2017年12月引入投资人西安龙湖地产发展有限公司后，同月向陕西秦农农村商业银行股份有限公司偿还了本息合计199801479.32元的贷款，于2018年1月和3月向西安市未央区和平小额贷款有限公司偿还贷款11994444元，并支付了包括农民工工资在内的共计4830万元工程款。二审查明的其他事实与一审一致。

二审审理中，李某茹以双方纠纷已经和解为由申请撤回上诉，本院于2018年10月17日与其谈话了解相关情况，李某茹以其与WT公司有保密约定为由不透露和解内容。经审查，本院依据《最高人民法院关于适用〈中华人民共和国民事诉讼法〉的解释》第三百三十七条之规定，对李某茹申请撤回上诉依法不予准许。

裁判观点

长安法院经审理认为，依法成立的合同，受法律保护。《最高人民法院关于审理商品房买卖合同纠纷案件适用法律若干问题的解释》（以下简称《商品房买卖合同纠纷解释》）第二条规定："出卖人未取得商品房预售许可证明，与买受人订立的商品房预售合同，应当认定无效，但是在起诉前取得商品房预售许可证明的，可以认定有效。"第五条规定："商品房的认购、订购、预订等协议具备《商品房销售管理办法》第十六条规定的商品房买卖合同的主要内容，并且出卖人已经按照约定收受购房款的，该协议应当认定为商品房买卖合同。"《商品房销售管理办法》第十六条规定："商品房销售时，房地产开发企业和买受人应当订立书面商品房买卖合同。商品房买卖合同应当明确以下主要内容：（一）当事人名称或者姓名和住所；（二）商品房基本状况；（三）商品房的销售方式；（四）商品房价款的确定方式及总价款、付款方式、付款时间；（五）交付使用条件及日期；（六）装饰、设备标准承诺；（七）供水、供电、供热、燃气、通讯、道路、绿化等配套基础设施和公共设施的交付承诺和有关权益、责任；（八）公共配套建筑的产权归属；（九）面积差异的处理方式；（十）办理产权登记有关事宜；（十一）解决争议的方法；（十二）违约责任；（十三）双方约定的其他事项。"综上，本案争议焦点应为原、被告双方所签订的《紫杉庄园内部认购合同》（以下简称认购合同）的性质。如涉案合同系商品房预售合同，则应适用《商品房买卖合同纠纷解释》第二条之规定确认该合同为无效合同，如涉案合同非商品房预售合同，则反之。本案中，原、被告双方签订的《认购合同》中约定了双方的名称、住所、房屋的基本情况、单价、总价款、付款方式、付款时间，未对交付使用条件及日期等项目予以约定，现原告认为在签订合同时已经告知被告，被告在庭审中亦认可该合同系事实上的商品房买卖合同，因此本院认为涉案合同应为商品房买卖合同。因原告 WT 公司在本案起诉前仍未取得商品房预售许可证，故原、被告双方签订的该合同应为无效合同。本院已向被告李某茹释明合同无效之后果，因法庭辩论已经终结，且被告李某茹仍坚持其答辩意见，故其可另案起诉，本案不予处理。

综上所述，依据《合同法》第八条、第四十四条、第六十条，《商品房买卖合同纠纷解释》第二条及《最高人民法院关于适用〈中华人民共和国民事诉讼法〉的解释》第九十条之规定，判决如下：原告西安 WT 科技实业集团有限公司与被告李某茹于 2016 年 4 月 25 日签订的认购合同无效。案件受理费 100 元，原告已预交，由原告承担。

李某茹上诉请求：1. 撤销一审判决，并改判确认 WT 公司与李某茹签订的认购合同有效；2. 由 WT 公司承担一、二审诉讼费用。事实和理由：

一、一审法院严重违反法定程序。1. 一审法院在第一次开庭前，并未对李某茹提出的适用简易程序的异议申请进行回复的情况下，便适用简易程序开庭审理该案，属程序违法；2. 一审法院对李某茹提交的重要证据——长安房管局出具的《回复函》及商品房预售许可证不予接受且不组织质证，并拒绝向有关部门调取李某茹无法取得但对查明案件事实极其重要的证据，属程序违法；3. 一审法院虽向李某茹释明案涉合同无效，但并未给李某茹保留反诉权利，属程序违法；4. 一审法院作出的判决时间与事实不符，属程序违法。

二、一审判决认定事实严重错误。1. 案涉房屋已经具备办理商品房预售许可证的客观条件，WT 公司故意阻挠合同生效条件成就，于办理商品房预售许可证前夕将李某茹起诉至法院，进行恶意诉讼，一审判决未对此事实进行认定；2. WT 公司已于 2018 年 6 月 8 日取得案涉房屋的商品房预售许可证，故双方签订的合同应认定为有效合同。

三、一审判决认定案涉合同无效，属适用法律错误。1. 根据《商品房买卖合同纠纷解释》第二条的规定，当事人在未取得商品房预售许可证时所签订的房屋买卖合同属于效力待定的合同，并非一律无效；2. 案涉合同是效力待定的附生效条件的合同，现所附生效条件已经成就，故应依法驳回 WT 公司的诉讼请求。

四、有关商品房预售许可的规定是管理性规定，而非效力性规定，案涉合同并没有违反效力性强制规定，是有效的。

五、WT 公司主张合同无效，不符合诚实信用原则和公平公正原则。

六、本案并非个例，一审判决违背公平正义的价值理念，偏离法律价值导向，破坏了房地产市场的正常经营秩序。

WT公司辩称：一、一审法院程序合法。1. 一审法院审理时适用的是普通程序而非简易程序；2. 李某茹在一审中申请调取的证据与本案并无关联，一审法院不予调取符合法律规定；3. 李某茹在一审中未提出反诉，是其对自身诉讼权利的处分，一审法院并未剥夺李某茹的实体权利和反诉权利；4. 一审判决落款时间为2018年6月8日，在一审法庭辩论终结之后。由于一审法院于2018年6月11日再次向当事人释明合同无效的法律后果后，李某茹并未提出新的主张和意见，故一审法院将判决书的落款时间写为6月8日，并不属于先审后问。

二、一审判决认定事实准确。1. 案涉合同不属于附生效条件的合同，而属于无效合同，WT公司不存在恶意阻挠合同生效条件成就的行为，WT公司客观上不能取得预售证，是因为资金链断裂；2. 案涉房屋预售许可证的取得时间为2018年6月8日，该日期在一审庭审辩论终结后，更在WT公司起诉后。根据法律规定，只有在起诉前取得预售许可证，房屋买卖合同才能被认定为有效。

三、一审判决适用法律正确。根据《商品房买卖合同纠纷解释》第二条的规定，未取得商品房预售许可证的商品房预售合同为无效合同，无效合同自始无效、绝对无效、当然无效，而并非效力待定的合同，亦非附生效条件的合同，且由于上述条文已明确规定无效的法律后果，故无须区分是效力性规定还是管理性规定。

四、关于是否违反诚实信用原则和公平公正原则的问题。首先，在法律有明确规定的情形下，不能直接适用法律原则。其次，本案中，购房者基本上都是专门从事房地产代理公司的高管、员工和资深投资者，合同双方对无证售房的事实是明知的，故均应知晓相关法律风险。因此，合同无效系因双方过错造成。在行政机关对案涉售房行为进行查处的情形下，WT公司采取清退措施，并非不讲诚信。

五、关于一审判决是否破坏了房地产市场经营秩序的问题。无证售房之所以被法律禁止，不受法律保护，是因为其是破坏市场秩序的主要诱因。倘若案涉合同被认定有效，必然变相鼓励出卖方与购买方在没有商品房预售许可证的情况下进行交易，故一审判决认定合同无效并无不当。综上，请求驳回李某茹的上诉请求。

西安中院经审理认为，根据WT公司与李某茹的诉辩主张，本案二审争议的焦点问题为：一、一审程序是否存在违法行为；二、双方当事人之间是否形成了商品房预售合同法律关系；三、如双方当事人之间已经形成商品房预售合同法律关系，其效力如何认定。

一、关于一审程序是否存在违法行为的问题。

首先，虽然一审法院于第一次庭审时适用简易程序审理本案，但根据案件的实际审理情况，一审法院已于第二次庭审时转为普通程序审理，故并不违反法律规定。其次，李某茹虽然向一审法院提交了调取证据的申请，但是否予以准许，系人民法院根据李某茹所申请调查收集的证据与待证事实有无关联、对证明待证事实有无意义或者其他有无调查收集必要等因素综合进行判断的结果，一审法院未予调取相应证据，即表明一审法院认为该证据并不影响本案的审理结果，本案中一审法院未予调取相应证据并无不当。再次，提起反诉是当事人依法享有的诉讼权利，是否提起反诉，何时提起反诉，均由当事人自行决定。本案中，李某茹未提起反诉，系李某茹对自身诉讼权利的处分，并非一审法院拒绝接受其反诉请求，故李某茹主张一审法院剥夺其反诉权利无事实依据，不能成立。最后，李某茹主张一审法院作出判决的时间与事实不符，经审查，针对合同效力问题，一审法院已于 2018 年 6 月 5 日向李某茹进行释明，并非在作出一审判决之后。一审法院于 2018 年 6 月 11 日与李某茹形成谈话笔录，是对是否接受李某茹庭后提交的证据等问题进行答复，故不存在判决时间与事实不符的问题。

据此，李某茹主张一审存在程序违法的理由不能成立。

二、关于 WT 公司与李某茹之间是否形成了商品房预售合同法律关系的问题。

首先，认购合同的名称虽为“紫杉庄园内部认购合同”，但该合同对买卖双方当事人名称、商品房基本情况、商品房价款、付款方式、付款时间等内容进行了明确约定，合同内容已经具备了商品房预售合同的主要条款。根据《最高人民法院关于适用〈中华人民共和国合同法〉若干问题的解释（二）》（以下简称《合同法解释二》）第一条“当事人对合同是否成立存在争议，人民法院能够确定当事人名称或者姓名、标的和数量的，一般应当认定合同成立。但法律另有规定或者当事人另有约定的除外。对合同欠缺的前款规定以外的其他内容，当事人达不成协议的，人民法院按照合同法第六十一条、第六十二条、第一百二十五条等有关规定予以确定”之规定，WT 公司与李某茹之间的商品房预售合同成立。根据《合同法》第四十四条第一款“依法成立的合同，自成立时生效”之规定，双方之间的商品房预售合同自 2016 年 4 月 25 日签订之日起即生效。其次，在合同签订当日，李某茹即支付了房屋总价款 1204000 元，WT 公司向李某茹出具了收到购房款的收据，诉讼中 WT 公司也没有对李某茹履行合同的行为提出抗辩，表明双方当事人同意对商品房预售合同实际履行。最后，WT 公司与李某茹在诉讼中均认可认购合同实质是商品房预售合同。

据此，案涉认购合同实质上是商品房预售合同，WT 公司与李某茹之间形成了商品房预售合同法律关系。

三、关于 WT 公司与李某茹之间的商品房预售合同法律关系的效力问题。

首先，李某茹在签订认购合同当日即支付了全额购房款，WT 公司在自身合同目的已经实现的情形下，非但不积极履行应尽的合同义务，面对房地产市场出现价格大幅上涨，反而主张合同无效的做法，显然违背诚实信用原则。其次，WT 公司作为房地产开发企业，对房屋预售所需符合的条件应当是清楚的，对自身不办理商品房预售许可证即预售商品房行为的违法性应当是明知的。现 WT 公司以自身原因造成的违法事实为由提起本案诉讼，真正目的在于获取超出合同预期的更大利益，WT 公司的行为显然与社会价值导向和公众认知相悖。为弘扬社会主义核心价值观，彰显司法公正，对此种行为不应予以支持。最后，WT 公司签约时未取得商品房预售许可证，虽然违反了有关“商品房预售应当取得商品房预售许可证明”的规定，但是并不必然导致其签订认购合同的民事法律行为无效。

据此，WT 公司与李某茹签订的认购合同有效，双方之间形成了有效的商品房预售合同法律关系。

综上所述，李某茹的部分上诉理由成立，本院予以采信，其上诉请求本院依法予以支持。一审判决认定事实部分不清，适用法律错误，依法应予改判。根据《民法总则》第七条、第一百五十三条，《民事诉讼法》第一百七十条第一款第二项之规定，判决如下：一、撤销长安法院（2018）陕 0116 民初 2519 号民事判决；二、驳回 WT 公司的诉讼请求。一、二审案件受理费各 100 元，均由 WT 公司负担。

案例述评

一、认购书的性质及效力

《商品房买卖合同纠纷解释》（2020 年 12 月 23 日修正）第二条规定：“出卖人未取得商品房预售许可证明，与买受人订立的商品房预售合同，应当认定无效，但是在起诉前取得商品房预售许可证明的，可以认定有效。”这里只规定了未取得商品房预售许可证签订的预售合同无效，但并未规定在此情况下签订的认购书无效，可见，取得商品房预售许可证只是签订商品房预售合同的法定条件并非签订认购书的法定条件。该司法解释第四条规定：“出卖人通过认购、订购、预订等方式向买受人收受定金作为订立商品房买卖合同担保的，如果因当事人一方原因未能订立商品房买卖合同，应当按照法律关于定金的规定处理；因不可归责于当事人双方的事由，导致商品房买卖合同未能订立的，出卖人应当将定金返还买受人。”该司法解释将认购书认定为预约合同性质，将其与本约即商品房买卖合同做了区分。认购书作为特殊的担保合同，其成立和法律效力均不因预售合同的存在和效力而受影响，特别是认购书中独立存在的定金条款更不能因预售合同未能签订而失去法律效力。因此，认购协议可以在开发商办理完毕立项、规划、报建审批手续后取得商品房预售许可证之前的一段时间内签订。认购书的法律性质为预约合同，认购书中的定金条款性质应属于立约定金，可以适用定金罚则。除非认购书签订时开发商尚未办理立项、规划等手续，开发项目和认购房屋尚未确定，否则，是否取得商品房预售许可证对认购书的效力没有实质性影响。

开发商未向购房者提供《城市房地产管理法》第四十五条，《城市房地产开发经营管理条例》第二十三条，《城市商品房预售管理办法》第六条所规定的包括商品房预售许可证在内的“五证”，属于法律上禁止预售的商品房。

关于未取得商品房预售许可证的认购书的效力问题，有一个经典的案例：徐某于2000年1月8日与某房地产公司签订了《认购书》。双方约定，徐某购买房屋一套，房价款为237万余元。同时，双方在认购时约定：“认购方应在签订《认购书》时向卖方交纳认购定金3万元，认购方在签订《认购书》后，于2000年1月21日至1月30日，携《认购书》及其他相关文件到销售中心与卖方签约。如认购方未在认购期限内，与卖方就认购物业一事签订《商品房预售合同》及其他相关文件，则卖方有权解除本认购书的履行，并将认购方已购物业另行处置，且认购方已交定金卖方将不予退还。”签订认购书时开发商并未告知徐某其尚未取得预售许可证的事实。1月29日，徐某前往销售中心与开发商签约，要求开发商出示《预售许可证》，当其得知开发商没有《预售许可证》后又提出待开发商取得《预售许可证》后再签订预售合同并付首期款，此要求被拒绝。这种情况下，徐某将该房地产公司诉至北京市朝阳区人民法院，要求双倍返还定金6万元。

北京市朝阳区人民法院以商品房预售必须具有预售许可证，而某房地产公司未取得商品房预售许可证，违反了法律强制性规定，认定认购书无效。认购书被确认无效后，定金即失去担保的效力，判决该房地产有限公司返还徐某定金3万元，驳回徐某双倍返还定金的诉讼请求。

徐某对一审判决不服，向北京市第二中级人民法院提起上诉，北京市第二中级人民法院经审理认为，双方当事人签订的《认购书》约定了定金条款，符合以交付定金作为订立主合同担保的法律特征，应视为有效。该认购书中约定的立约定金的生效是独立的，在主合同之前就已成立。徐某已按认购书的规定交纳了定金，故该认购书的效力自其交付定金后即已存在，且对双方均有约束力。在执行认购书的过程中，徐某并无违约行为，导致双方未能签订主合同系因该房地产公司未取得商品房预售许可证，无权预售商品房。该责任应全部由该房地产公司承担。据此，北京市第二中级人民法院支持徐某的诉讼请求，责令该房地产公司双倍返还定金。同时对于被告辩称的没有预售许可证，认购书无效，北京市第二中级人民法院认为，因该认购书系为订立主合同进行担保，在主合同签订前就已独立存在并生效。该定金条款只在认购书中约定的条件、范围内对是否签订主合同发生担保效力，对该认购书以外的情况并无约束力，故某房地产公司的辩称理由不能成立，其没有商品房预售许可证还与买方签订认购书并收受定金的错误做法和责任不能以此为由由消费者承担，其只同意退还定金的主张，本院不予支持。

以上判例一审和二审的判决代表了两种观点，第一种观点是在未取得商品房预售许可证的情况下，双方签订的认购书因违反法律的强制性规定而无效，开发商只需返还定金；第二种观点是在未取得商品房预售许可证的情况下，双方签订的认购书仍然有效，开发商应双倍返还定金。

本书持第二种观点，但是对于上述案例中北京市第二中级人民法院二审判决中认为预售合同的性质是主合同、认购书的性质是从合同的观点我们并不认同。如果认购书是商品房预售合同的从合同，主合同有效存在，从合同才能生效，那么，预售合同在未取得预售许可证时是无效的，按此理论认购书作为预售合同的从合同也就应无效，但北京市第二中级人民法院认定认购书有效并判决双倍返还定金。

认购书在性质上应为预约合同。在传统的民法理论中，契约可以分为本约与预约。预约合同是约定将来订立一定契约的契约，在预约合同中约定将来要订立的契约即为本约。认购书是双方当事人的真实意思表示，并且内容合法确定，同时又赋予了双方在今后签订预售合同时的诚信义务，应具有法律效力。

二、起诉前未取得商品房预售许可证的商品房预售合同的效力

上引案例中，双方当事人及一、二审法院均认定案涉认购合同实际已为商品房预售合同，只是在合同的效力上存在不同认识：房屋出卖人 WT 公司以案涉房屋未取得商品房预售许可证为由请求法院确认双方签订的认购合同无效；房屋买受人李某茹则坚持认为合同有效。对此，一审法院长安法院依照《商品房买卖合同纠纷解释》第二条的规定认定 WT 公司在本案起诉前仍未取得商品房预售许可证，故双方当事人签订的合同应为无效合同。不过，令人吊诡的是，一审判决落款的日期 2018 年 6 月 8 日也恰恰是 WT 公司取得商品房预售许可证的日期。西安中院作为二审法院所作判案理由中展现出了高超的办案艺术，主要体现在以下三个方面：首先，二审并未纠结于“WT 公司在本案起诉前仍未取得商品房预售许可证”这一基本事实，而是认定 WT 公司在自身合同目的已经实现（已获得全额购房款）的情形下，非但不积极履行应尽的合同义务，面对房地产市场出现价格大幅上涨，反而主张合同无效的做法，显然违背诚实信用原则。其次，认定 WT 公司应当明知自身不办理商品房预售许可证即预售商品房行为的违法性，又以自身原因造成的违法事实为由提起本案诉讼，真正目的在于获取超出合同预期的更大利益，该行为显然与社会价值导向和公众认知相悖，为弘扬社会主义核心价值观，彰显司法公正，对此种行为不应予以支持。最后，WT 公司签约时未取得商品房预售许可证，虽然违反了有关“商品房预售应当取得商品房预售许可证明”的规定，但是并不必然导致其签订认购合同的民事法律行为无效。概言之，二审在“打太极”“顾左右而言他”，就是不正面直接回答“WT 公司在本案起诉前仍未取得商品房预售许可证”，是否违反了《商品房买卖合同纠纷解释》第二条的规定，案涉合同是有效还是无效。更具意义的是，2020 年 5 月 13 日，最高人民法院发布的《人民法院大力弘扬社会主义核心价值观十大典型民事案例》的案例七——开发商“自我举报”无证卖房毁约案——某房地产公司诉李某某确认合同无效案即上引案例。该案所体现的核心价值是“诚实守信、契约严守”，典型意义是：“本案不因开发商签约时未取得商品房预售许可证而机械认定房屋认购合同无效，而是结合合同目的、合同履行、商品房预售制度的立法目的等因素，认定商品房预售制度所欲避免的风险在本案中已经不存在，开发商提起本案诉讼是为获取超出合同利益的恶意违约行为，故而对开发商违背诚信的行为给予否定性评价，依法保护了消费者合法权益，维护了房地产交易的稳定性，引导市场交易主体诚信经营、严守契约，是一份有温度、有力量的公正判决。”

根据《城市房地产管理法》（2019 年 8 月 26 日第三次修正）第四十五条及《商品房预售管理办法》第六条的规定，商品房预售许可证是开发商出卖商品房的必备要件。开发商没有取得商品房预售许可证，其就不具备商品房开发主体资格，无权将讼争房以商品房“预售”给其他业主，该民事法律行为属不具备民事能力的民事法律行为，依据《民法通则》《民法总则》关于民事法律行为效力的认定要件，应认定为无效合同。上引案例中，根据《商品房买卖合同纠纷解释》第二条规定，不仅双方签订认购合同（事实上已转化为商品房预售合同）时 WT 公司未取得商品房预售许可证，至原告 WT 公司起诉时，WT 公司仍未取得讼争房产的预售许可证，失去了合同效力补正的救济机会。如果严格适用《商品房买卖合同纠纷解释》第二条的规定，一审法院认定无证预售合同无效无可厚非。直至 2014 年 10 月 16 日，最高人民法院院长信箱《对关于无证售房问题的答复》仍然坚持按照前述规定认为无证预售的合同无效。

从更高层次的法律适用要求而言，认定无证预售合同有效并非不可甚至值得赞许。只是就前引案例来看，在释法说理方面尚存缺憾。其一，按照“禁止向一般条款逃避”原则的要求，法律适用应当首先适用具体条款，只有在没有规定具体条款且无法类推适用时，或者适用具体条款严重违反公平时，才可适用一般条款，并且必须详细说明理由。而无证预售合同无效已有《商品房买卖合同司法解释》第二条的明确规定，前引案例的二审判决却未经详细说明理由直接适用诚实信用原则规避前述规定，显然有向一般条款逃避之虞。其二，无效合同只有在符合效力补正或效力转换条件的情形下，才可转换为有效。前引案例在起诉之前未取得商品房预售许可证明，也不属于合同效力转换之列。而且，根据《合同法解释二》（自 2021 年 1 月 1 日起废止）第四条的规定，只有法律和行政法规才是合同效力的认定依据。《合同法解释二》第十四条规定："合同法第五十二条第（五）项规定的'强制性规定'，是指效力性强制性规定。"而《合同法》（自 2021 年 1 月 1 日起废止）第五十二条及第五十三条对合同无效情形作了规定，只要属于该两条规定的情形之一的合同就应当认定为无效合同。《民法典》第一百四十三条规定："具备下列条件的民事法律行为有效：（一）行为人具有相应的民事行为能力；（二）意思表示真实；（三）不违反法律、行政法规的强制性规定，不违背公序良俗。"可见，违背诚实信用原则、明知无证售房违法、企图谋取不法利益的认定本身虽属实情，但是都不能成为合同无效转换为有效的理由。

如若认定无证预售合同有效的释法说理，可以参照"新法优于旧法"规则而进行。《商品房买卖合同纠纷解释》出台于 2003 年，其第二条规定的依据是《城市房地产管理法》（1994 年）第四十四条第一款第四项和《合同法》第五十二条第五项。然而，《合同法解释二》第十四条规定将《合同法》第五十二条第五项规定的"强制性规定"限定为效力性规定。《最高人民法院关于当前形势下审理民商事合同纠纷案件若干问题的指导意见》（法发〔2009〕40 号）第十六条还进一步明确识别效力性规定的标准："……如果强制性规范规制的是合同行为本身即只要该合同行为发生即绝对地损害国家利益或者社会公共利益的，人民法院应当认定合同无效。如果强制性规定规制的是当事人的'市场准入'资格而非某种类型的合同行为，或者规制的是某种合同的履行行为而非某类合同行为，人民法院对于此类合同效力的认定，应当慎重把握，必要时应当征求相关立法部门的意见或者请示上级人民法院。"据此，《城市房地产管理法》第四十五条第一款第四项的规定属于管理性强制规定。《商品房买卖合同纠纷解释》第二条的规定未妥善界定"效力性规定"的范围，有将"管理性规定"上升为"效力性规定"之嫌。更进一步说，无论是在法学理论上还是在司法实践上，对如何正确界分"管理性"与"效力性"之异同都并不是一件易事儿，委实有摒弃此"二分法"之必要，以符合立法之本意并因应社会生活之需要。

015 违约赔偿权利人能否主张起诉日后的违约金，如何计算起诉时未确定部分的诉讼费?

【典型案例】扈某红与广东省 HL 集团有限公司商品房预售合同纠纷案

法律焦点：合同违约赔偿权利人能否诉讼主张起诉日后的违约金，又当如何计算起诉时尚未确定部分请求额的诉讼费？民事诉讼应当遵循不告不理和诉审“两便”原则，既节省司法资源，又避免产生“同案异判”。

关键词：合同自由、便宜诉讼、诉讼费确定

案例索引

一审：广东省深圳市龙岗区人民法院（以下简称龙岗法院）（2007）深龙法民初字第 3327 号民事判决书

二审：广东省深圳市中级人民法院（以下简称深圳中院）（2007）深中法民五终字第 3429 号民事判决书

案情介绍

龙岗法院认定：2005 年 1 月 19 日，原告扈某红与被告广东省 HL 集团有限公司（以下简称 HL 集团）签订了一份合同编号为深（龙）网预买字（2005）01051 号的《深圳市房地产买卖合同（预售)》。该合同约定：原告购买被告开发的位于深圳市龙岗区布吉街道的理想家园 14 栋 817 号房，房屋建筑面积为 97.59 平方米，房款为 455000 元，被告须于 2005 年 5 月 31 日前将合同规定的房地产交付原告使用，交付使用时应取得建设主管部门规定的工程竣工验收证明。被告应在取得工程竣工验收证明之日起 150 日内，书面通知原告共同向深圳市房地产权登记机关申请房地产转移登记；办理《房地产证》的有关税费，按国家、省、市的规定由买卖双方各自承担。如被告未按规定通知原告，或因被告原因造成原告不能按法定期限领取《房地产证》的，被告从取得《深圳市建设工程竣工验收备案证明书》之日的第 210 日起，每日按买卖总价款的万分之三向原告支付违约金，直至深圳市房地产权登记机关核发《房地产证》之日止。合同第六条约定：“买方未按本合同附表规

定的付款方式按期给付购房款的，应当承担迟延支付的违约责任：（一）买方给付的价款达到应付总价款的50%以上的，买方应就房价欠付额向卖方支付延期付款的违约金（违约金标准按债务履行期间人民银行有关延期付款的滞纳金标准执行）。（二）买方给付的金额不足应付价款50%的，卖方可要求买方支付欠付价款10%的违约金（一般不超过10%）。”该合同附表二还约定，原告自签约日起1日内付全部房价款的20%即91000元，于2005年3月6日前付全部房价款的80%即364000元，或在该日期前向有关银行办妥抵押贷款手续并按规定的期限付款。合同附表四补充协议第八条约定：“因买方的原因或产权登记机关登记时间长等非卖方原因造成的买方不能按合同约定时间领取《房地产证》的，卖方不承担违约责任。”第十三条关于按揭付款之延期责任约定：“买方应支付的购房款如采用按揭银行的贷款支付，其付款方式可按买方与按揭银行签订的抵押贷款协议执行，但如因按揭银行未按本合同约定期限代买方向卖方付款而引起的违约责任，则须由买方自行承担。”

合同签订后，原告按期向被告支付了购房款的20%，但未按合同约定于2005年3月6日前支付余下的80%，而是于2005年3月19日支付了36万元。原告已实际入住所购买的房产。合同项下房地产于2005年6月8日办理了《深圳市建设工程竣工验收备案证明书》，被告至今尚未按合同约定的时间或相关法律、法规规定的时间向有关部门申请办理房地产转移登记，直至起诉之日原告未取得《房地产证》。原告遂于2007年4月19日诉至本院，提出了前述诉讼请求。被告于2007年5月21日向本院提起反诉，提出了前述反诉请求。

另查，被告于2005年9月26日向深圳市国土资源和房产管理局龙岗分局递交了除《深圳市土地使用费登记证》、工程结算书外的其他申请涉案房地产产权初始登记的材料。同年9月28日，深圳市国土资源和房产管理局龙岗分局发布了龙字20050326号《深圳市房地产初始登记公告》。该公告中称，被告申请登记的房地产权已经初步审定，现予以公告，有异议者自公告之日起30日内将书面材料送达深圳市国土资源和房产管理局龙岗分局，逾期将核准登记，颁发房地产权利证书。同年12月5日，该局答复被告其所提供的核准房地产权初始登记的材料待补《深圳市土地使用费登记证》、工程结算书。2007年1月5日，深圳市国土资源和房产管理局龙岗分局收到被告相关的申请房地产初始登记（补正）材料，并受理被告的初始登记申请。同年1月12日，该局根据《深圳经济特区房地产登记条例》第三十三条规定，发布深圳市房地产初始登记公告（龙字2007016号）称，被告申请登记的理想家园6栋、9栋、14栋房地产权，已经初步审定，现予以公告，有异议者自公告之日起30日内将书面材料送达深圳市国土资源和房产管理局龙岗分局，逾期将核准登记，颁发房地产权利证书。截至本案庭审结束前，涉案合同项下的房地产尚未核准初始登记，颁发给被告房地产权利证书。

又查，深圳仲裁委员会就被告与深圳市中建大康建筑工程有限公司建设工程施工合同纠纷一案，于2006年11月22日作出（2006）深仲裁字第1524号裁决书，仲裁庭裁决认定深圳市中建大康建筑工程有限公司并未延误工期，对资料移交延误的违约责任亦未予以约定。

裁判观点

龙岗法院经审理认为，原告与被告签订的《深圳市房地产买卖合同（预售）》，是双方当事人的真实意思表示，不违反有关法律、法规的禁止性规定，为有效合同，双方当事人均应切实履行。依照《合同法》第一百三十五条的规定，被告作为开发商和房地产买卖合同的出卖方，其主要义务一是交付房屋，二是转移房屋所有权给作为买受人的原告。《合同法》第六十条规定，当事人应当按照约定全面履行自己的义务。被告未按合同约定在取得工程竣工验收证明之日起150日内，书面通知原告共同向深圳市房地产权登记机关申请房地产转移登记，且涉案合同项下房地产在合同约定的该申请房地产转移登记时限内尚未核准房地产权初始登记，尚不具备办理房地产权转移登记的条件。被告虽然于2005年9月26日向深圳市国土资源和房产管理局龙岗分局递交了有关申请涉案房地产产权初始登记的材料，该局也于同年9月28日发布了龙字20050326号《深圳市房地产初始登记公告》，但因被告未按要求提交《深圳市土地使用费登记证》、工程结算书，致使该局对被告的房地产初始登记申请未核准登记，颁发房地产权利证书。嗣后，被告又于2007年1月5日再次向深圳市国土资源和房产管理局龙岗分局提交材料，申请房地产初始登记，该局于同年1月12日发布深圳市房地产初始登记公告（龙字2007016号），但至本案庭审结束之前尚未核准登记，颁发房地产权利证书。

基于上述原因，被告至今未将签署完整的房地产转移登记申请表递交产权登记机关，故应当按照合同约定从取得《深圳市建设工程竣工验收备案证明书》之日的第210日起，每日按买卖总价款的万分之三向原告支付违约金，直至产权登记机关核发《房地产证》之日止。原告要求自2006年1月4日起计算逾期办证违约金，符合合同约定，本院予以支持。原告诉讼主张的自2006年1月4日起计算至2007年4月18日止的延期办理《房地产证》的违约金62611元，不超过按照合同约定计算的违约金数额，系原告在法律规定的范围内对自己诉讼权利和民事权利的处分，本院予以支持。

关于被告在答辩中所述的不向原告承担违约责任的理由，缺乏事实根据和法律依据，本院不予采信。理由如下：

一、被告主张未办妥涉案房地产权证的原因在于施工方、教育局、国土房管局等第三方以及房地产新政策的实施等，导致“理想家园”6栋、9栋、14栋产权初始登记迟延，实非被告所能控制，不能认定为被告的原因，且政策性的原因应属于不可抗力，属于法定的免责事由，故被告不应向原告承担逾期办证的违约责任。但根据本案查明的事实，造成产权登记机关未能及时核准初始登记，颁发给被告房地产权利证书的原因之一在于被告未按产权登记机关的要求报送《深圳市土地使用费登记证》和工程结算书等材料，深圳仲裁委员会仲裁裁决也未予认定被告所称的建筑施工单位深圳市中建大康建筑工程有限公司延误工期，况且依照《合同法》第一百二十一条的规定，合同外第三人的原因，不构成对合同对方当事人合理有效的抗辩。另外，被告虽称还存在房地产新政策的实施原因，属于不可抗力，应予免责，但被告并未向本院明确是因何种房地产新政策致使其不能及时向产权登记机关报送《深圳市土地使用费登记证》和工程结算书等材料，申请房地产权初始登记。同时，依照《民法通则》第一百五十三条和《合同法》第一百一十七条、第一百一十八条的规定，不可抗力，是指不能预见、不能避免并不能克服的客观情况。当事人迟延履行后发生不可抗力的，不能免除责任。当事人一方因不可抗力不能履行合同的，应当及时通知对方，以减轻可能给对方造成的损失，并应当在合理期限内提供证明。本案中，被告并未能举证证明确实存在影响其按合同约定向原告发出通知，共同向产权登记机关申请办理房地产转移登记不可抗力的情形，亦未及时通知原告，并在合理期限内提供证明。故本院对被告所称存在不可抗力情形，其应免予向原告承担逾期办证违约责任的抗辩理由不予采信。

二、被告又称与原告所签合同补充协议第八条约定：“因买方的原因或产权登记机关登记时间长等非卖方原因造成的买方不能按合同约定时间领取《房地产证》的，卖方不承担违约责任。”根据已查明的事实，涉案合同项下的房地产未能办理房地产权证的原因并不在于原告，亦非产权登记机关登记时间长。被告辩称该约定中的“等非卖方原因”已包括其他原因，排除了《合同法》第一百二十一条的适用，但本院注意到该合同补充协议明确约定了“买方的原因”和“产权登记机关登记时间长”两个买方逾期领取《房地产证》卖方不承担违约责任的情形，对“等非卖方原因”中的“等”并未具体明确，且该补充合同系被告提供的格式合同，依照《合同法》第三十九条、第四十条、第四十一条的规定，被告应当遵循公平原则确定与原告之间的权利和义务，并采取合理的方式提请原告注意免除或者限制其责任的条款，被告未能就除明确约定的免责情形外的其他免责情形提供证据，已经提请原告注意并按照原告的要求对免责条款予以说明。

三、关于被告的合同第十七条约定内容不明确，不能据以认定被告应向原告支付约定违约金以及本案合同项下房地产办证时间不能适用《深圳经济特区房地产登记条例》，而应适用《广东省城镇房地产权登记条例》的问题。本院认为，国务院《城市房地产开发经营管理条例》第三十三条规定，“预售商品房的购买人应当自商品房交付使用之日起90日内，办理土地使用权变更和房屋所有权登记手续……房地产开发企业应当协助商品房购买人办理土地使用权变更和房屋所有权登记手续，并提供必要的证明文件”。《最高人民法院关于审理商品房买卖合同纠纷案件适用法律若干问题的解释》第十八条规定，除当事人有特殊约定外，出卖人未按商品房买卖合同约定的办理房屋所有权登记的期限或者尚未建成房屋自房屋交付使用之日起90日内，由于出卖人的原因，买受人未在上述期限届满前取得房屋权属证书的，出卖人应当承担违约责任。原、被告双方合同约定的内容具体明确，能够履行，被告所称不能确定依据不足。依照全国人民代表大会常务委员会办公厅《关于深圳市人大及其常委会制定的法律适用于该市行政区域内问题的复函》的答复意见，《深圳经济特区房地产登记条例》能够适用于深圳市龙岗区，深圳市国土资源和房产管理局龙岗分局正是根据该条例第三十三条的规定，发布的涉案房地产初始登记公告。被告无证据证明涉案房产已具备转移登记和办证条件以及其已依约履行了办证中应尽之义务，且亦无证据证明是原告原因或产权登记机关登记时间长造成逾期办证，故其不向原告承担逾期办证违约责任的理由依法不成立，本院不予采信。

综上所述，原告要求被告支付延期办证违约金，符合合同约定和法律、法规的规定，本院予以支持。

关于反诉原告要求反诉被告承担逾期付款违约金的反诉，反诉原告在2005年3月19日即已知道反诉被告逾期付款，构成违约，但其至2007年5月21日才向本院提起反诉，且未能向本院提供存在诉讼时效中止或中断的事由，已超过法定诉讼时效期间，本院依法驳回反诉原告的反诉请求。被告无正当理由未到庭，依法应视为自动放弃质证和抗辩的权利，应承担相应的不利法律后果。

另外，被告并未主张涉案房产属于依法不能办理产权登记的房产，故虽然本案合同项下的房地产具备产权转移登记条件的时间是将来的某个不确定日期，但该日期又是可以确定的，故对原告要求被告支付自2007年4月19日起至房地产权登记机关实际核发《房地产证》之日止违约金的诉讼请求，符合双方合同中关于计算逾期办证违约金截止日的约定，本院予以支持。但鉴于从 2007 年 4 月 19 日起至房地产权登记机关实际核发《房地产证》之日止的逾期办证违约金请求部分的诉讼费，原告未交纳，原告须于能够确定未交纳的诉讼费数额之日起 7 日内补交。又因该部分逾期交房违约金的诉讼请求本院予以支持，故原告可不必另行补交，而由被告径行于能够确定原告未交纳的诉讼费数额之日（被告向原告交房之日）起 7 日内向本院补交。

据此，依照《民事诉讼法》第十三条、第六十四条第一款、第一百三十条，《最高人民法院关于民事诉讼证据的若干规定》第二条，《民法通则》第一百三十五条、第一百三十七条，《合同法》第六十条、第一百零七条、第一百二十一条、第一百三十五条，《城市房地产开发经营管理条例》第三十三条，《最高人民法院关于审理商品房买卖合同纠纷案件适用法律若干问题的解释》第十八条，《国务院诉讼费用交纳办法》第十六条的规定，判决如下：一、被告 HL 集团于本判决生效之日起 15 日内向原告扈某红支付截至 2007 年 4 月 18 日的逾期办理房地产证违约金 62611 元；二、被告 HL 集团自 2007 年 4 月 19 日起，每日按买卖总价款的万分之三向原告扈某红支付逾期办理房地产证违约金，直至产权登记机关核发《房地产证》之日止；三、驳回反诉原告 HL 集团要求反诉被告扈某红支付延期付款违约金 36000 元的诉讼请求。被告 HL 集团如果未按本判决指定的期间履行金钱给付义务，应当依照《民事诉讼法》第二百三十二条的规定，加倍支付迟延履行期间的债务利息。本案已确定的本诉案件受理费 682.5 元及反诉案件受理费 350 元，均由 HL 集团负担，扣除 HL 集团已预交的 700 元，不足部分为 332.5 元，由 HL 集团于本判决生效之日起 7 日内向本院交纳。尚未确定而又能够确定的本诉部分案件受理费由 HL 集团于产权登记机关核发《房地产证》之日起 7 日内径行向本院交纳；原告扈某红已预交的本诉案件受理费 1365 元，于本判决生效后由本院退回原告扈某红。

被告 HL 集团不服一审判决向深圳中院提出上诉。深圳中院经审理确认一审认定的事实，并另查明 2007 年 7 月 12 日，深圳市国土资源和房产管理局出具了被上诉人申请核准二级市场房地产权转让登记《收文回执受理通知书》，2007 年 7 月 30 日，该局核发了涉案《房地产证》。二审法院判决驳回上诉，维持原判。

案例述评

本案的争议焦点是房地产开发商违反合同约定未将签署完整的房地产转移登记申请表递交产权登记机关（通常所讲的履行协助合同项下房产的买受人办理“小产权证”），应否承担合同约定的逾期办证违约金的问题。同时，本案还对司法审判实践中关于违约赔偿权利人能否主张起诉日后的违约金以及如何计算起诉时未确定部分的诉讼费问题作出了较好的解决和有益的探索。

一、二审法院以房地产开发商取得《深圳市建设工程竣工验收备案证明书》之日的第210日起为基点，判令房地产开发商向购房人支付延期办证违约金，直至产权登记机关核发《房地产证》之日止，无疑是正确的，这一方面体现了尊重合同当事人意思自治的合同自由精神；另一方面又对房地产开发商的抗辩事由作出了较为充分的证据分析和法律评价，特别是指出合同外第三人的原因，不构成对合同对方当事人合理有效的抗辩。

需要予以明确的是，有的观点认为，违约金赔偿权利人只能就截止向人民法院提起诉讼之日的违约金主张权利，而不能就起诉时未实际发生的违约金部分主张权利，况且赔偿权利人就未发生的违约金部分未预交案件受理费。这种观点其实质是经不起推敲的，理由有三个：

一是民事诉讼应当遵循“不告不理”的原则，既然原告有此诉求，且不违反《民事诉讼法》所规定的起诉条件，人民法院就应当进行审理，而不应在立案时拒绝当事人的该种诉讼。

二是符合合同当事人意思自治原则，不违反有关法律法规的禁止性规定，理应在当事人间产生法律的拘束力。

三是符合“诉讼两便”原则，即既便于当事人在一个案件中能就违约金的权利义务一并予以明确，避免产生诉累；又便于人民法院就同一事实在一案中予以处理，节省司法资源，也避免产生“同案异判”。

至于赔偿权利人预交诉讼费的问题，一审法院在判决书中作出规定，由诉讼费的负担人于能够确定未交纳的诉讼费数额之日（产权登记机关核发《房地产证》之日）起7日内向法院交纳，较好地解决了这一问题。

综上，一、二审法院的判决是正确的，本案也具有一定的指导和参考意义。

四、二手房买卖合同纠纷

016 认定违法拆建房屋买卖合同有效易，办理产权转移登记难

【典型案例】丁某如与石某房屋买卖合同纠纷二审案

法律焦点： 不动产善意买受人根据不动产登记的公示、公信原则，确信登记的权利状态与现实状态相一致，此信赖利益应予保护；根据区分原则，房屋因附有违法建筑而无法过户应属合同履行范畴，不影响合同效力。这类合同如不具备《民法典》中规定的无效情形，应当认定有效。出卖人负有将房屋恢复至原登记的权利状态并消除行政限制的义务。在买受人同意按现状交付并自愿承担恢复原状义务的情况下，出卖人应按诚实信用原则将房屋交付买受人，并于买受人将房屋恢复原状、消除行政限制后协助完成过户手续。现实问题是法院虽可判决确认该类合同有效，但继续履行合同将房屋恢复至原登记的权利状态并消除行政限制却不无难度，该判决尚有进一步商榷的余地。

关键词： *房屋买卖合同、违法拆除并重建、效力、继续履行*

案例索引

一审：上海市长宁区人民法院（以下简称长宁法院）民事判决书

二审：上海市第一中级人民法院（以下简称上海一中院）民事判决书（《最高人民法院公报》2012 年第 11 期（总第 193 期））

案情介绍

石某系上海市长宁区龙溪路××号××幢房屋（以下简称涉讼房屋）的产权人，该房屋登记的建筑面积为 661.96 平方米，类型为花园住宅，土地总面积为 2052.9 平方米。

2008年10月7日，石某与丁某如签订房屋买卖合同，约定丁某如受让石某的涉讼房屋及该房屋占用范围内的土地使用权，石某房地产权证号为长200800××××，房屋类型为花园住宅，建筑面积为661.96平方米，该房屋占用范围内的土地使用面积2052.9平方米，转让价款共计5600万元；石某应于2008年12月18日前腾出该房屋并通知丁某如进行验收交接；2008年11月8日前，双方共同向房地产交易中心申请办理转让过户手续；石某如未按约定的期限将上述房屋交付（包括房地产交接及房地产权利转移）给丁某如，应当向丁某如支付违约金，违约金按丁某如已付款日万分之五计算，自合同约定的交付日起至实际交付日止；双方应在签订本合同并申请办理公证手续后当日，通过上海中原物业顾问有限公司支付部分首期房价款100万元，于2008年10月10日支付剩余首付款2000万元（该款项由中原公司代为保管至双方进交易中心后转付石某），尾款100万元由中原公司暂为保管；丁某如以贷款方式支付剩余的3500万元。

上述买卖合同经上海市东方公证处公证，公证处于2008年10月7日通过房地产信息查询系统向上海市房地产登记机构查询，该房屋无抵押及其他权利受限制的登记记录。

石某按约支付房款。2008年10月18日，上海市长宁区房屋土地管理局向上海市长宁区交易中心发出附有违法建筑并结构相连的房屋认定通知单，根据《上海市住宅物业管理规定》第四十二条第三款的规定，不予办理房地产转移以及抵押登记手续。

涉讼房屋所属的上海东湖物业管理公司明苑别墅管理处于2008年11月10日证明涉讼房屋于2006年度被王某敏（石某前妻）的妹妹王某莉和她的丈夫何某新拆除并重建，石某未参与这次违章拆建的全过程。

丁某如、石某确认自双方协商、达成协议至诉讼期间，涉讼房屋的状况未发生过变化。诉讼期间，丁某如表示石某可按目前现状交付房屋，由丁某如自行恢复至房地产权证登记状态，并承担恢复费用，石某在房屋恢复后协助丁某如办理产权变更手续，并表示清楚目前行政机关对涉讼房屋产权转移的限制，也愿承担相应的风险，仍要求继续履行买卖合同。

裁判观点

长宁法院经一审认为：本案的争议焦点有三个：1. 买卖合同是否有效；2. 买卖合同能否继续履行；3. 如何认定被告石某的违约责任。

涉讼买卖合同对标的物坐落位置、建筑面积、房屋类型等的约定，与不动产登记簿记载的内容一致。该不动产登记簿记载的内容具有公示、公信效力，一方面表明被告为涉讼房屋的登记权利人，依法享有该房屋的所有权和土地使用权；另一方面表明涉讼房屋的登记信息具有权利的正确性推定效力，可推定登记的权利状态、范围与现实的客观状态相符，善意相对人因信赖该登记的正确性而与登记权利人签订合同，该合同的效力不因登记的错误或权利内容的状态而受影响。原、被告签订买卖合同时，虽然房屋现状已与登记信息不一致，但双方在合同中记载的仍是登记的房屋状况，且被告石某未举证证明其于签订买卖合同时，已将涉讼房屋现状与登记信息不符的事实如实告知原告丁某如。因此，原告对于本案纠纷的发生无过错，应属善意信赖不动产登记信息的合同当事人，法律应当保护原告的此种信赖利益，此亦系强化不动产公示、公信效力的要求。虽然涉讼房屋被行政机关限制交易，买卖合同的履行可能存在障碍，但根据我国《物权法》区分原则，转让不动产的合同，除法律另有规定或合同另有约定外，自合同成立时生效，未办理产权登记，不影响合同效力，因此，不能因涉讼房屋过户存在障碍就否认其买卖合同的有效性。原、被告就涉讼房屋签订的买卖合同，不具备我国《合同法》第五十二条规定的无效情形，应属有效。

关于涉讼买卖合同能否继续履行的问题。虽然行政机关对涉讼房屋的权利转移作出限制，但物权未灭失，不能就此认定买卖合同法律上或事实上履行不能。行政机关限制交易的目的在于督促违法行为人纠正违法行为，履行法律手续；被告即使未出售房屋，也应按照行政机关的要求进行整改，使房屋恢复至合法状态，恢复原状系被告应尽的行政法上的义务。被告石某明知涉讼房屋附有违法建筑仍予出售，应依诚实信用原则全面履行合同义务；对于涉讼房屋存在的违法状态，应自行采取相应措施予以消除后交付原告。经法院释明，原告丁某如同意被告按现状交付房屋，并自愿替代被告承担恢复原状的义务，原告的意思表示不违反法律、行政法规的禁止性规定，亦符合行政机关的执法目的，法院予以准许。原告在恢复原状时，房屋的四至、外观形状、层高等应与登记内容一致，质量应符合国家规定的建筑标准。被告应于原告恢复原状、通过行政机关审查认可并撤销交易限制后再协助原告办理产权手续。

现被告石某未能按合同约定向原告丁某如交付涉讼房屋，应承担相应的违约责任。涉讼房屋被行政机关限制办理产权转移登记，原告明知此风险仍选择继续履行合同并自愿承担恢复原状的义务，因此被告能否实现权利交付取决于涉讼房屋恢复状况及行政机关行政审查的限制，故被告逾期交房的违约责任应计算至实际交付房屋时止。原告所支付款项中的 2000 万元，由中原公司代为保管至双方进交易中心后再转交被告，现原告已按约履行该付款义务，但因目前无法办理过户登记，中原公司向被告转交的条件尚未成就，故违约金的计算基数应以被告实际收到的数额为标准。

综上，原告丁某如的诉讼请求具有事实和法律依据，依法予以支持；被告石某的反诉请求于法无据，依法不予支持。据此，长宁法院依照《合同法》第六条、第四十四条、第六十条第一款、第一百零七条、第一百一十四条之规定，于2010年9月8日判决：一、被告石某将涉讼房屋交付原告丁某如；二、被告石某支付原告丁某如逾期交房违约金，以100万元为本金，从2008年11月9日起至实际交付房屋时止，按每日万分之五计算；三、被告石某应于原告丁某如将涉讼房屋恢复至产权登记状态且行政机关撤销上述房屋房地产转移登记限制后协助原告丁某如办理上述房屋的房地产权变更登记手续；四、原告丁某如支付被告石某剩余购房款3500万元；五、驳回被告石某的反诉请求。

上诉人石某不服一审判决，向上海一中院提起上诉，请求撤销原判，依法改判。主要理由是：1. 一审判决认定事实有误，被上诉人明知建筑物已被推倒重建，仍以产权登记内容为准与上诉人签订合同，并非善意，且规避法律。2. 一审判决适用法律错误，现存建筑物是违法建筑，禁止买卖、过户，买卖合同应属无效。

被上诉人丁某如辩称，一审判决认定事实及适用法律正确。请求驳回上诉，维持原判。

上海一中院认为：行政机关已认定涉讼房屋是附有违法建筑并结构相连的房屋，上诉人石某认为涉讼房屋系重建的房屋，但不能改变其违法的性质。上诉人与被上诉人丁某如买卖涉讼房屋的意思表示及交易价格系属真实，结合不动产登记的公示、公信效力，双方签订的买卖合同当属有效。因行政机关的权利限制是为督促违法行为人予以改正，在上诉人未能积极履行相应义务的情况下，被上诉人同意上诉人按现状交付房屋，并自愿替代上诉人承担恢复义务，故在被上诉人完成恢复义务，行政机关撤销限制权利转移后，双方完成权利交付是可行的，买卖合同能够继续履行。

综上，一审判决认定事实清楚，适用法律正确，程序合法。上诉人石某的上诉理由不能成立。据此，依照《民事诉讼法》第一百五十三条第一款第一项之规定，上海一中院于2010年11月24日判决如下：驳回上诉，维持原判。

案例述评

一、审判权与行政权不可相互逾越

上引案例中，2008年10月18日，上海市长宁区房屋土地管理局向上海市长宁区交易中心发出附有违法建筑并结构相连的房屋认定通知单，根据《上海市住宅物业管理规定》第四十二条第三款“附有违法建筑并结构相连的房屋，房地产登记机构不予办理房地产转移、抵押登记”的规定，不予办理房地产转移以及抵押登记手续。

作为县级以上地方人民政府城乡规划主管部门上海市长宁区城市规划管理局有权责令停止建设；对尚可采取改正措施消除对规划实施的影响的，限期改正，处建设工程造价 5% 以上 10% 以下的罚款；无法采取改正措施消除影响的，限期拆除，不能拆除的，没收实物或者违法收入，可以并处建设工程造价 10% 以下的罚款。

案涉房屋转让价款为 5600 万元，如果被处以 5% 的罚款，业已高达 280 万元。面对有可能被处如此高额的罚款，相信无论是对原告还是对被告而言都不是一笔小数目，而将案涉房屋恢复原状再次拆建或整修的费用虽未经评估确定，但也不会是一笔小支出。原告虽经法院释明后愿意自行承担此笔恢复费用及承担可能的风险，但我们在此不无质疑的是一审法院的该处“释明”是否正当合理。《最高人民法院关于民事诉讼证据的若干规定》（法释〔2019〕19 号）第五十三条第一款规定：“诉讼过程中，当事人主张的法律关系性质或者民事行为效力与人民法院根据案件事实作出的认定不一致的，人民法院应当将法律关系性质或者民事行为效力作为焦点问题进行审理。但法律关系性质对裁判理由及结果没有影响，或者有关问题已经当事人充分辩论的除外。”

法官行使释明权应当遵守适度行使原则。法官行使释明权应当限定在当事人主张的范围内。其一，要尊重当事人的处分权，表现为释明后由当事人自主决定是否接纳释明内容，法官根据当事人最终确定的诉讼主张进行裁判；其二，法官要保持中立。法官可以通过释明促使当事人澄清或补充主张，但不得以释明的方式，直接在当事人现有主张之外提出新的主张，不得以释明之名，行代替当事人辩论之实。

最高人民法院 2016 年 11 月 21 日印发的《第八次全国法院民事商事审判工作会议（民事部分）纪要》第二十一条规定：“对于未取得建设工程规划许可证或者未按照建设工程规划许可证规定内容建设的违法建筑的认定和处理，属于国家有关行政机关的职权范围，应避免通过民事审判变相为违法建筑确权。当事人请求确认违法建筑权利归属及内容的，人民法院不予受理；已经受理的，裁定驳回起诉。”

根据上引案例的判决结果，原告在恢复原状时，房屋的四至、外观形状、层高等应与登记内容一致，质量应符合国家规定的建筑标准。被告应于原告恢复原状、通过行政机关审查认可并撤销交易限制后再协助原告办理产权手续。但现实问题是，法院虽可判决确认该类合同有效，但继续履行合同将房屋恢复至原登记的权利状态并消除行政限制却不无难度，该判决尚有进一步商榷的余地。毕竟审判权与行政权之间是维护和尊重关系，即两者互相维护并彼此尊重各自权力的运行，而不得相互逾越。上引案例在判决买卖合同有效的同时判令继续履行，有对违法建筑进行认定和处理之嫌。

二、违建“恢复原状”，知易行难

最高人民法院在审理的再审申请人林某锋、陈某良与被申请人甘肃省中国青年旅行社（以下简称甘肃青旅）房屋买卖合同纠纷［（2014）民提字第216号］一案中，针对甘肃青旅提出案涉房产共九层，其中第九层为加盖，属于违法建筑，买卖违章建筑的合同应为无效的申请再审理由，分析认为：第一，案涉房产其他部分系合法建筑，加盖部分违法不应导致全部合同无效。第二，买卖违法建筑物的合同并非绝对无效。根据《城乡规划法》第六十四条的规定，未取得建设工程规划许可证或者未按照建设工程规划许可证的规定进行建设的，由县级以上地方人民政府城乡规划主管部门责令停止建设；尚可采取改正措施消除对规划实施的影响的，限期改正，处建设工程造价5%以上10%以下的罚款；无法采取改正措施消除影响的，限期拆除，不能拆除的，没收实物或者违法收入，可以并处建设工程造价10%以下的罚款。本案中，双方在《房地产买卖合同》及其后的50号调解书中，均明确加盖部分已经过行政处罚，城乡规划主管部门并未要求限期拆除，该加盖部分应属于“尚可采取改正措施消除对规划实施的影响的”保留使用建筑物，亦不应因此认定买卖合同无效。

上引案例中，长宁法院在判决第三项中仅判令“被告石某应于原告丁某如将涉讼房屋恢复至产权登记状态且行政机关撤销上述房屋房地产转移登记限制后协助原告丁某如办理上述房屋的房地产权变更登记手续”，却并未判决确定原告丁某如将涉讼房屋恢复至产权登记状态的期间，即应在多长的合理期间内履行这一义务。二审判决亦认为：“在被上诉人完成恢复义务，行政机关撤销限制权利转移后，双方完成权利交付是可行的，买卖合同能够继续履行。”但同样未具体确定原告丁某如将涉讼房屋恢复至产权登记状态的合理期间。据此，是否意味着只要原告不积极主动地去将涉讼房屋恢复至产权登记状态，行政机关也就无法撤销上述房屋房地产转移登记限制，而被告则无法协助原告办理上述房屋的房地产权变更登记手续，上述违法拆建行为也就继续处于未终了状态。从某种意义上讲，果真执行上述判决，无疑又会发生一次拆除重建行为，既造成财富上的浪费，也会因此增加房屋买受人的经济负担，尽管原告表示愿意自行承担恢复费用和相关风险。另外，需要指出的是，一审判决未具体明确被告石某将涉讼房屋交付原告丁某如的时间，也未具体明确原告丁某如支付被告石某剩余购房款3500万元的时间，这都是判决项的瑕疵。

017 二手房买卖合同价格是否显失公平的认定

【典型案例】赵某丽与张某燕房屋买卖合同纠纷再审案

法律焦点：现行法律及司法解释中未对合同各方利益“显失公平”的客观标准作出具体明确的界定。审判实践中，如何判断合同双方利益是否明显失衡，应结合交易标的物种类、政策因素、市场行情等因素进行综合考量。需要注意的是，市场评估价并非房产交易的唯一价格和绝对标准，特别是在存在两个以上评估结论的情形下，需要审慎对待评估意见，避免“以鉴（估）代审”。

关键词：*房屋买卖合同、显失公平、撤销、继续履行*

案例索引

一审：广东省深圳市罗湖区人民法院（以下简称罗湖法院）（2015）深罗法民三初字第 1791 号民事判决书

二审：广东省深圳市中级人民法院（以下简称深圳中院）（2017）粤 03 民终 14704 号民事判决书

再审审查：广东省高级人民法院（2017）粤民申 10412 号民事裁定书

再审：广东省深圳市中级人民法院（2018）粤 03 民再 32 号民事判决书

案情介绍

罗湖法院查明，位于深圳市××路××大厦湖光××房产（房产证号码为：深房地字第××号，以下简称涉案房产）的权利人为张某燕，用途为住宅，性质为商品房，建筑面积为 71.31 平方米。自 2011 年 9 月至今，张某燕将涉案房产以每月 2500 元的价格出租给赵某丽。2015 年 6 月 3 日，赵某丽（买方）与张某燕（卖方）签订《房地产买卖合同》（编号：0××2544），双方约定张某燕将涉案房产出售给赵某丽，转让成交价为人民币 135 万元（币种下同）。合同第三条约定，买方自合同生效之日起 10 日内向卖方支付定金 20 万元。合同第四条约定，除定金外的楼款由买方以按揭贷款方式支付，但双方未就余款的支付时间及办理递件过户手续的时间进行约定。合同第十条约定，如买方未按约定的期限履行义务，卖方有权要求买方以转让成交价为基数按日万分之五支付违约金并继续履行合同。合同第十一条约定，如卖方未按约定的期限履行义务，买方有权要求卖方以转让成交价为基数按日万分之五支付违约金并继续履行合同；如卖方逾期履行超过10日，买方可解除合同并要求卖方双倍返还买方已支付的定金。合同还约定了双方的其他权利和义务。

前述《房地产买卖合同》由赵某丽起草并签字后，寄给在哈尔滨的张某燕，张某燕于2015年6月3日在该合同上签字后，再将合同寄给赵某丽。

2015年6月8日，赵某丽向张某燕支付定金20万元。同日，张某燕向赵某丽开具了收据。

张某燕居住在哈尔滨市。2015年10月初，张某燕到达深圳市。2015年10月11日，张某燕委托王某社律师向赵某丽寄送《律师函（一）》，称双方签订的《房地产买卖合同》约定的房产买卖价格显失公平，依法应予撤销；其将终止履行《房地产买卖合同》。2015年10月21日，赵某丽委托彭某鹄律师向张某燕寄送《律师函》，承诺其将以现金方式支付剩余购房款，督促张某燕共同办理递件过户手续。张某燕于2015年10月24日收到该律师函。

赵某丽具备目前深圳市限购政策下的购房资格，且其承诺一次性支付剩余购房款。涉案房产没有抵押登记的情形，除本案诉讼保全查封外，无其他查封等影响过户的情形，具备产权过户的条件。

经罗湖法院委托，深圳市文集土地与房地产评估经纪有限公司对涉案房产在2015年6月3日的价值进行了评估，并作出编号为“深文集房估（2015）字第C-00××号”的《深圳市文集土地与房地产评估经纪有限公司房地产估价报告》。该房地产估价报告作出的估价结果显示，涉案房产在价值时点且满足该估价报告假设和限制条件下的评估总值为213.05万元。

再审期间，赵某丽向深圳中院提交了以下证据：1. 深圳市国政房地产土地资产评估顾问有限公司出具的〔2017〕第1128××××号《房地产估价报告》，评估结果为：涉案房产在2015年6月3日的市场价值为1896846元；2. 广州第一太平戴维斯房地产与土地评估有限公司出具的SZ/2017/RE/90/YZ/AL《房地产估价报告》，评估结果为：涉案房产在2015年6月3日的市场价值为187.5万元；3. 网络截屏图片，显示“Q房网小区历史成交”数据中，“××大厦”在“2015年6月7日”时均价为“25049元/平方米”；4. 案外人罗某某与李某某签订的《二手房买卖合同》及《二手楼交易资金委托监管协议》、《交易资金委托监管业务收款收据》、《个人二手住房按揭贷款承诺书》、《中国银行借款借据》、房地产证等一系列二手房交易证据显示2015年4月20日，罗某某将××大厦湖山阁××（71.31平方米）以 170 万元出售给李某某，该房产于 2015 年 5 月 21 日登记在李某某名下。赵某丽依据上述新证据，主张一审期间评估机构作出的评估价 213.05 万元过高，涉案《房地产买卖合同》约定的 135 万元购房价不存在显失公平的情形。张某燕以证据 1、2 为赵某丽单方委托为由，对其真实性、合法性、关联性不予确认，以证据 3 无原件为由，对其真实性不予确认，对证据 4 的真实性、合法性、关联性不予确认。

再审期间，深圳中院依据赵某丽的申请向深圳市不动产登记中心查询并调取了张某燕在深圳的房产登记信息，除案涉房产外，位于“深圳市××××（88.1 平方米）”房产于 2003 年 3 月 13 日登记在张某燕名下，该房产于 2006 年 6 月 13 日转移登记至案外人名下。赵某丽据此主张张某燕具备买卖房产的交易经验，张某燕对上述证据的真实性予以确认，但称其出售上述房产距今已有 10 多年，其在 2005 年离开深圳后未再关注深圳房地产行情。

再审庭审中，张某燕本人称其学历为高中，认识字，但不会使用电脑。2002 年至 2005 年在深圳从事美容、服装贸易等工作，2005 年离开深圳回哈尔滨生活，其委托小区保安将案涉房产对外出租。再审中，经深圳中院询问，赵某丽不同意提高购房价，坚持要求按照合同价 135 万元继续履行合同，并承诺一个月内可付清剩余房款；张某燕则不同意将涉案房产以任何价格出售给赵某丽，坚持要求撤销合同。

另查，《房地产买卖合同》第八条约定：按政府及有关规定，买卖双方需支付的税费有：（1）营业税；（2）城市建设维护税……（19）抵押登记费；（20）赎楼担保逾期利息。买方自愿支付上述第（1）项至第（19）项，该物业存在逾期未支付的供楼款的，该款项由卖方自行承担。合同履行过程中因政府部门原因发生税费种类、税率或征收标准、条件的变化导致税费增加，则按相关税费规定的主体由买卖双方各自承担。

再查，深圳市不动产登记中心于 2018 年 5 月 31 日出具《购房资格证明》，载明赵某丽家庭具备在本市购买一套住房的购房资格。

一、二审判决查明的其他事实清楚，深圳中院再审予以确认。

裁判观点

罗湖法院经审理认为，本案为房屋买卖合同纠纷。本案的争议焦点在于双方签订的《房地产买卖合同》在订立时是否显失公平。该院认为，其一，涉案房产成交价为 135 万元，涉案《房地产买卖合同》于 2015 年 6 月 3 日订立时该房产的市场总值为 213.05 万元，二者相差 78.05 万元，差额巨大。其二，赵某丽自 2011 年 9

月至今居住在涉案房产，而张某燕居住在哈尔滨，对随时掌握涉案房产市场价格的变动情况而言，赵某丽相对于张某燕明显具备更为有利的条件。涉案合同由赵某丽草拟，张某燕在订立合同的过程中处于相对被动的地位。赵某丽购买涉案房产时，应当清楚知晓该房产的市场价格，但赵某丽在签订合同时利用其在涉案房产市场价格变动的信息获取方面的优势，同时利用张某燕的轻率、判断力不足而导致张某燕订立了明显对自己不公平的合同。其三，如前所述，赵某丽具有在涉案房产市场价格变动的信息获取方面的优势，但其未能诚实地告知张某燕当时涉案房产的真实市场价格，赵某丽在订立合同时主观上具有利用对方的轻率或者判断力不足的故意。综上所述，赵某丽客观上利用了张某燕长期居住外地，对涉案房产的市场价格变化没有及时了解的情况；赵某丽主观上具有利用对方的轻率或判断力不足的故意，且客观上张某燕亦是基于对赵某丽的信任而轻率地签订了合同，导致涉案房产在涉案合同订立时的市场总值与成交价格相差巨大的结果，致使双方的权利义务明显违反了公平原则，因此该院认定涉案合同在订立时显失公平。

针对张某燕的反诉，赵某丽抗辩称，一方当事人利用优势或者利用对方没有经验，致使双方的权利与义务明显违反公平、等价有偿的原则，可以认定为显失公平。张某燕经营服装生意，是一个聪明的生意人，赵某丽对其并没有任何地位优势；而所谓“没有经验”应该是指交易者欠缺一般的生活经验或交易经验，张某燕并非“没有经验”，双方地位并无差异。对此，该院认为，张某燕虽非欠缺一般的生活经验或交易经验，但如前所述，赵某丽自 2011 年 9 月至今居住在涉案房产，而张某燕居住在哈尔滨，对随时掌握涉案房产市场价格的变动情况而言，赵某丽相对于张某燕明显具备更为有利的条件，故赵某丽的该抗辩意见，该院不予采信。赵某丽还抗辩称，张某燕没有获得市场上涨带来的红利，并基于朋友关系让渡了一定利益，属于商业利益的损失，并非法律意义的显失公平。对此，该院认为，赵某丽认为张某燕系基于朋友关系让渡了一定的利益，但赵某丽并未举证证明双方系朋友关系，亦未能合理说明张某燕确系自愿向其让渡了相当于涉案房产成交价与市场价值之间的差价达 78.05 万元的较大利益，因此赵某丽的该抗辩意见，该院亦不予采纳。

鉴于张某燕系完全民事行为能力人，但其在订立涉案合同时未通过各种途径充分了解市场价格情况，从而轻率地签订了涉案合同，因此张某燕具有一定的过错。但，张某燕的过错并不影响涉案《房地产买卖合同》在订立时显失公平的认定。

涉案《房地产买卖合同》在订立时显失公平，张某燕请求撤销该合同，于法有据，该院予以支持；赵某丽要求继续履行该合同，缺乏法律依据，该院不予支持。

根据《合同法》的规定，涉案《房地产买卖合同》被撤销后，因该合同取得的财产，应当予以返还；有过错的一方应当赔偿对方因此所受到的损失，双方都有过错的，应当各自承担相应的责任。鉴于张某燕系完全民事行为能力人，但其在订立涉案合同时未通过各种途径充分了解市场价格情况，从而轻率地签订了涉案合同，本身也具有一定的过错。至于双方对涉案合同被撤销各自应承担何种民事责任以及财产返还的问题，双方均可另寻法律途径解决。

综上，依照《合同法》第五条、第四十四条第一款、第五十四条第一款第二项及《民事诉讼法》第六十四条第一款、第一百四十二条之规定，罗湖法院判决：一、撤销赵某丽与张某燕于2015年6月3日签署的《房地产买卖合同》（编号：0××2544）；二、驳回赵某丽的全部诉讼请求。一审本诉受理费16950元、反诉受理费8475元、保全费5000元、评估费20100元，均由赵某丽负担。

上诉人赵某丽不服一审民事判决，向深圳中院提起上诉称：一、撤销一审判决；二、判令张某燕继续履行涉案《房屋买卖合同》，并配合将涉案房产办理过户登记至赵某丽名下；三、本案一、二审诉讼费用由张某燕承担。事实及理由如下：

（一）赵某丽主观上没有利用自身优势或者张某燕没有经验，客观上涉案房产交易价并非“明显不合理低价”，故涉案合同并未违反民法中的“公平原则与诚实信用原则”，一审判决适用“显失公平原则”错误。根据《最高人民法院关于贯彻执行〈中华人民共和国民法通则〉若干问题的意见（试行）》第七十二条可知，“显失公平原则”的定义为：一方当事人利用优势或者利用对方没有经验，致使双方的权利义务明显违反公平、等价有偿原则的，可以认定为显失公平。在客观方面，显失公平是指“双方的权利与义务”明显违反公平原则，或者说权利和义务“严重不对等”，即“合同内容显失公平”。本案中，赵某丽与张某燕是经济活动以及民法意义中的平等主体，而并非开发商与小业主、商家与消费者或是用人单位与劳动者之间的不平等关系。在主观方面，赵某丽在订立合同之时不存在利用张某燕轻率或判断力不足的故意。张某燕由于自身没有相关经验导致相应后果，并非赵某丽“利用”其没有经验所致，不可适用“显失公平原则”，也不能类推适用。综上所述，涉案房产交易内容公平合理，赵某丽没有利用自身优势或者对方没有经验，并且在市场交易中，赵某丽也不存在任何自身优势。客观上，涉案房产交易价并非“明显不合理低价”。赵某丽按照合同约定支付定金至张某燕处，赵某丽对此予以认可并出具收据，涉案交易符合市场交易习惯，符合诚信原则以及公平原则，因此本案不应适用显失公平原则，一审认定事实错误。

（二）涉案房产交易价格定位合理，赵某丽与张某燕信息获取处于平等地位，且赵某丽不存在主观上欺瞒张某燕的故意，故一审判决认为赵某丽利用自身优势地位以及张某燕的轻率、判断力不足的观点错误。

1. 根据《最高人民法院关于适用〈中华人民共和国合同法〉若干问题的解释（二）》第十九条的规定，如果低于当地指导价或者市场交易价的70%，一般可以视为“明显不合理”的低价。但本涉案房产成交价并未超过上述标准，也即成交价并非“不合理的低价”，故一审判决认为涉案房产成交价与市场价值差异巨大因此构成“明显不合理的低价”显然是错误的。《最高人民法院关于适用〈中华人民共和国合同法〉若干问题的解释（二）》第十九条规定，对于《合同法》第七十四条规定的“明显不合理的低价”，人民法院应当以交易当地一般经营者的判断，并参考交易当时交易地的物价部门指导价或者市场交易价，结合其他相关因素综合考虑予以确认。转让价格达不到交易时交易地的指导价或者市场交易价70%的，一般可以视为明显不合理的低价。根据涉案房产交易时段，在深圳市房地产评估发展中心官网系统查询到的涉案房产价格为15479元/平方米左右，至2016年年底在深圳市房地产评估发展中心官网系统查询到的价格为25000元/平方米左右（价格已有大幅度增长），涉案房屋面积为71.31平方米，总价为170万元左右，涉案房产成交价为135万元整，未低于政府指导价或者市场交易价的70%，故涉案房产成交价并未构成“明显不合理的低价”。

2. 赵某丽与张某燕在涉案房产交易中均为平等主体，并非开发商与小业主、商家与消费者或是用人单位与劳动者之间的不平等关系，因此赵某丽并无条件也无能力利用自身优势使张某燕在订立合同过程中处于被动地位。现代社会为信息网络发达的时代，交易双方获取信息的渠道是相同或近似的，并且房产价格信息并非商业秘密，价格公开透明，双方均可方便查询到。另外，张某燕称自己长期生活在哈尔滨，不了解深圳房价，因此被骗签订合同，这可谓荒谬至极。张某燕并非不识字的老人，且哈尔滨市为黑龙江省省会城市，通网通电，信息透明，根本不存在张某燕被欺骗的情况。

3. 一审判决中称赵某丽利用张某燕的轻率及判断力不足的说法亦不成立。本案中，赵某丽与张某燕在签订合同前，就合同条款进行了长时间的磋商，双方对于合同的价款等条款细节，有非常充分的时间进行市场调研。赵某丽于2015年5月30日签好合同后即邮寄至张某燕处，直到同年6月3日张某燕才在合同上签字，据此，张某燕有整整四天的时间衡量考虑，查询价格，同时其在6月8日收取赵某丽定金并开具定金收据时，亦未对合同条款提出任何异议。因此，张某燕不存在订约时马虎或者不细心，或是对合同价格不作审查判断匆忙签订的情形。故张某燕并无轻率以及判断力不足，因此关于赵某丽“利用”的说法也就无从谈起。综上，赵某丽在获取房产市场价格变化信息方面并无任何优势，赵某丽也不存在隐瞒或欺骗张某燕的主观故意，客观上并未利用张某燕的轻率以及判断力不足。反之，赵某丽认为涉案房产交易价格合理，并且一直真诚地与张某燕洽谈房产买卖事宜，交付定金，积极履行合同。

（三）一审法院利用司法手段干预市场经济，滥用法律原则，导致司法不公以及引起不良社会示范效应的恶果。在市场经济体制以及法律制度下，公民有买卖以及订立契约的自由，平等主体间的交易行为在合法的情况下不应当被干预，允许当事人意思自治以及根据市场环境、自身情况进行交易往来。另外，适用公平原则其中一个重要条件就是应当保护合法交易，不应当轻易以显失公平原则将合法交易撤销，违反诚信原则，纵容不诚信的行为恶意滋生。

综上所述，涉案房产交易内容公平合理，交易价格定位合理。赵某丽与张某燕信息获取处于平等地位，赵某丽主观上不存在欺瞒张某燕的故意，亦并未利用自身优势或者张某燕没有经验促成交易。故一审判决认为赵某丽利用自身优势地位以及张某燕的轻率、判断力不足的观点错误。本案不应适用显失公平原则。反之，如若适用“显失公平”原则对涉案合同予以撤销，则违背了民法中的“公正原则”以及“诚信原则”，同时亦涉嫌滥用司法裁判权干预市场经济。故一审判决认定事实以及适用法律错误，应当予以撤销，愿判如所请。

针对赵某丽的上诉，张某燕答辩称：赵某丽的上诉请求及依据的事实理由均不能成立，具体理由如下：赵某丽主观上明显地利用自身优势并诱导张某燕签订合同，导致双方的权利与义务明显违反公平、等价有偿原则。《最高人民法院关于贯彻执行〈中华人民共和国民法通则〉若干问题的意见（试行）》第七十二条规定：“一方当事人利用优势或者利用对方没有经验，致使双方的权利与义务明显违反公平、等价有偿原则的，可以认定为显失公平。”

1. 赵某丽在与张某燕签订合同的过程中明显地利用了自身优势。

（1）赵某丽具有对涉案房产价格充分知悉的优势，与张某燕对房产价格缺乏了解形成信息上的严重不对称。在签订《房地产买卖合同》之前，赵某丽长期生活在深圳并且租赁张某燕的涉案房产长达 4 年之久，对涉案房产的市场价格了如指掌。而张某燕自 2005 年 5 月回老家哈尔滨市生活，一直没有回深圳，至 2015 年 6 月初签订合同之时，已经 10 年没有在深圳生活，对深圳房地产市场缺乏了解。

（2）赵某丽在谈判过程中具有张某燕长期信赖的合作者身份和长期在深圳生活从而便利考察房价的地缘优势。在赵某丽向张某燕打电话发出购买涉案房产的要约之前，赵某丽在租赁涉案房屋的过程当中从未违约长达4年之久，从而取得了张某燕的充分信任，张某燕认为赵某丽是诚信的合作者。同时，张某燕回老家哈尔滨生活工作达10年之久，因路途遥远，具有地缘上回深圳考察房价的不便利性，且为了生活忙于工作，回深圳考察影响在哈尔滨的正常工作和考察房价的成本较高，而赵某丽在深圳长期生活工作，从而赵某丽具有明显的地缘优势。

（3）赵某丽作为购买涉案房产要约的发起者和房屋买卖合同的起草者，具有对自身利益充分考虑的优势。赵某丽在电话里向张某燕提出以135万元购买涉案房产的要约时，已经在占有上述优势的基础上，对自己利益有着充分的考虑。同时赵某丽在起草合同的过程中，通过合同条款对保护自身的理由有着充分的考虑，这些优势是远在哈尔滨、10年未回深圳且为生活忙于工作的张某燕所不具有的。

（4）在签订涉案合同时，张某燕仓促签订合同，且赵某丽多次通过短暂的电话谈判诱导张某燕。在赵某丽为了获得巨大利益向张某燕主动提出购买涉案房产时，在张某燕对深圳房价缺乏考察的情况下，时常以其报价135万元与张某燕最初购买房产的价格30多万元的价格相对照，张某燕能获得100万元的利润，促使张某燕对房产投资上产生知足感，从而对张某燕同意以135万元成交起了很大的诱导作用。同时，赵某丽于2015年5月30日在合同上签字并立即自深圳邮寄给在哈尔滨的张某燕，合同邮寄的在途时间至少1天，张某燕最快于2015年5月31日收到合同，张某燕在合同上签字的时间为2015年6月3日，张某燕收到合同后权衡是否签订的时间最多3整天，张某燕根本没有充分的时间权衡，在赵某丽的催促和诱导下草率签订了合同。在客观上，签订合同之时的成交价135万元与同一时间的市场价格213.05万元，相差78.05万元，明显地违反了公平、等价有偿的原则。成交价与市场价相差78.05万元，张某燕以135万元出卖房产直接造成78.05万元的损失，该损失占市场价格的36.63%，明显违反了公平、等价有偿的原则。依据上述最高人民法院的司法解释，赵某丽利用自身优势，导致张某燕涉案房产的成交价与同一时间的市场价格相差78.05万元，明显违反公平、等价有偿原则，一审法院认定双方当事人签订的合同显失公平，且认定赵某丽利用张某燕的判决完全正确。

2. 赵某丽以低于当地指导价或者市场交易价的70%，一般可以视为“明显不合理”的低价，作为衡量是否显失公平的标准，完全错误。赵某丽援引《最高人民法院关于适用〈中华人民共和国合同法〉若干问题的解释（二）》第十九条规定的70%的衡量标准是对我国《合同法》第七十四条的解释，而我国《合同法》第七十四条的规定针对的是：债务人以明显不合理的低价向第三方转让财产，对债权人造成损害，债权人对该不合理低价的转让行为行使撤销权的问题。而本案争议的焦点是发生在双方当事人之间的买卖合同成交价135万元对出卖方是否构成显失公平的问题，不涉及向第三人以不合理低价转让财产的问题。前者70%的标准不能成为后者是否构成显失公平的标准。即使前者70%的标准适用于后者，则成交价135万元占市场价213.05万元的比例为63.37%，属于“明显不合理的低价”，同样证明了以135万元成交价进行交易是不合理的、不公平的。

3. 一审法院查明事实清楚，适用法律正确，判决撤销原合同是对显失公平交易的及时制止，完全不属于利用司法手段干预市场经济、滥用法律原则的问题。在市场经济条件下，平等民事主体的交易自由系以公平为前提条件的，法律允许民事主体通过合同交易获得合理的商业利益，也允许交易双方对自己的决定承担正常的交易风险，但是这并不意味着法律对交易的发生完全听之任之，当交易的发生明显超出了合理范围从而导致对交易一方明显失去公平之时，法律应当应当事人之申请及时对显失公平的交易进行撤销，从而实现公平原则，这是我国《民法通则》第五十九条关于撤销显失公平交易的立法本意和《最高人民法院关于贯彻执行〈中华人民共和国民法通则〉若干问题的意见（试行）》第七十二条认定“显失公平”的原因。涉案房产市场价为213.05万元，如果以交易价135万元进行交易，将直接导致张某燕遭受市场价的36.63%的损失，不论是根据朴素的社会常理还是依据严谨的法律规定，成交价明显地对张某燕不公平。因此，张某燕依法请求一审法院撤销房屋买卖合同并得到了一审法院的支持，系一审法院及时制止原房屋买卖合同所产生的显失公平的司法行为，依法实现了公平原则，因此一审法院在查明事实与适用法律上是完全正确的。综上，请求法院驳回赵某丽的上诉请求。

深圳中院二审审理认为，本案为房屋买卖合同纠纷。关于涉案房产在合同订立时的市场价值，双方存在争议，一审法院通过司法鉴定的程序来确定并无不当，作出鉴定结论的评估机构具备相应资质、鉴定程序不违反法律规定，一审法院采纳该鉴定结论作为认定事实的依据亦并无不当，本院二审予以确认。依据鉴定结论，合同约定交易价仅为评估价格的63.37%，双方权利义务明显失衡，有违公平、等价有偿原则，而赵某丽在涉案房产居住时间较长，张某燕长期居住在外地，相对来说赵某丽对涉案房产价值的了解有一定优势，一审法院据此认定涉案合同订立时显失公平，并对张某燕撤销合同的请求予以支持，有事实与法律依据，并无不当，本院二审予以确认。张某燕订立涉案合同时未通过各种途径充分了解市场价格情况，从而轻率地签订了涉案合同，一审法院认定张某燕具有一定的过错，张某燕对此亦未提出上诉，本院二审予以确认。合同被撤销后，财产返还及有关损失赔偿问题，因双方在本案中均未提出相应请求，由双方当事人协商或另寻法律途径解决。综上所述，赵某丽的上诉请求不能成立，应予驳回；一审判决认定事实清楚，适用法律正确，应予维持。依照《民事诉讼法》第一百七十条第一款第一项规定，判决：驳回上诉，维持原判。二审案件受理费25425元，由赵某丽负担。

再审申请人赵某丽因不服深圳中院（2017）粤03民终14704号民事判决，向广东高院申请再审称：1. 一审法院委托作出的评估报告鉴定依据明显不足，不应作为证据采信。2. 涉案合同约定的交易价格合理，买卖双方在信息获取方面处于平等地位，赵某丽在主观上没有欺瞒的故意，二审认定赵某丽利用自身优势地位以及张某燕轻率、判断力不足签订合同错误。3. 当事人意思自治应予尊重，二审判决属于以司法手段干预市场经济。

广东高院经审查认为，本案是房屋买卖合同纠纷。本案的争议焦点是，涉案房屋买卖合同是否有在订立时显失公平的情形。根据《最高人民法院关于贯彻执行〈中华人民共和国民法通则〉若干问题的意见（试行）》第七十二条规定："一方当事人利用优势或者利用对方没有经验，致使双方的权利与义务明显违反公平、等价有偿原则的，可以认定为显失公平。"据此，认定是否构成显失公平，应审查是否存在一方运用优势地位导致利益明显失衡的情形。买受人赵某丽与出卖人张某燕均为自然人，具有均等地获取同类房屋交易价格等市场信息的资源，现有证据也不能证明二人在订立合同时存在不对等的谈判、协商地位。二审以赵某丽在涉案房屋居住时间较长，张某燕长期居住在外地为由认定赵某丽对房产价值了解有一定优势，依据不足。

综上所述，赵某丽的再审申请符合《民事诉讼法》第二百条第六项的规定。依照《民事诉讼法》第二百零四条、第二百零六条，《最高人民法院关于适用〈中华人民共和国民事诉讼法〉的解释》第三百九十五条第一款的规定，裁定如下：指令深圳中院再审本案。

深圳中院再审认为，本案再审的争议焦点在于双方订立《房地产买卖合同》时是否存在显失公平。《最高人民法院关于贯彻执行〈中华人民共和国民法通则〉若干问题的意见（试行）》第七十二条规定："一方当事人利用优势或者利用对方没有经验，致使双方的权利与义务明显违反公平、等价有偿原则的，可以认定为显失公平。"据此，判断是否构成显失公平，应审查是否存在一方利用自身优势或者利用对方缺乏经验、缺乏判断能力等，导致合同利益明显失衡的情形。就本案而言，本院认定如下：

第一，涉案《房地产买卖合同》双方均为自然人，卖方张某燕自称其从事服装贸易等工作，除涉案房产外，其还曾经出售一套位于深圳市××区的房产，以上说明张某燕具备从事交易活动的经验，其不是没有经验、缺乏判断能力的卖方。本案《房地产买卖合同》是通过邮寄的方式，由赵某丽和张某燕分别在深圳市和哈尔滨市两地各自签约，具有足够的时间和空间去考虑和决定是否接受合同价款等条件，在签约过程中不存在情况紧急或受到压力胁迫的情形。虽然张某燕生活在外地（哈尔滨市），赵某丽生活在深圳市，但房地产市场政策、行情等信息资源是公开的，张某燕可以通过多种途径去充分查询、了解涉案房产的市场价格，两人在获取市场信息资源方面具有同等的地位，本案合同双方当事人地位平等，不存在一方处于优势而另一方处于劣势的情形。

第二，在市场经济条件下，交易活动的对价及条件等均由当事人自行协商确定，现有法律及司法解释未对合同利益“明显失衡”的客观标准作出明确的界定。审判实践中，判断合同双方利益是否明显失衡，应结合交易标的物种类、政策因素、市场行情等进行综合考量。本案中，交易标的物为二手房屋，政府不对二手房交易价进行强制性规定。评估价虽然在一定程度上可以反映涉案房产的市场价格，但评估价并非房产交易的唯一价格和绝对标准。从涉案房产所处的位置、楼龄及周边环境等来看，该房产以均价 1.89 万元/平方米、总价 135 万元的价格进行交易，并未严重、明显偏离深圳市同时期、同类型二手房交易价的合理区间范围，本案合同双方利益未达到明显失衡的程度。

综上，涉案《房地产买卖合同》在订立时不存在显失公平，原审判决以显失公平为由判决撤销合同，适用法律有误，本院再审予以纠正。赵某丽请求继续履行合同，于法有据，深圳中院再审予以支持。另外，本院需要阐释的是，在民事活动中，当事人应遵循平等、自愿、公平、诚信等基本原则，在合同类等经济活动领域，契约自由、追逐利益是当事人的权利，理智审慎、盈亏自负则是当事人的义务。民事权利义务的给付及衡平，由当事人自行协商确定。任何人放任自身权利或未尽必要的注意义务，所造成的后果将由自己承担。本案中，张某燕作为一名完全民事行为能力人，在签订合同前未充分了解市场行情，在签订合同后又拒不履行合同，其未尽注意义务在先，违背诚实信用在后，张某燕对自身过错所造成的后果应自行承担责任。综上所述，依照《合同法》第四条、第六条、第八条、第四十四条、第六十条，《民事诉讼法》第一百七十条第一款第三项、第二百零七条之规定，经本院审判委员会讨论决定，判决如下：一、撤销本院（2017）粤 03 民终 14704 号民事判决及罗湖法院（2015）深罗法民三初字第 1791 号民事判决。二、张某燕与赵某丽应继续履行《房地产买卖合同》（编号：0××2544），具体为：赵某丽于本判决生效之日起 30 日内向张某燕支付剩余购房款 115 万元；张某燕在收到 115

万元剩余购房款之日起10日内协助赵某丽将深圳市××区××路××大厦××阁×××（房产证号码为：深房地字第××号）房产转移登记至赵某丽名下（转移登记需缴纳的税费等按合同约定执行）；张某燕应在涉案房产转移登记至赵某丽名下之日起10日内向赵某丽交付房产。三、驳回张某燕的反诉请求。

如果当事人未在本判决指定的期间履行给付金钱义务，应当依照《民事诉讼法》第二百五十三条之规定，加倍支付迟延履行期间的债务利息。

一审本诉案件受理费16950元、反诉受理费8475元、保全费5000元、评估费20100元；二审案件受理费25425元，均由张某燕负担。赵某丽已预交的一审本诉案件受理费16950元、保全费5000元，由罗湖法院退回赵某丽；赵某丽已预交的二审案件受理费25425元，由本院退回赵某丽。张某燕应在本判决生效之日起7日内向罗湖法院缴纳一审本诉案件受理费16950元、保全费5000元，向本院缴纳二审案件受理费25425元。拒不缴纳的，本院依法强制执行。

案例述评

一、如何判断合同是否显失公平？

《民法通则》（2009年修正）第五十九条规定："下列民事行为，一方有权请求人民法院或者仲裁机关予以变更或者撤销……（二）显失公平的。"我国《合同法》（1999年）第五十四条规定："下列合同，当事人一方有权请求人民法院或者仲裁机构变更或者撤销……（二）在订立合同时显失公平的……"我国《民法总则》（2017年）第一百五十一条规定："一方利用对方处于危困状态、缺乏判断能力等情形，致使民事法律行为成立时显失公平的，受损害方有权请求人民法院或者仲裁机构予以撤销。"《民法典》的规定与之相同。该条款将"利用对方处于危困状态"的情形纳入显失公平的主观构成要件，改变了《民法通则》和《合同法》区分"乘人之危"与"显失公平"的原有做法。

1. 显失公平条款的认定。

（1）一方获得的利益或另一方所受损失是否违背法律或者交易习惯等综合衡量。

（2）考察合同订立时，一方是否利用其优势或者对方轻率、没有经验，具体看利益受损一方是否无经验，或对合同的相关内容缺乏认识的能力，或者因为某种急迫的情况，并非出自真正的意愿而接受了对方提出的合同条件，如合同中设定了某些明显对一方不利的条款。

《最高人民法院关于贯彻执行〈中华人民共和国民法通则〉若干问题的意见

（试行）》（2021 年 1 月 1 日起废止）第七十二条规定：“一方当事人利用优势或者利用对方没有经验，致使双方的权利与义务明显违反公平、等价有偿原则的，可以认定为显失公平。”

2. 民法中显失公平的构成要件。

所谓显失公平行为，来源于《德国民法典》第 138 条第 2 款规定的“暴利行为”。构成暴利行为须具备“双重要件”：第一，须双方给付显失均衡，称为客观要件；第二，须一方乘对方窘迫、轻率或无经验，称为主观要件。其法律效果为可撤销，法律赋予因法律行为显失公平而受不利益的一方当事人以撤销权。

从构成要件角度分析，《民法总则》第一百五十一条中规定的“显失公平”认定要件包括四个方面：（1）一方有利用对方危困或缺乏判断力等弱势情形的客观行为；（2）一方有利用对方危困或弱势情形的主观故意，在明知对方经济困难、生命健康危险等客观存在的危困状态的基础上加之以牟取不正当利益为目的的恶意；（3）一方利用对方危困或弱势情形的行为与“显失公平”的结果存在因果关系；（4）该民事法律行为在成立之时就存在显失公平的情形。

总的来说，《民法总则》第一百五十一条的立法本意是要从主、客观两个层面综合认定，在显失公平的认定标准中增加主观因素构成要件能够更加有效地兼顾实质的自由与公平。须特别注意的是，“显失公平”的判断时点是“法律行为成立时”，法律行为成立生效之后因情势变更导致双方对待给付显失公平的，不能适用该法第一百五十一条，而应依据情势变更规则的相关规定进行处理。

二、案涉合同订立时约定的成交价 135 万元是否构成显失公平？

关于案涉合同订立时约定的房屋交易成交价 135 万元是否显失公平的问题，赵某丽认为并未构成“明显不合理的低价”，理由是：

1. 根据《最高人民法院关于适用〈中华人民共和国合同法〉若干问题的解释（二）》（2021 年 1 月 1 日起废止）第十九条的规定，对于《合同法》第七十四条规定的“明显不合理的低价”，人民法院应当以交易当地一般经营者的判断，并参考交易当时交易地的物价部门指导价或者市场交易价，结合其他相关因素综合考虑予以确认。转让价格达不到交易时交易地的指导价或者市场交易价 70% 的，一般可以视为明显不合理的低价。但本涉案房产成交价并未超过上述标准。

2. 根据涉案房产交易时段，在深圳市房地产评估发展中心官网系统查询到的涉案房产价格为 15479 元/平方米左右，至 2016 年年底在深圳市房地产评估发展中心官网系统查询到的价格为 25000 元/平方米左右（价格已有大幅度增长），涉案房屋面积为 71.31 平方米，总价为 170 万元左右，涉案房产成交价为 135 万元整，未低于政府指导价或者市场交易价的70%，故涉案房产成交价并未构成“明显不合理的低价”。

3. 赵某丽在再审中提交了以下新证据：其自行委托由深圳市国政房地产土地资产评估顾问有限公司和广州第一太平戴维斯房地产与土地评估有限公司分别出具的《房地产估价报告》，评估结果为：涉案房产在2015年6月3日的市场价值分别为1896846元和187.5万元；还提交了网络截屏图片，显示“Q房网小区历史成交”数据中，“××大厦”在“2015年6月7日”时均价为“25049元/平方米”；案外人罗某某与李某某签订的《二手房买卖合同》及《二手楼交易资金委托监管协议》、《交易资金委托监管业务收款收据》、《个人二手住房按揭贷款承诺书》、《中国银行借款借据》、房地产证等一系列二手房交易证据显示：2015年4月20日，罗某某将××大厦湖山阁×××（71.31平方米）以170万元出售给李某某，该房产于2015年5月21日登记在李某某名下。

赵某丽依据上述新证据，主张一审期间评估机构作出的评估价213.05万元过高，涉案《房地产买卖合同》约定的135万元购房价不存在显失公平的情形。

张某燕则认为，赵某丽援引《最高人民法院关于适用〈中华人民共和国合同法〉若干问题的解释（二）》第十九条规定的70%的衡量标准是对我国《合同法》第七十四条的解释，而《合同法》第七十四条的规定针对的是债务人以明显不合理的低价向第三方转让财产，对债权人造成损害，债权人对该不合理低价的转让行为行使撤销权的问题。而本案争议的焦点是发生在双方当事人之间的买卖合同成交价135万元对出卖方是否构成显失公平的问题，不涉及向第三人以不合理低价转让财产的问题。前者70%的标准不能成为后者是否构成显失公平的标准。即使前者70%的标准适合后者，则成交价135万元占市场价213.05万元的比例为63.37%，属于“明显不合理的低价”，同样证明了以135万元成交价进行交易是不合理的、不公平的。

初审法院和上诉审法院均采信了深圳市文集土地与房地产评估经纪有限公司出具的评估报告，认定涉案房产在合同签订时的市场价值为213.05万元，进而采纳该评估结论，认为合同约定交易价仅为评估价格的63.37%，双方权利义务明显失衡，有违公平、等价有偿原则，而赵某丽在涉案房产居住时间较长，张某燕长期居住在外地，相对来说赵某丽对涉案房产价值的了解有一定优势，据此认定涉案合同订立时显失公平，并对张某燕撤销合同的请求予以支持。

再审法院审理认为，判断是否构成显失公平，应审查是否存在一方利用自身优势或者利用对方缺乏经验、缺乏判断能力等，导致合同利益明显失衡的情形。就本案而言，涉案《房地产买卖合同》的卖方张某燕自称其从事服装贸易等工作，除涉案房产外，其还曾出售过一套位于深圳市××区的房产（指2003年3月13日登记在张某燕名下的一套深圳市房产，于2006年6月13日转移登记至案外人名下），这说明张某燕具备从事交易活动的经验，其不是没有经验、缺乏判断能力的卖方。虽然张某燕生活在外地（哈尔滨），赵某丽生活在深圳，但房地产市场政策、行情等信息资源是公开的，张某燕可以通过多种途径去充分查询、了解涉案房产的市场价格，两人在获取市场信息资源方面具有同等的地位，本案合同双方当事人地位平等，不存在一方处于优势而另一方处于劣势的情形。

现有法律及司法解释未对合同利益"明显失衡"的客观标准作出明确的界定。审判实践中，判断合同双方利益是否明显失衡，应结合交易标的物种类、政策因素、市场行情等进行综合考量。本案中，交易标的物为二手房屋，政府不对二手房交易价进行强制性规定。评估价虽然在一定程度上可以反映涉案房产的市场价格，但评估价并非房产交易的唯一价格和绝对标准。从涉案房产所处的位置、楼龄及周边环境等来看，该房产以均价1.89万元/平方米、总价135万元的价格进行交易，并未严重、明显偏离深圳市同时期、同类型二手房交易价的合理区间范围，本案合同双方利益未达到明显失衡的程度。本案中，张某燕作为一名完全民事行为能力人，在签订合同前未充分了解市场行情，在签订合同后又拒不履行合同，其未尽注意义务在先，违背诚实信用在后，张某燕对自身过错所造成的后果应自行承担责任。

三、当事人自行委托鉴定形成的书面意见是否属于我国民事诉讼法所规定的八种法定证据类型中的鉴定意见

我们认为，《最高人民法院关于民事诉讼证据的若干规定》（法释〔2001〕33号）第二十八条规定中的鉴定结论，应当属于我国《民事诉讼法》第六十三条证据种类中的"鉴定意见"。需要予以特别说明的是，《最高人民法院关于民事诉讼证据的若干规定》（法释〔2019〕19号，自2020年5月1日起施行）第四十一条规定："对于一方当事人就专门性问题自行委托有关机构或者人员出具的意见，另一方当事人有证据或者理由足以反驳并申请鉴定的，人民法院应予准许。"该条规定修改了法释〔2001〕33号第二十八条的规定，对于当事人自行委托鉴定评估所形成的书面意见，在2020年5月1日后虽然不能作为民事诉讼法所规定的八种法定证据类型中的鉴定意见来看待，但可以适用私文书证的质证规则来处理，着重审查以下四个方面：（1）对接受委托的专业机构的资格、资质的审查；（2）意见所依据的证据材料是否真实可靠；（3）对意见形成过程的审查；（4）审查意见与案件的其他证据有无矛盾。此外，人民法院还可以通过鼓励当事人聘请专家辅助人出庭，通过庭审质证的方式直接验证上述审查要点，而不能仅仅是因为相关意见系因当事人单方委托所作出，提出异议一方当事人即可以此为由启动司法鉴定。只有当提出异议的当事人提供了相反的证据证明该意见存在不实之处，从而动摇审判人员对此形成的心证结论，在此情况下，如果当事人提出申请启动司法鉴定的，人民法院才应当予以准许。①

就上引案例而言，我们认为，初审法院和上诉审法院的判案理由和处理结果并无不当，相反再审判决虽明确"现有法律及司法解释未对合同利益'明显失衡'的客观标准作出明确的界定，以及"政府不对二手房交易价进行强制性规定""评估价虽然在一定程度上可以反映涉案房产的市场价格，但评估价并非房产交易的唯一价格和绝对标准"，但不无遗憾的是，再审判案理由中称案涉房屋买卖合同签订前即九年前张某燕有过在深圳市售房的经验，即"说明张某燕具备从事交易活动的经验，其不是没有经验、缺乏判断能力的卖方"，着实有点牵强附会，同时，再审判案理由中在强调"评估价并非房产交易的唯一价格和绝对标准"之余，并未对初审法院委托进行评估作出的评估结论与赵某丽自行委托进行的评估的证据效力及采信与否作出认定。如果简单地采信新的评估意见而否定旧的评估意见，则无疑有"以鉴（估）代审"之嫌。

---

① 参见最高人民法院民事审判第一庭编著：《最高人民法院新民事诉讼证据规定理解与适用（上）》，人民法院出版社 2020 年版，第 404 页、第 405 页。

018 借名购买安居房合同的效力及其履行

【典型案例】薛某颜、黄某勇与薛某锋、薛某梅返还原物纠纷案

法律焦点：安居房指实施国家“安居（或康居）工程”而建设的住房。深圳市安居房是指按《深圳市国家机关事业单位住房制度改革若干规定》出售或出租给国家机关事业单位职工的准成本房、全成本房、全成本微利房和社会微利房。安居房的购买需要经过一定的审批手续，虽然政府通过部门规章对安居房的购买资格作出相关要求，但是并无效力性强制性规定认定安居房买卖合同无效。至于安居房买受人是否具有购买资格，能否通过审批，以及是否能够办理产权登记手续，并不影响合同本身的效力，在具备办理房产登记手续条件后出卖人有义务协助买受人办理过户登记。

关键词：安居房、买卖合同、效力、先行后民

案例索引

一审：广东省深圳市龙岗区人民法院（以下简称龙岗法院）（2015）深龙法民三初字第1837号民事判决书

二审：广东省深圳市中级人民法院（以下简称深圳中院）（2017）粤03民终8101号民事判决书

再审审查：广东省高级人民法院（以下简称广东高院）（2018）粤民再356号民事裁定书

案情介绍

龙岗法院查明：涉案房屋位于深圳市龙岗区中心城黄阁翠苑组团一（1栋、2栋）1栋4单元907，房产证号为深房地字第600063××××号，权利人为黄某勇、薛某颜，登记日期为2014年9月2日。涉案房屋自交付至今均由薛某锋、薛某梅占有使用。薛某锋、薛某梅对房屋进行了全面的装修。

2003年9月23日，黄某勇作为买方与深圳市龙岗区住宅局签订一份《深圳市安居房买卖合同》，约定将涉案房屋出售给薛某颜、黄某勇，该住房是全成本微利

房价安居房，核定全成本微利房价为239234元。该合同由深圳市龙岗区住宅局盖章，薛某颜、黄某勇签名确认。合同抬头有一处手写记录："1371396××××薛先生（没拿合同）。"薛某锋称，此处的"薛先生"即指其本人。2003年9月30日，深圳市龙岗区住宅局收讫购房款239234元，并出具《收款收据》，支付人"单位或姓名"记录为"黄某勇"，摘要处记录为购房款。经查，上述购房款是由薛某锋从其名下招商银行账户中支付的。

薛某颜、黄某勇主张：其系向薛某锋、薛某梅借款购买房，房屋产权归薛某颜、黄某勇所有。借款总额为239234元，薛某锋、薛某梅一次性付款后，称要借住房屋，薛某颜、黄某勇即将房屋交付给薛某锋、薛某梅居住。

薛某锋、薛某梅主张，其二人系借名买房，房屋产权应当归薛某锋、薛某梅所有。因薛某颜、黄某勇具有申请安居房的指标，但薛某颜、黄某勇并不愿意购买房屋，遂将购房指标转让给了薛某锋、薛某梅，即由薛某锋、薛某梅出资，以薛某颜、黄某勇的名义购房。

深圳中院除确认一审查明的上述事实外，另查明：一、二审法院致函深圳市龙岗区住房和建设局调查涉案房屋的性质及能否转让的问题，该局于2017年11月7日回函称：涉案房屋已分给教育局清林小学老师黄某勇及其配偶薛某颜。若该房产已取得房屋所有权的，则能转让给他人；若未取得房屋所有权而擅自转让的，则违反了《深圳市国家机关事业单位住房制度改革若干规定》（深圳市人民政府令第88号发布）第七十五条"安居房上市前，违反安居房管理规定，转卖安居房的，由住宅管理部门或原产权单位按原价收回其转卖的安居房，同时由住宅管理部门处以其违法所得三倍以下的罚款，并可依法给予行政处分"的规定。二、涉案房屋买卖合同、购房发票、收据原件均由薛某锋、薛某梅持有。

薛某颜、黄某勇向一审法院起诉请求判令薛某锋、薛某梅立即返还涉案房屋并在判决生效后10日内搬迁，并判令薛某锋、薛某梅承担本案全部诉讼费用。

裁判观点

龙岗法院经审理认为，依据《物权法》第九条的规定，不动产物权的设立、变更、转让和消灭，经依法登记，发生效力。《物权法》第十七条规定，不动产权属证书是权利人享有该不动产物权的证明。涉案房屋为安居房。2014年9月2日，不动产登记部门核准登记涉案房屋权利人为两原告。两被告虽为购房出资，且在涉案房屋内居住至今，但无证据显示两被告对该房屋享有物权，故不可因此侵犯原告所有权的行使，两被告关于房屋的出资应另寻法律途径解决。因此，原告的主张有理，应予以支持。综上，依据《物权法》第九条、《侵权责任法》第十五条以及《民事诉讼法》第六十四条之规定，判决如下：一、被告薛某锋、薛某梅于本判决生效之日起30日内搬离涉案房屋，并将该房屋返还给原告薛某颜、黄某勇；二、本案受理费共100元，由被告薛某锋、薛某梅负担。

薛某锋不服一审民事判决，向深圳中院提起上诉称：撤销一审判决，改判薛某锋无须搬离涉案房屋，无须将该房屋返还给薛某颜、黄某勇，并由薛某颜、黄某勇承担本案的诉讼费用。上诉理由：

1. 一审法院对本案基本事实认定错误。涉案房产系薛某锋购买而非薛某颜、黄某勇购买。涉案房屋系薛某颜、黄某勇分配到购房指标后，因各种原因决定不再购买，并主动提出将该指标卖给薛某锋，并与薛某锋口头约定薛某锋有偿购买薛某颜、黄某勇该购房指标，并且由薛某锋购买该涉案房产，日后如该房产能办理产证时，薛某颜、黄某勇应配合薛某锋将房产证办理到薛某锋名下。约定好之后，薛某颜、黄某勇选择了1栋805房。10天后，薛某锋了解到薛某琼（证人）退了1栋907房，薛某锋自行选择了黄阁翠苑1栋907房。2003年9月23日薛某锋与薛某颜、黄某勇一起来到龙岗区住宅局以薛某颜、黄某勇的名义签订了安居房买卖合同。相关的购房申请材料均为薛某锋填写，《深圳市安居房买卖合同》上留的也是薛某锋的联系方式。2003年9月30日，薛某锋通过招商银行刷卡支付购房款并于当日下午一人去办理了涉案房屋的入住手续，管理费和水电费一直由薛某锋交付，三年后薛某锋花费45万元对该房屋装修并居住至今。因此，涉案房产实际购买者是薛某锋，薛某锋与薛某颜、黄某勇只是借名买房关系。一审中，薛某颜、黄某勇称是向薛某锋借款购买涉案房屋，并据此要求薛某锋搬出该房并返回房屋。然而薛某颜、黄某勇却并没有拿出任何证据证明与薛某锋是借钱买房关系，并且该房产的《深圳市安居房买卖合同》、收款收据、入住管理费发票、电视水电费等相关票据全部在薛某锋手中，如果是向薛某锋借款买房，那么这些证据应该都在薛某颜、黄某勇手中。一审中所有的证据都明确证明了该房产系薛某锋购买的。因此，一审认定的事实是错误的，该涉案房产的购买人以及实际控制人均为薛某锋，薛某锋才是涉案房产的实际所有人。

2. 一审法院仅适用《物权法》第九条、第十七条的规定来处理本案的纠纷，是对法律的错误适用。不动产产权登记机关是对不动产当时权属关系以及表现形态的证明，对物权的归属具有推定效力，其产生的公示公信效力主要是保护不动产登记人以及善意第三人的利益，但产权证书本身并不能直接决定实体法律关系即实际权利的状况。在本案中，涉案房产没有涉及案外第三人，如果薛某锋有相反证据证明其为真正权利人，法院应依法根据法律规定以及双方的真实意思表示来确定真正的权利人。本案中，一审法院应当综合运用物权法、合同法等相关法律来确认该涉案房产的真实权利人，而不能断章取义仅仅列出一两个条款而不顾事实真相作出机械的判决。

3. 薛某锋已有充分证据证明薛某锋与薛某颜、黄某勇的关系为借名买房，而非借钱买房。鉴于薛某锋系借名买房，从2003年购买房屋并居住在涉案房屋内，对涉案房屋拥有相关权利，薛某颜、黄某勇据此主张侵权，理由不足，依法应对该诉求予以驳回。

4. 至于薛某锋和薛某颜、黄某勇之间的房屋权属争议，薛某颜、黄某勇可另循法律途径解决。

5. 薛某颜、黄某勇很明显是在2015年深圳市房价大涨后据此提起诉讼，此前从未对涉案房屋主张过权利，很明显，薛某颜、黄某勇的行为严重违反了民法诚实信用的基本原则，人民法院应对该类有违诚信原则的行为予以遏止。

6. 由于薛某锋自行选房在907房，为楼房顶层，薛某锋在顶层进行了加建，该加建行为目前尚未经有关行政主管部门处理，薛某锋购买涉案房屋花费23.9万元，但包括加建等装修支付了将近70万元。

综上，请求二审依法改判，驳回薛某颜、黄某勇的一审诉求。

针对薛某锋的上诉，薛某颜、黄某勇辩称：一、涉案房屋属政策性福利房，是薛某颜、黄某勇满足相应的申请条件，才能取得购房指标，并购买登记于薛某颜、黄某勇名下，属薛某颜、黄某勇所有，依法禁止对外转让和交易，薛某锋和薛某颜、黄某勇之间也没有关于该福利房或购房指标的转让合同，薛某锋更没有给予过薛某颜、黄某勇相应的对价或补偿。二、薛某锋主张的购房款和装修费、加建费等都不属于本案审理范围，薛某锋有异议，可另案起诉。综上，涉案安居房属薛某颜、黄某勇所有，薛某颜、黄某勇有权要求薛某锋返还房屋，并限期搬迁。一审认定事实清楚，适用法律正确，请求二审驳回上诉，维持原判。

深圳中院经审理认为，本案为返还原物纠纷案件。根据双方的上诉和答辩意见，本案二审的争议焦点为：薛某锋、薛某梅与薛某颜、黄某勇之间是否存在借名买房行为，薛某颜、黄某勇要求薛某锋、薛某梅搬离涉案房屋的诉讼请求能否获得支持。根据本案查明的事实，涉案房屋虽然登记在薛某颜、黄某勇名下，但系薛某锋、薛某梅出资购买，进行装修，并一直居住使用。与涉案房屋有关的购房合同、购房发票、收据等材料的原件均由薛某锋、薛某梅持有。除利用了薛某颜、黄某勇的分房指标进行购买并登记在薛某颜、黄某勇名下外，薛某颜、黄某勇在本案中并未提交充分证据证明涉案房屋由其购买、装修、占有、使用、收益或者双方曾约定涉案房屋仍归其所有，只是借给薛某锋、薛某梅使用。本院采信薛某锋、薛某梅的主张，认定双方之间存在借名买房的约定。薛某锋、薛某梅系基于借名买房的约定占有使用涉案房屋，薛某颜、黄某勇起诉要求薛某锋、薛某梅搬离涉案房屋，与双方之间借名买房的约定不符，本院不予支持。需要说明的是，本院驳回薛某颜、黄某勇要求薛某锋、薛某梅搬离涉案房屋的诉讼请求，是基于双方之间借名买房的约定以及薛某锋、薛某梅对涉案房屋的占有，并非对涉案房屋权属的确认。双方之间借名买房的行为是否违规、涉案房屋能否办理转移登记，仍应由相关主管部门依法进行处理。

综上，上诉人薛某锋的上诉请求成立，应予支持。一审判决认定事实清楚，但适用法律错误，应予纠正。依照《物权法》第二百四十一条，《民事诉讼法》第一百七十条第一款第二项规定，判决如下：一、撤销龙岗法院（2015）深龙法民三初字第1837号民事判决；二、驳回薛某颜、黄某勇的诉讼请求。本案一审案件受理费100元，二审受理费100元，均由被上诉人薛某颜、黄某勇负担。

再审申请人薛某颜、黄某勇因与被申请人薛某锋及一审被告薛某梅返还原物纠纷一案，不服深圳中院（2017）粤03民终8101号民事判决，向广东高院申请再审。广东高院于2018年10月26日作出（2018）粤民申6225号民事裁定提审本案。

薛某颜、黄某勇申请再审称：一、薛某颜、黄某勇是案涉房产的登记所有权人。在未能确认登记存在错误前，二审法院判决支持薛某锋占有使用房屋，没有法律依据。二、薛某锋既不能提供证据证明双方之间存在借名买房的约定，又无证据支持答辩理由，原二审法院认定双方存在借名买房的约定错误。三、薛某锋不能举证证明与薛某颜、黄某勇之间存在书面或口头约定反证登记存在错误，应承担举证不能的责任，原二审判决认定由薛某颜、黄某勇承担举证责任显属举证责任分配错误。四、退一步讲，即便存在借名买房的约定，因案涉房产属于经济适用房，不能代为持有。故双方间有关借名买房的约定，应属无效。五、本案是返还原物的物权纠纷，而非借名买房的债权纠纷。根据不告不理的原则，人民法院审理案件，必须以当事人的诉讼请求为限。薛某颜、黄某勇起诉要求薛某锋、薛某梅返还案涉房屋并限期搬迁，薛某锋、薛某梅并未对案涉房屋的权属提出反诉主张，二审法院未审理本案的物权法律关系，而超越审理范围主动认定双方之间存在借名买房债权关系，超出了当事人的诉讼请求范围。综上所述，薛某颜、黄某勇再审请求：1. 撤销深圳中院（2017）粤03民终8101号民事判决；2. 维持龙岗法院（2015）深龙法民三初字第1837号民事判决；3. 判决薛某锋承担本案一、二审全部诉讼费用。

被申请人薛某锋辩称：一、正是因为本案为返还原物纠纷案件，薛某锋确有合法事由占有房屋，故二审法院据此驳回薛某颜、黄某勇的诉讼请求，符合法律规定。二、关于双方之间的借名买房关系，二审法院已经阐述得非常清楚，薛某锋也提供了充分的证据，证明双方确系借名买房关系。三、本案中薛某颜、黄某勇的诉求是要求返还原物，而薛某锋的主张是因为双方系借名买房，所以不应该返还原物。二审法院认定双方因系借名买房关系，故判决驳回诉求，即不予返还原物。二审法院没有在判决事项中判决“确认双方系借名买房关系”及“确认房屋的权属”等，并不存在判决超出诉讼请求的问题。四、薛某颜、黄某勇认为“案涉房产属于经济适用房，不能代为持有，借名买房的约定应属无效”的问题，应另循其他途径解决，亦可另行提起诉讼，与本案无任何关系。综上，薛某锋请求驳回薛某颜、黄某勇的再审请求，维持深圳中院（2017）粤03民终8101号民事判决。

薛某梅述称：一、案涉房屋虽然登记在薛某颜、黄某勇名下，但系薛某梅和薛某锋在婚姻关系存续期间出资购买、进行装修，并一直居住使用至今。有购房合同、购房发票、收据等一系列证据形成完整证据链，足以证明案涉房屋是薛某梅和薛某锋利用薛某颜、黄某勇的分房指标进行购买并登记在黄某勇、薛某颜名下，薛某梅和薛某锋是基于借名买房的约定占有使用案涉房屋。二、二审法院就案涉房屋基于当事人之间存在借名购房约定的基本事实，依据《物权法》第二百四十一条的规定，判决支持薛某梅和薛某锋占有使用案涉房屋，适用法律正确。三、案涉房屋是根据2000年1月1日实施的《深圳市国家机关事业单位住房制度改革若干规定》建设并分配给龙岗区国家机关事业单位行政事业编制的人员，是一种全成本微利房，并非面向企业和社会上中低收入者公开出售的社会微利房。虽然上述文件规定在取得全部产权前不得转让，但该规定仅为地方性的规范性文件，且该规定是对经济适用房过户期限的限制，并不是对经济适用房买卖合同效力的禁止，故不影响买卖合同的效力。四、原二审法院认定本案存在借名购房的事实，从而驳回薛某颜、黄某勇的诉讼请求，并无作出借名购房的判项，不存在超出当事人诉讼请求的范围审理案件。综上所述，原二审判决认定事实清楚、证据充分、程序合法、适用法律正确，请求依法驳回薛某颜、黄某勇的再审请求，维持原二审判决。

广东高院再审认为，根据本案查明的事实，案涉房屋为全成本微利房价安居房，黄某勇享有购买该房屋的资格。该房屋的买卖合同虽然由黄某勇与深圳市龙岗区住宅局签订，且房屋产权登记在黄某勇及其配偶薛某颜名下，但房屋自交付至今均由薛某锋、薛某梅二人占有使用，购房款全部由薛某锋、薛某梅二人支付，与案涉房屋有关的购房合同、购房发票、收据等凭证的原件亦由薛某锋、薛某梅持有。

基于上述事实，原二审法院认定双方之间存在借名买房的关系，并无不当。深圳市人民政府令第 88 号《深圳市国家机关事业单位住房制度改革若干规定》第七十四条规定："隐瞒真实情况，提供虚假证明材料，骗购、骗租安居房的，由住宅管理部门或原产权单位收回其骗购、骗租的安居房（骗购的按原价收回），同时按市场租金计收使用期内的房租，并由住宅管理部门处以每套二万元以上五万元以下的罚款……"本案中，当事人是否违反相关规定，宜由行政主管机关先作出认定和处理，当事人在此基础上提出相应的诉讼请求。在行政机关尚未对当事人的行为依法作出认定和处理的情况下，原一、二审法院直接审理本案并作出判决不妥。依照《民事诉讼法》第二百零七条第一款、第一百七十条第一款第三项的规定，广东高院裁定如下：一、撤销深圳中院（2017）粤 03 民终 8101 号民事判决及龙岗法院（2015）深龙法民三初字第 1837 号民事判决；二、本案发回龙岗法院重审。

案例述评

一、深圳市经济适用房和安居房的区别

就深圳市而言，经济适用房和安居房的区别如下：

1. 性质不同。安居房是政府根据国家安居工程政策而建设的住房，主要面向人均居住面积低于 4 平方米的特困家庭，主要以价格低于成本 + 政府补贴来出售的非营利性质住房。而经济适用住房虽然是国家计划组织实施建设的，但还是由房地产开发企业、集资建房单位等来建造出售的，具有经济性、实用性、保障性等特质，是社会保障性质商品住房。

2. 申请条件不同。不管是安居房，还是经济适用房，都是要符合相关条件才能申请购买，其中安居型商品房的申请要以家庭为单位，其申请人及共同申请人要拥有深圳市户籍，在当地有缴纳满 5 年的社保，并且没有享受过相关的购房优惠政策等，若是单身居民想要申请购买的话，年龄要在 35 周岁以上才行。而申请经济适用房的条件比较不固定，基本上每个时期的政策都有不同。

3. 出售缴纳费用不同。购买的经济适用房与安居房出售条件和费用都是有所不同的，虽然两者都是要在房产证满 5 年后才能出售，但是出售时要缴纳的土地出让金都是有所差别的。

二、借名购买经济适用房或安居房合同的效力

对于该类合同的效力，我国不同法院有不同的认识，有的法院认为该类合同为无效合同，理由是双方当事人尤其是实际出资人存在恶意规避法律或国家政策的行为，属于《合同法》中关于违反法律规定或以合法形式掩盖非法目的的无效合同情

形，其签订合同的标的是买卖某种特定的购房资格，而非房屋本身，应当认定为无效。而有的则认为，我国《合同法》明确规定违反国家法律法规强制性规定的合同才属无效，而关于经济适用房或安居房上市交易的相关规定不属于法律，亦不属于行政法规，从维护市场交易秩序的角度出发，该类合同不应判归无效，合同双方如果能够按照规定补缴税收，合同仍应属有效。我国《民法典》第一百三十六条第一款规定："民事法律行为自成立时生效，但是法律另有规定或者当事人另有约定的除外。"第五百零二条第一款规定："依法成立的合同，自成立时生效，但是法律另有规定或者当事人另有约定的除外。"

最高人民法院（2015）民申字第3336号民事裁定认为，经济适用房是政府提供政策优惠，限定套型面积和销售价格，按照合理标准建设，面向城市低收入住房困难家庭供应，具有保障性质的政策性住房。经济适用房的购买需要经过一定审批手续，虽然政府通过部门规章对经济适用房的购买资格作出相关要求，但是对于经济适用房屋买卖合同并无效力性强制性规定认定其无效，兴宇公司提出的合同无效的主张，也不符合《合同法》第五十二条规定的情形。且兴宇公司按照商品房买卖流程向购房人出售住宅房屋，在与孔某良签订《房屋销售认购书》时也未向孔某良履行告知义务，兴宇公司提供的其与其他购房人签订的房屋买卖合同亦未提交已经有关部门审批的手续，孔某良有理由相信涉案房屋可以自由买卖，且房屋已经实际交付孔某良，双方之间的房屋买卖合同应当认定有效。至于孔某良是否具有购买资格，能否通过审批，以及是否能够办理产权登记手续，并不影响合同本身的效力，二审法院判令兴宇公司在具备办理房产登记手续条件后协助办理过户登记，并无不当，故对兴宇公司的该项主张，本院不予支持。

广东省高级人民法院就再审申请人陈某典与被申请人童某舟房屋买卖合同纠纷一案作出的（2015）粤高法民一申字第494号民事裁定认为，本案为房屋买卖合同纠纷。本案争议的焦点是案涉《房屋转让协议》是否有效。根据《最高人民法院关于适用〈中华人民共和国合同法〉若干问题的解释（一）》第四条的规定，合同法实施以后，人民法院确认合同无效，应当以全国人大及其常委会制定的法律和国务院制定的行政法规为依据，不得以地方性法规、行政规章为依据。因此，违反国家政策性规定并不能作为人民法院判决合同无效的法律依据。对于经济适用房的转让，现行国家政策只有关于申请购买经济适用房的主体及购买后上市交易年限等限制性规定，但这些均不属于合同效力禁止性规定。况且，《房屋买卖协议》已经实际履行多年，陈某典通过案涉《房屋买卖协议》已经取得了合理对价，故案涉《房屋转让协议》系双方当事人的真实意思，并未损害其他人利益和社会公共利益，亦不存在《合同法》规定的合同无效情形，一、二审法院认定该协议合法有效，并无不当。至于《房屋买卖协议》实际签订时间和童某舟是否具备购房资格的问题，均不影响协议的效力认定，陈某典关于《房屋买卖协议》应认定无效的再审理由，缺乏依据，本院不予支持。

《广东省高级人民法院关于审理房屋买卖合同纠纷案件的指引》（2017 年）第十六条规定：当事人在规定的限制上市交易期限内买卖保障性住房，应当依照《合同法》第五十二条第四项（指“损害社会公共利益”）或者《民法总则》第一百五十三条第二款（指“违背公序良俗的民事法律行为无效”）的规定认定合同无效。

综上，我们认为，涉案安居房买卖合同为有效合同，不宜扩大“社会公共利益”或“公序良俗”的范围，否则，不利于鼓励诚实信用、维护交易安全和契约自由。

三、本案纠纷的处理是否需要行政处理前置

广东省高级人民法院在发回重审的裁定书中认为，在本案中，当事人是否违反相关规定，宜由行政主管机关先作出认定和处理，当事人在此基础上提出相应的诉讼请求。在行政机关尚未对当事人的行为依法作出认定和处理的情况下，原一、二审法院直接审理本案并作出判决不妥。该理由无疑认为本案纠纷的处理应当适用行政处理前置原则。无独有偶，陕西省高级人民法院就申诉人赵某成等 103 人与商洛市商州区城建总公司（以下简称城建总公司）房屋买卖合同纠纷案作出的（2017）陕民再 25 号民事裁定中认为，关于经济适用住房的性质，一、二审裁定已作出明确论述，即指政府提供优惠政策、限定套型面积和销售价格，按照合理标准建设，面向城市低收入住房困难家庭供应，具有保障性质且购房者拥有有限产权的政策性住房。因此，对购房人资格、经济适用房规模、购房价格等均有严格的条件和审查程序。《经济适用住房管理办法》还规定，政府及相关部门应加强对经济适用住房建设、交易中违纪违法行为的查处。本案中，赵某成等 103 人与城建总公司虽签订的是《商品房买卖合同》，但附件二《合同补充协议》中注明合同中的“商品房”均为江南经济适用房。该补充协议第三条明确规定：买受人应遵守《商洛市江南经济适用住房销售管理办法》，提供办理经济适用房申请审批手续的所有证明文件和相关资料，文件要求真实、可靠。因此本案房屋买卖行为应遵守国家对于经济适用住房的管理规定。对于赵某成等 103 人诉求中涉及的购房人资格、产权性质界定等问题，依照规定应由政府相关部门负责。据此，一、二审法院裁定不予受理本案并无不当。

我们认为，本案合同纠纷的处理无须遵循行政处理前置程序，也即本案不属于我国《民事诉讼法》第一百二十四条第三项“依照法律规定，应当由其他机关处理的争议，告知原告向有关机关申请解决”的情形。

019 房屋代持人擅自转移房屋，房屋借名人如何提出诉讼请求以维护自身权益?

【典型案例】陈某兰、陈某丹与夏某燕等房屋买卖合同纠纷上诉案

法律焦点：我国现行法律法规并未禁止借名购房，名义购房人与实际购房人之间达成的借名购房协议本质上属于委托合同关系，当事人即便存在通过借名买房规避限购政策的行为，但由于该行为没有违反法律法规的强制性规定，因而当事人之间的合同关系应认定为有效。鉴于国家宏观调控政策对购房人资格的限制，不符合调控政策规定条件的实际购房人请求确权或请求名义购房人办理房屋过户登记的，不应支持。名义购房人与他人恶意串通出卖代持房屋的，无效，实际购房人可主张解除与名义购房人之间的借名购房合同，并要求赔偿损失。

关键词：借名买房、房屋买卖、确认合同无效、不告不理

案例索引

一审：广东省深圳市宝安区人民法院（以下简称宝安法院）（2016）粤0306民初4714号民事判决书

二审：广东省深圳市中级人民法院（以下简称深圳中院）（2017）粤03民终9338号民事判决书

再审审查：深圳中院（2018）粤03民申34号民事裁定书

案情介绍

2008年10月7日，赵某作为甲方，夏某燕作为乙方，双方签订了《协议书》，就位于深圳市宝安区西乡街道宝源路西南侧阳光海湾花园19栋A座201的涉案房产协商如下：1. 乙方为涉案房产的实际拥有人，乙方同意由甲方作为权利人办理房产登记手续；2. 有关的登记事项没有报酬，甲方不得向乙方收取任何费用；3. 有关该房产的处置，甲方必须按照乙方的指示进行；4. 甲方违约造成乙方的损失应由甲方承担；5. 本协议未尽事宜，双方可以签订补充协议。

当日，赵某出具《声明书》，声明如下：1. 涉案房产的实际拥有人为夏某燕；2. 赵某保证在未取得夏某燕的书面文件时不对外处置该房产，包括对外转让、抵押等；3. 赵某保证不对外声张上述有关事宜。另，赵某主张上述《协议书》和《声明书》均是其被迫签订和出具的，但赵某并未提交证据证明其该主张。赵某在宝安法院第一次庭审中对《协议书》和《声明书》的真实性予以认可，而赵某在宝安法院第二次庭审中主张经其事后确认对《协议书》和《声明书》的真实性不予认可，但经宝安法院充分行使释明权并告知风险后，赵某申请笔迹鉴定后又放弃申请鉴定。

2010 年 1 月 6 日，涉案房产经核准登记在赵某名下，房地产证号为 50××04。

2015 年 6 月 9 日，赵某作为卖方，陈某兰作为买方，双方签订了编号为 8198997 的《房地产买卖合同》，相关约定如下：赵某以人民币 510 万元（币种下同）的价格向陈某兰转让涉案房产，买方在签署本合同时向卖方支付定金 2 万元，在签订合同之日起 2 日内（含当日）再向卖方支付定金 71 万元；剩余房款 437 万元的支付方式为按揭贷款，买方应于签署本合同之日起 15 日内（含当日）付清首期款（以银行承诺贷款为准）；涉案房屋处于抵押状态，卖方同意于签署本合同之日起 20 日内（含当日）自行筹资还清按揭贷款、办妥注销抵押登记手续，并将房地产证原件交与居间方；交楼日期为卖方收齐全部购房款之日起 2 日内。

2015 年 6 月 10 日，赵某向陈某兰出具了两份《收条》，表明分别收到陈某兰支付的购买涉案房产的定金 2 万元、71 万元。当日，陈某兰通过转账方式向赵某支付款项 71 万元。

2015 年 7 月 2 日，陈某兰分别向房屋结算资金托管专户存入首期款 11 万元、107 万元。当日，中国建设银行股份有限公司深圳宝安支行和陈某兰签订《个人住房（商业用房）借款合同》，约定向陈某兰发放贷款 392 万元。陈某兰、陈某丹、赵某确认赵某已经收到全部购房款项，赵某收到银行发放的款项后又向陈某兰返还了注销抵押登记的款项 71 万元，且赵某收到全部购房款后，将 300 多万元存在陈某丹的账号上炒股，剩下的款项赵某自行使用。

2015 年 7 月 27 日，涉案房产经核准登记至陈某兰名下，不动产权证号为 50×××××49。

2015 年 7 月 27 日，陈某兰办理了抵押登记手续，将涉案房产抵押给中国建设银行股份有限公司深圳市分行（以下简称建行深圳分行），抵押编号为 5D××××××68。

2015 年 12 月 21 日，赵某向陈某兰发出《关于履行合同公函》，向陈某兰告知：

陈某兰支付解押款和订金后，未支付剩余款项427万元，陈某兰应当在收到该函后15日内支付剩余款项，逾期未付，将取消签订的购房合同并保留进一步采取法律措施的权利。陈某兰确认收到上述公函。

夏某燕、陈某兰、陈某丹、赵某均确认赵某已经将涉案房产交付给陈某兰，现由陈某兰管理和使用。

另查：1. 夏某燕和赵某主张赵某自2008年开始陆续在夏某燕公司工作，赵某的父母和夏某燕是朋友关系。陈某兰、陈某丹、赵某主张赵某和陈某兰、陈某丹转让涉案房产前并不认识。陈某兰和陈某丹主张双方为远房亲戚关系。

2. 夏某燕主张涉案房产是其委托赵某代为持有，夏某燕为涉案房产的实际权利人，且涉案房产的定金5万元、首期款360837元以及按揭贷款均为夏某燕支付，夏某燕提供了POS签购单、按揭详情查询单、其向赵某按揭贷款账户存入按揭款项的个人（存款）回单证明其该主张，且夏某燕向赵某按揭贷款账户存入的款项与按揭贷款数额相符，赵某确认首期款和定金为夏某燕支付，但赵某主张按揭贷款为赵某自行支付，赵某主张夏某燕每月向其支付的款项为工资，且因夏某燕和其父母为朋友关系，故其没有上班的时候夏某燕也向其发放工资。另，夏某燕持有涉案房产入住费用清单、深圳金荣泰房地产开发有限公司代收房产证税费收据、购房款发票、印花税收款收据、物业费收款收据、发票、深圳泰华物业管理有限公司交款通知书的原件。

3. 夏某燕和赵某确认涉案房产为毛坯房，没有装修。夏某燕主张涉案房产一直由其管理和使用，并由夏某燕缴纳物业管理费用；赵某主张涉案房产由其和夏某燕共同管理使用，双方均缴纳过物业管理费用。

4. 根据夏某燕提交的《房地产买卖合同》可知：2015年6月9日，赵某作为卖方，陈某兰作为买方，双方签订了《房地产买卖合同》，约定如下：赵某将涉案房产转让给陈某兰，转让价款为510万元；买方支付73万元给卖方解除抵押款，并支付订金10万元给卖方，如卖方违约应双倍赔偿；卖方应当于收到全款后将房地产交付给买方。上述《房地产买卖合同》中对于剩余房款的支付时间和支付方式、办理过户手续的时间、买方违约责任承担方式均未约定。赵某对上述《房地产买卖合同》的真实性予以认可，陈某兰对上述《房地产买卖合同》的真实性不予认可，主张上述《房地产买卖合同》落款处陈某兰的签名并非其本人所签。夏某燕、陈某兰、陈某丹、赵某均认可赵某和陈某兰签订的房屋买卖合同应当以陈某兰提交的编号为8198997的《房地产买卖合同》为准。

5. 经夏某燕申请，宝安法院依法委托深圳市深信房地产评估有限公司对涉案房产在 2015 年 6 月 9 日时的市场价值进行评估，评估结论为涉案房产在 2015 年 6 月 9 日时的市场价值为 7112600 元。

6. 陈某兰、陈某丹、赵某确认涉案房屋的转让存在居间方，陈某兰、陈某丹申请了居间方工作人员沈某江出庭作证，沈某江在庭审中主张涉案房产是陈某丹购买，购房款亦为陈某丹支付，因陈某丹没有购房名额，所以以陈某兰的名义购买，赵某对上述证人证言予以认可。

7. 陈某兰、陈某丹、赵某主张转让涉案房产时陈某兰和陈某丹进行了看房；夏某燕主张其对此不清楚，因夏某燕当时想让赵某帮忙卖房，故夏某燕将涉案房产的钥匙给了赵某。

8. 夏某燕主张涉案房产现所涉抵押贷款本息以及过户产生的费用应当由陈某兰、陈某丹、赵某共同承担，但在陈某兰、陈某丹、赵某无能力清偿以及支付上述费用的情况下，夏某燕愿意代为清偿后再予以追偿。

9. 夏某燕明确其不符合政策性购房条件。

夏某燕诉至宝安法院，请求判令：1. 赵某与陈某兰签订的房产买卖合同无效；2. 陈某兰协助夏某燕办理涉案房产过户给夏某燕的手续；3. 本案诉讼费、评估费、担保费等诉讼费用由赵某、陈某兰、陈某丹承担。

赵某答辩称，其不认可夏某燕的诉讼请求，房产查询信息显示涉案房产登记在赵某名下。

陈某兰答辩称，一、赵某与陈某兰之间的房屋买卖合同已履行完毕，陈某兰已依法取得涉案房产的房屋产权，且陈某兰是通过正常合法的途径购买取得该房屋的产权，并已支付合理对价，房屋买卖行为合法有效，不存在恶意串通、损害第三人利益的行为，夏某燕诉称房屋买卖行为无效没有事实和法律依据；二、陈某兰和陈某丹虽属于堂兄妹关系，但在法律上都是独立的个人，陈某兰购买房屋和赵某借用陈某丹股票账户炒股与陈某兰购买房屋的行为没有任何关联性，陈某兰和陈某丹也不存在恶意串通的行为及意图。综上，请求驳回夏某燕的诉讼请求，且夏某燕不能为他人主张权利，该权利只能由赵某行使。

陈某丹答辩称，赵某借用陈某丹的股票账户炒股是赵某想利用陈某丹账户的融资功能，与赵某、陈某兰之间的房屋买卖行为没有任何的关联性，如夏某燕认为三被告之间存在恶意串通，应当向公安机关报案，而非向法院提起民事诉讼。综上，请求驳回夏某燕的诉讼请求，且夏某燕不能为他人主张权利，该权利只能由赵某行使。

第三人建行深圳分行述称：一、原、被告的合同纠纷与第三人无关；二、若法院支持原告的诉讼请求，判决涉案房产归原告所有，则需清偿本息，第三人愿意配合办理注销抵押登记手续。

裁判观点

宝安法院经审理认为，本案属于房地产买卖合同纠纷。根据《合同法》第五十二条第一款第二项的规定，存在恶意串通、损害国家、集体或者第三人利益的，合同无效。

关于借名买房关系的认定。赵某对夏某燕提交的《协议书》和《声明书》的真实性不予认可，且其为被迫签订，但在一审法院充分告知风险和后果的情况下，赵某明确放弃对其笔迹真实性进行鉴定，在赵某未提交充分有效证据予以推翻上述证据的情况下，一审法院对夏某燕提交的《协议书》和《声明书》的真实性予以采信。夏某燕主张其与赵某存在借名买房关系，一审法院对夏某燕该主张予以支持，理由如下：首先，赵某以与夏某燕签订了《协议书》以及出具《声明书》的方式确认双方存在借名买房关系；其次，夏某燕主张涉案房产的定金 5 万元、首期款 360837 元以及按揭贷款均为夏某燕支付，夏某燕提交了 POS 签购单、按揭详情查询单、其向赵某按揭贷款账户存入按揭款项的个人（存款）回单证明其该主张，且夏某燕向赵某按揭贷款账户存入的款项与按揭贷款数额相符，而赵某提交的证据不足以合理说明其收到上述款项的来源；最后，夏某燕持有涉案房产入住费用清单、深圳金荣泰房地产开发有限公司代收房产证税费收据、购房款发票、印花税收款收据、物业费收款收据、发票、深圳泰华物业管理有限公司交款通知书的原件，夏某燕持有上述票据原件的情况与夏某燕的主张能够相互印证。综上，一审法院认为夏某燕和赵某签订的《协议书》为双方真实意思表示，且并不违反法律禁止性规定，双方应当依约履行各自义务。根据双方签订的《协议书》和赵某出具的《声明书》可知，夏某燕和赵某存在借名买房关系，夏某燕有权就涉案房产主张相关权利。

关于夏某燕主张的陈某兰、陈某丹、赵某恶意串通的认定。第一，2015 年 6 月 9 日，赵某和陈某兰签订了《房地产买卖合同》，转让价款为 510 万元，但经夏某燕申请，一审法院依法委托深圳市深信房地产评估有限公司对涉案房产的市场价值进行评估，评估结论为涉案房产在 2015 年 6 月 9 日时的市场价值为 7112600 元。由此可见，赵某、陈某兰转让涉案房产时的价格低于市场价值将近 30%，即该价格差额超出了一般市场交易价格波动的幅度，在赵某、陈某兰对此未提交证据予以合理说明的情况下，一审法院认为赵某和陈某兰之间的转让价格有悖常理。第二，根据陈某兰、陈某丹、赵某的主张，赵某和陈某兰、陈某丹转让涉案房产前并不认识，但赵某在收到全部购房款后，将300多万元存在陈某丹的账号上炒股，一审法院认为股票账户并非仅陈某丹有权开设，赵某亦可以自己开户达到炒股的目的，而赵某将大额资金放在与其并无其他关系的他人账户上炒股有悖常理。另，根据赵某和陈某兰、陈某丹、赵某确认的居间方沈某江的陈述，涉案房产是陈某丹购买，购房款亦为陈某丹支付，因陈某丹没有购房名额，所以以陈某兰的名义购买，赵某对上述证人证言予以认可，结合赵某和居间方沈某江的陈述，在陈某兰、陈某丹、赵某未提供充分有效证据说明其合理性的情况下，一审法院认为涉案房产转让款的流向存疑。综上所述，夏某燕主张陈某兰、陈某丹、赵某恶意串通转让涉案房产，2015年6月9日赵某和陈某兰签订的编号为8198997的《房地产买卖合同》为无效合同，一审法院予以支持。

关于涉案房产的返还。第一，陈某兰和建行深圳分行已经依法办理了抵押登记手续，在无证据证明建行深圳分行和陈某兰存在恶意串通的情况下，一审法院认为建行深圳分行作为已经办理抵押登记的善意抵押权人，其合法权益应当受到保障，即陈某兰、陈某丹、赵某之间转让涉案房产的行为无效不应影响合法抵押登记的善意抵押权人的权利。《物权法》第一百九十一条第二款规定："抵押期间，抵押人未经抵押权人同意，不得转让抵押财产，但受让人代为清偿债务消灭抵押权的除外。"根据上述法律规定以及过错责任承担原则，赵某和陈某兰签订的编号为8198997的《房地产买卖合同》无效后，陈某兰、陈某丹、赵某应当负责清偿涉案房产所涉抵押贷款本息，建行深圳分行应当在抵押贷款本息清偿后协助办理注销抵押登记手续，在涉案房产上设立的抵押权消除后，陈某兰应当将涉案房产返还过户至赵某名下，上述过程中产生的所有费用均应由陈某兰、陈某丹、赵某承担，夏某燕自愿代为垫付上述费用的，可在垫付后向陈某兰、陈某丹、赵某进行追偿。陈某兰、陈某丹、赵某在承担相应费用后，就实际承担的费用可根据过错责任比例进行协商，协商不成可另循法律途径主张权利。第二，夏某燕主张应当将涉案房产过户至其名下，一审法院认为虽然夏某燕和赵某存在借名买房关系，但夏某燕已经明确表明其现不符合政策性购房条件，由此可见夏某燕虽对涉案房产享有合同权利，但根据现阶段的深圳市购房政策，夏某燕的上述主张因政策影响存在物权转移的障碍，一审法院不予支持，夏某燕可待物权转移障碍消除后，再行主张相应权利。第三，陈某兰、陈某丹、赵某在将涉案房产过户登记陈某兰名下前清偿了涉案房产的原抵押贷款，但因陈某兰、陈某丹、赵某存在的恶意串通行为，致使本案中无法查明购房款项的真实来源，故本案对于涉案房产的原抵押贷款的返还无法予以处理，权利人可另循法律途径就该款项主张相应权利。综上所述，依照《合同法》第五十二条第一款第二项、第五十八条，《物权法》第一百九十一条第二款，《民事诉讼法》第六十四条之规定，一审判决：一、确认赵某和陈某兰于2015年6月9日签订的编号为8198997的《房地产买卖合同》为无效合同；二、赵某、陈某兰和陈某丹应于判决生效之日起20日内清偿完毕涉案房地产所涉抵押债务（夏某燕代为清偿抵押债务以注销上述涉案房产抵押登记的，代为清偿的款项可以另行向陈某兰、陈某丹、赵某追偿），陈某兰应于涉案房产所涉贷款本息清偿完毕之日起5日内办理注销抵押登记手续，建行深圳分行应当协助办理上述注销抵押登记手续；三、陈某兰应当在涉案房产注销抵押登记后3日内将位于深圳市宝安区西乡街道宝源路西南侧阳光海湾花园19栋A座201的涉案房产（不动产权证号：50006）过户登记至赵某名下，过户产生的费用由陈某兰、陈某丹、赵某承担；四、驳回夏某燕的其他诉讼请求。本案受理费47500元，评估费26366元，均由陈某兰、陈某丹、赵某共同承担，受理费和评估费夏某燕已经预交。

陈某兰、陈某丹上诉请求：1. 一审认定事实错误、证据不足，适用法律错误，提请二审依法撤销一审判决，发回重审或直接判决驳回夏某燕一审全部诉讼请求；2. 二审诉讼费用全部由夏某燕承担。事实与理由如下：

1. 对于夏某燕一审所提出的实体性诉讼请求，陈某丹无任何关联性，陈某丹作为一审被告的主体资格不适格，依法陈某丹不能作为被告参与本案。一审中夏某燕所提出的诉讼请求共3项。其中，第一项、第二项诉讼请求仅与陈某兰有关（其中，第一项诉讼请求包括与赵某有关），均与陈某丹无关，而第三项诉讼请求涉及“诉讼费、评估费、担保等诉讼费用”系与第一项、第二项诉讼的支持与否相关联，亦与陈某丹无关。根据民事诉讼“不告不理”的基本诉讼原理，既然夏某燕一审中未提出针对陈某丹的实体性诉讼请求，则陈某丹作为一审被告主体资格不适格，一审依法不应将陈某丹列为共同被告，一审判决第二项判令陈某丹“清偿完毕涉案房地产所涉抵押债务”等及承担“受理费、评估费”无事实和法律依据。提请二审予以纠正，撤销一审针对陈某丹的判决。

2. 夏某燕一审的诉讼请求中并无诉请陈某兰、陈某丹、赵某“清偿完毕涉案房地产所涉抵押债务”，一审判决第二项判令陈某兰、陈某丹、赵某“清偿完毕涉案房地产所涉抵押债务”超越夏某燕诉讼请求的范围，无事实和法律依据，提请二审依法予以撤销一审判决第二项。

3. 赵某与陈某兰于2015年6月9日签订的编号为8198997的《房地产买卖合同》系当事人之间真实意思表示，遵循了等价有偿的原则，并无违反法律禁止性规定，依法应认定为合法有效。第一，赵某作为涉案房产登记的权利人于 2015 年 5 月将涉案的房产提交给房地产中介用于出售，并持有涉案房产的钥匙开门供拟购房者看房，房地产中介亦核实了赵某作为涉案房产所有人的身份，赵某并无向房地产中介、购房者提到所谓“涉案房产的实际权利人为夏某燕”，陈某兰与赵某事先并不认识，二人只是通过房地产中介推介看房时才认识。因此，陈某兰向赵某购买涉案的房产系深圳市二手房交易行业众多普通购房案例之一，并无特殊之处。第二，陈某兰在房地产中介的协助下与赵某就涉案房产的交易价格、付款方式等最终达成一致，并使用房地产中介的二手房交易合同文本，双方于 2015 年 6 月 9 日签订编号为 8198997 的《房地产买卖合同》。因此，陈某兰与赵某就涉案房产签订《房地产买卖合同》系当事人真实意思表示，其中涉案房产的转让成交价计 510 万元，为陈某兰与赵某在房地产中介的协助下自愿约定的合理市场交易价，并无刻意抬高售价或压低售价的情形。第三，陈某兰按照《房地产买卖合同》的约定向赵某全部支付了涉案的购房款计 510 万元（包括陈某兰申请的银行按揭贷款计 392 万元）。在赵某的协助下，于 2015 年 7 月 27 日将涉案的房产办理产权转移登记至陈某兰名下，同日，陈某兰办理了涉案房产抵押登记，用于向建行深圳分行申请银行按揭贷款。赵某后续亦向陈某兰移交了涉案房产的钥匙，并协助陈某兰办理了涉案房产的物业管理缴费过户、水电过户等，陈某兰占有、使用涉案房产至今，并一直持续偿还所申请的涉案房产按揭银行贷款。因此，陈某兰通过签订《房地产买卖合同》的方式受让涉案房产，成为涉案房产的所有人，并无违反任何法律、法规禁止性规定，依法应认定为合法有效。综上，陈某兰通过房地产中介的推介，自涉案房产的权利人赵某处购买涉案房产，合法有据，《房地产买卖合同》依法应认定为合法有效。

4. 夏某燕亦无充分的证据及法律依据证实其为涉案房产的“实际权利人”，夏某燕与赵某之间所谓的“委托购买、持有涉案房产”争议，与陈某兰无关，丝毫不影响陈某兰对涉案房产享有所有权。第一，对于夏某燕与赵某之间的所谓“委托购买、持有涉案房产”争议，夏某燕充其量可能存在拆借购房款而享有向赵某主张清偿债权的权利，但其并无充分的证据及法律依据证实其对涉案房产享有所有权。第二，即使按夏某燕一审中的诉称，夏某燕在得知赵某已将涉案的房产按 510 万元出售的情形下，并无对赵某出售涉案房产的行为（包括售价）提出任何异议，仅向赵某索要部分售房款。因此，夏某燕对赵某向陈某兰出售涉案房产的行为本身是认可的，只是向赵某追讨售房款不成，且涉案房产现已涨价，才提起本案的诉讼，妄图诉请陈某兰、陈某丹承担其所谓的损失，显然无事实与法律依据，依法应驳回其无理的诉讼请求。第三，在购买涉案房产的全部过程（看房、签约、付款、代为垫资赎楼、申请按揭贷款、递件过户、交房、物业管理费及水电费过房等）中，赵某、房地产中介均未向陈某兰告知所谓“涉案房产存在实际权利人夏某燕”，陈某兰、陈某丹直至一审收到夏某燕的起诉状时才得知所谓“涉案房产存在实际权利人夏某燕”的争议问题，即便如此，也仅仅是夏某燕与赵某之间的争议问题，与陈某兰无关。依照《物权法》第一百零六条的规定，陈某兰作为善意第三人，亦合法地对涉案的房产享有所有权，夏某燕无权主张《房地产买卖合同》无效，或仅可向赵某主张赔偿损失。综上，陈某兰通过合法的途径对涉案的房产享有所有权，夏某燕与赵某之间所谓的“委托购买、持有涉案房产”争议与陈某兰无关。

5. 一审认定陈某兰、陈某丹与赵某在涉案房产的交易中“存在恶意串通”的情形，无充分的证据佐证，且与事实严重不符，提请二审依法予以纠正。第一，如前所述，陈某兰通过房地产中介的推介，自涉案房产的权利人赵某处以合理的价格购买涉案房产，并不存在刻意压低购房价格的情形，也不存在陈某兰、陈某丹与赵某其他恶意串通的情形（涉房房产交易时，陈某兰、陈某丹根本就不知晓夏某燕的存在），事实上夏某燕也对涉案房产不享有实际利益，何来陈某兰、陈某丹与赵某恶意串通损害夏某燕所诉称的利益之说。第二，在房地产中介将涉案房产出售信息推介给陈某兰、陈某丹，以及与赵某一同看房前，陈某兰、陈某丹并不认识赵某，在整个涉案房产的交易过程中更不知悉夏某燕的存在，陈某兰与赵某签订《房地产买卖合同》进行房地产交易行为在前，涉案的购房款均是支付给涉案房产原权利人赵某。赵某收到购房款后自愿将相关的款项用于所借用陈某丹的具有融资功能的股票账户进行股票交易，一方面系赵某自行将相关款项进行证券交易投资的自主行为，另一方面赵某借用陈某丹的股票账户并自行进行证券交易，均体现赵某本人自行对相关款项的处置意愿，与陈某兰向赵某购买涉案房产无任何关联。至于，赵某借用陈某丹具有融资功能的股票账户进行股票交易，也完全系赵某的自主操作行为，陈某丹并无与赵某合意实际参与相关股票交易，也无任何合作共同进行股票交易以图获取盈利的合意。因此，陈某兰与赵某之间在先进行的独立涉案房产的买卖行为，并无事先拟将相关购房款用于后续进行股票交易的合意，相关购房款支付后，赵某借用陈某丹的股票账户进行股票交易，系无关联的独立的投资行为，涉案房产的买卖行为与投资于股票交易行为系前后互相独立互不关联的独立行为，二者的行为主体也不一致。一审认定涉案房产的交易中“存在恶意串通”的情形，无充分的证据支持，且明显失实，提请二审依法予以纠正。第三，陈某丹并非涉案房产所有权人，购房款也非其提供，陈某兰才是涉案房产的所有权人，陈某丹与陈某兰关系要好，其自房地产中介得知涉案房产的售房信息后，认为有投资价值，且因自身无购房资格，即推介陈某兰去房地产中介查看、商谈涉案房产的交易，与赵某之间的涉案房产的买卖行为均是陈某兰自行决定的，陈某丹只是作为好友陪同并提供有关房地产交易手续的咨询性建议，根本不是涉案房产的实际投资人。

综上，一审认定陈某兰、陈某丹与赵某存在“恶意串通”行为，无事实与法律依据，提请二审依法予以纠正。

6. 夏某燕诉称原借用赵某的名义，所谓“委托购买、持有涉案房产”成为“涉案房产实际权利人”既无充分的证据支持，亦属妄图以合法的形式恶意规避房地产交易政策的限制，不能对抗陈某兰以合法交易的方式取得涉案房产的所有权。第一，夏某燕诉称所谓“委托购买、持有涉案房产”成为涉案房产实际权利人，明显属恶意规避房地产交易政策的限制，事实上亦存在不能依照《物权法》相关规定取得涉案房产所有权的无法逾越的障碍，在其无充分证据的情形下，充其量只能假定其享有向赵某主张清偿相关债权的权利，而不能合法取得涉案房产所有权。第二，本案中，在夏某燕不成为涉案房产实际权利人的情形下，夏某燕诉请将陈某兰合法取得所有权的涉案房产过户至其名下，无事实与法律依据。值得特别关注的是，一审在明知夏某燕无购房资格的情形下，却置夏某燕的诉请于不顾，径自判决将涉案房产自陈某兰名下过户至赵某的名下，显无事实与法律依据，提请二审予以纠正。第三，如前所述，陈某兰通过合法的途径取得涉案房产的所有权，依法应受法律保护。夏某燕诉称的其为“涉案房产实际权利人”无充分的事实与合法依据，依法不能对抗陈某兰合法享有涉案房产的所有权。

夏某燕辩称：一、陈某丹是本案的利害关系人且是本案最关键的人物，根据《民事诉讼法》第一百一十九条的规定，属于适格被告。二、一审判决第二项并未超出夏某燕的诉讼请求范围。三、一审法院认定夏某燕是涉案房产的实际权利人，享有涉案房产的所有权正确。四、一审法院认定赵某与陈某兰签订的房地产买卖合同无效正确。

赵某述称，对上诉没有意见，我方认可。

建行深圳分行述称：一、本案合同纠纷与其无关；二、若法院支持夏某燕的诉讼请求，则需清偿本息，银行愿意配合办理注销抵押登记手续。

深圳中院审理认为，本案为确认合同无效纠纷。本案中，夏某燕与赵某双方签订有借名买房的协议，涉案房屋的购房款、按揭贷款的月供款由夏某燕实际支付，且相关购房票据原件由夏某燕保管，原审法院认定夏某燕与赵某存在借名买房的法律关系、夏某燕为实际权利人有事实与合同依据，本院予以确认。关于陈某兰、陈某丹与赵某是否存在恶意串通的问题，首先，涉案合同约定的交易价远远低于市场评估价值，陈某兰、陈某丹与赵某对此未能提供合理说明，不似正常房屋交易；其次，赵某将收取的定金71万元返还陈某兰亦有悖常理；最后，陈某兰与陈某丹共同看房，根据原审出庭作证的证人陈述，陈某丹为实际购房人，赵某确认该说法，因该证人出庭为陈某兰、陈某丹所申请，其陈述意见应更接近陈某兰与陈某丹的客观关系，即使陈某丹不是实际购房人，因陈某丹与陈某兰为亲戚关系，赵某将收取的购房款绝大部分转入陈某丹的炒股账户，亦极不合常理。综上分析，陈某兰、陈某丹主张赵某将涉案房产过户给陈某兰是真实交易行为缺乏充分、合理的证据支持，原审法院认定其与赵某三方之间存在恶意串通，将房产过户至陈某兰名下，损害了实际权利人夏某燕的利益并据此认定陈某兰与赵某签订的涉案合同无效有事实与法律依据，并无不当，本院予以确认。原审法院判令陈某兰、陈某丹与赵某清偿涉案房产的抵押贷款、注销抵押登记并判令陈某兰将涉案房产过户回转至赵某名下，符合无效合同全面处理原则，并无不当，本院亦予以确认。至于陈某兰、陈某丹与赵某各方之间因涉案房屋虚假交易、偿还抵押贷款或承担本判决民事责任后可能产生的债权债务关系，由相关当事人协商或另寻法律途径解决。

综上所述，陈某兰、陈某丹的上诉请求不能成立，应予驳回；一审判决认定事实清楚，适用法律正确，应予维持。依照《民事诉讼法》第一百七十条第一款第一项规定，判决如下：驳回上诉，维持原判。二审案件受理费47500元，由上诉人陈某兰、陈某丹负担。

再审申请人陈某兰、陈某丹不服深圳中院（2017）粤03民终9338号民事判决，向深圳中院申请再审称：一、申请人通过深圳金荣泰房地产开发有限公司财务部查找到了赵某2008年10月1日、10月7日、10月9日支付房款的原始收据，新证据足以推翻法院对购房款由夏某燕实际支付的事实认定。申请人到深圳市深圳公证处查询到了2008年10月7日赵某与夏某燕之间所形成的《公证书》和《委托书》，新证据经过公证为优势证据，证实涉案房屋为赵某购买，夏某燕在赵某的授权下负责代办相关买房等手续，夏某燕不是本案适格原告。

二、原审判决认定的基本事实缺乏证据证明。（一）证人沈某江在庭审中的证词只是一种猜测与估计，并没有确定的证据支持其证词，不能证明涉案房屋是陈某丹实际购买并由陈某兰代买，本案的案由是确定合同效力纠纷，因此本案适格被告只能是签订合同的当事人赵某及陈某兰，陈某丹不是适格的被告。（二）法院认为赵某可以自行开设融资融券炒股账户缺少事实依据和法律依据，赵某借用陈某丹的高端用户账户炒股获取短期收益完全符合当时的背景。（三）法院认定夏某燕支付按揭款缺乏证据支持。

三、法院认定事实的重要证据缺乏有效的质证。深圳市深信房地产评估有限公司出具了深信评字第 21607013 号报告书，申请方收到报告书后认为估价高出了 200 多万元，并依法提交了异议书，评估公司只出具了校正声明并进行了简单的书面回复，但一审法院却未组织各方当事人对报告书进行质证。

四、一审、二审判决适用法律错误。房屋的买卖是通过中介公司完成的，陈某兰在整个交易过程中没有任何过错，符合善意取得全部要件。交易价格应当以实际交易为主，评估价只是参考，即使价格偏低也是属于显失公平的范畴，合同法定性为可撤销的合同而非无效合同。陈某丹与赵某之间是事实上的委托炒股关系，与陈某兰无关。陈某兰、陈某丹不应被列为共同被告。

五、夏某燕的诉讼请求是确定赵某与陈某兰签订的房产买卖合同无效、判令申请人陈某兰协助夏某燕将涉案房产过户给夏某燕。法院判决合同无效的同时还判决陈某兰、陈某丹与赵某连带清偿银行按揭贷款 392 万元，并判决由陈某兰将涉案房产过户到赵某名下。判决超越了被申请人夏某燕的诉讼请求。请求对本案进行再审。

夏某燕提交意见称：一、申请人所谓的新证据于 2008 年形成，未在举证期限内提交，赵某支付的钱是本人先行支付的，原审庭审中赵某明确表示首付款确系本人支付。公证的内容是本人办理涉及房屋的事宜，是保护本人作为实际权利人利益的手段，更能进一步证明借名买房的关系。二、居间工作人员沈某江的证言得到赵某的认可，陈某丹参与恶意串通，是适格被告。原审认定事实正确。三、对于评估，各方在庭审时发表了意见。四、法院适用法律正确。五、无效合同全面处理，原审未超越诉讼请求。

赵某提交意见称：房屋买卖夏某燕知情且同意，还在交易后询问房款的款项进度。《协议书》《声明书》系伪造。房产系赵某与夏某燕共同购买。71 万元清偿抵押款支付给垫付该款的陈某兰符合房屋正常买卖程序与交易价格。用房款炒股与房屋买卖无关。签字的庭审笔录部分内容不是本人真实意思的表达。

深圳中院再审审查认为，关于夏某燕是否为适格原告的问题。赵某以与夏某燕签订《协议书》以及出具《声明书》的方式确认双方存在借名买房关系，且没有证据推翻《协议书》及《声明书》的真实性；结合夏某燕提交的 POS 签购单、按揭详情查询单、其向赵某按揭贷款账户存入按揭款项的个人（存款）回单、其持有涉案房产相应票据文件材料的原件等证据，上述证据达到高度盖然性的证明标准，能够证明夏某燕和赵某存在借名买房关系，夏某燕为权益人，其为适格原告。申请人提交的赵某为委托人夏某燕为受托人的委托书等新证据，亦可因权益人夏某燕为便利办理买房手续而产生。夏某燕对赵某名义的支付款项作了合理解释，赵某在原审程序中明确表示首期款和定金确系夏某燕支付，且无充分证据证明赵某对购房承担了实际付款责任，故申请人的理由并不足以推翻原审关于夏某燕为权益人的认定。

关于是否存在恶意串通的问题。《合同法》关于恶意串通的规定，在一定意义上，是以民法关于诚实信用、公序良俗等基本原则的规定限制当事人的意思自治。恶意串通的意思表示，隐藏于当事人的内心，需要从当事人履行合同的客观行为来进行分析认定。申请人对评估已经发表了意见，其主张评估未经质证，本院不予支持。申请人否定恶意串通，但合同价格对比评估价格畸低、涉案《房地产买卖合同》没有明确约定的情况下赵某返款71万元给陈某兰、绝大部分购房款转入与赵某无合理关系的陈某丹账户等客观行为，足以推定赵某、陈某兰、陈某丹之间存在恶意串通的意思表示。因赵某、陈某兰、陈某丹恶意串通，即便夏某燕在向法院起诉前追问过房款情况，亦不构成追认。

关于申请人是否为适格被告的问题。《合同法》第五十二条第二项规定，恶意串通、损害国家、集体或者第三人利益，合同无效。赵某、陈某兰、陈某丹之间恶意串通，涉案房产交易价格畸低，损害了权益人夏某燕的利益，三人构成侵权，应当承担侵权责任。故赵某、陈某兰、陈某丹为本案适格被告。申请人陈某丹主张其并非合同相对方，以及申请人陈某兰主张善意第三人的请求，均因实施了侵权行为而不能成立，本院不予支持。涉案合同应为无效合同。

关于原审判决是否超出诉讼请求的问题。在涉案房产转让合同无效的情况下，返还涉案房产既是合同无效的法定后果，亦是侵权人承担侵权责任的方式。而清偿涉案房产所涉抵押债务是返还房产的前提，故原审判决关于赵某、陈某兰、陈某丹清偿涉案房产所涉抵押债务等判项内容并未超出诉讼请求，符合无效合同全面处理的原则。

综上，陈某兰、陈某丹的请求不符合申请再审条件，本院不予支持。

依照《民事诉讼法》第二百零四条第一款，《最高人民法院关于适用〈中华人民共和国民事诉讼法〉的解释》第三百九十五条第二款规定，深圳中院于2018年4月13日作出（2018）粤03民申34号裁定如下：驳回陈某兰、陈某丹的再审申请。

深圳中院（2017）粤03民终9338号民事判决书发生法律效力后，由于赵某、陈某兰、陈某丹没有履行生效法律文书确定的内容，夏某燕作为申请执行人向宝安法院申请强制执行。在执行过程中，宝安法院已依法向被执行人送达《执行通知书》《报告财产令》，并发出《限制消费令》，同时依职权向不动产登记部门、公安部车辆管理部门、银行等金融机构、工商登记部门、证券登记结算有限责任公司深圳分公司等单位进行财产查证，查封了陈某丹名下位于深圳市宝安区西乡街道宝源路西南侧阳光海湾花园19栋A座201的房产。宝安法院认为，因本案属于行为执行案件，拍卖被执行人房产暂无法律依据支持，且申请执行人明确表示不接受代为履行，导致该案暂时无法继续执行，符合终结本次执行程序的条件，可以做终结本次执行程序处理。宝安法院于2018年11月28日作出（2017）粤0306执27700号之二民事裁定书，裁定终结本次执行程序。申请执行人发现本案具备执行条件可持本裁定书依法向本院申请恢复强制执行。

案例述评

一、司法实践中借名购房纠纷的主要种类

1. 物权保护纠纷之所有权确认纠纷之诉：请求确认房屋产权人。

2. 合同纠纷之诉：请求判令出名人为借名人办理房屋产权转移登记手续。

3. 因实际购房人拖欠贷款导致名义购房人被银行诉讼至法院等情形而产生的纠纷。

二、借名购房纠纷案件裁判规则

1. 2014年12月16日北京市高级人民法院《关于审理房屋买卖合同纠纷案件若干疑难问题的会议纪要》（京高法发〔2014〕489号）第十条规定："借名人以出名人（登记人）为被告提起诉讼，要求确认房屋归其所有的，法院应当向其释明，告知其可以提起合同之诉，要求出名人为其办理房屋过户登记手续……"

2. 2013年6月3日广东省高级人民法院民一庭上报最高人民法院民一庭的《关于审理房屋买卖合同纠纷案件若干问题的调研报告》关于借名购房纠纷的处理。目前实践中出现了限购、限贷人群通过借用其他有购房资格人的名义购买房屋，后名义购房人与实际购房人均主张房屋所有权的情形，还有一些是因实际购房人拖欠贷款导致名义购房人被银行诉讼至法院等情形。

广东高院民一庭认为：法律法规并未禁止借名购房，名义购房人与实际购房人之间达成的借名购房协议本质上属于委托合同关系，当事人即便存在通过借名买房规避限购政策的行为，但由于该行为没有违反法律法规的强制性规定，因而当事人之间的合同关系应认定为有效。

鉴于国家宏观调控政策对购房人资格的限制，实际购房人请求确权或请求名义

购房人办理房屋过户登记的，不应支持。但实际购房人自身条件发生变化或者政策发生调整后，符合调控政策规定条件的，可支持其确权或办理过户登记手续的诉讼请求。实际购房人基于委托合同关系请求对所购房屋行使占有、使用、收益等权利的，可予支持。因实际购房人拖欠贷款，银行请求名义购房人与实际购房人承担连带责任的，法院应予支持。

3. 限购、禁购均属于调控政策，具有临时性，只会造成合同一时的履行不能。为规避限购政策而借名买房的行为并非侵犯公共利益，购房者借用符合政策要求的人购买房屋的，相关房屋买卖合同有效。

深圳市中级人民法院关于审理房屋买卖合同纠纷案件适用法律若干问题的指导意见第三十三条规定，当事人约定一方出资以另一方名义购买房屋，并将房屋登记在另一方名下，出资人有证据证明其符合政策规定的购买条件，并请求登记权利人办理房屋所有权转移登记的，人民法院可予支持。但房屋已被他人善意取得的除外。

4. 2017 年 9 月 12 日，广东省高级人民法院向全省各级人民法院印发了《关于审理房屋买卖合同纠纷案件的指引》。该指引第二十七条规定："限购房屋的买受人请求出卖人协助办理房屋所有权转移登记的，人民法院应当按照《广东省高级人民法院广东省住房和城乡建设厅广东省司法厅关于在审判执行、办理公证工作中落实住房限购政策的意见》（粤高法〔2013〕403 号），要求其在举证期限内提交房屋所在地房地产登记机构出具的《购房资格证明》。"该指引第二十八条规定："借他人名义购买房屋，借名人请求确认房屋归其所有的，不予支持。借名人请求出名人（登记权利人）协助办理房屋所有权转移登记的，可予支持，但房屋在限购范围内，借名人不具有购房资格的除外。出名人将房屋出卖给第三人，借名人以无权处分为由主张追回房屋的，不予支持。"

5. 在我国司法实践中，不少法院的案例基于利益考量确认借名人为房屋所有权人。具有代表性的案例是"谭某兴与雷某志、深圳市京达旅业有限公司房屋确权纠纷案"。该案一审法院深圳中院（2007）深中法民五初字第 209 号民事判决书、二审法院广东高院（2009）粤高法民一终字第 158 号民事判决书以及再审法院最高人民法院（2011）民申字第 261 号民事裁定书，均以借名人实际出资和借名协议有效为由确认借名人为房屋所有权人。类似案例参见上海市闵行区人民法院（2012）闵民五（民）初字第 375 号民事判决书、上海市第一中级人民法院（2012）沪一中民二（民）终字第 1375 号民事判决书（除了实际出资之外还考虑借名人对房屋的占有、使用以及装修等因素）、北京市第一中级人民法院（2007）一中民初字第

6945 号民事判决书、北京市高级人民法院（2008）高民终字第 862 号民事判决书等。

6. 我国《民法典》第二百三十四条规定："因物权的归属、内容发生争议的，利害关系人可以请求确认权利。"利害关系人可以是任何一个就物权的归属和内容有物权法律关系的人，不能认为实际权利人仅依据协议享有债权请求权，而不能提起确认权利之诉。该条规定为物权当事人设立了一项重要的程序权利，即物权确认请求权。正如清华大学教授崔建远在《物权保护制度与诉讼时效制度的衔接》一文中对物权确认请求权的论述："物权确认请求权只是一条通道，在对物权的归属或内容有争议的场合，欠缺它，行使者即使果真享有物权，也难以使其物权恢复到圆满状态；只有沿着它前进，再结合有关权利或制度，才会使物权恢复到圆满状态。"

7. 《最高人民法院关于适用〈中华人民共和国民法典〉物权编的解释（一）》第二条规定："当事人有证据证明不动产登记簿的记载与真实权利状态不符、其为该不动产物权的真实权利人，请求确认其享有物权的，应予支持。"该规定的适用范围理应包括不动产借名登记的某些情形。借名人可据此诉请法院确认其为该不动产的真实所有权人。

借名人也可依据《民法典》第二百二十条第一款向不动产登记机构申请更正登记。不过，除非获得出名人的书面同意，登记机构通常不会轻易办理更正登记。比较可行的办法是由借名人依据《民法典》第二百二十条第二款申请异议登记，同时向法院提起所有权确认之诉，在获得胜诉判决后再据此申请更正登记。如果在异议登记之前，出名人处分了不动产，则构成无权处分。受让人可否取得不动产所有权，取决于是否符合善意取得的构成要件。

三、上引案例判决结果究竟有无超出当事人的诉讼请求

上引案例中，夏某燕的诉讼请求是确定赵某与陈某兰签订的房产买卖合同无效，并请求判令陈某兰协助夏某燕将涉案房产过户给夏某燕。法院判决确认合同无效的同时还判决陈某兰、陈某丹与赵某连带清偿银行按揭贷款 392 万元，夏某燕代为清偿抵押债务以注销上述涉案房产抵押登记的，代为清偿的款项可以另行向陈某兰、陈某丹、赵某追偿，陈某兰应当在涉案房产注销抵押登记后 3 日内将涉案房产过户登记至赵某名下。该判决结果是符合合同无效一并处理的原则，还是超出当事人的诉讼请求，违反民事诉讼"不告不理"原则？

上引判决结果实际上已超出当事人的诉讼请求，或者说违背当事人诉讼的真实意愿，并不符合无效合同一并处理的原则，理由简述如下：

1. 关于合同无效的后果及合同确认无效后的处理原则：对合同效力的审查，

属于人民法院裁判权范围，虽然当事人未提起确认合同无效的诉讼请求，但人民法院仍应依职权进行审查。《合同法》第五十八条系合同无效法律效果的规定，人民法院在依据《合同法》第五十二条认定合同无效的情况下，应主动援引该法第五十八条的规定，对合同无效的法律后果进行处理，而不需要当事人另行提起诉讼。

《合同法》第五十八条规定："合同无效或者被撤销后，因该合同取得的财产，应当予以返还；不能返还或者没有必要返还的，应当折价补偿。有过错的一方应当赔偿对方因此所受到的损失，双方都有过错的，应当各自承担相应的责任。"

最高人民法院审判委员会刘贵祥于 2019 年 7 月 3 日在全国法院民商事审判工作会议上的讲话第四部分中提出："在确定合同无效后的返还责任或者折价补偿范围时，要依据当事人的诉讼请求，结合应予返还的财产性质，根据诚实信用原则的要求，在当事人之间合理分配责任，不能使不诚信的当事人因合同无效而获益。当事人仅请求返还财产，应予返还的股权、房屋等财产发生增值或者贬值的，人民法院要综合考虑双方当事人的过错程度、受让人的经营或者添附等行为与财产增值或者贬值之间的关联性等因素，合理确定增值或者贬值部分的返还责任；返还货币的，要综合考虑双方当事人的过错程度、款项用途、获利情况等因素合理确定利率标准。当事人在请求返还财产的同时还请求损害赔偿的，此时返还财产原则上仅指返还原物或者本金，在确定损害赔偿责任时，再考虑前述的双方当事人过错程度、受让人行为与财产价值变化的关联性以及款项用途、获利情况等因素，准确认定责任范围。

在审理双务合同纠纷案件过程中，如原告请求确认合同无效，但并未提出返还原物、赔偿损失、折价补偿等给付请求的，人民法院应当向其释明，告知其一并提出相应给付请求。原告请求确认合同无效并要求被告返还原物或者赔偿损失，被告基于合同也有给付行为的，人民法院同样应向其释明，告知其可根据恢复原状原则提出反诉或抗辩。即便被告未就合同无效的相应后果提出抗辩或者反诉，人民法院也可以依职权认定合同无效的相关事实以及法律后果，并在判项中就相互返还事宜作出裁判。一审法院未予释明，二审法院认为应当对返还或相互返还事宜作出判决的，可以直接释明并改判。如果返还范围确实难以确定或者双方争议较大的，也可以告知被告通过另行起诉等方式解决。"

2. 参照《最高人民法院关于审理房屋登记案件若干问题的规定》（法释〔2010〕15 号）第八条的规定，确定案涉房屋的归属不应受既有房屋所有权证的限制，应审查基础民事法律关系。故在认定涉案房屋为原告借名购房情形下，则需进一步审查原告是否具有购房资格。因存在法律政策上和事实上的合同履行障碍的解除事由，原告难以诉讼要求被告将案涉房屋转移登记到原告名下，而只能依法选择要求解除与被告赵某之间的借名购房合同，并要求其返还财产、赔偿损失。

（1）深圳市人民政府办公厅于2016年10月4日印发的《关于进一步促进我市房地产市场平稳健康发展的若干措施》规定：本市户籍居民家庭（含部分家庭成员为本市户籍居民的家庭）继续执行限购2套住房的政策；本市户籍成年单身人士（含离异）在本市限购1套住房。

（2）2017年9月12日广东省高级人民法院向全省各级人民法院印发的《广东省高级人民法院关于审理房屋买卖合同纠纷案件的指引》第二十八条规定：“借他人名义购买房屋，借名人请求确认房屋归其所有的，不予支持。借名人请求出名人（登记权利人）协助办理房屋所有权转移登记的，可予支持，但房屋在限购范围内，借名人不具有购房资格的除外。出名人将房屋出卖给第三人，借名人以无权处分为由主张追回房屋的，不予支持。”

（3）《民法典》第五百六十六条第一款规定：“合同解除后，尚未履行的，终止履行；已经履行的，根据履行情况和合同性质，当事人可以请求恢复原状或者采取其他补救措施，并有权请求赔偿损失。”第五百八十条第一款第一项规定：“当事人一方不履行非金钱债务或者履行非金钱债务不符合约定的，对方可以请求履行，但是有下列情形之一的除外：（一）法律上或者事实上不能履行。”

综上所述，鉴于原告在法庭辩论终结前不具有购房资格，难以要求被告将案涉房屋的产权转移登记回原告名下，原告可在要求确认涉案房屋买卖合同无效后，进一步要求解除借名购房合同，以返还购房款及相关税费，并赔偿包括房屋增值在内的财产损失。上引案例虽判决原告代为清偿抵押债务以注销上述涉案房产抵押登记，但毕竟不是原告必须履行的义务，而是其选择性权利，且不是原告的真实意思体现，以至于在判决后的法院执行过程中因原告不愿代偿以涤除抵押权，法院认为该案暂时无法继续执行，而终结本次执行程序。

020 拍卖房产买受人是否受地方政府限购政策的影响？

【典型案例】叶某娥与广州市 TS 房地产开发建设有限公司房屋买卖合同纠纷再审案

> **法律焦点：** 司法拍卖（强制拍卖）有别于普通民事拍卖，以拍卖方式成交的房屋是否受房屋所在地房地产限购政策的影响，拍卖成交确认书本身并不能产生所有权确认的效力，司法拍卖成交后由法院出具的拍卖成交裁定送达买受人时起房屋所有权转移。限购政策出台前签订的房屋买卖合同在合同履行过程中需要办理所有权转移登记的是否受限购政策的影响，各地法院并无统一的观点，有待自上而下统一司法标准，以切实维护司法的权威和当事人的合法权益。
>
> **关键词：** 房屋买卖、拍卖、限购政策

案例索引

一审：广东省广州市荔湾区人民法院（以下简称荔湾法院）（2016）粤 0103 民初 4910 号民事判决书

二审：广东省广州市中级人民法院（以下简称广州中院）（2016）粤 01 民终 17881 号民事判决书

再审：广州中院（2018）粤 01 民再 122 号民事判决书

案情介绍

一审法院认定事实：2007 年 4 月 12 日，广州市 TS 房地产开发建设有限公司（以下简称 TS 公司）委托广东广赛拍卖行有限公司（以下简称广赛拍卖公司）拍卖包括涉案房屋荔湾区光复北路 502 号 601 房在内的光复北路 500/502/504 号部分住宅产权。广赛拍卖公司登报公告了上述拍卖标的，叶某娥公开竞价成交上述标的。当日叶某娥与广赛拍卖公司签订《拍卖成交确认书》，确认拍卖物为荔湾区光复北路 500/502/504 号部分住宅产权，总建筑面积约 1946.0401 平方米，按整体拍卖，面积最终以房产证登记为准，不作多退少补，拍卖成交价为 332 万元；买受人必须在五个工作日内支付 250 万元给委托方，余款按委托方有关协议处理。叶某娥

竞买成交的荔湾区光复北路500/502/504号部分住宅具体为光复北路500号406～407房、501房、504房、506房、509房、606房、707房、804～808房；光复北路502号405房、505房、509房、601房、605房、708房、801房、803～805房、807房、811～812房、906～907房；光复北路504号603房、701房、704～708房、801房、803～804房、809房、901房共40套房屋。TS公司向叶某娥开具了全部成交房屋的房款发票金额共计2501086.57元，叶某娥向TS公司支付剩余房款819807.45元。叶某娥已经向TS公司付清了全部房款，并向TS公司发函请求其协助办理产权过户手续。

另查，叶某娥与广州市恒威物业管理有限公司签订《房屋租赁合同》，约定叶某娥将上述拍卖成交的40套房屋出租给该公司，租赁期限自2010年9月1日至2017年8月31日，月租金1万元等。

一审庭审中，叶某娥提交了其与配偶的名下房产登记情况，叶某娥名下登记有两套房屋，叶某娥配偶名下登记有一套房屋。

为审理本案，一审法院市国规委发函查询涉案房屋的产权登记情况及叶某娥在限购政策下是否具有办证条件。市国规委复函称：1. 涉案房屋登记在TS公司名下，目前无查封、抵押、预告登记、转移登记信息；2. 涉案房屋所在的房产登记项目若登记、过户面积超出出让合同约定相应用途建筑面积，发生司法裁定处置拍卖房产过户时需补交土地出让金；3. 2010年10月15日，广州市暂时实行限定居民家庭购房套数的政策，建议一审法院根据叶某娥购买房屋的时点与事实酌情处理。

叶某娥对一审查明"2016年5月19日，叶某娥向TS公司支付剩余房款819807.45元"有异议，叶某娥上诉主张其实际于2008年年底和2009年年初支付完该剩余房款，TS公司拖延至2016年5月19日才开具收款收据；TS公司对叶某娥的陈述予以确认。二审法院二审经庭询调查确认一审查明的其他事实。另外，叶某娥二审提交《请求出具〈征询函〉的申请》，请求二审法院致函市国规委，要求其明确回复：1. 对于在"限购政策"颁布前委托拍卖，并已签订拍卖成交确认书，已完成拍卖成交行为的是否纳入限购范围；2. 叶某娥的拍卖成交行为是否违反"限购政策"规定；3. 叶某娥是否属于限购对象。二审法院已当庭答复不予接纳。

二审法院另查明，原广州市国土资源和房屋管理局于2010年10月15日发布《关于严格执行我市商品房住房限购政策的通知》明确规定，一、各相关单位必须严格执行同一购房家庭（包括购房人、配偶及未成年子女，下同）只能在本市市辖十区新购买一套商品住房的政策。于2011年2月24日发布《关于进一步严格执行我市商品住房限购政策的通知》规定，自2011年2月24日起，进一步严格执行我市住房限购措施。现就有关具体事项通知如下：一、对在本市已拥有1套住房的本市户籍居民家庭（包括购房人、配偶及未成年子女，下同）、能够提供自购房之日起算的前2年内在本市累计缴纳1年以上个人所得税缴纳证明或社会保险缴纳证明的非本市户籍居民家庭，限购1套住房（含新建商品住房和二手住房，下同）；对在本市已拥有2套及以上住房的本市户籍居民家庭、拥有1套及以上住房的非本市户籍居民家庭、不能提供2年内在本市累计缴纳1年以上个人所得税缴纳证明或社会保险缴纳证明的非本市户籍居民家庭，不得购买住房。……五、自本通知印发之日起，所有商品住房交易均按本通知规定执行，交易时点按照以下标准认定：（一）在本市房地产主管部门信息系统网签合同的，以网签购房合同时间为准；（二）非网签形式签署买卖合同的以房地产交易登记部门业务收件（包括预收件和受理）时间为准；（三）没有纳入房屋管理系统的新建商品住房以在房地产交易登记部门办理预售商品房合同备案或预告登记的时间为准……

广州中院再审期间，当事人围绕再审请求依法提交了证据。广州中院组织当事人进行了证据交换和质证。

TS公司再审提交以下证据材料：1. 广州市房屋拆建工程公司与霍某荣签订的《划拨建设用地拆迁房屋安置协议书》；2. 广州市房屋拆建工程公司与梁某签订的《征地拆迁安置补偿协议书》，两份证据证明涉案房屋是回迁房，一直由回迁户使用；3.《安福花园包销回迁房补充协议之二》；4. 广州新力庭物业顾问有限公司企业信用信息；5. 常住人口登记卡。证明叶某娥与广州新力庭物业顾问有限公司的法定代表人李某鸣是夫妻关系，李某鸣确认叶某娥未支付全额购房款的事实，且叶某娥与李某鸣清楚所拍卖房屋存在回迁户的瑕疵并愿意承担办理房产证的责任。

叶某娥质证称，证据1、证据2，拍卖所得40套房屋由叶某娥掌控、使用。小部分回迁租赁户与叶某娥签订租赁合同，租金比市场价格低；一部分由叶某娥自己使用，一部分由叶某娥以市场价格出租。证据3、证据4、证据5，虽然TS公司提交原件，但无法确认印章以及签名，真实性无法确认。叶某娥已经把全额购房款支付给TS公司，TS公司在原审、省法院申请再审时对已付全额房款的该事实均没有异议，再审开庭对之前确认的事实予以否认，完全是不尊重法庭。原审庭审笔录中，TS公司已明确在2008年和2009年以现金方式支付，2016年才出具收据，是TS公司财务拖拉的问题。TS公司与广州新力庭物业顾问有限公司签订的协议与叶某娥没有关联性，李某鸣是广州新力庭物业顾问有限公司股东，且李某鸣与叶某娥的确是夫妻，但广州新力庭物业顾问有限公司是有限责任公司不是个人公司，所以不能证明协议是李某鸣或叶某娥的个人意思表示。

再审庭审中，关于TS公司原审为何确认已收取剩余房款的问题。TS公司质证称，当时总公司是国企，为了配合叶某娥过户才作出该陈述，当时TS公司没有聘请律师，到庭的公司员工没有意识到事情的严重性。

再审对原审查明的其他事实予以确认。

另查，×××路×××号×××房与本系列案件39套房屋同属当时整体拍卖房屋其中一套，叶某娥于2011年向荔湾法院提起诉讼，该院于2011年8月9日作出（2011）穗荔法民三初字第807号民事调解书，内容包括TS公司为叶某娥办妥×××房的房地产权证；税费按规定各自承担，但所涉土地出让金由TS公司承担。后叶某娥向法院申请执行该调解书。荔湾法院于2011年11月4日向市国规委发出协助执行通知书，要求市国规委协助执行办理×××房的房地产权证手续。后市国规委向叶某娥发出信访事项告知函，告知叶某娥因房屋所在项目实测总建筑面积超出原签订出让合同面积，须补缴土地使用权出让金后才能办理房地产转让手续。叶某娥不服，起诉请求市国规委协助办理产权登记及过户手续。诉讼过程中，市国规委再次告知叶某娥补充涉案房屋的国有土地使用权出让金的评估和缴纳凭证、相关税费的缴纳凭证。后市国规委认为叶某娥未在规定时间内补正申请登记材料，也未递交延期申请，决定不予登记。为此，叶某娥在该案中明确诉讼请求为撤销市国规委作出的不予登记决定，立即为叶某娥办理×××房产权登记并颁发房地产权证。一审法院判决撤销市国规委作出的不予登记决定、市国规委重新作出具体行政行为。本案经本院二审审理认为，市国规委要求叶某娥补充涉案房屋的国有土地使用权出让金的评估和缴纳凭证、相关税费的缴纳凭证才给其办理登记的合法性问题。涉案地块原用地单位TS公司当时已缴清土地出让合同约定的土地出让金，由于项目实测总建筑面积超出原约定面积，需补交土地出让金。但市国规委目前不能具体说明涉案房屋是否超出原约定面积，也未能确定该房需补缴土地出让金的具体数额。故市国规委以叶某娥未能补充涉案房屋的国有土地使用权出让金的评估和缴纳凭证、相关税费的缴纳凭证为由不予登记没有依据，属于违法行为。关于叶某娥请求法院改判市国规委立即为其办理×××房产权登记并颁发房地产权证的问题。根据司法权不能僭越行政权的基本原则以及《行政诉讼法》第七十条的规定，人民法院在判决撤销行政机关被诉的行政行为之时只宜判决行政机关重新作出行政行为。二审判决维持一审判决。此后，市国规委作出（×××）登记字×××号登记，登记×××房产权人为叶某娥。

另查，叶某娥、李某鸣为夫妻。叶某娥提交的2016年8月23日广州市房地产档案馆出具的《个人名下房地产登记情况查询证明》记载，叶某娥名下房产有荔湾区×××路×××号，登记号×××登记字×××号；白云区×××街×××号房，登记号××登记字×××号；李某鸣名下房产有芳村区×××社×××号四楼，登记日期为2000年11月10日。

裁判观点

荔湾法院经审理认为，叶某娥通过公开拍卖竞得涉案房屋的产权，TS公司有协助叶某娥办理产权过户的义务。由于涉案房屋的拍卖成交没有在房管部门办理登记备案，目前本市还实行限定居民家庭购房套数的政策，叶某娥及其配偶名下登记的房产已经达到了本市住宅限购的数量，叶某娥属于限购对象。因此，叶某娥诉请TS公司协助办理涉案房屋产权过户手续的请求违反了上述限购政策的相关规定，故叶某娥的诉讼请求一审法院不予支持。综上，依照《民法通则》第六条，一审法院于2016年10月27日作出判决如下：驳回叶某娥的诉讼请求。一审案件受理费50元，由叶某娥负担。

叶某娥不服一审民事判决，向广州中院提起上诉，请求：1. 撤销一审判决并改判TS公司立即协助叶某娥办理涉案房屋的产权过户手续；2. 一、二审案件受理费由TS公司负担。

广州中院经审理认为，依照《最高人民法院关于适用〈中华人民共和国民事诉讼法〉的解释》第三百二十三条的规定，二审案件的审理应当围绕当事人的上诉请求进行。据此，针对叶某娥的上诉主张，认定如下：

一、叶某娥上诉主张其在限购政策出台之前通过委托拍卖方式购得涉案房屋，限购政策对其诉请办理产权过户手续不具有限制和约束的问题。虽叶某娥于2007年5月11日通过拍卖方式购买涉案房屋的行为发生在广州市商品房限购政策出台之前，但国务院自2010年4月起多次出台相应的调控政策，明确规定在一定时期内，要从严制定和执行住房限购措施。而原广州市国土资源和房屋管理局亦于2010年10月15日发布《关于严格执行我市商品房住房限购政策的通知》，明确“同一购房家庭只能在本市市辖十区新购买一套商品住房的政策”。并于2011年2月24日发布《关于进一步严格执行我市商品住房限购政策的通知》规定，“对在本市已拥有2套及以上住房的本市户籍居民家庭……不得购买住房……五、自本通知印发之日起，所有商品住房交易均按本通知规定执行，交易时点按照以下标准认定：（一）在本市房地产主管部门信息系统网签合同的，以网签购房合同时间为准；（二）非网签形式签署买卖合同的以房地产交易登记部门业务收件（包括预收件和受理）时间为准”。虽上述通知分别自2010年10月15日、2011年2月24日起实施，但至今仍具有约束力。涉案房屋的拍卖成交没有在房管部门办理登记备案手续，在限购政策实施前亦未办理网签或递件手续，叶某娥现诉请 TS 公司协助其办理涉案房屋产权过户手续，理应受上述限购政策的限制和约束。

二、叶某娥上诉主张法院不应对其限购资格进行审查，其不属于限购对象的问题。因市国规委向一审法院出具的复函未确认叶某娥具备购房资格，而是明确建议由法院根据叶某娥购买房屋的时点与事实酌情处理，恰恰证明法院有权力并且有职责对叶某娥现阶段主张办理涉案房屋过户手续是否符合当前政策进行审查。叶某娥认为本案民事诉讼不应对此进行审查，于法无据。一审法院审查认定叶某娥及其配偶名下登记的房产已经达到了本市住宅限购的数量，叶某娥属于限购对象，符合限购政策的规定。叶某娥上诉主张其具备购买包括涉案房屋在内的 39 套房屋的资格，依据不足，本院不予采纳。为此，参照《合同法》第一百一十条“当事人一方不履行非金钱债务或者履行非金钱债务不符合约定的，对方可以要求履行，但有下列情形之一的除外：（一）法律上或者事实上不能履行……”的规定，叶某娥属限购对象，其诉请 TS 公司协助办理涉案房屋产权过户手续的请求违反当前限购政策，广州中院不予支持。

广州中院对叶某娥二审提出的请求出具《征询函》的申请不予接纳，理据同上。

综上所述，一审查明事实清楚，适用法律准确，处理结果并无不妥，本院予以维持；叶某娥的上诉主张，理据不足，依法应予驳回。为此，依照《民事诉讼法》第一百七十条第一款第一项的规定，判决如下：驳回上诉，维持原判。二审案件受理费 100 元，由叶某娥负担。

广州中院再审认为，关于叶某娥是否全额支付拍卖款的事实认定。涉案房屋整体拍卖价款 332 万元，对于拍卖成交确认书约定的应向广赛拍卖公司支付的 250 万元双方当事人均无争议，叶某娥主张其以现金另支付给 TS 公司 819807.45 元，该事实 TS 公司在原审予以确认。但 TS 公司再审对该事实提出异议并举证。本院再审认为，TS 公司在原审对叶某娥付款的事实予以确认，是其对自身不利事实的自认，TS 公司再审推翻该事实，应当提交充分的证据予以证实，虽 TS 公司提交的证据反映叶某娥的丈夫李某鸣是时任广州新力庭物业顾问有限公司股东、法定代表人，且 TS 公司委托广州新力庭物业顾问有限公司销售涉案房屋，但两公司是不同的民事主体，该事实不足以推翻 TS 公司原审关于收到全部房款的自认事实。故本院再审维持原审关于叶某娥已向 TS 公司支付全额房款的事实认定。

再审争议的焦点是叶某娥主张房屋过户的诉讼请求是否应支持。原广州市国土资源和房屋管理局于2010年10月15日发布《关于严格执行我市商品房住房限购政策的通知》明确“同一购房家庭只能在本市市辖十区新购买一套商品住房的政策……”；并于2011年2月24日发布《关于进一步严格执行我市商品住房限购政策的通知》规定“对在本市已拥有2套及以上住房的本市户籍居民家庭……不得购买住房……五、自本通知印发之日起，所有商品住房交易均按本通知规定执行，交易时点按照以下标准认定：（一）在本市房地产主管部门信息系统网签合同的，以网签购房合同时间为准；（二）非网签形式签署买卖合同的以房地产交易登记部门业务收件（包括预收件和受理）时间为准……”。叶某娥在本案诉讼前至今已在本市拥有两套住房，其请求TS公司协助涉案房屋过户不符合国家限购政策，原审不予支持并无不当。

综上所述，叶某娥的再审请求不成立，应予驳回；原审判决认定事实清楚，适用法律正确，应予维持。经本院审判委员会讨论决定，依照《民事诉讼法》第一百七十条第一款第一项规定，判决如下：维持本院（2016）粤01民终17881号民事判决。

案例述评

一、司法拍卖与普通民事拍卖的区别

司法拍卖也就是我们通常所说的强制拍卖，是人民法院根据法律规定，在执行程序中，以强制手段将被查封、扣押、冻结的涉案财产或者财产权利，通过拍卖方式转让变现，实现申请执行人债权的司法执行措施。这就决定了司法拍卖除了必须遵循拍卖的一般规律，还有区别于普通民事拍卖的一些方面：

1. 拍卖的标的物不同。普通民事拍卖的标的物是委托人对其拥有所有权的财产；而司法拍卖的标的物则是被执行人不具有完全所有权的财产，即对该财产不具有最终处分权，主要包括法院已查封、扣押的财产，已设置抵押权的抵押物，以及经核资、清产的破产财产等。同时，法律明确规定司法强制拍卖的财产范围必须是债务人应当履行债务部分的财产，即拍卖标的物的价值与应履行债务数额大致相当。我国《民事诉讼法》第二百四十二条规定：“被执行人未按执行通知履行法律文书确定的义务，人民法院有权向有关单位查询被执行人的存款、债券、股票、基金份额等财产情况。人民法院有权根据不同情形扣押、冻结、划拨、变价被执行人的财产。人民法院查询、扣押、冻结、划拨、变价的财产不得超出被执行人应当履行义务的范围……”

2. 拍卖目的不同。普通民事拍卖是基于委托人的某种经济目的，根据自己意

愿决定；而司法拍卖则是为了执行法院生效的法律文书，以及国家主管机关的决定等。这些生效的法律文书是产生强制拍卖法律关系的法律事实，最终目的是迫使财产所有人履行给付金钱的义务。

3. 拍卖当事人不同，普通民事拍卖的出卖人是财产所有人，拥有自由转让、处置自己财产的决定权利；司法拍卖只能由人民法院决定财产的转让、处置，而不是财产所有人，因为此时财产所有人对该标的物已不具有处分权，这项权能因查封、扣押等执行措施或财产保全措施的实施，已法定地移转于人民法院。相对于作为拍卖委托人的人民法院来说，拍卖标的物所有人只是与拍卖结果有利害关系的第三人。

4. 效力不同。普通民事拍卖只是平等民事主体之间出让财产所有权的一般民事行为，如没有特殊的法律规定，只要符合民法基本原则即告成立；而司法拍卖是一种执行行为，须依照民事诉讼法或其他专门法规定的程序进行，不论拍卖标的物所有人是否出于自愿。可见，司法拍卖已被赋予了国家强制力，因而其效力要比一般普通民事拍卖强。

二、拍卖房产所有权转移登记是否受房地产限购政策的约束

关于拍卖房产的所有权转移登记是否受国家及房产所在地房地产限购政策的约束，在房地产纠纷审判和房地产交易登记实务中认识及做法并不尽相同，存在明显的同案异判和大相径庭的做法。例如：

1. 北京市住房城乡建设委、市高级人民法院、市规划国土委召开会议，就房产竞拍人购房资格和“3·17 新政”实施后商品住房买卖合同履约纠纷裁定等有关问题进行了认真研究。经过会议研究后决定，法院竞拍房产纳入北京限购范围，竞拍者须符合限购条件。按照会议决定，将住建部门对竞拍人购房资格审查纳入北京市司法竞拍流程。法院竞拍房产纳入本市限购政策范围，且竞拍方为自然人的（个体工商户、个人独资企业视同自然人），要求竞拍家庭或个人符合北京市限购政策。同时，要求法院在公开发布的拍卖公告中应明确，竞拍方为自然人的，其家庭或个人应符合北京市限购政策，否则将不予办理产权登记手续。拍卖成交后，买受人应向住建部门申请审核其购房资格，审核通过后法院方可向其出具《协助执行通知书》（以下简称《通知书》），各区不动产登记部门依据《通知书》按规定办理产权登记手续。在法定期限内，买受人未能完成资格核验的，法院应在《通知书》中载明“买受人须通过购房资格核验后，方可办理产权登记手续”的相关内容，各区不动产登记部门依据《通知书》及资格核验查询结果通知单按规定办理产权登记手续。竞拍房产不在限购范围内的，由住建部门为买受人出具房屋未纳入限购范围告知单。①

2. 2017 年 5 月 31 日，江苏省高级人民法院下发《关于司法拍卖涉住房限购政策有关问题的通知》（苏高法〔2017〕91 号），对这一问题进行了明确表态。一是强调“司法拍卖是基于公权力的强制执行行为，不同于一般市场交易中的自主买卖行为”，明确“司法拍卖成交或者裁定以物抵债的，标的物所有权自拍卖成交裁定或者抵债裁定送达买受人或者接受抵债物的债权人时转移，不动产登记仅为协助执行行为，并不会对物权变动产生影响。不动产登记部门拒不协助办理登记手续的，依法采取强制执行措施”。换言之，即法拍房不受限购政策调整，房管局只有依法配合的份儿，且必须予以配合，拒不配合的法院可采取强制执行措施。二是对部分下级法院不经请示上级法院，在司法拍卖公告中作法拍房也适用住房限购政策的特别提示的做法提出了严厉批评。通知指出，“个别地方出台文件，要求司法拍卖也要适用住房限购政策，一些法院执行局机械套用，在拍卖公告中特别提示这一点，严重影响司法拍卖成交率以及司法财产处置工作”。

而就在这份文件发布一周后的 2017 年 6 月 7 日，南京市房地产市场综合执法办公室针对性地发布《关于明确〈关于进一步加强房地产市场调控的通知〉操作有关事项的通知》，正面回应了这一议题。明确因司法拍卖取得不动产的，按住房限购政策执行，购房者需具有购房资格；同时，取得者需在取得不动产证书满 3 年后方可办理转让合同备案和登记手续。司法拍卖的成交确认时间在通知执行日（指 2017 年 6 月 10 日）之前的，不执行住房限制转让政策。普通拍卖参照司法拍卖时间认定方式。关于时间节点的认定：商品住房以南京市房地产综合业务系统的认购时间为准，这份内容上截然相反的通知可以说是完全否决了江苏省高院文件的要求。

有些地方认为司法拍卖的房产也是买卖住房的一种方式，应当进行限购，司法拍卖时购房者应当具有购房资格，在取得该拍卖房屋的产权后一定时间内不能办理转让登记手续。

也有的地方认为，限购政策不适合司法拍卖住房，司法是独立的，能独立进行财产的处置不受外界的影响，行使公权力，依照法律规定办理即可，相关的政策文件不受影响，限购政策会影响司法拍卖的成交率及阻碍司法工作。

本书认为，普通民事拍卖房应受到限购政策的约束，而司法拍卖房不应受到限购政策的影响。理由简述如下：

---

① 文字链接：http：//news. cnr. cn/native/city/20170427/t20170427_ 523729556. shtml。

1. 司法拍卖的成交是指把相关的裁定通知送达债权人时即发生产权的转移，而不是由于登记变动产生的产权转移，司法裁定下达后，房屋所有权人请求登记的，登记部门应予办理。

2. 拍卖是以公开竞价买卖的方式，转移相应拍卖物的所有权给出价最高的人的行为。拍卖的目的是要最大限度地取得拍卖的宽限，保障债权人的利益，确保债权人的债权能最大限度得到实施，限购则不能保障利益最大，与司法拍卖目的相违背。

3. 限购政策是一种临时性的政策性文件，不是法律规定，其法律效率远低于法律法规的规范，自然是要遵守法律法规的规定。

成都市中级人民法院在该院审理的（2018）川 01 民终 16526 号上诉人苟某容与被上诉人衡某波、原审被告乔某、原审第三人中国农业银行股份有限公司成都蜀都支行房屋买卖合同纠纷一案的判案理由中称："虽然在履行合同约定的房屋办理产权过户前，成都市出台了关于住房限购的政策，但该政策只限制政策颁布后的购房资格，对限购政策颁布前已经事实上签订合同、支付购房款的房屋买卖继续履行过户并不产生实质性影响。由于案涉合同签订于成都市政府关于住房限购政策出台之前且已经履行了主要内容，因此，成都市政府住房限购政策对案涉房屋的过户不产生实质性影响，在苟某容、乔某已经取得案涉房屋的不动产权证的情况下，具备继续履行条件。"该案的典型意义在于：成都市人民政府于 2017 年 3 月 23 日发布了成办发〔2017〕10 号文件，即《关于完善我市住房限购政策的通知》，明确将二手房纳入限购范围，之后还出台了多个限购限售政策文件。在房屋交易实践中，房屋买卖涉及办理银行贷款、产权过户手续等内容，合同履行步骤较多，限购政策出台时，之前订立的部分房屋买卖合同的履行尚未完毕，买卖双方因自身利益角度不同，对于房屋买卖合同是否受到限购限售政策影响会有不同的理解，因此产生纠纷。关于限购政策的认定时点，人民法院认为限购政策不溯及限购政策出台前已经签订并实际履行的房屋买卖合同。①

深圳中院在该院审理的（2014）深中法房终字第 1986 号杨某娣与深圳亚太房地产开发有限公司房屋买卖合同纠纷一案的判案理由中称，"涉案房屋买卖合同的签订时间、涉案房屋房款的支付时间均在 2004 年，也即涉案交易早在相关限购政

---

① 参见《限购政策出台前签订并实际履行的房屋买卖合同不受限购政策影响衡某波诉苟某容、乔某房屋买卖合同纠纷案》（载成都法院网，发布时间：2020 年 1 月 14 日，文字链接：http：//cdfy. chinacourt. gov. cn/article/detail/2020/01/id/4772383. shtml）。

策出台之前就已实际发生，涉案房地产买卖合同也已经深圳市国土局龙岗分局备案，杨某娣购买涉案房产应不受以上限购政策的限制”。

综上所述，本书认为，依法成立的合同，自成立时生效，对当事人具有法律约束力。当事人应当按照约定切实全面履行自己的义务，不得擅自变更或者解除合同。上引案例所涉拍卖成交确认书签订于2007年4月12日，早于国务院2010年4月起多次出台的相应房地产买卖调控政策，也早于原广州市国土资源和房屋管理局于2010年10月15日发布的《关于严格执行我市商品房住房限购政策的通知》和2011年2月24日发布的《关于进一步严格执行我市商品住房限购政策的通知》。相关限购政策对双方合同的履行不应具有约束力，在无证据证明双方存在通过拍卖方式规避限购政策的情形，且叶某娥在合同签订后已依约履行了合同义务并已实际占有使用涉案房屋，解除合同会导致双方利益明显失衡。更何况属于同一批拍卖所得房产中的一套已经办理产权转移登记至买受人叶某娥名下。

综合上述情节，叶某娥要求TS公司立即协助其办理涉案房屋的产权过户手续；办理所有权转移登记手续的诉讼请求，具有事实及法律依据，法院予以支持。

021 出卖人协助买受人办理房屋产权转移登记是其合同主义务还是附随义务？

【典型案例】郑某选、王某菊与白某林、刘某房屋买卖合同纠纷申请再审案

> **法律焦点**：合同主义务与附随义务如何区分，房屋买卖合同中的出卖人办理房屋产权转移登记是其合同主义务还是附随义务？
>
> **关键词**：房屋买卖合同、产权转移登记、主义务、附随义务

案例索引

一审：湖北省荆州市荆州区人民法院（以下简称荆州法院）（2014）鄂荆州区民初字第00157号民事判决书

二审：湖北省荆州市中级人民法院（以下简称荆州中院）（2015）鄂荆州中民三终字第00056号民事判决书

再审审查：湖北省高级人民法院（以下简称湖北高院）（2015）鄂民申字第02539号民事裁定书

案情介绍

2004年9月16日，原告郑某选、王某菊与被告白某林、刘某签订《房屋转卖协议》，约定原告将四机西区（江汉苑）5栋401号住房转卖给被告，双方协议一次性付清房款95600元，在付款的同时，原告交清所有购房证件（产权证、土地证）及相关发票，从双方交清后，房屋所有权归被告所有，今后双方不得以任何借口反悔。被告实际给付原告95000元购房款。2013年3月20日，原告向四机厂申请分房。2013年5月9日，郑某选通过邮政特快专递向白某林发出通知，载明请白某林在收到通知后10日内办理过户，郑某选将大力协助，但邮寄单未载明文件名称，5月10日，白某林签收了邮件。2013年10月24日，郑某选通过邮政特快专递向白某林发出通知，通知解除2004年9月6日的《房屋转卖协议》，已交付的房屋和房款各自返还，邮寄单载明文件名称为资料，10月28日，该邮件签收人为陈某

英。2013 年 11 月 26 日，被告通过手机短信方式通知原告办理房屋过户。

原告一审庭审时提交《四机厂关于社区内定向开发商品房定性的请示》《四机厂关于对社区内定向开发商品房定性的请示的批复》《四机厂二〇一二年度集资住房及腾退房分配实施细则》等文件载明，已经购买江汉苑小区商品房的职工家庭或在四机社区已经拥有 2 套或 2 套以上住房的职工家庭，不能再次购买油田内职工集资和腾退住房。

涉案房屋登记所有权人为原告郑某选，房屋坐落于荆州城南开发区西环路东侧四季花园院内，房屋所有权证号：城南字第 200301771 号，土地使用权证图号：20031223173。涉案房屋系 2003 年 12 月 9 日原告郑某选与案外人荆州市金隆建设工程公司签订《商品房买卖合同》购得，购买价格为 79891 元。

原告郑某选、王某菊以被告迟延履行房屋所有权变更登记，经催告后四个月仍不履行，使原告不能参加单位退房分配，给原告造成巨大损失为由诉至荆州法院请求：1. 依法确认原告 2013 年 10 月 24 日发出的解除原、被告 2004 年 9 月 16 日签订的《房屋转卖协议》的通知合法有效；2. 被告返还原告交付的四机厂西区江汉苑 5 栋 401 号房屋（所有权证号南 2003017771），原告返还被告给付的房款 95000 元；3. 本案受理费由被告承担。

裁判观点

荆州法院经审理认为，依法成立的合同具有法律拘束力。原被告签订的《房屋转卖协议》系双方真实意思表示，不违反法律法规的强制性规定，合法有效，双方均应依约履行。现被告白某林已按《房屋转卖协议》要求付清房款，并持有涉案房屋房权证及土地使用权证，原告已收到售房款，双方对合同的主要义务均已履行完毕，只对何时房屋过户这一合同附随义务未达成履行合意。原被告未在《房屋转卖协议》中约定房屋不过户将导致合同解除的条款，且双方亦未能达成何时过户的补充协议，故原告不具有约定解除权。原告主张未过户导致其在 2012 年失去分房机会使得其无法实现合同根本目的，因双方合同签订于 2004 年，分房机会系 2012 年发生情形，该主张也不具备法定的合同解除权条件。原告在并无约定及法定的合同解除权情形下，通过通知被告的方式单方要求解除合同，于法无据，其确认解除原被告 2004 年 9 月 16 日签订的《房屋转卖协议》的通知合法有效的诉请，不予支持。据此，经合议庭评议，本院审判委员会讨论决定，依照《合同法》第九十三条、第九十四条、第九十六条和《民事诉讼法》第一百四十二条的规定，判决：驳回原告郑某选、王某菊的诉讼请求。

郑某选、王某菊向荆州中院提起上诉称，被上诉人负有办理房屋过户义务。在上诉人催促下，被上诉人仍然没有办理过户手续，该违约行为导致上诉人卖房目的根本不能实现，具备《合同法》第九十四条法定解除情形，上诉人发出解除合同通知符合法律规定。原判认定的 79891 元仅为房价，遗漏了其他相关费用。本案系确认之诉，应收取 50 元诉讼费。原判认定事实错误，适用法律不当，请求撤销原判，支持上诉人的全部诉讼请求。

荆州中院经审理认为，涉案《房屋转卖协议》合法有效。被上诉人已按《房屋转卖协议》要求付清了房款，并持有涉案房屋房权证及土地使用权证，上诉人已收到售房款，双方对合同的主要义务均已履行完毕。上诉人对办理该房屋过户手续负有协助义务。现上诉人所称根据我国《合同法》第九十六条的规定通知被上诉人要求解除合同，不具备我国《合同法》第九十三条或者第九十四条规定的条件，该通知不能发生解除合同的法律效力。因此，上诉人关于确认解除 2004 年 9 月 16 日签订的涉案《房屋转卖协议》的通知合法有效的诉请，不予支持。此外，原审认定涉案房屋是"原告郑某选与案外人荆州市金隆建设工程公司签订《商品房买卖合同》购得，购买价格为 79891 元"。该购买价格没有包含其他相关费用并无不妥。关于一审收取的诉讼费，不属于当事人之间的权利义务内容，上诉人不应将诉讼费作为上诉内容而提起上诉。原判认定事实清楚，适用法律和实体处理正确，故上诉人的上诉理由不能成立。据此，依照《民事诉讼法》第一百七十条第一款第一项的规定，判决如下：驳回上诉，维持原判。二审案件受理费 2300 元，由上诉人郑某选、王某菊负担。

郑某选、王某菊向湖北高院申请再审称：1. 从双方签订的房屋转卖协议约定"从双方交清后，房屋所有权归白某林、刘某所有"可以看出，办理房屋所有权变更是合同的主要义务，且双方在该条约定中已经明确了办理房屋过户的时间，即应在双方交清后，也就是白某林、刘某支付购房款，申请人向其提供相关房屋权属证件后白某林、刘某即负有办理房屋过户的主要义务，故二审判决认为双方对房屋何时过户未达成合意及认为合同主要义务已履行完毕属于事实认定错误。2. 二审判决认为申请人单方解除协议不具备法定的合同解除条件属于适用法律错误。由于白某林、刘某没有履行合同主要义务，经申请人催告后仍未履行，根据《合同法》第九十四条第三款的规定，申请人发出解除合同的通知于法有据，白某林、刘某在收到解除通知后未在三个月内提出异议，依据《最高人民法院关于适用〈中华人民共和国合同法〉若干问题的解释（二）》第二十四条的规定，上述解除通知已经发生效力，双方签订合同已经解除。综上，二审判决认定事实不清，适用法律错误，依照《民事诉讼法》第二百条第二项、第六项的规定，请求对本案予以再审。

湖北高院审查认为，关于郑某选、王某菊提出双方签订的房屋转卖协议约定“从双方交清后，房屋所有权归白某林、刘某所有”已经明确规定了办理房屋过户的时间，且办理房屋所有权变更是合同主要义务的问题。结合本案房屋买卖合同上下文，根据文义解释，双方当事人约定的“从双方交清后，房屋所有权归白某林、刘某所有”系指在白某林、刘某支付购房款，郑某选、王某菊提供相关房屋权属证件后，诉争房屋的所有权即转移给白某林、刘某所有。《物权法》第九条第一款规定：“不动产物权的设立、变更、转让和消灭，经依法登记，发生效力；未经登记，不发生效力，但法律另有规定的除外。”即房屋所有权在办理所有权变更登记后才发生移转的法律效果。本案中，诉争房屋的所有权并不能依据双方当事人约定的“从双方交清后”即在白某林、刘某支付购房款，郑某选、王某菊提供相关房屋权属证件后当然发生“归白某林、刘某所有”的法律效果，只有在办理所有权变更登记后才发生诉争房屋所有权转移的效果。由于无证据证明双方当事人已经就办理诉争房屋所有权变更登记的具体时间存在任何约定，故原审认为双方当事人对房屋何时过户未达成合意并无不当。关于办理房屋所有权变更是不是合同主要义务的问题。在房屋买卖合同关系中，买受人的主要义务是依约支付房屋价款；出卖人的主给付义务为依约交付符合要求的房屋，对于办理房屋产权证书，其仅有协助义务，即为合同的附随义务。本案中，白某林、刘某交付了诉争房屋的全部价款，郑某选、王某菊向白某林、刘某二人交付了诉争房屋的房屋所有权证、土地使用权证及相关发票，未办理房屋所有权变更登记并不影响诉争房屋的交付使用，故原审认定办理房屋所有权变更不是双方当事人房屋买卖合同的主要义务而是附随义务并无不当。

关于郑某选、王某菊提出其具备行使法定合同解除权的条件，其发出的解除通知已经发生效力，双方签订合同已经解除的问题。合同的法定解除必须具备实质要件和形式要件，实质要件是要求具备《合同法》第九十四条规定的行使法定解除权的条件，形式要件是依据《合同法》第九十六条的规定发出解除合同的通知。根据《合同法》第九十四条的规定，并非一切违约行为都能使合同相对方行使法定解除权，只有一方当事人的行为构成根本违约，以致合同目的无法实现时，另一方当事人方可行使相关解除权，一般违约行为不构成行使解除权的条件。本案中，白某林、刘某交付了诉争房屋的全部价款，郑某选、王某菊向白某林、刘某二人交付了诉争房屋的房屋所有权证、土地使用权证及相关发票，未办理房屋所有权变更登记并不影响诉争房屋的交付使用，没有达到使合同目的无法实现的程度，故郑某选、王某梅不具备实行合同解除权的实质要件，其发出的解除合同的通知亦因缺乏行使解除权的基础而无法达到解除合同的目的，故郑某选、王某梅提出双方当事人签订的合同已经解除的再审事由不成立。

综上，郑某选、王某梅的再审申请不符合《民事诉讼法》第二百条第二项、第六项规定的情形。依照《民事诉讼法》第二百零四条第一款之规定，裁定如下：驳回郑某选、王某菊的再审申请。

案例述评

一、合同的主义务、从义务及附随义务的区别

主义务也称主给付义务，是指合同关系中固有的、必备的、自始确定的、能够决定合同类型的基本义务。例如，在买卖合同中，出卖人的主给付义务就是交付标的物并转移所有权，买受人的主给付义务便是支付价款。

从义务即从给付义务，是指在主给付义务之外、不具有独立意义的、只能辅助主给付义务发挥功能的义务。它的目的不在于决定合同的类型，而是在于使合同目的更好地实现。例如《合同法》第二百六十六条（《民法典》第七百八十五条）规定，承揽人应当按照定作人的要求保守秘密，未经定作人许可，不得留存复制品或者技术资料。也就是说，在加工承揽合同中，对加工承揽者而言，主给付义务是按照定作人的要求完成作品，从给付义务便是帮定作人保守秘密，不得擅自留存复制品或者技术资料。

附随义务是指并非自始确定的，而是在合同履行过程中基于诚实信用原则而发生的、旨在更好地实现当事人利益的义务。例如，花店在出售新鲜花枝的时候会包装好花束以便顾客携带；出售锅炉的店家应当告知购买者使用锅炉的注意事项；超市应当保持购物环境的安全，避免损害顾客的人身安全等。

合同的附随义务是相对于合同的主义务而言的，是合同的标的、价款等主条款以外规定的或法律规定的通知、协助、保密等义务。《合同法》第六十条第二款规定："当事人应当遵循诚实信用原则，根据合同的性质，目的和交易习惯履行通知、协助、保密等义务。"第九十二条规定："合同的权利义务终止后，当事人应当遵循诚实信用原则，根据交易习惯履行通知、协助、保密等义务。"《民法典》第五百零九条第二款规定："当事人应当遵循诚信原则，根据合同的性质、目的和交易习惯履行通知、协助、保密等义务。"第五百五十八条规定："债权债务终止后，当事人应当遵循诚信等原则，根据交易习惯履行通知、协助、保密、旧物回收等义务。"

附随义务是指在法律无明文规定、当事人之间亦无明确约定的情况下，为了确

保合同目的的实现并维护对方当事人的利益——主要是人身和财产利益，遵循诚实信用原则，依据合同的性质、目的和交易习惯所承担的作为或不作为的义务。

以上三种义务存在以下特点：第一，对合同的性质起决定性作用的是主给付义务，例如交付货物转移所有权的是买卖合同，提供劳务支付薪金的是劳动或者雇佣合同。而从给付义务、附随义务对合同的定性不存在影响。第二，如果一方不履行合同的主给付义务，另一方可以提出解除合同的要求，但是如果一方仅仅是没有履行合同的从给付义务或者附随义务，在合同没有明确约定的情况下，另一方是不能要求解除合同的。第三，如果一方不履行合同中的主给付义务或者从给付义务，另一方可以通过诉讼请求的方式要求对方履行，但附随义务是不能依诉请求的。第四，如果一方因为没有恰当地履行三个义务中的任何一个义务而给对方造成损失的，受损方可以要求损害赔偿。

二、办理房屋产权转移登记是出卖人的合同主义务还是附随义务

上引案例中，一审法院认为买卖合同双方对合同的主要义务均已履行完毕，只对何时房屋过户这一合同附随义务未达成履行合意。二审法院认为，房屋买卖双方对合同的主要义务均已履行完毕，上诉人对办理该房屋过户手续负有协助义务。再审审查法院认为，在房屋买卖合同关系中，买受人的主要义务是依约支付房屋价款；出卖人的主给付义务为依约交付符合要求的房屋，对于办理房屋产权证书，其仅有协助义务，即为合同的附随义务。原审认定办理房屋所有权变更不是双方当事人房屋买卖合同的主要义务而是附随义务并无不当。

最高人民法院在其作出的再审申请人经纬置地有限公司（以下简称经纬公司）与被申请人上海虹房置业有限公司（以下简称虹房公司）房屋买卖合同纠纷一案的（2013）民提字第123号民事判决书中认为：“《合同法》第一百三十条规定，买卖合同是出卖人转移标的物的所有权于买受人，买受人支付价款的合同。第一百三十三条规定，标的物的所有权自标的物交付时起转移，但法律另有规定或者当事人另有约定的除外。《物权法》第九条规定，不动产物权的设立、变更、转让和消灭，经依法登记，发生效力；未经登记，不发生效力，但法律另有规定的除外。《城市房地产管理法》第六十条规定，国家实行土地使用权和房屋所有权登记发证制度。依照上述法律规定，经纬公司履行向虹房公司交付房屋义务，必然需要协助虹房公司办理产权过户手续，这是交付房屋的附随义务。虹房公司请求经纬公司交付房屋，当然涵盖请求经纬公司履行协助过户义务，亦包括因经纬公司未依约交付房屋，经纬公司应承担虹房公司因此增加的税费。”

辽宁省高级人民法院就再审申请人韩某中与被申请人白某峰房屋买卖合同纠纷

案作出的（2016）辽民申3886号民事裁定书中认为："在双方签订的房屋买卖协议中，韩某中协助白某峰办理产权过户手续属于主合同义务，而韩某中所称白某峰欠付其相关费用，属于附随合同义务，韩某中拒绝履行协助白某峰办理房屋产权过户手续的主合同义务，不符合先履行抗辩权的法律规定。"

上述案例中在关于房屋产权登记义务是房屋买卖合同的主合同义务，还是合同附有义务上，裁判观点并不相同。结合上述合同的主义务、从义务及附随义务的区别和特点，我们认为，在房屋买卖合同的履行中，办理产权登记必须由出卖人和买受人互相协助，否则无法正常进行。对于出卖人而言，协助办理产权登记是主合同义务，对买受人而言，协助办理产权登记不光是主合同权利，也是次合同义务或依诚实信用原则产生的附随义务，买受人也必须履行该义务。具体在商品房买卖合同中，要求协助办理房产过户登记手续，是购房者的主合同权利，也是开发商的主合同义务。房产过户登记手续的办理必须互相协助才能有效进行，根据合同约定或者诚实信用原则，协助办理房产过户登记手续也是购房者的次合同义务（合同由此约定的情况下）或附随义务。在开发商履行主合同义务时，即办理房产过户登记手续时，购房者应予以配合，提交相关资料，缴纳相关税费，履行相应的次合同义务或附随义务。如购房者未履行上述义务，则应承担相应的违约责任。

《合同法》第一百三十五条规定："出卖人应当履行向买受人交付标的物或者交付提取标的物的单证，并转移标的物所有权的义务。"《民法典》第五百九十八条规定："出卖人应当履行向买受人交付标的物或者交付提取标的物的单证，并转移标的物所有权的义务。"第五百九十九条规定："出卖人应当按照约定或者交易习惯向买受人交付提取标的物单证以外的有关单证和资料。"买卖合同是出卖人转移标的物的所有权于买受人，买受人支付价款的合同，买受人的目的就是取得标的物的所有权，所以交付标的物并转移标的物所有权是出卖人最基本的义务。这在各国民法中都是一致的，如德国、我国台湾地区"民法"对出卖人义务的规定首先就是"物的出卖人负有向买受人交付其物，并使其取得该物所有权的义务"。标的物所有权的转移方法，依法律的规定而定。法律在所有权的转移方面对动产和不动产进行了不同规定。动产一般采取以占有为权利的公示方法；因此，除法律另有特别规定或者当事人另有约定外，动产所有权依交付而转移。不动产和法律有特别规定的动产，如车辆、船舶、航空器等，采取以登记为权利的公示方法，因此其所有权的转移须办理所有权人的变更登记。无论合同是否作出约定，出卖人都有义务协助买受人办理所有权的变更登记手续，将相关产权证明文书交付买受人。

回到上引案例，本书认为，法院判决驳回一审原告的诉讼请求并无不当，主要理由并非法院认定的办理房屋所有权变更不是双方当事人房屋买卖合同的主要义务而是附随义务，而是因为出卖人不能举证证明其合同目的不仅仅是取得购房款，更是获得购买油田内职工集资和腾退住房，作为买受人行为并不构成根本违约，故对一审原告解除合同的诉讼请求不予支持。

022 买卖查封房屋合同的效力及继续履行的条件

【典型案例】林某光、林某与占某等房屋买卖合同纠纷上诉案

法律焦点：房屋买卖合同项下的房屋存在被有权国家机关查封障碍情形的，如不能解除查封，导致房屋不能办理产权转移登记，合同不能继续履行的，属于物权变动问题，但不影响买卖合同的效力。

关键词：房屋买卖合同、查封、效力、继续履行

案例索引

一审：广东省深圳市罗湖区人民法院（以下简称罗湖法院）（2015）深罗法民三初字第1883号民事判决书

二审：广东省深圳市中级人民法院（以下简称深圳中院）（2016）粤03民终20181号民事判决书

案情介绍

罗湖法院审理查明：一、2015年4月10日，经深圳市广天地房地产交易评估有限公司（以下简称广天地公司）提供居间服务，林某光、林某作为买方，占某作为卖方，双方签订《二手房预约买卖及居间服务合同》一份，约定：林某光、林某购买占某名下的位于深圳市××××房产，建筑面积96.6平方米，成交价225万元；该房地产处于抵押状态，卖方承诺于本合同生效之日起60日内还清贷款，办妥注销抵押登记手续；该房地产没有租约；该房地产所附着的户口，卖方保证于收到房地产转让总价款之日起180天内迁出；买方同意在签约当日支付定金5万元；买方须于4月30日前监管首期款并申请按揭；合同备注：买方已了解该物业与另两套房子被法院捆绑查封的现状；卖方应当于收到全部房款3天内将该房地产交付买方，卖方未按合同约定的期限将房地产交付买方的，自约定的交付期限届满次日起至实际交付日止，卖方以该涉案房产转让总价款为基数按日万分之四向买方支付违约金；任何一方不履行本合同约定义务，致合同目的不能实现的，守约方有权选择定金罚则或者要求对方支付该房地产总价款1%的违约金。合同还约定了双方的

其他权利义务。

二、上述合同签订后，林某光、林某在签约当日支付定金5万元，于2015年4月13日监管首期款85万元并申请银行按揭贷款，同年4月21日取得135万元的贷款承诺函。此后，占某至今未赎楼，致使交易无法继续。目前，林某光、林某支付的定金5万元托管在广天地公司，林某光、林某的前述首期款85万元因超过资金监管期限而自动退回林某光、林某账户，林某光、林某申请的上述银行贷款也超过了有效期。

三、一审庭审中林某光、林某申请证人方某真、彭某平出庭作证，该两名证人均称，占某的妻子李某，虽然未在涉案二手房买卖合同上签字，但全程参与了该合同的协商过程，且合同签订当时李某也在现场。林某光、林某一审庭审中称，林某光、林某有能力且愿意一次性支付除定金外的全部购房款给占某，以求继续履行合同。另查，2015年12月15日，深圳市不动产登记中心出具购房资格证明，载明至2015年12月15日林某光、林某家庭具备本市住房限购区域内的住房1套的购买资格。

四、涉案房产目前存在2个法院查封，一个是占某与杨某辉之间的民事纠纷导致深圳市福田区人民法院（以下简称福田法院）依杨某辉的申请而对涉案房产的查封即（2015）深福法民二初字第5611号，另一个是因本案林某光、林某向本院申请财产保全而作出的轮候查封。

二审审理过程中，深圳中院就涉案房产执行的有关情况函询福田法院执行局，福田法院执行局于2017年2月16日函复深圳中院，内容为：深圳中院：贵院来函已收悉。关于本案申请执行人杨某辉与被执行人占某追偿权纠纷一案，福田法院作出的（2015）深福法民二初字第5611号民事判决书、深圳中院作出的（2015）深中法商终字第2713号民事判决书已于2016年3月1日发生法律效力，确定被执行人占某应于本判决生效之日起10日内向申请执行人杨某辉支付341123.59元及利息（利息以341123.59元为基数，从2015年4月24日起按中国人民银行同期贷款利率的标准计至实际清偿之日止）和相关费用。诉讼过程中，福田法院依法轮候查封了被执行人占某名下的位于深圳市××××房产（以下简称涉案房产）。执行过程中，本案对涉案房产的轮候查封转为正式查封，福田法院目前对该房产尚未进入评估、拍卖程序。为便于执行，节约司法资源，如贵院案件的房屋买受人愿意以买卖合同之部分价款向福田法院支付本案全部执行款，福田法院在收到全部执行款后，将配合办理解除查封的手续。特此复函。

罗湖法院查明的其他事实属实，深圳中院予以确认。

林某光、林某向罗湖法院起诉请求：1. 占某继续履行《二手房预约买卖及居间服务合同》，将涉案房产过户至林某光、林某名下，并按合同约定交房（房屋成交价 225 万元）；2. 占某负有申请减免相关交易税费的义务，拒不履行导致增加的税费由占某承担；3. 占某支付直至交楼之日的迟延履行违约金（按成交价的日万分之四从 2015 年 6 月 9 日起算）；4. 占某承担本案诉讼费用及保全费用。林某光、林某于 2015 年 12 月 17 日提出变更诉请的申请，要求将上述第一项诉请中的“将涉案房产过户至林某光、林某名下”变更为“在（2015）深福法民二初字第 5611 号案件审理终结并解除查封后，将涉案房产过户至林某光、林某名下”。林某光、林某于 2016 年 1 月 6 日提出增加诉请的申请，要求在原诉状写明的原 4 项诉请的基础上增加第 5 项、第 6 项诉请，分别为：5. 确认林某光、林某有权依法行使涤除权，以应付占某购房款代为清偿占某所欠第三人杨某辉的债务，债务数额具体以（2015）深中法商终字第 2713 号生效判决书确定的金额为准；6. 判决第三人杨某辉在林某光、林某代为清偿占某所欠其上述债务后，立即向福田法院申请解除（2015）深福法民二初字第 5611 号对涉案房产的查封。

占某向罗湖法院提起反诉请求：1. 确认占某与林某光、林某于 2015 年 4 月 10 日签订的《二手房预约买卖及合同居间服务合同》无效；2. 本案诉讼费用由林某光、林某承担。

裁判观点

罗湖法院经审理认为，本案属二手房买卖合同纠纷。林某光、林某和占某于 2015 年 4 月 10 日签订的二手房预约买卖合同，不违反我国法律、行政法规的强制性规定，合法有效。双方均应严格按约履行义务。占某的妻子李某既然参与了涉案二手房买卖合同的协商且该合同签订当时李某就在现场，应视为李某同意占某出卖涉案房产给林某光、林某。占某反诉要求确认涉案二手房预约买卖合同无效，理据不足，不予支持。合同签订后林某光、林某已按约履行了支付定金、首期款监管和申请银行贷款的合同义务，但占某至今未能依约履行赎楼并注销抵押登记的义务，占某的行为构成单方违约。但是，因涉案房产目前已被福田法院查封，此种情形下，林某光、林某仍要求继续履行涉案二手房买卖合同、过户、支付迟延交房违约金、行使涤除权等本诉诉请，均不予支持。关于本案定金的处理，以及林某光、林某是否向占某主张因占某根本违约导致的违约金等，本案不作处理，双方可另寻途径解决。综上，依照《合同法》第四十四条、第六十条、第一百零七条，《民事诉讼法》第六十四条第一款、第一百四十二条之规定，判决如下：一、驳回林某光、林某的全部本诉诉讼请求。二、驳回占某的全部反诉诉讼请求。案件本诉受理费24800元、财产保全费5000元、公告费1200元，均由林某光、林某负担。反诉受理费50元，由占某负担。

林某光、林某上诉请求：1. 撤销一审判决第一项，支持林某光、林某一审全部诉讼请求；2. 占某承担本案一、二审诉讼、保全费用；3. 占某和杨某辉承担一审公告费。

事实和理由：一、一审法院对第三人杨某辉同意林某光、林某代为清偿并解除在先查封的事实未予认定，涉案合同事实上不存在继续履行的障碍。林某光、林某与占某于2015年4月10日签订涉案合同时，涉案房产被（2013）深福法执字第2113-6号文书查封，后该查封被解除。因占某与案外人杨某辉民间借贷纠纷，经债权人杨某辉申请，2015年5月15日涉案房产被（2015）深福法民二初字第5611号文书在先查封。经林某光、林某申请，一审法院同意追加杨某辉为第三人，杨某辉如期参加庭审。庭审中杨某辉明确表示同意林某光、林某进行代偿，并且在林某光、林某清偿占某所欠其债务后，愿意解除涉案房产的在先查封。然一审法院在判决书未就该重要事实予以认定，并认为涉案房产存在在先查封无法继续履行，事实上，第三人杨某辉已经同意解除在先查封，涉案合同不存在事实上的根本履行不能，涉案房产合同能够继续履行。

二、一审法院适用法律错误，实践中有关于查封房屋可以判决继续履行相关案例。在先查封并不影响涉案合同的继续履行，林某光、林某请求占某在解除（2015）深福法民二初字第5611号的查封后，将涉案房产过户到林某光、林某名下的诉求应当被法院支持。一审法院已经追加杨某辉为第三人，能够在本案中解决相关法律关系，并且杨某辉已经同意在林某光、林某代为清偿债务后解除该查封，涉案合同的继续履行不存在事实上的障碍，更不存在法律上的障碍。

三、判决本案继续履行有利于降低当事人诉累，节省司法资源成本。若本案能够判决继续履行，既可以解决林某光、林某与占某之间的涉案合同争议，也可以使本案第三人杨某辉申请的强制执行案［案号为（2016）粤0304执4377号］得到顺利执行，若二审法院维持一审判决，将导致林某光、林某需另案起诉占某，追究其违约责任，增加诉讼成本，同时也将导致上述执行案件无法及时结案和实现第三人杨某辉的合法权益。

综上，一审判决未认定第三人杨某辉同意代为清偿并解除在先查封的事实、因涉案房产被福田法院查封不支持林某光、林某继续履行合同错误，请求二审法院依法改判。

占某、李某共同辩称：原审判决第一项完全正确，林某光、林某的上诉请求毫无事实和法律依据，请求二审法院依法驳回上诉，维持原判。

一、原审判决并没有以杨某辉是否同意代为清偿作为裁判的依据，林某光、林某的第一点上诉理由根本不能成立。

二、原审判决也不存在林某光、林某的第二点上诉理由所认为的适用法律错误的情形。

三、林某光、林某的第三点上诉理由认为“判决本案继续履行有利于降低当事人讼累，节省司法资源成本”也是一个错误的伪命题。判决本案继续履行对任何一方均不利，且有损国家利益。正如林某光、林某所述，上诉人与被上诉人于2015年4月10日签订涉案合同时，涉案房产已经被福田法院以（2013）深福法执字第2113－6号文书裁定查封，查封期限为2015年2月12日至2016年2月11日（实际于2016年1月解封），后又于2015年5月15日被福田法院以（2015）深福法民二初字第5611号文书裁定查封。合同交易双方约定出售涉案房屋时涉案房屋处于被人民法院查封状态，且合同各方对房屋被查封的状况完全知悉。《城市房地产管理法》第三十八条规定，司法机关和行政机关依法裁定、决定查封或者以其他形式限制房地产权利的房地产不得转让。占某与林某光、林某签订《二手房预约买卖及居间服务合同》约定出售人民法院依法裁定查封的房产，违反了《城市房地产管理法》第三十八条强制性禁止规定，属于合同法第五十二条第二款第五项规定的无效合同。案涉合同除违反《城市房地产管理法》上述强制性、禁止性规定外，还违反《物权法》《民法通则》等多项法律的强制性、禁止性规定，原审判决驳回林某光、林某原审继续履行合同的诉讼请求正确。

综上，占某、李某认为涉案合同不具备继续履行的法律基础，且双方对违约责任也约定得非常明确，林某光、林某完全可以另案主张解除合同并要求占某承担违约责任实现自身的权利救济，请二审法院依法驳回林某光、林某的上诉请求，维持原判，以彰显法律的威严。

平安银行深圳分行辩称，涉案房产的贷款已经还清，我们配合法院的判决。

广天地服务部、广天地公司、杨某辉均未到庭，未答辩。

深圳中院经审理认为，本案为房屋买卖合同纠纷案件。根据双方的上诉内容和答辩意见，本案的争议焦点为：1. 涉案合同的效力；2. 如果合同有效，涉案合同能否继续履行；3. 占某是否应承担迟延履行的违约金及数额。

关于争议焦点一，本院认为，涉案合同在签订时虽然存在查封情况，但该情况只是合同能否履行的障碍，并不是合同无效的理由。涉案合同是当事人的真实意思表示，合法有效，各方均应切实严格履行。《城市房地产管理法》第三十八条并非合同效力性、强制性的规定，不能以此来确定合同的效力。占某的该项抗辩理由不成立，本院予以驳回。

关于争议焦点二，本院认为，合同有效，如果能够继续履行，各方应切实严格履行。从本案的实际情况看，涉案房产除本案的查封外，还存在福田法院的一个在先查封，如果福田法院的在先查封能够解封，则涉案合同的履行即没有障碍。根据福田法院的回函内容可知，在先查封所涉及的金额为 30 多万元，没有超过本案合同所涉金额，如果上诉人同意将该部分执行金额支付给福田法院，则在先查封将予以解封，本案合同履行的障碍将不存在。本案中，上诉人同意将该部分执行金额先予支付给福田法院，因此涉案合同履行的障碍已经不存在，涉案合同能够继续履行。上诉人承诺一次性支付剩余的房款 220 万元，占某应在收到 220 万元剩余房款后及时消除查封的情况并按照约定将涉案房产过户到上诉人名下，过户的有关税费按照合同约定负担。根据诚实信用原则并结合二手房买卖合同的性质、目的和交易习惯，占某负有配合上诉人申请税费减免的合同附随义务。第三人广天地公司托管的 5 万元房款亦应在判决生效之日起 10 日内支付给占某。

关于争议焦点三，本院认为，合同约定占某承担日万分之四违约金的情况是占某收到全部房款 3 日内没有交付房屋。本案中，上诉人并没有将全部房款支付给占某，虽然上诉人取得了贷款承诺函，但该款项是否发放还存在不确定的因素，即上诉人何时支付全部房款的时间并不确定，因此上诉人请求占某支付延期交房违约金的条件在本案中并不成就，其该项请求本院予以驳回。

综上，上诉人的上诉理由部分成立，本院予以采信。原审判决认定事实部分有误，本院予以纠正。依照《合同法》第四十四条、第六十条、第一百零七条，《民事诉讼法》第一百七十条第一款第二项之规定，判决如下：一、撤销罗湖法院（2015）深罗法民三初字第 1883 号民事判决。二、林某光、林某和占某继续履行双方签订的《二手房预约买卖及居间服务合同》，林某光、林某在本判决生效之日起 10 日内将剩余房款 220 万元支付给占某，占某应在收到 220 万元剩余房款后及时消除在先查封并按照约定将涉案房产过户到上诉人名下（林某光、林某亦可直接代为偿付占某在福田法院在先查封案件中的付款义务，代为偿付的有关房款在 220 万元房款中扣除），并在收到全部房款之日起 3 日内将房屋交付给林某光、林某。过户的有关税费按照合同约定负担。占某负有配合林某光、林某申请税费减免的合同附随义务。本判决未明确的合同约定的其他义务双方按照约定履行。三、广天地公司托管的 5 万元房款应在判决生效之日起 10 日内支付给占某。四、驳回林某光、林某的其他诉讼请求。如果当事人未按本判决指定的期间履行给付金钱义务，则应当依照《民事诉讼法》第二百五十三条之规定，加倍支付迟延履行期间的债务利息。一、二审案件受理费、反诉费、保全费、公告费共计55850元，由林某光、林某负担800元，占某负担55050元。

案例述评

本文所称的房产查封，指的是人民法院在诉讼过程中根据案件一方当事人的查封申请，通过司法途径把案件另一方名下所属房产查封。查封会导致被封房产无法进行抵押、办理网签及办理产权转移登记手续，还会让购房者面临已支付的购房款难以追回的法律风险。查封虽限制了房屋所有权人的处分权，但该房屋可以继续居住使用。随着社会主义市场经济的迅速发展，房地产交易情况日趋错综复杂，司法实践也伴随着这种现实情况的改变而不断完善和革新自身的裁判理念和方式。

就买卖被查封房屋合同的效力是有效还是无效，以及能否通过法院判决的方式继续履行合同、申请强制执行过户等，历来存在争议及截然不同的判决结果。

一、买卖查封房屋合同的效力

前引案例中，一、二审均未以涉案房产买卖合同签订前即已存在查封而确认买卖合同无效，特别是二审法院明确涉案合同在签订时虽然存在查封情况，但该情况只是合同能否履行的障碍，并不是合同无效的理由。涉案合同是当事人的真实意思表示，合法有效，各方均应切实严格履行。

《广东省高级人民法院关于审理房屋买卖合同纠纷案件的指引》（2017年10月11日印发）第七条第四项规定，当事人以房屋买卖合同存在“房屋被国家机关依法采取查封等强制措施的”情形为由，主张合同无效的，不予支持。

北京市第二中级人民法院（以下简称北京二中院）就上诉人夏某盼、李某伟与被上诉人王某峰房屋买卖合同纠纷一案，于2016年7月28日作出的（2016）京02民终6517号民事判决书中认为，关于合同效力问题，《城市房地产管理法》第三十八条规定：“下列房地产，不得转让：（一）……（二）司法机关和行政机关依法裁定、决定查封或者以其他形式限制房地产权利的……”《最高人民法院关于转卖人民法院查封房屋行为无效问题的复函》（〔1997〕经他字第8号）载明：“北京亚运特需供应公司在此后擅自将其已被查封的房产转卖给北京沃克曼贸易开发有限责任公司的行为是违法的，所订立的房屋买卖合同系无效合同。”据此，王某峰与夏某盼在签订《买卖定金协议书》时均明知诉争房屋处于被人民法院查封状态，双方的房屋买卖合同应属无效。

北京二中院就再审申请人王某峰与被申请人夏某盼、李某伟房屋买卖合同纠纷一案，于2017年11月14日作出的（2017）京02民再115号民事判决书中认为，涉案房屋虽被法院查封，但双方在《买卖定金协议书》中明确约定，由夏某盼负责将房屋解除查封，查封解除后再签署正式买卖合同。故从双方的意思表示看，签署正式《北京市存量房屋买卖合同》的前提条件为涉案房屋已解封，双方并不存在买卖被查封房屋的主观恶意。夏某盼未按《买卖定金协议书》约定将房屋解除抵押，房屋未能按时解封，属于违约行为。

《北京市高级人民法院关于审理房屋买卖合同纠纷案件适用法律若干问题的指导意见（试行）》(2010年12月22日，京高法发〔2010〕458号）第九条第一款规定："出卖人擅自将已被有权国家机关采取了查封等强制措施的房屋转让给他人的，买卖合同一般认定为无效，但相应有权国家机关或申请采取强制措施的权利人同意转让，或者一审法庭辩论终结前强制措施已经解除的，可以认定合同有效。"该条第二款规定："出卖人转让房屋后，有权国家机关对房屋采取了查封等强制措施的，不影响已成立的房屋买卖合同的效力。合同约定的履行期限届满时针对出卖人的强制措施仍未解除，致使买受人不能办理房屋所有权转移登记的，可以参照本意见第八条第二款规定的内容处理。"而本意见第八条第二款规定："出卖人在合同约定的履行期限届满时仍未履行消灭抵押权的义务，致使买受人无法办理房屋所有权转移登记，买受人请求解除合同，并要求出卖人承担相应违约责任的，应予支持；买受人要求继续履行合同，办理房屋所有权转移登记，经法院释明后仍坚持不变更的，对其诉讼请求，不予支持，但买受人同意并能够代为清偿债务消灭抵押权的除外。"

北京高院区分在房屋买卖合同签订前还是签订后合同项下房屋被有权国家机关采取了查封等强制措施，以及相应有权国家机关或申请采取强制措施的权利人是否同意转让，或者一审法庭辩论终结前强制措施是否已经解除，而对合同效力作了不同的规定。

最高人民法院对此类案件的意见是：涉案房产存在被查封的障碍，房产不能办理过户，属于物权变动问题，不影响买卖合同的效力。具体可参见最高人民法院就再审申请人山东金龙地产有限公司与被申请人山东魅力四射文化娱乐管理有限公司确认合同效力纠纷一案，于2016年10月31日作出的（2016）最高法民申1365号民事裁定书中认为："涉案房产存在被查封的障碍，房产不能办理过户，属于物权变动问题，不影响买卖合同的效力。"

综上，本书同意上引案例中深圳法院和最高人民法院的意见，即房屋买卖合同项下房屋存在被查封的障碍，房产不能办理过户，属于物权变动问题，但不影响买卖合同的效力。

二、房屋买卖合同项下房屋存在查封合同能否继续履行

我们通过法律检索工具对“查封房能否过户”进行了案例检索，查封类型主要为两大类：一是另案查封是首封，本案原告没有查封或者是轮候查封。该项又分为买受人购房时明知或不明知购买房屋为查封房两种情形。二是本案原告的查封是首封，另案是轮候查封。对买卖查封房合同能否通过法院判决继续履行，司法实践中存在明显的“同案不同判”现象。以下我们围绕着支持和不予支持继续履行各择取三个典型案例以作比对：

（1）支持继续履行类。

案例一

陈某（原审原告、上诉人）与孙某（原审被告、被上诉人）、某银行股份有限公司上海某支行（原审第三人）、孙乙（原审第三人）房屋买卖合同纠纷案①

【一审裁判要旨】系争房屋目前存在多项权利限制，除第三人的两项抵押权外，另有两项司法限制（轮候查封）。在上述权利限制未被涤除之前，系争房屋的所有权无论从法律上还是事实上都将无法进行任何变更。陈某在明知系争房屋存在上述多项权利限制且未能积极设法予以涤除的情况下，仍坚持继续履行买卖合同、办理过户手续，对此，法院难以支持。

【二审裁判要旨】上诉人按约履行付款义务，在审理中，其表示在过户时付清剩余房款，对涤除抵押、解除司法查封及产权过户手续中可能超出的费用也表示先行垫付，足以表明其继续履行的诚意；被上诉人孙某在涤除系争房屋的抵押及解除司法查封等限制后完全可以协助上诉人陈某办理过户手续，不存在履行上的障碍，故双方之间的合同可以继续履行。上诉人陈某要求被上诉人孙某继续履行合同，协助办理房产过户手续等，应予支持。基于上诉人陈某在二审中作出付款及垫付的承诺，并与相关债权人协商确定了归还金额，积极实现房屋权利的变更，从法律上及事实上可以实现房屋权利的变更，故本院依法予以改判。判决孙某应于本判决生效之日起30日内涤除房屋上的抵押、解除房屋上的司法查封，并协助陈某办理产权过户手续，将上述房屋的产权人由孙某变更登记为陈某。涤除抵押、解除司法查封等先从剩余房款222万元中予以抵扣，不足的款项由陈某予以垫付。

---

① 一审法院：上海市徐汇区人民法院；案号：（2011）徐民四（民）初字第1999号。二审法院：上海市第一中级人民法院；案号：（2012）沪一中民二（民）终字第2762号。

案例二

原告黄某与被告吴某皓、李某娣、吴某成、第三人中国建设银行股份有限公司深圳市分行、杨某房屋买卖合同纠纷案[①]

【裁判要旨】各方均应按照合同的约定履行相应的合同义务。被告吴某成、被告李某娣构成违约，原告在自愿代被告李某娣偿还尚欠第三人杨某的欠款和执行费用、代被告吴某成、被告李某娣偿还尚欠第三人建设银行的欠款和执行费用，以注销抵押和查封的情况下，有权要求被告吴某成、被告李某娣继续履行涉案房屋买卖合同并按照每日万分之五的标准计算至本判决作出之日止的违约金，本院予以照准。

案例三

申某（原审原告、反诉被告、上诉人）与蔡某存（原审被告、反诉原告、被上诉人）、深圳市家家顺房产交易有限公司（原审第三人）、中国建设银行股份有限公司深圳龙城支行（原审第三人）、招商银行股份有限公司深圳龙岗支行（原审第三人）房屋买卖合同纠纷案[②]

【一审裁判要旨】涉案房产因另案被法院查封，无法完成过户手续，申某要求继续履行合同存在法律上的障碍。申某的诉讼请求均是基于继续履行合同而提出的，经释明，申某坚持不同意变更诉讼请求，因此，法院驳回申某的全部诉讼请求。申某可待涉案房产因另案的诉讼保全措施解除后，再行主张该权利或另行要求解除合同及赔偿损失。

【二审裁判要旨】本案中，除本案有效查封外，对涉案房屋另有3项另案轮候查封，本院认为，轮候查封在现有查封措施解除后方自动生效，在本案查封尚未解除的情况下，对涉案房屋的另案轮候查封仍处于轮候状态而并未发生查封效力，现有效的本案查封即为保障本案判决的执行，在依现有证据另3案当事人亦未主张取得本案房屋所有权的情况下，本案合同继续履行并不存在法律上的障碍，原审判决相关认定有误，本院依法予以纠正。申某主张继续履行涉案合同，本院予以支持。

（2）不予支持继续履行类。

案例一

原告王乙、王某甲与被告周某勇、黄某青、周某明、第三人北京凯盛经略担保

---

① 审理法院：深圳市福田区人民法院；案号：（2015）深福法民三初字第473号。

② 一审法院：深圳市龙岗区人民法院；案号：（2015）深龙法民三初字第1584号。二审法院：深圳市中级人民法院；案号：（2016）粤03民终9229号。

有限公司房屋买卖合同纠纷案①

【裁判要旨】诉争房屋已因另案被人民法院查封，由于司法查封是当事人借助公权力对债权的一种保全手段，具有法定的公示和对抗效力。诉争房屋在被解封之前，尚处于被强制拍卖、产权转移他人的不确定状态，显然已经构成诉争房屋过户的履行障碍。现原告在本院释明后，仍坚持要求被告履行合同并配合其办理相关过户手续，该诉讼请求，本院难以支持。原告可待诉争房屋的查封等限制解除之后另行主张。

案例二

原告欧某华与被告李某深、李某房屋买卖合同纠纷案②

【裁判要旨】司法机关和行政机关依法裁定、决定查封或者以其他形式限制权利的房地产，不得转让。原告起诉时涉案房产已被司法机关裁定查封，至本判决作出时止仍处于查封期间，属于依法不能转让的房屋。而作为不动产的房屋转让须经依法登记发生效力，因此原告要求被告继续履行《房屋买卖契约》，存在法律上不能履行的情形，对于该项诉讼请求，本院不予支持。至于原告要求被告排除房屋上存在的权利障碍，在房屋具备办理产权变更登记条件时协助原告办理产权变更登记，可由双方协商，待将来条件成就时，双方另行处理。

案例三

于某杰（原审原告、上诉人）与徐某炳、尹某（原审被告、被上诉人、北京安信瑞德房地产经纪有限公司（原审被告、被上诉人）房屋买卖合同纠纷案③

【一审裁判要旨】徐某炳与于某杰在涉案房屋被法院查封之前即已签订房屋买卖合同，该合同系双方当事人真实意思表示，且不违反法律、行政法规的强制性规定，合法有效。但是，在法院依于某杰申请对涉案房屋予以轮候查封之前，该房屋即已被人民法院先后查封，且至本案一审法庭辩论终结之时上述查封仍未解除，故上述房屋买卖合同现不具备继续履行的条件。对于于某杰要求徐某炳继续履行房屋买卖合同、办理房屋过户手续、完成房屋买卖交易的诉讼请求，法院难以支持。

【二审裁判要旨】涉案房屋现被人民法院分别查封，故于某杰要求徐某炳继续履行房屋买卖合同、办理房屋过户手续之诉讼请求，缺乏法律依据，本院不予支持。相应地，于某杰要求徐某炳向其支付拟归还银行贷款、逾期过户补偿款及违约

---

① 上海市静安区人民法院；案号：（2015）静民一（民）初字第2928号。

② 长乐市人民法院；案号：（2015）长民初字第427号。

③ 一审法院：北京市朝阳区人民法院；案号：（2014）朝民初字第07497号。二审法院：北京市第三中级人民法院；案号：（2016）京03民终72号。

金的诉讼请求，系建立在继续履行房屋买卖合同的基础上，现房屋买卖合同不具备继续履行的条件，故于某杰的该项诉讼请求亦缺乏事实依据，原审法院暂不支持并无不妥，于某杰可另行解决。综上，原审判决认定事实清楚，适用法律正确，本院予以维持。

通过对以上典型案例的简要梳理，我们可以发现，法院对“查封房能否过户”支持继续履行的裁判理由主要基于：请求继续履行房屋买卖合同的买方愿意替卖方向其债权人清偿债务，以涤除查封房上的抵押权或解除该房的另案查封，本着不损害债权人合法权益，尽可能实现合同目的的原则，同时出于激发社会主义市场经济发展活力的客观需要，法院对继续履行诉求予以支持。况且判决继续履行，另案仍可以对查封房产的购房款进行保全，并不影响另案权利人实现其债权利。

法院不支持继续履行的裁判理由主要基于：房屋被另案查封在先，在法律上或者事实上造成不能履行的后果，因此法院在另案查封没有解除前不会判决继续履行合同。即便法院作出如此判决，也会导致履行不能和无法强制执行。

023 房屋买受人诉讼要求出卖人配合申请减免交易税费应否获支持?

【典型案例】吕某华与周某玲、深圳市 ZY 房地产投资顾问有限公司、A 银行股份有限公司深圳福田支行房屋买卖合同纠纷上诉案

> **法律焦点：**当事人在房屋买卖合同中约定由纳税人义务人以外的人承担转让税费缴纳并不违反税收管理方面的法律法规的规定，属合法有效协议。在房屋买卖合同有约定由房屋买受人承担房屋出卖人应缴纳税费，却没有约定出卖人有申请减免个人所得税等税费义务情形下，买受人在提出其他诉讼请求的同时可以以申请减免税费为出卖人的合同附随义务为由，一并诉讼要求出卖人履行该义务。
>
> **关键词：**房屋买卖合同、减免税费申请、附随义务

案例索引

一审：广东省深圳市宝安区人民法院（以下简称宝安法院）(2015) 深宝法民三初字第 721 号民事判决书

二审：广东省深圳市中级人民法院（以下简称深圳中院）(2015) 深中法房终字第 1737 号民事判决书

案情介绍

宝安法院经审理查明：2013 年 4 月 12 日，深圳市房地产权登记中心向吕某华颁发了深房地字第××号《房地产证》，吕某华系深圳市龙华新区龙华街道民治路西侧潜龙鑫茂花园××地产权利人，该房地产建筑面积 70.94 平方米，用途为住宅，性质为市场商品房。2013 年 4 月 24 日，涉案房地产抵押给 A 银行深圳福田支行。

2015 年 3 月 28 日，周某玲作为买方与作为卖方的吕某华签订了一份《房地产买卖合同》，约定吕某华将涉案房地产出售给周某玲，转让成交价为 179.5 万元；买方在签订合同时向卖方支付定金 3.5 万元；买方应于签署合同之日起 60 日内

（含当日）付清首期房款（以银行贷款承诺为准，前述首期房款为大概数目，在银行出具贷款承诺书后三个工作日内，买方须按银行承诺贷款的进入，多退或少补应付首期房款，卖方应无条件配合办理相关手续），买方应于约定的应付首期房款之日起3日内（含当日）办理完毕全部银行按揭申请手续，卖方须无条件配合提交签署申请按揭贷款所需的应由卖方提交签署的资料如按揭款项存入账户确认书等，双方均不得拖延，否则视为违约。买卖双方须于银行出具贷款承诺书之日（若卖方需办理赎楼手续，则在卖方赎出房地产证原件并注销抵押登记且银行出具贷款承诺书之日）起3日内（含当日）签署《深圳市二手房买卖合同》，并办理过户递件手续。涉案房地产处于抵押状态，买方同意卖方委托担保公司担保融资赎楼，卖方须于签署本合同之日起3日内（含当日）出具公证委托书给买卖双方指定的第三方及（或）该第三方指定的担保公司办理赎楼、过户等手续，并与担保公司签署担保合同；同时买方须协助卖方办理赎楼手续配合签署一切相关文件，卖方不得通知欠款银行及（或）担保公司及（或）其他单位人员停止赎楼，否则视为根本违约；买方撤销该公证委托又不在撤销之日起7日内（含当日）自行筹资还清银行贷款、注销抵押登记的，视为根本违约；卖方虽有担保公司担保赎楼仍不能获得赎楼贷款的，须在签署合同之日起40日内（含当日）自行赎楼、注销抵押登记，并将房地产证原件交与买卖双方指定的第三人处。买卖双方协商同意在购房定金或一次性付款买房的第二部分楼款或银行按揭付款买房的首期房款中预留2万元作为该物业之交房保证金，此款在完成产权转移登记及卖方实际交付房地产时进行结算；此交房保证金由买卖双方指定的第三方托管，托管方在买卖双方办妥房地产交接手续、扣除卖方结欠杂费及擅自转移、毁损装修、家私之市值后多退少补。涉案房产赎楼、过户等交易税费由买方支付。涉案房地产不附有租赁合同。买卖双方约定交楼日期为卖方收到首期款当天，交付前卖方须付清一切有关该物业之杂费（包括但不限于水、电、煤气、电话、有线或数字电视、上网、管理费等费用），买方收楼后代卖方缴纳的，有权向卖方追索。卖方须将该物业以空置状态交付，卖方须于交付使用前将物业内家私电器搬出，但不得破坏或更换该物业既有的门窗、壁橱、橱柜、洁具、水电、煤气、灯饰、通信等装修及固定设施，否则须赔偿买方之损失。如买方未按合同约定的期限履行义务，卖方有权要求买方以转让成交价为基数按日万分之四支付违约金并继续履行合同，如买方逾期履行义务超过7日或有其他根本违约行为的，卖方可解除合同并选择要求买方支付转让成交价20%的违约金承担违约责任或没收买方已支付的定金。如卖方未按照合同约定的期限履行义务，买方有权要求卖方以转让成交价为基数按日万分之四支付违约金并继续履行合同，如卖方逾期履行义务超过7日或有其他根本违约行为的，买方可解除合同并选择要求卖方支付转让成交价20%的违约金承担违约责任或双倍返还买方已支付的定金。

2015年3月28日，吕某华出具了一份《收款收据》，载明收到周某玲支付的定金3.5万元。2015年4月30日，周某玲作为甲方与作为乙方的吕某华及丙方中国工商银行股份有限公司深圳星河支行签订了一份《二手楼交易资金监管协议》，甲乙双方同意将51万元交由丙方进行监管。该资金监管协议中乙方收款账户一栏中账号及开户行为空白；乙方签章一栏由吕某华的代理人黄某签名。周某玲分别于2015年4月24日、28日分两笔将51万元存入丙方二手楼资金监管账户。

周某玲向宝安法院提交了一份（2015）深证字第48291号《公证书》复印件，该公证书显示吕某华于2015年3月31日委托深圳市万通融资担保有限公司、黄某、肖某、刘某峰、黄某办理涉案房地产赎楼、资金监管、注销抵押登记、递件过户等事项。周某玲依据该证据主张吕某华委托黄某等代理人办理涉案房产的赎楼、资金监管等事项，但在代理人黄某签署资金监管协议后，拒不提供收款银行账户，撤回公证授权委托书，致使周某玲无法申请银行按揭贷款审查。吕某华称该份证据没有原件核对，真实性不予认可；并称吕某华授权的受托人于2015年4月30日签署了资金监管协议。

另查明，2015年2月10日，周某玲与案外人签订了一份《二手房买卖合同》，将其名下的皓月花园10栋2单元507号房产（建筑面积65.68平方米）出售给案外人，并于2015年4月20日办理转让登记。

另查明，周某玲符合国家住房限购政策的要求，可以在深圳市购买两套住房；周某玲愿意一次性支付购房款，并愿意在吕某华不履行赎楼义务时代为赎楼。涉案房地产仍处于抵押状态，吕某华否认从担保公司处撤回赎楼公证授权委托书，但未能对涉案房产未完成赎楼作出解释。

深圳中院经审理查明：（一）《房地产买卖合同》约定，周某玲以银行按揭付款方式支付购房款，买卖双方同意银行按揭付款买房的按揭款（不含定金、交房保证金）指定银行监管，买方须在付款期限内将需监管的资金存入监管账户，买卖双方须在该期限内与监管机构签署资金监管协议，该款项按监管方之监管协议规定的程序操作。

（二）本案二审庭审中，吕某华一方确认其于2015年3月31日出具赎楼公证委托书给深圳市万通融资担保有限公司及其工作人员黄某等，该公证书即为周某玲原审中向法院提交的公证书（复印件）。

吕某华庭审中称其在出具公证委托书时即2015年3月31日已将资金监管的收

款账户具体为A银行的账户提交给ZY公司及担保公司。ZY公司代理人黄某表示出具公证委托书时未明确A银行账号为监管账户的账号，当时是要求吕某华提供工商银行的账号，其拒不提供。

（三）周某玲于2015年4月24日、28日转账的两笔款共计51万元，收款商户名称为“工行深圳市分行星河支行二手楼资金监管”。

（四）原审中，ZY公司未指派代理人参与诉讼，但于2015年6月16日向原审法院提交了一份该公司盖章、名为《证明》的书面陈述。ZY公司代理人黄某二审期间也对《证明》的真实性予以确认。

（五）原审于2015年5月26日向吕某华送达起诉状副本、举证通知书等材料，并要求吕某华于收到起诉状副本之日起15日内向原审法院提交证据。吕某华向原审法院提交的反诉状落款时间为2015年6月12日，反诉请求判令解除双方签订的《房地产买卖合同》，并要求周某玲支付违约金。原审庭审中吕某华以被告身份参与庭审，未就未受理反诉提出异议。

除以上事实外，原审查明的其他事实清楚，深圳中院予以确认。

周某玲在原审中诉请：一、吕某华继续履行《房地产买卖合同》，将涉案房产物权转移登记至周某玲名下并于收到首期款之日交房；二、吕某华支付直至交付房屋并完成过户之日止的迟延履行违约金（按成交价的日万分之四从2015年5月1日起计算违约金）；三、确认吕某华负有配合周某玲减免相关交易税费的义务，拒不配合导致增加的税费由吕某华承担；四、吕某华承担本案诉讼及保全费用。

裁判观点

宝安法院经审理认为，周某玲、吕某华签署的《房地产买卖合同》系当事人的真实意思表示，未违反法律和行政法规的强制性规定，合法有效，合同各方均应全面遵照合同约定履行义务。

关于涉案合同不能履行的原因。周某玲称系吕某华撤回公证授权委托书，拒不提供收款账号，致使周某玲不能获得贷款审批；吕某华称系周某玲不能取得银行贷款承诺，亦未补足购房款，吕某华已经出具公证授权委托书，其委托的代理人已经签署了资金监管协议。ZY公司称系吕某华拒不配合提供收款账户，单方撤销担保公司赎楼授权，明确表示毁约所致。原审法院认为，当事人对其主张的事实负有举证证明的责任，周某玲、吕某华均应提供证据证明其主张事实成立。周某玲提供了一份吕某华出具的公证授权委托书复印件及资金监管协议；吕某华陈述其已经出具了公证授权委托书，不认可周某玲提供的公证授权委托书的真实性，但吕某华并未提供该公证授权委托书。宝安法院认为，吕某华作为出具委托书的一方，其有能力向法院提交该份证据，现吕某华未提交该份证据，且未对此作出合理解释。周某玲提交了一份资金监管协议，吕某华不认可该份资金监管协议的真实性，称其委托的代理人签署了资金监管协议，但吕某华并未提交其主张的该代理人签订的该份资金监管协议。综上，吕某华的主张没有任何证据予以证明，其用于反驳周某玲的主张事实没有证据证明，宝安法院不予采信。根据涉案合同的约定，提供收款银行账户系吕某华应履行配合协助周某玲申请按揭贷款的合同义务，根据资金监管协议上记载可知吕某华并未提供用于收取购房款的银行账户，该事实亦与涉案买卖合同居间方的 ZY 公司的陈述一致，足以证实涉案合同不能履行的原因系吕某华未履行合同义务，吕某华已经构成违约。吕某华的上述违约行为必然导致周某玲无法提供充分的贷款申请资料以供按揭贷款银行审查，周某玲亦因此无法获取银行贷款承诺。吕某华关于周某玲未取得银行贷款承诺函，已构成违约的主张，没有事实和合同依据，宝安法院不予支持。

关于违约责任。宝安法院认为，根据合同约定，如吕某华未按合同约定的期限履行义务，周某玲有权要求吕某华以转让价为基数支付每日万分之四的违约金并继续履行合同。

关于合同继续履行。宝安法院认为，虽然涉案房地产存在抵押负担，但根据《物权法》第一百九十一条第二款的规定，抵押期间，抵押人未经抵押权人同意，不得转让抵押财产，但受让人代为清偿债务消灭抵押权的除外。本案中，周某玲愿意代为清偿涉案房地产所负抵押债务涤除抵押权，因此涉案房产继续履行的障碍可消除。周某玲基于涉案房地产买卖合同的约定有权选择银行按揭贷款方式支付剩余购房款，但根据《合同法》第四条关于合同自愿原则和《商业银行法》第四十一条关于任何单位和个人均不得强令商业银行发放贷款的规定，在周某玲未与特定银行签订住房按揭贷款合同及判决生效日期存在不确定性的情况下，原审法院无法径行判决确定贷款银行及其可发放的具体贷款金额。只有判令周某玲一次性支付剩余购房款才能确保依据周某玲继续履行诉讼请求所作出的继续履行的判决具有确定性和可强制执行性，尽管这在一定程度上会增加周某玲履行涉案合同的负担。对此增加的负担，周某玲已经知晓，并在庭审中做出同意将购房款一次性支付给吕某华的承诺。综上，宝安法院认为，周某玲应当将剩余购房款 176 万元一次性支付给吕某华，吕某华应当将涉案房地产过户登记至周某玲名下，并将涉案房地产实际交付给周某玲；涉案交易所产生的税费应当按照合同的约定由周某玲承担。

关于迟延履行违约金。根据合同约定，吕某华应于周某玲应付首期款之日起三日内无条件配合提交签署申请贷款所需的收款账号等资料，即吕某华应于 2015 年 5 月 3 日前提供收款账号，但吕某华一直未提供收款账号，其应当按照合同约定自 2015 年 5 月 4 日起向周某玲支付迟延履行违约金。但合同约定的违约金标准过高，原审法院确定该迟延履行违约金数额以合同转让价 179.5 万元为基数，按每日万分之三的标准从 2015 年 5 月 3 日起计算至涉案房地产实际交付给周某玲之日止，最迟不得超过判决指定的房地产交付之日。

关于申请减免个人所得税等税费。原审法院认为，周某玲表示愿意承担涉案房地产过户登记的全部税费，因此，涉案房地产交易买卖双方应缴纳的税费均应由作为买方的周某玲负担；但此约定不能视为依照法律规定确定的纳税主体的变更，即吕某华依法应缴纳税费的义务并未因涉案合同的约定而免除，只是发生吕某华应缴纳的税费由周某玲实际支付的合同约定效果。本案中，吕某华是否具备申请减免个人所得税等税费的条件，属于税务主管部门审查处理范畴。即使吕某华符合减免税费的条件，是否行使该申请减免税费是吕某华的合法权利，在不违反法律规定的前提下，吕某华可自由处分该权利。周某玲主张吕某华申请减免个人所得税等税费系吕某华应履行的合同附随义务。对此，宝安法院认为，根据《合同法》第六十条的规定，合同附随义务系当事人遵循诚实信用原则，根据合同的性质、目的和交易习惯履行通知、协助、保密等义务。吕某华所负附随义务应为将税务主管部门征收税款的数额及税款收取账号及时正确无误地告知周某玲，申请减免相关税费显然已经超出协助、通知的范围，不属于合同履行所需义务。综上，涉案合同没有约定吕某华有申请减免个人所得税等税费的义务，周某玲诉请判令吕某华申请减免个人所得税等税费，没有合同依据，宝安法院不予支持。

综上所述，依照《合同法》第四条、第六十条、第一百零七条、第一百一十四条，《商业银行法》第四十一条，《民事诉讼法》第六十四条第一款之规定，宝安法院判决：一、吕某华应于判决生效之日起 10 日内注销涉案房地产抵押登记。二、周某玲应于判决生效之日起 15 日内支付吕某华剩余购房款 176 万元；吕某华应于判决生效之日起 15 日内将深圳市龙华新区龙华街道民治路西侧潜龙鑫茂花园 B 区 1 栋 B1 座 2 单元 7××号房地产（房地产证号码为深房地字第××号）过户登记至周某玲名下（过户登记的税费由周某玲承担），并将上述房产实际交付给周某玲。三、吕某华应于判决发生法律效力之日起 15 日内向周某玲支付迟延履行违约金（具体金额以合同转让价 179.5 万元为基数，按每日万分之三的标准从 2015 年 5 月 3 日起计算至涉案房地产实际交付给周某玲之日止，最迟不得超过判决指定的房地产交付之日）。四、驳回周某玲的其他诉讼请求。

吕某华不服原审判决，向深圳中院提起上诉，请求判令：1. 撤销宝安法院（2015）深宝法民三初字第721号民事判决，依法驳回周某玲的全部诉讼请求或者发回重审；2. 本案一二审诉讼费由周某玲承担。

上诉事实和理由：一、原审中，ZY公司单方出具证明称交易无法完成的原因是吕某华一方据不配合提供首期款监管所需账号、单方撤销赎楼授权，拒不自行筹资完成赎楼。而ZY公司未出庭应诉，原审在该证明未进行质证的情况下，采信该证据，程序违法。二、原审法院未征求承租人是否优先购买该涉案房产，就判决吕某华将房屋卖给周某玲，违反法律规定。涉案房屋存在租约，承租人赖某楚一直在使用并按期缴纳租金，周某玲及ZY公司也知道该房屋一直由承租人使用的实际情况。三、吕某华依法向原审法院提起反诉，但原审法院不予受理，违反法定程序。四、吕某华已经将收款账号提供给ZY公司工作人员，并按其要求办了授权委托书，委托担保公司及其工作人员全权办理资金监管事项，吕某华已经履行了合同义务，没有违约。

吕某华在二审中补充上诉称：一、周某玲提交的《资金监管协议》落款时间为2015年4月30日，但周某玲于2015年4月24日至28日就转账至银行账户，在双方未签订《资金监管协议》时，周某玲支付的款项不是首期款。《资金监管协议》在吕某华未提供账户的情况下是不可能签订的。并且吕某华实际已向ZY公司提供了A银行收款账户，但未收到首期款，周某玲构成违约。二、原审判决吕某华于判决生效之日起注销涉案房产抵押登记违反了吕某华与A银行深圳福田支行签订的《个人贷款抵押合同》，该合同约定，吕某华提前赎楼必须提前30日申请，并且在经过双方同意的情况下才能提前赎楼，原审判决与双方合同约定不符，不具有可操作性。三、涉案房产交易过程中，吕某华曾与ZY公司发生争执，且中介费是由周某玲承担，因此ZY公司具有利害关系，其证言不可采信。四、吕某华没有违约导致合同不能继续履行，由于双方都有过错，合同没有继续履行。周某玲在2015年5月6日起诉吕某华，此时合同约定的60天收首期款期限未届满，可见周某玲未按合同约定履行，在其违约的情况下，吕某华可以不履行合同。由于双方已丧失了交易的诚信原则，吕某华不同意继续出售涉案房产，也仅需承担违约责任，不应强迫吕某华继续履行合同。

针对吕某华的上诉，周某玲当庭答辩称，一、原审审理程序合法，中介方提供给原审法院的交易过程证明，原审法院予以采信符合法律规定。二、涉案房屋合同约定不附有租约，经周某玲了解租客与吕某华的租赁合同在签订前已经到期，周某玲与租客有沟通并有录音为证，能够证明承租人是放弃购买涉案房屋的。三、据周某玲所知，吕某华虽在原审主张过反诉，但因超过反诉期限，被法院告知另案起诉，吕某华原审无异议，并全程参与了庭审过程，其二审就此提出异议，主张不能成立。四、针对吕某华上诉补充，1. 周某玲已将所有首期款全部打入工商银行的监管账户，并已提交了相关的证据。2. 首期款的转付根据监管协议必须完成过户后，由监管银行转付，而非过户前直接支付给吕某华本人。3. 吕某华上诉称其赎楼必须提前30日申请，原审判决不具有可操作性不是事实。实际情况是其借款银行A银行深圳福田支行已明确表态只要法院作出判决则可以依据判决配合完成赎楼。4. 吕某华在周某玲起诉之前即存在大量的违约事实，根据合同法规定，周某玲有权在首期款监管期限届满提出合同之诉。

周某玲亦不服原审判决，向深圳中院提起上诉，请求判令：1. 在原审判决第一判项后增加判决：吕某华如逾期不注销抵押登记，周某玲有权代为清偿抵押债权，注销抵押登记；2. 改判原审判决第三判项为：吕某华应于判决发生法律效力之日起15日内向周某玲支付迟延履行违约金（具体金额以合同转让价179.5万元为基数，按每日万分之四的标准从2015年5月1日起计至涉案房地产实际交付给周某玲之日止，撤销最迟不得超过判决指定的房地产交付之日）；3. 确认吕某华负有配合周某玲减免相关交易税费的义务，拒不配合导致增加的税费由吕某华承担；4. 吕某华承担本案一审、二审全部诉讼及保全费用。

上诉的事实与理由：一、原审判决第一项可能存在执行障碍。虽然赎楼（注销房屋抵押登记）是卖方的义务，但存在判决生效后拒不履行的可能，为排除该障碍，虽然已承诺可以代为清偿抵押债权，原审判决亦已确认查明，为防止吕某华拒不履行赎楼义务导致判决不能执行，应当在判决确认吕某华具有赎楼义务的同时，判决周某玲有权在吕某华不履行该义务时代为履行以保障判决生效后的顺利执行。二、周某玲因吕某华毁约损失巨大，日万分之三的迟延履行违约金远不足以弥补周某玲的损失，应严格按照合同约定判决。三、申请减免税费是吕某华的合同附随义务，吕某华负有申请减免义务，理由如下：1. 减免税费法定情形明确，并非个案税务主管部门审查处理范畴。2. 税费转嫁后申请减免的权利随之转移，纳税义务人申请减免已不是权利而是义务。3. 吕某华是法定纳税义务人。4. 周某玲是实际支付方。5. 申请减免税费手续简单，且降低了交易成本，有利于合同的履行。6. 过往判例已经确认业主实收情况下负有申请减免税费的义务。

针对周某玲的上诉，吕某华当庭辩称：一、周某玲要求注销登记，违反了吕某华与A银行深圳福田支行签订的个人贷款抵押合同的约定，不具有可操作性，原审判决继续履行合同是不现实的。二、吕某华没有违约，不应承担支付迟延履行违约金的责任，而且买卖合同约定的违约金过高。三、买卖双方在合同中并没有约定，吕某华配合减免税费的义务，周某玲的请求没有事实和法律依据，请求予以驳回。

原审第三人 ZY 公司当庭表示无答辩意见。

原审第三人 A 银行深圳福田支行当庭答辩称：一、本案是周某玲与吕某华之间的房产买卖合同纠纷，应由其双方自行解决，但该纠纷解决不能损害 A 银行作为抵押权人的利益。二、A 银行对涉案房产享有抵押权，若法院有生效判决要求 A 银行在抵押债权得到全部清偿的情况下，予以配合办理注销抵押登记返还房产证的义务，A 银行将尊重判决予以配合。三、除前述义务外，A 银行就本案不再承担其他任何附加性的相关义务。

深圳中院认为，双方签订的《房地产买卖合同》约定，周某玲应于 2015 年 5 月 26 日前将首期款存入监管银行账户。根据本案已查明的事实，周某玲与吕某华的代理人黄某在上述期限前签订了《二手楼交易资金监管协议》，并存入了首期款 51 万元，周某玲已按照合同约定履行了支付首期款的义务。在双方签订的《二手楼交易资金监管协议》中，吕某华一方未提供用于收取款项的账户信息。吕某华主张其提供出具公证委托书之时已向经纪方及担保方提供了 A 银行账号，并未违约，深圳中院认为，吕某华作为卖方提供定金收取账号、首期款收取账号是其权利也是其义务，因此，上述账号信息均需要吕某华一方提供及确认才有效，而现无证据表明吕某华在提供账户时已明确 A 银行账号即为监管首期款的收取账号，并且双方同意指定的监管银行为中国工商银行，按照一般惯例，吕某华也应提供中国工商银行的相应账户信息；吕某华的代理人在与周某玲签订《二手楼交易资金监管协议》时，也未明确收取监管首期款的账户信息；此外，吕某华一、二审中对于是否提供收款账户、是否出具公证委托书等情况表述不一。综合以上情况，深圳中院认为，吕某华一方没有积极履行提供收款账户的义务。而按照《房地产买卖合同》的约定，吕某华应于合同生效之日起 3 日内向第三方出具赎楼、过户的公证委托书，并至迟于签订合同之日起 40 日内自行赎楼、注销抵押登记，本案中，吕某华作为委托人有能力但未提供公证委托书的原件，同时也没有在合同约定的时间内赎楼、注销抵押登记，该情形与 ZY 公司的陈述亦相印证。因此，涉案房屋买卖合同不能继续履行的原因在于吕某华一方。

吕某华一方构成违约，原审判令吕某华继续履行合同及按日万分之三的标准支付延期履行的违约金处理恰当，本院予以维持。吕某华上诉所称的有关承租人优先购买权、继续履行可能违反其与 A 银行深圳福田支行的《个人贷款抵押合同》约定等理由，均不能成立，本院不予采纳。

至于吕某华上诉认为原审未受理其反诉程序违法的问题，本院认为，首先，吕某华提出反诉的时间晚于举证期限；其次，原审中，吕某华未就未受理反诉提出异议；最后，原审判决实质上也解决了该实体争议，综上，吕某华认为原审程序违法依据不足，本院不予采纳。

周某玲上诉认为原审未判令周某玲可以代为赎楼以及判令的按日万分之三的标准支付违约金过低，本院认为，原审判决吕某华继续履行合同，并且已在判项中明确了具体的履行步骤，吕某华负有注销涉案房产抵押登记及办理、过户的义务，无须再行判令周某玲代为赎楼；在双方买卖合同继续履行的情况下，周某玲也未举证证明其他损失，原审判令的延期履行违约金的标准及期间并无不当，依法应予维持。

周某玲另上诉主张吕某华负有申请减免相关交易税费的附随义务。本院认为，双方在合同中虽未约定吕某华负有该项义务，但双方房屋买卖合同中约定由周某玲承担房产交易的相关税费。一般而言，此种情况下，房屋交易过程中，税费的高低直接影响到房屋交易的总成本，是买方考量及交易能否达成的因素之一，周某玲请求吕某华配合申请减免交易税费符合诚信原则。并且配合申请减免交易税费，并不会损害吕某华一方的利益，综合以上因素，本院认为，吕某华应履行申请减免交易税费的附随义务，至于能否通过审核则由税务机关依法审查，在所不问，原审判决对此未予支持不当，本院予以纠正。

综上，吕某华的上诉请求不成立，本院不予支持。周某玲上诉请求部分成立，就成立部分，本院予以支持。原审判决处理部分不当，本院予以纠正。依照《民事诉讼法》第一百七十条第一项、第二项之规定，判决如下：一、维持宝安法院（2015）深宝法民三初字第721号民事判决第一项、第二项、第三项；二、撤销宝安法院（2015）深宝法民三初字第721号民事判决第四项；三、吕某华负有配合周某玲办理申请减免相关交易税费的义务；四、驳回周某玲的其他诉讼请求。如未按本判决指定的期间履行上述金钱给付义务，应当依照《民事诉讼法》第二百五十三条之规定，加倍支付迟延履行期间的债务利息。本案一、二审案件受理费共计18744元，由周某玲负担239元，由吕某华负担18505元，保全费4342元，由吕某华负担。

案例述评

一、当事人在合同中约定税费负担的效力

在实践中，合同双方当事人有时会约定由非纳税义务人承担税费的条款，这类条款又被称为“包税条款”。虽然合同约定为民事法律关系，但由于约定内容涉及

纳税义务，这种私与公性质混合的特点导致“包税条款”的效力难以认定。我国法律、法规对于各种税收的征收均明确规定了纳税义务人，但是并未禁止纳税义务人与合同相对人约定由合同相对人或者第三人缴纳税款。税法对于税种、税率、税额的规定是强制性的，而对于实际由谁缴纳税款并未作出强制性或禁止性规定。因此，当事人在合同中约定由纳税人义务人以外的人承担转让税费缴纳并不违反税收管理方面的法律法规的规定，属合法有效协议。

税款转嫁约定不违反税法强制性规定。《税收征收管理法》第四条第一款规定，“法律、行政法规规定负有纳税义务的单位和个人为纳税人”。结合税收法定的原则，我国税法关于纳税人的规定是强制性规定。但“包税条款”所约定改变的内容并不是纳税人，而是负税人。纳税人即纳税主体，是指税法上规定的直接负有纳税义务的单位和个人。无论是自然人还是法人，凡发生应税行为，取得应税收入，负有直接纳税义务的就是纳税人，必须依法履行纳税义务。而负税人是指税收的最终负担者，即实际负担税款的经济主体。纳税人不一定就是负税人。因此，从纳税人和负税人的定义可见，“包税条款”中约定变更的实则是负税人而不是纳税人。虽然我国税法明确规定了各税种的纳税义务人，但是未明确禁止纳税义务人与合同相对人约定由纳税义务人以外的人缴纳税款。

二、房屋买受人诉讼要求出卖人配合申请减免交易税费应否获支持

在房屋买卖合同中，缴税义务人是法定的，但当事人可通过合同约定税费代缴纳主体，既尊重了当事人的意思自治，也不违反国家税收管理政策。法院在判决税费缴纳时，有约定从约定，无约定则依据税法规定。

关于卖方申请减免税费是否属于卖方应当履行的合同附随义务问题。我们认为，根据法律和行政法规的相关规定，卖方应当支付出售房地产所产生的营业税和个人所得税。但根据双方买卖合同的约定，在卖方需支付的上述税费由买方承担的情况下，卖方申请减免营业税、契税、个人所得税，可减少买方购房成本，属于卖方依诚实信用原则所应承担的合同附随义务。正如上引案例二中深圳中院认为，在房屋交易过程中，税费的高低直接影响到房屋交易的总成本，是买方考量及交易能否达成的因素之一，买方请求卖方配合申请减免交易税费符合诚信原则，并且配合申请减免交易税费，并不会损害卖方的利益，卖方应履行申请减免交易税费的附随义务，至于能否通过审核则由税务机关依法审查，在所不问。

广东省惠州市大亚湾经济技术开发区人民法院就其所审理的原告李某强、林某豪与被告庄某冬、第三人中原地产代理（深圳）有限公司、周某房屋买卖合同纠纷一案，作出的（2018）粤 1391 民初 2466 号民事判决中认为，减免相关交易税费属

于税务机关的职权，不属于人民法院审理范围，本院不予处理。广东省高级人民法院再审申请人杨某因与被申请人郭某成、李某房屋买卖合同纠纷一案，不服广东省深圳市中级人民法院作出的（2013）深中法房终字第 1409 号民事判决，于 2014 年 3 月 7 日作出的（2014）粤高法民一申字第 263 号民事裁定中认为，至于配合协助办理减免税的问题，因合同约定税费由买方承担，在涉案房产具备免税条件的情况下，卖方也应予以协助配合。

综上所述，我们认同深圳中院和广东高院在上引案例中的裁判观点。

五、其他与房产有关的纠纷

024 司法拍卖中对被执行人与他人共有的房屋是整体拍卖还是份额拍卖?

法律焦点：在涉金钱支付案件的民事执行过程中，对被执行人与他人共有、不能分割的不动产的处置，司法实践中存在按份额拍卖和整体拍卖后保留共有人相应份额的拍卖款两种处置方式。执行法院如认为按份额拍卖可能减损共有物的变现价值，从最大限度实现财产价值的角度出发，决定采取整体拍卖，并对共有人享有的优先购买权给予保护，且对其应享有的拍卖款予以保留，不违反现行法律和司法解释的规定。

关键词：共有、份额拍卖、整体拍卖

【典型案例一】张某与高某云、张某勋案外人执行异议之诉案

案例索引

一审：内蒙古自治区乌海市中级人民法院（以下简称内蒙古乌海中院）（2012）乌中民一初字第98号民事判决书

二审：内蒙古自治区高级人民法院（以下简称内蒙古高院）（2016）内民终154号民事判决书

再审审查：最高人民法院（2017）最高法民申2083号民事裁定书

案情介绍

张某依照《民事诉讼法》第二百条第二项、第六项的规定，向最高人民法院申请再审。事实与理由为：一、二审判决适用法律错误。一、二审判决已经认定张某

是目前已查封财产的共同共有人，而内蒙古乌海中院（2012）乌中民一初字第98号民事判决书明确张某在该案中不承担责任。如果在未析产前对共有财产予以执行，则势必会连同张某的财产一并执行，而执行张某的财产是没有依据的，甚至是与据以执行的判决相悖的。一审判决认为因难以划分执行财产各归所属，而执行行为本身也不能充分印证对张某的共有权已经造成实质性损害的理由是无事实和法律依据的。二审法院认可张某不承担责任，在执行中应在共有财产范围内对第三人张某勋所享有的财产份额进行处分，不得损害张某的财产份额，但却驳回了张某的上诉请求，明显前后自相矛盾。在执行本案中的涉案财产前，必须先进行析产。在有明确的析产结果前，应当先对涉案财产解除查封。因为《最高人民法院关于人民法院民事执行中查封、扣押、冻结财产的规定》（以下简称《查封扣押冻结规定》）第十四条并未对提起析产后以及协商不成又无人提起析产诉讼时是否能够继续查封作出规定，根据公权力“法无授权不可为”的原则，法律没有授权人民法院在这种情况下继续查封涉案财产，人民法院应当先解除对涉案财产的查封。

高某云辩称，张某的再审申请不符合《民事诉讼法》第二百条的规定，应裁定驳回申请。

裁判观点

最高人民法院经审理认为，本案再审审查的核心问题是：张某的主张是否足以排除强制执行效力。《查封扣押冻结规定》第十四条规定，对被执行人与其他人共有的财产，人民法院可以查封、扣押、冻结，并及时通知共有人。共有人协议分割共有财产，并经债权人认可的，人民法院可以认定有效。查封、扣押、冻结的效力及于协议分割后被执行人享有份额内的财产；对其他共有人享有份额内的财产的查封、扣押、冻结，人民法院应当裁定予以解除。共有人提起析产诉讼或者申请执行人代位提起析产诉讼的，人民法院应当准许。诉讼期间中止对该财产的执行。本案中，张某勋作为生效判决的被执行人，人民法院查封张某勋与张某的夫妻共同财产，符合《查封扣押冻结规定》第十四条第一款的规定，并无不当。该条第二款规定，共有人可以和债权人协议分割共有财产。但张某勋、张某并没有与债权人高某云协商一致而对共有财产进行分割，故人民法院继续查封张某勋、张某夫妻共同财产，并无不当。该条第三款赋予共有人提起析产诉讼或者申请执行人代位提起析产诉讼的权利，而非提起析产诉讼的法定义务，张某认为高某云应该积极提起析产诉讼的主张，缺乏法律依据。同时，本案亦不符合《最高人民法院关于适用〈中华人民共和国婚姻法〉若干问题的解释（三）》第四条“婚姻关系存续期间，夫妻一方请求分割共同财产的，人民法院不予支持”的例外情形，故内蒙古高院不支持张某“先析产再执行”的上诉请求，并无不当。《查封扣押冻结规定》第十四条第一款规定执行法院可以对被执行人与其他人共有的财产进行查封、扣押、冻结，第二款和第三款分别规定了在各方当事人协商一致分割共有财产以及提起析产诉讼情况下的执行方式，在不存在第二款和第三款规定的情形时，应适用第一款的规定。张某关于“该条并未对提起析产后以及协商不成又无人提起析产诉讼时是否能够继续查封作出规定”的主张不能成立。内蒙古高院二审判决认定“在对张某勋、张某夫妻共有财产进行拍卖时，应在夫妻共有财产范围内对张某勋所享有财产份额进行处分，不得损害张某的财产份额”，可见二审判决已经对张某的财产权益给予了适当保护，故张某关于涉案的执行行为对其造成实质性损害的再审事由亦不能成立。

综上，张某的再审申请不符合《民事诉讼法》第二百条第二项、第六项规定的情形，依照《民事诉讼法》第二百零四条第一款、《最高人民法院关于适用〈中华人民共和国民事诉讼法〉的解释》第三百九十五条第二款之规定，裁定如下：驳回张某的再审申请。

【典型案例二】刘某香与陈某忠、黄某腾、蓝某腾案外人执行异议之诉案

案例索引

一审：广东省深圳市源城区人民法院（2017）粤1602民初549号民事判决书

二审：广东省深圳市中级人民法院（以下简称深圳中院）（2018）粤16民终655号民事判决书

再审：广东省高级人民法院（以下简称广东高院）（2018）粤民申13113号民事裁定书

案情介绍

刘某香申请再审请求：1. 撤销一、二审判决；2. 撤销（2012）河城法执异字第90号执行裁定，立即停止（2012）河城法执字第90号案对位于惠州市××街××号房产的执行，并解除对上述财产的查封；3. 确认位于惠州市××街××号的房产属于刘某香与黄某腾的夫妻共同财产，刘某香对上述房产享有50%的所有权份额；4. 本案一、二审的全部诉讼费用由被申请人承担。事实与理由如下：

（一）两审法院在认定涉案房产为夫妻共同财产的情况下，却又判决驳回刘某香的全部诉讼请求，前后矛盾。刘某香与黄某腾是合法夫妻，涉案房产是二人在夫妻关系存续期间购买的共同财产，两审法院已认定了涉案房产为夫妻共同财产，却又判决驳回刘某香的全部诉讼请求，与判决的事实认定部分相矛盾。

（二）本案不是仅针对执行提出的异议之诉，而是同时提出确认民事权利请求的诉讼。两审法院对认定事实并未在民事判决的判项中确认，导致刘某香的权利未能得到确认，存在有诉求不处理的情形。刘某香在一审时提起的诉讼请求包括确认涉案房产属于刘某香与黄某腾的夫妻共同财产，刘某香对上述房产享有50%的所有权份额，但两审判决均未对刘某香的诉求作出判决。二审判决认定涉案房屋为双方夫妻共同财产，目前也尚无证据证明生效判决确定的债务属于夫妻共同债务，因此在对涉案房屋进行执行时，应在夫妻共有财产范围内对黄某腾所享有的财产份额进行处分，不得损害刘某香的财产份额。但二审法院并未对刘某香请求确认为夫妻共同财产和所有权份额的诉讼请求作出判决，导致该份判决文书在实际执行过程中执行无据。涉案房屋是夫妻共同财产，在二人夫妻关系存续期间，黄某腾因其个人债务严重损害了夫妻共同财产。人民法院应在认定涉案房产属于夫妻共同财产后，在判项中进行确认，并同时判决确认刘某香对涉案房屋享有50%的所有权份额。

（三）刘某香对涉案房屋享有足以排除强制执行的民事权益，依法应当判决不得执行，两审法院适用法律错误。涉案房屋依法属于夫妻共同财产，刘某香对涉案房屋享有足以排除强制执行的民事权益。而且涉案房屋是刘某香与黄某腾维持家庭生活所需的唯一住房，依据《查封扣押冻结规定》第六条“对被执行人及其所扶养家属生活所必需的居住房屋，人民法院可以查封，但不得拍卖、变卖或者抵债”，第十四条“对被执行人与其他人共有的财产，人民法院可以查封、扣押、冻结，并及时通知共有人。共有人协议分割共有财产，并经债权人认可的，人民法院可以认定有效。查封、扣押、冻结的效力及于协议分割后被执行人享有份额内的财产；对其他共有人享有份额内的财产的查封、扣押、冻结，人民法院应当裁定予以解除。共有人提起析产诉讼或者申请执行人代位提起析产诉讼的，人民法院应当准许。诉讼期间中止对该财产的执行”以及《最高人民法院关于依法妥善审理涉及夫妻债务案件有关问题的通知》第六条“要树立生存权益高于债权的理念。对夫妻共同债务的执行涉及到夫妻双方的工资、住房等财产权益，甚至可能损害其基本生存权益的，应当保留夫妻双方及其所扶养家属的生活必需费用。执行夫妻名下住房时，应保障生活所必需的居住房屋，一般不得拍卖、变卖或抵债被执行人及其所扶养家属生活所必需的居住房屋”的规定，人民法院应判决停止对涉案房屋的执行，并解除查封。

陈某忠辩称：（一）一审法院对本案认定事实清楚、运用法律准确，程序合法，驳回刘某香的诉讼请求正确；二审法院应驳回上诉，维持原判。两审民事判决确定黄某腾、蓝某腾向陈某忠履行金钱给付的义务，应分别为黄某腾、蓝某腾各自的夫妻共同债务。这些金钱给付义务源于陈某忠与黄某腾、蓝某腾个人合伙纠纷案退伙时黄某腾、蓝某腾应退回陈某忠的财产，与借款债务以及其他非法经营性质不同，该财产属于合法的个人合伙的投资经营所得，个人合伙属于家庭共同经营的商事活动。根据《婚姻法》第十七条的规定，夫妻在婚姻关系存续期间所得工资，奖金，生产、经营的收益，知识产权的收益等财产，归夫妻共同所有。根据权利、义务、责任相统一原则，因投资经营产生的负债由夫妻共同承担自是应有之义。黄某腾于2006 年与陈某忠合伙投资经营万好百货商场的合伙纠纷，根据两审判决确定的黄某腾对陈某忠承担的债务，应为黄某腾与刘某香的夫妻共同债务。

（二）刘某香请求先析产再执行的理由不能成立。设立执行异议之诉的目的在于给予案外人保护自己合法权利的机会，但执行并不绝对损害案外共同人的利益。对于夫妻共有财产而言，因其在婚姻关系存续期间是不分份额的共有关系，该共有状态体现在夫妻共同财产的整体上，而非某一个或某一部分财产，更不得以此为由对抗善意第三者，且案件中黄某腾履行金钱给付义务是退还合伙的退伙财产，并没有合谋故意损害黄某腾夫妻的共同财产利益。

（三）黄某腾居住在广东省 × × 永红村民小组 3 号（宅基地），同时拥有涉案房产，涉案房产并非黄某腾及其抚养家属生活所必需的居住房屋，显然刘某香并不能证明其享有足以排除强制执行的民事权益。

裁判观点

广东高院经审查认为，涉案房产是黄某腾与刘某香在夫妻关系存续期间所购买的共同财产，双方对该房产享有共同的物权，在没有特别约定的情况下，各自享有的份额是平等的，刘某香依法对涉案房产享有 50% 的权益。因黄某腾未履行生效判决所确认的退款义务，债权人陈某忠向法院请求强制执行黄某腾享有共有物权的涉案房产理由充分，黄某腾应以其对涉案房产享有的份额承担相应的退款义务。刘某香虽为涉案房产的共有权人，但因涉案房产所有权不能分割后单独处置，刘某香可在涉案房产整体拍卖后的拍卖款中主张 50% 的权益。刘某香享有的民事权益不足以排除涉案房产强制执行，其再审请求本院不予支持。

依照《民事诉讼法》第二百零四条第一款、《最高人民法院关于适用〈中华人民共和国民事诉讼法〉的解释》第三百九十五条第二款的规定，裁定如下：驳回刘某香的再审申请。

【典型案例三】万某青与徐某玲共有物分割纠纷上诉案

案例索引

一审：广东省深圳市罗湖区人民法院：（以下简称罗湖法院）（2019）粤0303民初8654号民事判决书

二审：广东省深圳市中级人民法院（以下简称深圳中院）（2019）粤03民终21062号民事判决书

案情介绍

罗湖法院经审理查明：一、涉案房产位于深圳市××××商业×，建筑面积为79.91平方米，房屋性质为商品房，房屋用途为住宅。原权利人为徐某玲及案外人戴某维，两人各占50%份额。因案外人戴某维拒不履行（2014）深中法民终字第2789号民事判决，在案件执行过程中，涉案房产戴某维名下50%产权被罗湖法院依法司法拍卖，被万某青于2019年2月20日竞得，成交价为86万元。徐某玲确认当时自己因没钱，并未参加竞拍。

就上述竞得房产产权份额，罗湖法院作出（2017）粤0303执恢239号民事裁定书，依法裁定过户，并于2019年2月27日向不动产权登记机关送达裁定书，该裁定送达后即发生法律效力。该产权份额已于2019年5月16日转移登记至万某青名下。该产权证附记：万某青取得50%产权份额，根据深府办规〔2018〕9号，自登记之日起3年内禁止转让。

二、涉案房产至今由徐某玲使用。徐某玲提供的出生医学证明显示，徐某玲与戴某维的儿子戴某飞于2007年12月3日出生。

双方确认，根据罗湖区2017年房屋租赁指导租金表，涉案房产所在区域、涉案房产类型的指导租金为每平方米每月60元。万某青明确本案诉请租金即按照上述标准计算，从2019年2月25日起支付至本案裁判文书生效之日止。

三、万某青竞得涉案房产50%产权后，万某青、徐某玲就涉案房产的使用和产权变动方面进行过沟通，但未谈拢。

在本案审理过程中，万某青、徐某玲均希望对方以市场价（约160万元）购买自己的产权份额，且均明确表示不愿意通过购买对方名下产权份额来获得整套房的产权。万某青明确诉请分割涉案房产的方式为判令销售涉案房产，按产权份额比例分割售楼款。徐某玲主张自己合法持有涉案房产50%产权，且与家人居住于该房，自己并无过错，不同意通过卖出整套房产的方式分割涉案房产。

深圳中院确认罗湖法院认定的上述事实清楚。另查明，二审庭审时，万某青确认其诉讼请求中要求分割涉案房产的方式是拍卖，并按份额进行分配。徐某玲二审时称其已经搬出涉案房产，在外租房居住，但未在本院要求的期限内提供房屋租赁合同等证据予以证明，且其确认涉案房产的钥匙仍由其控制，因此深圳中院认定徐某玲仍居住在涉案房产内。

万某青向罗湖法院起诉请求：1. 依法分割深圳市××嘉宾路与××交会处北侧×房；2. 徐某玲向万某青支付房屋占有使用费2397.3元（应从2019年2月25日起按照每月2397.3元的标准计算至判决生效之日止，暂计算至2019年3月24日）；3. 徐某玲承担本案的全部诉讼费用。

裁判观点

罗湖法院认为，我国对不动产实行统一登记制度，经登记的权利人为不动产的所有人。涉案房产登记在万某青、徐某玲名下，双方各占50%份额，故该房产系双方按份共同所有。按份共有人对共有的不动产按照其份额享有所有权，没有约定或者约定不明确的，按份共有人可以随时请求分割。根据相关法律规定，共有人可以协商确定分割方式。达不成协议，共有的不动产或者动产可以分割并且不会因分割减损价值的，应当对实物予以分割；难以分割或者因分割会减损价值的，应当对折价或者拍卖、变卖所得的价款予以分割。本案中，因涉案房产无法实施实物分割，同时万某青、徐某玲双方又无法达成分割协议，故可对该房产折价或者拍卖、变卖所得的价款予以货币方式分割。徐某玲作为按份共有权人可以就涉案房产行使自己的权利，但不能妨害共有权人依法行使权利，故徐某玲以自己及戴某维的儿子居住在该房产、自己合法取得50%产权以及对戴某维名下50%产权被万某青竞得并无过错为由，不同意以货币分割方式分割涉案房产，依据不足。但鉴于目前深圳市相关政策，万某青取得涉案房产50%产权后，其产权份额自登记之日起3年内禁止转让。因此，通过徐某玲购买万某青名下50%产权或者将涉案房产折价或者拍卖、变卖所得的价款予以货币分割方式，目前均暂时不具备实现的条件。在万某青明确不愿意购买徐某玲名下50%产权的情况下，涉案房产暂时不具备分割共有物的条件，故万某青要求分割涉案房产的诉讼请求，一审法院依法不予支持；待分割共有物条件成就后，万某青可再寻法律途径解决。对于房屋使用费，根据《物权法》第二十八条和《最高人民法院关于适用〈中华人民共和国物权法〉若干问题的解释（一）》第七条的规定，（2017）粤0303执恢239号民事裁定书生效时，涉案房产的50%产权即变更至万某青名下。该过户裁定书于2019年2月27日即送达深圳市不动产登记中心，万某青即日起为涉案房产共有权人。在涉案房产50%产权未裁定过户至万某青名下时，徐某玲使用戴某维的50%房产，与万某青无关，但涉案房产50%产权于2019年2月27日由（2017）粤0303执恢239号民事裁定书裁定过户登记至万某青名下后，万某青已是涉案房产共有权人，万某青、徐某玲亦未就此协商达成一致，故徐某玲及其与戴某维的儿子其后继续使用该50%房产，均缺乏法律或合同上的依据。因截至本案最后一次询问的2019年6月4日，整套涉案房产均由徐某玲使用，且无实际租金收入，故万某青主张徐某玲参照同地段同类型房产2017年度指导租金支付自2019年2月27日起至2019年6月4日止的房屋占有使用费，即60元/平方米/月×79.91平方米÷2×98÷30=7831.18元，依据充分，罗湖法院予以支持；因2019年2月25日至2019年2月26日相应权属尚未归至万某青名下，对万某青主张该期间的房屋占有使用费，不予支持；对于自2019年6月5日起，万某青是否行使了业主权利、享有了业主权益，存在不确定性，万某青可在条件成就后再行主张。关于本案分割房产部分诉讼费，因万某青不愿意购买对方的产权份额而暂时无法实现分割，且暂时客观上无法通过徐某玲购买万某青产权份额或将涉案房产变现后进行货币分割，故徐某玲对目前未能实现分割没有过错，因此该部分诉讼费应由万某青自行承担。依照《物权法》第二十八条、第九十四条、第九十九条、第一百条，《最高人民法院关于适用〈中华人民共和国物权法〉若干问题的解释（一）》第七条，《民事诉讼法》第六十四条第一款、第一百四十二条之规定，判决如下：一、徐某玲应于该判决生效之日起十日内向万某青支付2019年2月27日至2019年6月4日的房屋占有使用费7831.18元；二、驳回万某青的其他诉讼请求。案件受理费5662元，由万某青负担5645元，由徐某玲负担17元。徐某玲负担之数径付万某青。

万某青上诉请求，1. 依法撤销一审判决第一项、第二项，支持万某青的全部诉讼请求；2. 本案上诉费由徐某玲承担。事实和理由如下：

一、根据《深圳经济特区房地产转让条例》第十一条第一项之规定，共有人之间对共有房地产的分割行为不属于房地产转让。罗湖法院将依法分割共有物的行为认定为转让房地产的行为系适用法律错误。（一）依据《物权法》第九十九条之规定，万某青作为涉案房产的按份共有人，且万某青与徐某玲对分割涉案房产的方式没有约定，因此万某青有权随时请求分割涉案房产。（二）万某青在一审时的诉讼请求系依法分割涉案房产，而不是转让涉案房产。一审法院以深府办规〔2018〕9号规定之内容为依据，认定万某青分割涉案房产的行为受该规定的限制，从而认定涉案房产暂不具备分割共有物的条件系适用法律错误。

二、一审法院关于占有使用费的期间的认定是错误的。由于涉案房产的现状，万某青不可能与徐某玲共同使用涉案房产，同时徐某玲一直占有涉案房产，其未提出将房产交付给万某青使用。万某青主张徐某玲支付房屋的占有使用费至本案判决生效之日止符合客观现状也符合法律规定，一审法院将占有使用费计算至2019年6月4日系错误的。

徐某玲辩称，驳回万某青的上诉请求，以徐某玲的上诉状意见作为答辩意见。

徐某玲上诉请求，1. 撤销一审判决；2. 徐某玲无须支付2019年2月27日至2019年6月4日的房屋占有使用费7831.18元；3. 万某青依法支付2019年2月27日至2019年6月4日涉案房屋的一半物业费，共计1251.1元；4. 由万某青承担本案全部一、二审诉讼费用。

事实和理由：一审法院事实认定不足，判决错误。一、徐某玲与万某青均持有涉案房屋50%的份额。因此，徐某玲有权自行使用涉案房屋，享有50%的使用空间。万某青自己承认其不愿意实际占用或使用涉案房屋；而徐某玲则明确表示不反对万某青使用涉案房屋，亦从未禁止过万某青使用案涉房屋。因此，一审法院判令徐某玲按照市场指导租金的一半给付万某青不符合法律规定亦不符合常理。二、自2019年2月27日万某青取得涉案房屋的50%份额起，应履行作为业主的义务，即缴纳物业费。

万某青辩称，以万某青上诉意见作为答辩意见。关于物业管理费，万某青并没有实际占有使用涉案房产，应当由使用人即徐某玲支付物业管理费，且徐某玲并未提供物业管理费的相应证据。

深圳中院经审理认为，本案为共有物分割纠纷案件。根据双方的上诉内容和答辩意见，本案的争议焦点为：1. 涉案房产暂时是否具备分割共有物的条件；2. 占有使用费的计算期间及其具体金额。

关于本案二审的第一个争议焦点，本院认为，《物权法》第一百条规定，共有人可以协商确定分割方式。达不成协议，共有的不动产或者动产可以分割并且不会因分割减损价值的，应当对实物予以分割；难以分割或者因分割会减损价值的，应当对折价或者拍卖、变卖取得的价款予以分割。本案中，双方当事人均不愿意购买对方的涉案房产份额，也不能就涉案房产的分割达成协议，因此依照物权法的该条规定，应当对涉案房产进行拍卖、变卖取得的价款予以分割。

依据《深圳经济特区房地产转让条例》第十一条的规定，共有人之间对共有房地产的分割不属于房地产转让，因此本案不受"自登记之日起3年内禁止转让"的限制，故涉案房产具备分割共有物的条件。一审对此处理有误，本院二审予以纠正。

关于本案二审的第二个争议焦点，本院认为，《物权法》第二十八条规定，因人民法院、仲裁委员会的法律文书或者人民政府的征收决定等，导致物权设立、变更、转让或者消灭的，自法律文书或者人民政府的征收决定等生效时发生效力。本案中，一审法院作出（2017）粤0303执恢239号民事裁定书，依法裁定过户，并于2019年2月27日送达深圳市不动产登记中心。因此，依照物权法的该条规定，自2019年2月27日起万某青就是涉案房产的共有权人，享有涉案房产的50%占有、使用和收益的权利。虽然徐某玲上诉主张其自涉案房产过户到万某青名下起就搬出涉案房产，但其未能提供证据予以证明，应承担举证不能的不利后果，徐某玲和其儿子居住在涉案房产内，应根据占有比例支付万某青一半的房屋使用费。万某青主张徐某玲参照2017年度同地段、同类型房产指导租金标准支付自2019年2月27日起至本判决生效之日止的房屋占有使用费，依据充分，本院予以支持。

另，徐某玲上诉主张万某青支付2019年2月27日至2019年6月4日涉案房屋的一半物业费，由于其未在一审提出该项请求，一审对此亦未处理，根据两审终审的原则，本院二审不作处理，徐某玲可另寻法律途径解决。

综上，万某青的上诉请求成立，予以支持。徐某玲的上诉请求不能成立，应予驳回。依照《物权法》第二十八条、第一百条，《深圳经济特区房地产转让条例》第十一条，《民事诉讼法》第一百七十条第一款第一项、第二项规定，判决如下：一、撤销罗湖法院（2019）粤0303民初8654号民事判决第二项；二、变更罗湖法院（2019）粤0303民初8654号民事判决第一项为：徐某玲应于本判决生效之日起十日内参照同地段、同类型房产2017年度指导租金每平方米每月60元的一半向万某青支付自2019年2月27日起至本判决生效之日止的房屋占有使用费；三、依法拍卖、变卖万某青、徐某玲共有的位于深圳市罗湖区×房。万某青、徐某玲各分得该房拍卖、变卖取得款（扣除相关费用后）的二分之一。（诉讼费负担部分略）

案例述评

在涉金钱支付案件的民事执行过程中，对被执行人与他人共有、不能分割的不动产如何执行？在司法实践中不无争议。第一种观点主张，应当由共有人析产或者申请执行人代位析产后，方可予以执行。第二种观点主张，在依法确定被执行人应有份额的基础上，处分被执行人应有的份额。在执行实践中，最常见的就是所谓的份额拍卖。第三种观点主张，在依法确定被执行人份额的基础上，如果财产可以分割，则直接将财产分割后进行处分；如果财产难以分割或者分割后减损价值的，应当整体处分，此在执行实践中，即通常所谓的整体拍卖，并对共有人享有的优先购买权给予保护，拍卖后的变价款保留案外共有人应享有的财产份额。

我们赞同上述第三种观点。理由概述如下：

第一种观点属于对《查封扣押冻结规定》（2004 年）第十四条第三款的错误理解。正如前引案例一中所述，“《查封扣押冻结规定》第十四条第一款规定执行法院可以对被执行人与其他人共有的财产进行查封、扣押、冻结，第二款和第三款分别规定了在各方当事人协商一致分割共有财产以及提起析产诉讼情况下的执行方式，在不存在第二款和第三款规定的情形时，应适用第一款的规定”。该规定第十四条第三款规定：“共有人提起析产诉讼或者申请执行人代位提起析产诉讼的，人民法院应当准许。诉讼期间中止对该财产的执行。”据此，并非只有共有人提起析产诉讼或者申请执行人代位提起析产诉讼后才可以处分共有财产。相反，依据“诉讼期间中止对该财产的执行”的反面解释，未提起诉讼的，应当继续执行。

第二种观点主张只能拍卖被执行人的份额，除常常导致流拍外，往往还造成不动产价值减损，乃至产生新的共有人与原共有人之间的所有权处分和使用权争议。在拍卖被执行人的房屋份额情形下，由于需要与他人共有，在居住使用和房产处分上多有不便，实践中常常导致拍卖人无人问津而致流拍。例如，广东高院在 2019 年 12 月 27 日作出的（2019）粤执复 937 号执行裁定书中认为：“珠海中院查封被执行人名下夫妻共有的涉案房产后，通知涉案房产共有人李某对该共有房产在指定期限内进行分割，但李某并未跟被执行人进行分割，也未提起诉讼，珠海中院随即裁定对被执行人享有的 50% 份额进行司法拍卖、变卖，李某在拍卖、变卖中未行使优先购买权，也未提出异议，后涉案房产因无人竞买而流拍。由此可以认定，该房产作为被执行人与李某的共同共有房产，分割处置困难，执行法院可以作出裁定，整体拍卖上述共有房产。随后珠海中院对涉案房产重新评估后认为涉案房产分割拍卖会减损价值，损害国家利益，整体拍卖可以体现涉案房产价值最大化，故裁定对涉案房产进行整体拍卖符合前述法律规定，并无不当，本院予以支持。但珠海中院应当在变现价款中依法保留李某对涉案房产享有的份额权益。”又如上引案例三中，正是因为罗湖法院对被执行人与他人共有的 50% 的份额进行了拍卖，导致竞买人无法与他人共同使用房屋，并在竞买人与他人之间产生共有财产分割及占有使用费争议，最终还是选择对簿公堂通过拍卖、变卖共有房产解决争议。

第三种观点较好地平衡了各方的权利，又不违反现行法律、法规和司法解释的规定。依照《物权法》第一百条和《查封扣押冻结规定》（2004 年）第十四条之规定，执行中对共同共有财产的分割方法有协议分割和裁判分割，其中裁判分割包括共有人之间的析产诉讼和债权人代位析产诉讼。并且首先应适用共有人协议分割共有财产，在共有人达不成协议或协议未经债权人认可时，才适用裁判分割。对共有物具备实物分割条件的，应当进行实物分割。不具备实物分割条件，如难以分割或分割会减损价值的，才考虑采取拍卖、变卖分割。在强制执行情形，以拍卖被执行人与案外人共有的房产为例，如果可以实物分割。比如，共有的房屋可以区分为多个所有权，自然只须执行被执行人享有的区分所有权，如果难以分割或分割会减损价值的，自然应当可以整体拍卖，并对共有人享有的优先购买权给予保护，共有人放弃优先购买权而对价款进行分割时应保留案外共有人应享有的份额权益。

然而，我们注意到，各地法院司法实践中意见并不一致，有待予以规范和统一。例如，浙江省高级人民法院执行局浙高法执〔2016〕7 号《关于执行共有财产若干疑难问题的解答》中规定："五、如何确定共有财产的分割方案？答：在份额已经确定的情况下，共有财产可以分割，并且分割不会减损共有财产价值的，人民法院可以先行实物分割后再予变现。如不能进行实物分割，或分割后会导致共有财产价值明显减损的，应当整体变价后执行相应的价款。"

江苏省高级人民法院苏高法〔2018〕86 号《关于执行疑难问题的解答》中规定："对于共有财产，应当先行实物分割后执行，但不能实物分割或分割会导致财产价值明显减损的，执行法院可以整体处置。在人民法院整体处置前，共有人愿意支付被执行人应有份额部分对应的价款申请排除执行，债权人和债务人对此予以认可的，人民法院可以准许。处置时鼓励共有人积极参与竞买，共有人竞买成交后仅需支付被执行人应有份额部分对应的价款即可。"

被执行人的配偶经执行法院通知，拒不对共有财产析产，又符合《物权法》第一百零四条规定的等额共有情形，执行法院可以拍卖共有财产中被执行人等额份额；其配偶提出案外人异议请求排除执行的，应予驳回。(（2018）粤执复 8 号执行裁定)①

① 《广东高院执行裁决要点摘编》2018 年第 1 期（总第 1 期）财产刑执行。

025 离婚当事人房产分割协议是否恶意串通损害债权人利益应由债权人举证？

【典型案例】深圳市 ZKZ 非融资性担保有限公司与何某运、周某兄确认合同无效纠纷上诉案

> **法律焦点：** 协议离婚当事人所签订离婚协议，系当事人基于其实际情况、离婚过错、各自经济状况及婚后的实际经济需要而协商确定，并非单纯的财产分割，而是涉及包括离婚双方当事人及其子女，具有身份利益、人格利益、情感补偿、过错补偿等多种因素的具有家庭伦理属性的一种综合考量。债权人主张离婚双方当事人恶意串通妨害其利益实现的，应负举证责任。
>
> **关键词：** 离婚协议、恶意串通、效力、举证责任

案例索引

一审：广东省深圳市罗湖区人民法院（以下简称罗湖法院）（2018）粤 0303 民初 12809 号民事判决书

二审：广东省深圳市中级人民法院（以下简称深圳中院）（2019）粤 03 民终 5395 号民事判决书

案情介绍

罗湖法院认定：1. 因担保追偿权纠纷，深圳市 ZKZ 非融资性担保有限公司（以下简称 ZKZ 公司）将深圳市罗庚电能科技有限公司（以下简称罗庚公司）、陶某洪、李某英、青海寰晨投资控股有限公司（以下简称寰晨公司）及周某兄、何某运诉至深圳市福田区人民法院。经审理，该院作出（2014）深福法民二初字第 656 号民事判决书，判决认定 ZKZ 公司分别于 2008 年 3 月 21 日、4 月 25 日代罗庚公司向国家开发银行深圳市分行偿还借款（含本金、利息）2815603. 75 元、12601062. 50 元，合计 15416666. 25 元；同时，该判决认定周某兄无须对何某运的保证债务承担连带清偿责任。最后，该院判决罗庚公司向 ZKZ 公司偿还 15416666. 25 元及相应违约金，陶某洪、李某英、寰晨公司及何某运对前述债务承担连带清偿责任。判决生效后，

因债务人未自动履行，ZKZ公司向深圳市福田区人民法院申请强制执行。经该院执行，ZKZ公司共获得执行款106636.41元，后因被执行人无财产可供执行，该院依法裁定终结本次执行程序。

2. 何某运、周某兄于1986年12月5日登记结婚，于2007年8月15日协议离婚。在婚姻关系存续期间，两人生育一子何某龙，出生日期为1989年1月11日。两人离婚协议约定，在夫妻关系存续期间的一切债务由何某运负责（偿还）、所有财产（包括所有银行存款、不动产和动产）归周某兄所有，如需办理权属变更登记手续时，何某运应无条件协助。

3. 在起诉后，ZKZ公司申请调查周某兄名下房产登记情况，法院予以准许。经查，周某兄名下共登记房产四处。其中，位于深圳市罗湖区怡景路房产于1998年5月14日转让，位于深圳市罗湖区二线路房产于2006年5月9日转让，位于东园路房产于2006年9月19日转让，其名下现拥有位于深圳市罗湖区罗沙路房产50%产权。深圳市罗湖区罗沙路房产于2008年12月5日初始登记在被告周某兄及其子何某龙名下，两人分别拥有该房50%产权。

深圳中院除确认上述罗湖法院认定的事实外，还查明：2005年5月25日，何某运向ZKZ公司出具《反担保保证书（自然人反担保）》，承诺何某运愿意向ZKZ公司提供无限连带责任保证反担保，担保的债权种类为由ZKZ公司向罗庚公司提供的金额为2900万元的贷款担保而对罗庚公司享有的债权。2005年6月20日，ZKZ公司与罗庚公司签订《委托担保协议书》，约定ZKZ公司同意为罗庚公司提供担保，担保种类为贷款担保，协议项下的债权人为国家开发银行深圳分行，担保金额为2900万元。2005年6月28日，罗庚公司与国家开发银行深圳市分行签订《借款合同》，约定国家开发银行深圳市分行向罗庚公司提供借款2900万元。同日，ZKZ公司与国家开发银行深圳市分行签订《保证合同》，约定ZKZ公司为罗庚公司与国家开发银行深圳市分行的借款合同提供连带责任保证。何某运为罗庚公司的法定代表人及控股股东。

周某兄与何某龙名下的房产为2007年4月22日何某运作为周某兄和何某龙的代理人购买。何某运在二审庭审中称，其离婚后与案外人生育了子女但未办理结婚登记。何某运确认罗庚公司资不抵债已经破产。

裁判观点

罗湖法院经审理认为，本案系确认合同无效纠纷。ZKZ公司与何某运的债权债务纠纷始于ZKZ公司于2008年3月21日及其后的代偿行为，即ZKZ公司享有对何某运的追偿权至早于2008年3月21日产生，而周某兄转让房产的行为均早于前述日期；目前的房产，至始登记在周某兄及其子何某龙名下，至今并未产生转移登记；同时，据已生效的（2014）深福法民二初字第656号民事判决书确认，周某兄无须对何某运的保证债务承担连带清偿责任，故ZKZ公司提出何某运与周某兄离婚协议中“在夫妻关系存续期间的所有财产（包括所有银行存款、不动产和动产）归周某兄所有”的约定系二人为逃避债务、恶意串通导致降低何某运清偿能力，从而损害ZKZ公司合法权益的主张，法院不予采纳。ZKZ公司要求确认前述离婚协议条款无效的诉讼请求，证据不足，法院不予支持。据此，判决驳回ZKZ公司的全部诉讼请求。

上诉人ZKZ公司不服一审民事判决，向深圳中院提起上诉称：撤销原审判决，改判确认被上诉人周某兄、何某运离婚协议中第四条“在夫妻关系存续期间的所有财产（包括所有银行存款、不动产和动产）归周某兄所有”无效。事实与理由如下：

1. 登记在周某兄和何某龙名下的房屋，系何某运与周某兄夫妻关系存续期间以夫妻共同财产购买，故房屋50%份额虽登记在周某兄名下，但应当为夫妻共同财产。一审仅以房屋办理初始登记时何某运与周某兄已经离婚，径行认定离婚协议约定房屋50%份额归周某兄所有，损害ZKZ公司的合法权益。

2. 一审认定上诉人与被上诉人之间的债权债务发生于2008年3月21日及其后的代偿行为，应属适用法律错误。2005年6月20日，上诉人与罗庚公司签订《委托担保协议书》，约定上诉人就罗庚公司向国家开发银行深圳分行申请的2900万元贷款提供连带责任保证形式担保。何某运等人向上诉人提供连带保证责任形式反担保。2005年6月28日，罗庚公司与国家开发银行深圳分行签订《借款合同》；同日，上诉人与国家开发银行深圳分行就上述借款签订《保证合同》，合同约定上诉人就上述借款合同提供连带责任保证形式担保。何某运等人于2005年6月28日起便对上诉人负有反担保义务，何某运此后任何可能降低其清偿能力的行为，都将损害上诉人合法权益。

3. 一审认定二被上诉人没有恶意串通，逃避债务，损害上诉人合法权益的主观意图，亦属适用法律错误。二被上诉人之间的离婚协议具有恶意串通，通过离婚分割财产，逃避债务的典型特征。一审法院未查明二被上诉人离婚的真实原因，在二被上诉人离婚协议疑点众多的情况下，径行认定双方不存在恶意串通，逃避债务的主观意图，亦属适用法律错误。

4. 一审法院认定二被上诉人的离婚协议未损害上诉人作为债权人的合法权益，

更属适用法律错误。2007年8月15日，二被上诉人协议离婚，将夫妻共同所有的全部财产，分割给周某兄，严重降低了何某运作为反担保人的清偿能力，直接降低了上诉人实现债权的可能，严重损害了上诉人作为债权人的合法权益。

针对ZKZ公司的上诉，何某运答辩称：1. 上诉人所称的必须要查明的事实是深圳市罗湖区房屋的购买情况以及是否属于何某运与周某兄两人的夫妻共有财产，与本案的审理没有直接的利害关系，上诉人的诉请是确认何某运与周某兄离婚协议中关于财产归属的约定无效，只有法院在对该请求进行裁决以后，才会涉及财产归属问题，因此上述房产的权利归属关系与本案的审理结果没有牵连，不属于法院必须查明的事实。

2. 一审认定上诉人与何某运之间的债权债务始于上诉人于2008年3月21日及其以后的代偿行为完全正确，上诉人作为罗庚公司向国家开发银行深圳分行借款的担保人，其代偿行为最早发生于2008年3月21日，也只有从该时间起其才享有对何某运追偿的权利。

3. 上诉人仅靠主观臆想推定何某运与周某兄二人恶意串通，逃避债务，明显缺乏事实依据。（1）何某运与周某兄二人离婚是因为两人夫妻感情破裂，在离婚前就已经实际分居两年，而且何某运在与周某兄离婚以后又于2010年组成了家庭，并生育了子女，因此何某运与周某兄两人离婚并非上诉人主观臆想的为了逃避债务而假离婚。（2）何某运与周某兄协议离婚时，双方对相关财产的处分符合婚姻法的相关规定，且二人对外亦不负有共同债务，主观上不存在逃避履行债务的故意。（3）两人协议离婚时，罗庚公司与国家开发银行深圳分行签订的借款担保合同尚在履行过程中，主债务的偿还期限尚未到期，而作为借款主债务人的罗庚公司经营正常，还在按照借款合同的约定正常履行还款义务，而上诉人作为罗庚公司的担保人，在当时亦未承担任何的代偿责任，因此何某运作为上诉人提供担保的反担保人，在主债务合同尚在正常履行的情况下，亦不存在为逃避履行担保债务与周某兄恶意串通损害他人利益的故意。（4）上诉人主张何某运与周某兄恶意串通，仅凭主观臆想，并未提供任何有恶意串通情形的相关证据。

4. 何某运与周某兄在协议离婚时不存在损害上诉人的所谓合法利益，二人于2007年8月15日办理离婚手续时主债务的借款期限尚未到期，上诉人作为该合同的保证人，亦没有承担相应担保责任，也就是说其作为保证人，向作为反担保人的何某运行使追偿的权利亦没有形成，因此该离婚协议不存在损害上诉人的合法利益之情形。

综上，一审判决认定事实清楚，证据充分，适用法律正确，依法应予以维持。

针对 ZKZ 公司的上诉，周某兄答辩称：一审判决事实认定正确，适用法律得当，作出的判决是正确的，应依法予以维持，上诉人的上诉理由纯属主观臆断，没有任何事实依据和法律依据，应依法予以驳回。

深圳中院经审理认为，本案为确认合同无效纠纷，二审争议的焦点为何某运、周某兄离婚协议中的财产处理条款是否为恶意串通为逃避债务作出的约定。ZKZ 公司主张其为何某运经营的罗庚公司的银行贷款提供担保，何某运为其担保提供反担保，何某运为逃避还款责任与周某兄恶意串通，在离婚协议中约定所有债务由何某运承担而所有财产由周某兄享有，该协议损害了 ZKZ 公司的利益，应属无效。何某运、周某兄则否认存在恶意串通的情形，何某运主张其对 ZKZ 公司的债务形成于离婚之后，故其不存在避债的故意。对此本院认为，首先，罗庚公司向银行借款、ZKZ 公司为罗庚公司提供担保、何某运向 ZKZ 公司出具《反担保保证书（自然人反担保）》均发生于 2005 年，何某运与周某兄协议离婚发生于 2007 年，故何某运离婚时对 ZKZ 公司已经负有反担保合同义务。何某运作为罗庚公司的控制人，应清楚罗庚公司的经济情况，其离婚后不久 ZKZ 公司即因罗庚公司无力还款而承担代偿义务，故何某运在离婚时应能预见其离婚后将向 ZKZ 公司承担还款责任，其存在逃避债务的动机。原审认定 ZKZ 公司与何某运的债权债务关系始于 ZKZ 公司的代偿行为，失之偏颇，本院予以纠正。其次，涉案房产由何某运作为周某兄、何某龙的代理人购买于何某运、周某兄离婚前夕，周某兄名下的份额在离婚时应属于何某运和周某兄的夫妻共同财产。何某运、周某兄在离婚协议中约定“一切债务由何某运负责（偿还）、所有财产（包括所有银行存款、不动产和动产）归周某兄所有”，何某运放弃前述房产在内的所有夫妻共同财产并自愿承担所有债务，何某运和周某兄在诉讼中无法对该约定的合理性作出令人信服的解释，ZKZ 公司主张双方该项约定系以逃避债务为目的，具有高度盖然性，本院予以采纳。最后，根据《合同法》第七十四条第一款的规定，何某运在明知罗庚公司无力偿还债务，其个人将承担反担保义务的情况下，在离婚协议中无偿放弃全部夫妻共同财产，ZKZ 公司作为债权人亦有权请求法院撤销何某运该损害债权人利益的不当行为。基于上述考量，本院对 ZKZ 公司确认何某运、周某兄离婚协议中前述财产处理条款无效的请求予以支持。

综上所述，上诉人 ZKZ 公司的上诉请求具有事实与法律依据，本院予以支持。原审判决认定事实不清，适用法律不当，本院予以改判。依照《合同法》第五十二条、《民事诉讼法》第一百七十条第一款第二项的规定，判决如下：一、撤销罗湖法院（2018）粤 0303 民初 12809 号民事判决；二、确认周某兄、何某运离婚协议中关于“夫妻关系存续期间的所有财产（包括所有的银行存款、不动产和动产）归女方周某兄所有”的约定无效。本案一审案件受理费100元、二审案件受理费100元，均由周某兄、何某运负担。

案例述评

一、关于民法上“恶意串通”的理解及ZKZ公司的证明责任

我国《民法典》第一百五十四条规定：“行为人与相对人恶意串通，损害他人合法权益的民事法律行为无效。”从法理上理解，此处的“恶意串通”为主观因素，是指双方当事人均具有共同的目的，希望通过订立合同损害国家、集体或者第三人的利益。它可以表现为双方当事人事先达成协议，也可以表现为一方当事人作出意思表示，对方当事人明知其目的非法，而以默示的方式接受。它可以是双方当事人相互配合，也可以是双方共同作为。

本案中，ZKZ公司主张何某运与周某兄恶意串通、逃避债务，为证明该主张，ZKZ公司首先应证明在二人协议离婚时，周某兄对何某运的对外负债尤其是案涉反担保债务的存在明确知晓。但在ZKZ公司担保追偿纠纷案件和本案一审及二审中，ZKZ公司所举证据均不足以证明周某兄在与何某运离婚时对案涉债务的存在明确知晓。虽然在二人离婚时，周某兄分得了较多财产，但仅根据此事实并不足以认定在双方离婚时周某兄即具备和何某运合谋转移财产以逃避债务的主观故意。ZKZ公司关于二人之间恶意串通逃避债务的主张，无事实和法律依据。

二、关于恶意串通的举证责任分配

二审判决违背了民事诉讼举证责任分配“谁主张，谁举证”的一般原则，失之偏颇地认为何某运、周某兄二人在诉讼中无法对离婚协议中“一切债务由何某运负责（偿还）、所有财产（包括所有银行存款、不动产和动产）归周某兄所有”、何某运放弃前述房产在内的所有夫妻共同财产并自愿承担所有债务约定的合理性作出令人信服的解释，ZKZ公司主张该项约定系以逃避债务为目的具有高度盖然性，故予以采纳。

二审判决以ZKZ公司主张上述包括房产在内财产分割的约定系以逃避债务为目的具有高度盖然性不妥。理由如下：

1. 依照《最高人民法院关于适用〈中华人民共和国民事诉讼法〉的解释》第九十一条规定，人民法院应当依照下列原则确定举证责任的承担，但法律另有规定的除外：（1）主张法律关系存在的当事人，应当对产生该法律关系的基本事实承担举证证明责任；（2）主张法律关系变更、消灭或者权利受到妨害的当事人，应当对该法律关系变更、消灭或者权利受到妨害的基本事实承担举证证明责任。本案中，ZKZ 公司主张何某运、周某兄之间的离婚协议具有恶意串通，通过离婚分割财产以逃避债务的典型特征，损害债权人利益，二审法院将恶意串通损害债权人利益的举证责任分配给何某运、周某兄，于法无据，正如刑事案件中，不能让犯罪嫌疑人、被告人自证无罪一样，“举重以明轻”，本案中不应将离婚协议约定合理性以及是否恶意串通、损害 ZKZ 公司利益的举证责任分配给离婚当事人。

2. 需要说明的是，二审判决在本院认为部分违反民事诉讼“不告不理”的处理原则，超出当事人的诉讼请求，援引《合同法》第七十四条第一款的规定，认为 ZKZ 公司作为债权人亦有权请求法院撤销何某运损害债权人利益的不当行为。《合同法》第七十四条第一款规定：“因债务人放弃其到期债权或者无偿转让财产，对债权人造成损害的，债权人可以请求人民法院撤销债务人的行为。债务人以明显不合理的低价转让财产，对债权人造成损害，并且受让人知道该情形的，债权人也可以请求人民法院撤销债务人的行为。”据此规定，债权人可以行使撤销权的情形有三种：一是债务人放弃其到期债权，且该行为对债权人造成损害；二是债务人无偿转让财产，且该行为对债权人造成损害；三是债务人以明显不合理的低价转让财产，对债权人造成损害，且受让人知道该情形。

本案中，ZKZ 公司显然不能行使撤销权，理由如下：首先，何某运、周某兄原系夫妻关系，双方在离婚时对夫妻共同财产进行分割处理，不属于放弃到期债权。其次，《离婚协议书》系二人基于其实际情况、离婚过错、各自经济状况及婚后的实际经济需要而协商确定，并非单纯的财产分割，而是涉及包括离婚双方当事人及其子女的，具有身份利益、人格利益、情感补偿、过错补偿等多种因素具有家庭伦理属性在内的一种综合考量，其既应当考虑到双方婚生子女的抚养、双方对于婚姻的忠诚情况，也应当考虑到离婚后双方当事人的实际经济状况、特殊的经济需求等。本案并不属于无偿转让财产。另外，ZKZ 公司于 2014 年 1 月在深圳市福田区人民法院（2014）深福法民二初字第 656 号担保追偿权纠纷一案中即已知道了何某运、周某兄协议离婚、分割财产的事由，但直至 2018 年才向一审法院提起本案诉讼，根据我国《合同法》第七十五条“撤销权自债权人知道或者应当知道撤销事由之日起一年内行使。自债务人的行为发生之日起五年内没有行使撤销权的，该撤销权消灭”的规定，ZKZ 公司即便起诉要求行使撤销权也明显超出撤销权行使的一年期限。

3. 2007 年 8 月 15 日何某运、周某兄离婚时何某运并非已经对 ZKZ 公司负有现实的反担保合同义务，而是仅具有可能的期待性的反担保义务，理由是：一方面，此时ZKZ公司尚未实际履行代偿义务，其为借款人罗庚公司向贷款银行实际履行代偿义务的时间为2008年3月21日和同年4月25日；另一方面，对ZKZ公司提供反担保的并不限于何某运，尚有案外人陶某洪、李某英、寰晨公司。ZKZ公司直至2014年1月6日才作为原告向深圳市福田区人民法院提起担保追偿权纠纷案，该法院于2015年7月20日作出（2014）深福法民二初字第656号民事判决，判决申请人何某运，案外人陶某洪、李某英、青海寰晨公司就罗庚公司应偿还ZKZ公司的债务15416666.25元及相应违约金承担连带清偿责任。

4. 案涉房屋购买时系以周某兄及何某龙为买受人，在何某运与周某兄离婚时，案涉房屋尚未办理产权登记，并不能进行实物分割，无论何某运还是周某兄及何某龙在2008年12月5日案涉房屋办理产权登记之前，均并不享有房屋所有权，周某兄及何某龙享有的仅为登记请求权和所有权取得的期待权。何某龙系何某运与周某兄之子。2007年购买案涉房屋时何某龙已成年，根据我国《物权法》第九条有关物权登记效力的规定，案涉房屋属周某兄与何某龙二人按份共有，并不违反法律强制性规定，也符合我国社会习俗，并不影响何某龙作为共有人的法律地位。并且，案涉房屋购置于何某运与周某兄离婚之前，且何某龙已成年，属于家庭共同成员，而家庭成员之间形成的财产共同共有关系，通常因身份关系而发生，具有婚姻家庭上的法律义务或道德伦理内容，不能单纯以出资或者贡献大小分割共有财产，否则有悖传统家庭美德。

026 离婚协议约定夫妻借名所买房屋归一方所有，该方如何主张权利？

法律焦点：共有人关于共有财产归属的约定并不必然导致不动产所有权的变动，夫妻一方基于借名购房合同及离婚协议约定主张确认房屋归其所有的，不应提起物权保护之所有权确认纠纷，而应提起合同纠纷，并要求出名人为其办理房屋过户登记手续。

关键词：离婚、借名买房、物权期待权、债权、所有权确认

【典型案例一】原告杨某与被告韩某1、第三人韩某2所有权确认纠纷案

案例索引

一审：广东省深圳市宝安区人民法院（以下简称宝安法院）（2016）粤0306民初17742号民事判决书

案情介绍

宝安法院审理查明：2006年5月25日，杨某和韩某2登记结婚。同年12月30日，韩某1作为买方与作为卖方的深圳市城市建设投资发展有限公司签订了一份《深圳市房地产认购书》，约定韩某1认购深圳市龙华新区民治街道人民南路七里香榭花园9栋1单元8C号房地产（以下简称案涉房屋）。

2007年1月6日，韩某1作为买方与作为卖方的深圳市城市建设投资发展有限公司签订了一份《深圳市房地产买卖合同（预售）》，约定韩某1以人民币601237元（币种下同）购买案涉房屋。同年3月28日，韩某1作为借款人与作为贷款人的兴业银行股份有限公司深圳南新支行签订了一份《个人住房借款合同》，约定该行为韩某1购买案涉房屋发放贷款48万元，借款期限为360个月，自2007年3月28日至2037年3月28日，还款方式为等额本息偿还。案涉房屋作为该借款抵押担保，抵押权人为兴业银行股份有限公司深圳南新支行。

2007年11月3日，深圳市城市建设投资发展有限公司交付了案涉房屋，并签署了《房屋交接验收表》。2008年5月6日，案涉房屋取得了深房地字第5000322529号

《房地产证》，权利人为韩某1。

2009年10月15日，杨某和韩某2签订了一份《离婚协议书》，约定宝安区73区佳华新村3栋5座801房归韩某2所有，宝安区民治街道七里香榭按揭房（即案涉房屋）和现使用车辆归杨某所有，杨某支付韩某2.25万元，杨某须在2009年12月15日之前搬离佳华新村3栋5座801。同日，杨某和韩某2办理了离婚登记。2011年，杨某对案涉房屋进行了装修，并入住使用案涉房屋。

在本案审理过程中，被告和第三人未向宝安法院提交任何证据。

另查明，韩某1与韩某2系亲姐弟关系，每月的案涉房屋购买的首期款、按揭款均由原告和第三人支付或偿还，相关购房款收据、税费收据、个人住房借款合同、贷款银行借款借据、房屋交接验收表、还款存折等原件均由原告持有，房地产证原件因抵押由贷款银行保管。案涉房屋在购买之后一直处于毛坯状态，在原告和第三人离婚后由原告装修并入住使用。

原告杨某为深圳户口，名下没有房产；其愿意一次性还清案涉房屋银行抵押贷款，并愿意支付案涉房屋过户登记的所有税费。

原告杨某诉称，原告与第三人韩某2原系夫妻关系，被告韩某1为第三人胞弟。原告与第三人于2006年5月结婚，于2009年10月离婚。2006年12月，原告、第三人和被告经口头协商，一致约定以被告的名义购买案涉房屋，所有费用由原告夫妇承担，被告仅为名义所有人，实际所有权及相应的使用、收益、处分等权益归原告夫妇。根据上述口头协议，被告韩某1以自己的名义办理了购房的相关手续。案涉房屋于2007年4月办理抵押登记，于2007年11月交付使用，于2008年5月办理房产证。购买案涉房屋的所有费用，包括定金、首期款、契税、登记费、每月的按揭款等均由原告夫妇支付，以被告名义开设的还款账户也由原告夫妇管理，案涉房屋也一直由原告夫妇进行管理、交付物业管理费。2009年10月，原告与第三人协议离婚。在离婚协议中，原告与第三人进行了夫妻共同财产的分割，约定案涉房屋归原告所有。离婚后，原告对案涉房屋进行了装修并入住，案涉房屋的银行按揭款、物业管理费由原告负担。鉴于原告与第三人已无复婚可能，案涉房屋继续登记在被告名下将给原告和被告造成诸多不便，原告最近要求被告办理产权变更手续，被告却以种种理由推卸、拒绝。原告认为，案涉房屋虽然登记在被告名下，但实际所有权属于原告和第三人的夫妻共同财产，而在原告与第三人离婚后，案涉房屋已由共同财产变更为原告个人财产。被告拒绝办理房屋产权变更登记，侵害了原告的财产所有权。为了维护原告的合法权益，特向法院提起诉讼，请求判令：一、确认案涉房屋归原告所有（房产登记价601237元）；二、被告协助原告将案涉房屋变更至原告杨某名下；三、全部诉讼费用由被告承担。

被告韩某1答辩称：一、被告自始对案涉房屋享有所有权，原告要求确认案涉房屋所有权没有事实和法律依据。二、原告与被告之间不存在所谓的口头协商一致的事实，从原告所提交的所有证据中也无法证明该证据的存在。三、原告与第三人在离婚协议中对被告的财产进行约定，根据合同相对性的原则，该约定对被告没有约束力，如此约定是对被告合法权益的损害。四、被告拥有涉案房屋所有权，被物权法所确认，也被相关政府部门进行了登记。在本案原告没有相反证据的情况下，应当维护房地产登记的效力。五、原告与第三人支付了首期款及房屋的按揭款，是基于与被告存在特定的身份关系。同时，原告及第三人在婚姻存续期间为被告利益所为的法律行为可以认定为是为第三人利益而签订的合同行为。综上，被告认为原告以确认房屋所有权的案由提起诉讼，没有事实和法律依据。原告与第三人之间离婚协议确定的仅仅是债权债务关系，跟物权确认没有联系，请求依法驳回原告的诉讼请求。

第三人韩某2答辩称：一、第三人并非本案适格的第三人，本案案由为所有权确认纠纷，但第三人与案涉房屋在产权上没有关系。本案的处理结果及案涉房屋的所有权归属与第三人没有任何利害关系。二、原告与被告之间并不存在所谓的借名买房的口头协议，该案涉房屋自始至终都是被告在办理相关购房手续，并与银行签订抵押借款合同，最终也是登记在被告名下。第三人作为被告的胞姐，在被告买房过程中给予一定的资金帮助，符合一般中国家庭的亲情伦理。三、离婚协议书系第三人对夫妻共同财产错误认识所达成，第三人对此保留撤销该份协议书的权利。四、原告所提证据不足以证明三方之间存在借名买房的口头协议，更不能证明其个人对案涉房屋拥有所有权。综上，请求依法驳回原告的诉讼请求。

裁判观点

宝安法院审理认为，案涉房屋虽然登记在被告名下，但从审理查明的事实可知原告持有交付房款的收款收据原件、还款存折的原件，且每月按揭款均由原告和第三人实际偿还，原告还持有开发商签署的房屋交接验收表原件。被告并未实际使用案涉房屋，作为被告姐姐的第三人在与原告离婚时明确约定案涉房屋系夫妻共同财产，且在离婚时约定分割给原告，之后由原告装修使用。综上，不动产登记簿虽然有不动产权利推定力，但并不能最终决定实体上的法律关系的存在与否，上述事实足以说明原告和第三人以被告名义购买案涉房屋，并且实际支付了全部购房款，是该房屋的真正购买人及实际所有权人。根据《物权法》第三十三条关于“因物权的归属、内容发生争议的，利害关系人可以请求确认权利”的规定，及《最高人民法院关于适用〈中华人民共和国物权法〉若干问题的解释（一）》第二条关于“当事人有证据证明不动产登记簿的记载与真实权利状态不符、其为该不动产物权的真实权利人，请求确认其享有物权的，应予支持”的规定，案涉房屋的实际所有权人为原告和第三人，案涉房屋系原告和第三人的夫妻共有财产。因原告和第三人在离婚时对案涉房屋进行了分割，案涉房屋归原告所有，因此案涉房屋的现实际所有权人应为原告。

关于案涉房屋过户登记。因案涉房屋的实际所有权人为原告，因此被告和第三人应当将案涉房屋过户登记至原告名下，但案涉房屋上存在抵押负担。根据《物权法》第一百九十一条第二款的规定，抵押期间，抵押人未经抵押权人同意，不得转让抵押财产，但受让人代为清偿债务消灭抵押权的除外，因此案涉房屋过户登记须满足抵押债务清偿这一条件，原告愿意一次性清偿案涉房屋抵押贷款，因此案涉房屋过户登记障碍可以消除。综上，被告应于本判决生效后 30 日内注销案涉房屋抵押登记，注销抵押登记所需偿还的银行贷款、利息等及所需支付的注销抵押登记费用等均由原告承担，抵押权人兴业银行股份有限公司深圳南新支行应予配合。被告应于案涉房屋抵押登记被注销后 10 日内将案涉房屋过户登记至原告和第三人名下，第三人应于案涉房屋过户登记至其名下后 10 日内将案涉房屋过户登记至原告名下，上述两次过户登记所涉及的税费均由原告负担。

综上所述，依照《物权法》第三十三条、第一百九十一条第二款，《最高人民法院关于适用〈中华人民共和国物权法〉若干问题的解释（一）》第二条，《民事诉讼法》第六十四条第一款的规定，判决如下：一、确认案涉房屋归原告杨某所有；二、被告韩某 1 应于本判决生效后 30 日内注销案涉房屋抵押登记（注销抵押登记所需偿还的银行贷款、利息等及所需支付的注销抵押登记的费用等均由原告杨某承担）；三、被告韩某 1 应于案涉房屋抵押登记被注销后 10 日内将案涉房屋过户登记至原告杨某和第三人韩某 2 名下，第三人韩某 2 应于案涉房屋过户登记至原告杨某和第三人韩某 2 名下后 110 日内将案涉房屋过户登记至原告杨某名下，原告杨某负协助义务，上述两次过户登记所涉及的税费均由原告杨某负担。本案受理费 4906 元、保全费 3526. 18 元，由被告负担。

【典型案例二】原告张某明与被告涂某彪、涂某富所有权纠纷案

案例索引

一审：浙江省德清县人民法院（以下简称德清法院）（2017）浙 0521 民初 1115 号民事判决书

案情介绍

诉争房屋坐落于德清县乾元镇公园路 7－11 号，房屋建筑面积为 60.39 平方米。该房屋在 2006 年 3 月登记所有权人为涂某彪，于 2016 年 10 月 14 日补发了浙（2016）德清县不动产权第 0003426 号的房屋不动产权证书。

涂某彪系涂某富的哥哥，原系德清县银港装卸运输公司（2013 年 9 月 18 日更名为德清县银港物业管理有限公司）职工。涂某富原系德清县第一建筑公司职工，2004 年 8 月至 2006 年 12 月在德清县诚德房地产经纪事务所工作。张某明原系德清县红旗丝厂职工，1998 年 7 月 24 日与涂某富登记结婚，夫妻二人在 1998 年 7 月 14 日参加德清丝厂单位房改并享受了房改政策。2003 年 12 月张某明落户××组 29 户（德清县乾元镇公园路 7－11 号），2006 年 12 月 20 日张某明与涂某富协议离婚。

诉争的德清县乾元镇公园路 7－11 号房屋原系德清县房产管理处公有住房，原系涂某富租住，张某明与涂某富结婚前已在该房屋共同租住。1998 年 7 月 24 日涂某富与张某明结婚后，夫妻双方搬迁至德清丝厂宿舍单位房改房居住。事后，涂某富将诉争房屋用于开设自行车修理铺，直至 2004 年涂某富去德清县诚德房地产经纪事务所工作为止。

2003 年德清县住房委员会办公室、德清县物价局实施了“德清县出售（换购）公有住房”政策，因涂某富、张某明夫妻二人已享受房改政策，而涂某彪尚未享受过房改政策事宜，故涂某富出面到涂某彪单位德清县银港装卸运输公司于 2005 年 11 月 30 日办理涂某彪未参加房改的证明，用于借涂某彪名义购置房改房。事后，涂某富、张某明夫妻借涂某彪能享受房改政策的资格进行买房，于 2006 年 3 月至 7 月出资 12682 元购买了德清县乾元镇公园路 7－11 号的房屋，并以被借名人涂某彪的名义进行办理房屋产权证手续。在该房屋购置过程中，因涂某富原本从事房地产中介工作，故办理该房屋购置的相关手续均由涂某富操作，涂某彪未参与也未办理过委托涂某富代理买房的手续。事后，张某明于 2006 年 6 月在德清县乾元镇公园路 7－11 号房屋内开设了“德清县乾元镇来缘婚介所”用于经营至 2010 年 5 月。

2006 年下半年，张某明与涂某富夫妻关系恶化，双方在商议协议离婚过程中，对夫妻共同财产进行分割时，因诉争房屋登记在涂某彪名下，张某明要求涂某富负责处理诉争房屋的产权过户手续（转户至张某明名下），涂某富未提出异议，并于 2006 年 9 月 14 日、12 月 4 日张某明与涂某富夫妻以张某明与“涂某彪”签订的《房地产买卖契约》一份，缴纳了房屋的契税、印花税、房产登记费办理过户，但事后迟迟未能完成房产的过户登记手续。

2006年12月20日，张某明与涂某富因夫妻感情不和而协议离婚，其中约定将德清县乾元镇公园路7－11号房屋作为夫妻共同财产分割归张某明所有。离婚后，张某明仍在德清县乾元镇公园路7－11号房屋开设德清县乾元镇来缘婚介所至2010年5月。2010年5月至2016年9月，张某明将公园路7－11号房屋用于出租并收取租金。

2016年8月，案外人德清县乾元镇拆迁事务所与涂某彪签订了《房屋收购协议》以259677元收购了诉争的德清县乾元镇公园路7－11号房屋，《房屋收购协议》的落款甲方为德清县乾元镇拆迁事务所盖章，委托代理人王伟忠签字，落款乙方为陈某签字。事后，德清县乾元镇拆迁事务所对诉争房屋进行原地维修、改造，但房屋的登记权属未发生变动。其间，张某明因诉争房屋的收购、维修、改造事宜与涂某彪、涂某富、德清县乾元镇拆迁事务所发生争议。

2016年11月张某明对诉争房屋的产权进行维权，张某明持前述2006年9月14日的《房地产买卖契约》向德清法院起诉，请求判令：1. 张某明与涂某彪签订的《房地产买卖契约》合法有效；2. 由涂某彪、涂某富协助张某明办理德清县乾元镇公园路7－11号房屋的产权过户登记手续。诉讼中，涂某富答辩陈述该《房地产买卖契约》中的“涂某彪”名字系涂某富自认冒签“涂某彪”名字而非涂某彪本人签字，故张某明于2016年12月30日向德清法院提出申请撤回对涂某彪、涂某富的起诉，德清法院依法予以准许。

2017年3月20日，张某明再次以“借名购房”的合同之诉提出诉讼，请求判令德清县乾元镇公园路7－11号房屋归张某明所有，涂某彪、涂某富协助张某明办理上述房屋的产权过户手续，纠纷再次成诉。

在二次诉讼期间，涂某富向张某明出具收条一份、证明一份、与张某明签订的协议书一份，内容表明了德清县乾元镇公园路7－11号房屋所有权人涂某彪，实际所有权人张某明，由涂某富负责办理有关转户手续，由张某明支付涂某富10000元（已先支付2000元），且证明和协议书中还表述了“乾元镇收购房屋款支付给张某明”。2017年5月11日、5月12日德清县乾元镇拆迁事务所分别在证明、协议书上予以盖章确认。事后，因诉争房屋的转户事宜未进行办理，张某明于2017年5月11日在诉讼中申请法院对诉争房屋诉讼保全，德清法院于2017年6月2日依法查封了德清县乾元镇公园路7－11号［不动产权证书：浙（2016）德清县不动产权第0003426号］的房产权属。

又查明，诉争的德清县乾元镇公园路7－11号房屋在张某明与涂某富于2006年12月20日协议离婚约定归张某明所有后至2016年8月发生收购事宜止，该房屋一直由张某明控制使用、出租经营并收取租金，涂某彪、涂某富均一直未提出过异议，同时，张某明在控制、使用、出租诉争房屋的过程中以房东身份多次与邻居、承租户发生纠纷，并出现报警、社区调解等事宜，涂某富、涂某彪也均未提出过异议。且张某明一直持有诉争房屋的出资购置凭证、门牌证、有线电视用户证、曾因办理过户事宜缴纳的税款凭证和2011年颁发的登记户名为涂某彪的房屋所有权证和国有土地使用证及诉争房屋的水表缴费清单。

还查明，诉争房屋德清县乾元镇公园路7－11号在2006年房改购房时产权登记办理中存档的2005年11月30日的《德清县出售（换购）公有住房审批表》、2006年3月20日的《公有住房买卖协议书》、2006年6月30日的《浙江省私有房屋所有权登记申请书》以及2006年9月14日张某明与“涂某彪”签订的《房地产买卖契约》中的“涂某彪”签名均非涂某彪本人签字，涂某彪陈述本人不识字、不会写字，且均不知情。

裁判观点

德清法院审理认为，不动产权属证书是登记机关颁发给权利人作为其享有权利的证明，但其只具有“推定的证据效力”，不具有“绝对”的证据效力。即不动产权属证书记载的事项在无相反证据证明的情况下，应推定不动产权属证书记载的事项真实，但产权权属证书本身并不能直接决定实体法律关系即实际权利的状况。在该不动产物权不涉及善意第三人的情况下，当事人有相反证据证明其为真正的权利人时，即因物权的归属、内容发生争议的，利害关系人可以请求确认权利，应探求双方真实意思表示来确认真正权利人，不能简单按照房屋产权证书上登记的产权人认定物权所有人，而应当根据当事人的举证，法院查明的事实确定物权所有人。故本案原告张某明以“借名买房”的合同之诉提出请求，本院依法予以审查。

“借名买房”是指实际出资人借用他人名义购房，并以他人名义登记房屋所有权的行为。房屋的实际出资人为事实购房人或者真正购房人、借名人，被借名人为名义购房人或出名人。经审查，本案原告提供的证据足以证实原告张某明及其配偶涂某富与被告涂某彪之间存在借名买房关系，且因原告张某明与被告涂某富离婚约定诉争房屋归原告张某明所有，该约定对双方具有法律约束力，故原告张某明有权对诉争房屋请求确认权利。认定理由如下：

1. 从借名买房的原因和动机看，其原因是涂某富、张某明夫妻二人已享受房改政策，而涂某彪尚未享受房改政策事宜能购买德清县乾元镇公园路7－11号房屋；其动机是涂某富夫妻借其哥哥涂某彪的资格享受房改政策优惠，规避房改购房的政策，贪图利益，符合情理。

2. 从借名买房的合意看，涂某富、张某明夫妻与涂某彪之间虽无书面借名合同，但从张某明提供的书证德清县银港物业管理有限公司的证明，证人田某1、蔡某的证言和涂某彪在诉讼中对诉争房屋的出资购买事实作的前后矛盾的二次陈述，且从诉争房屋长期由张某明、涂某富一方占有、使用、出租并持有房屋产权证书的情况看，表明双方之间确实存在“借名买房”的意思表示。否则，涂某彪对德清县乾元镇公园路7－11号房屋在长达10年的时间里从未提出异议、放任管理且也从未持有房屋产权证书及其他相关证件、凭证，不合常理。同时，从张某明与涂某富离婚时张某明要求涂某富负责办理诉争房屋的过户而进行的缴纳税款凭证、双方协议离婚分割夫妻共同财产时约定将诉争房屋归属张某明所有的内容看，均表明涂某富认可诉争房屋实际权利人系张某明的意思表示，张某明与涂某富之间的意思表示是一致的。且在2017年发生诉争房屋被德清县乾元镇拆迁事务所收购事宜，在德清县乾元镇拆迁事务所及涂某富、张某明所在社区工作人员均参与了协调和处理时，张某明要求涂某富办理诉争房屋转户手续时涂某富出具的收条、证明、签字的协议书中的内容也表明诉争房屋的实际所有人系张某明，涂某富仍予以认可。而涂某富与涂某彪作为亲兄弟关系且在兄弟关系并无交恶的情况下，如果诉争房屋不是“借名买房”的关系，涂某富首先应提出诉争房屋产权人系涂某彪，不是夫妻共同财产，即使在其离婚时违背涂某富的内心意愿，涂某富也理应对登记在涂某彪名下的诉争房屋在离婚中归张某明所有的事宜告知涂某彪，但事实上并未发生涂某彪对诉争房屋产权提出异议的争议，有悖常理。故涂某富、张某明夫妻作为“借名买房”的借名人与被借名人涂某彪之间的“借名买房”口头合意存在。

3. 从购房款支付情况看，张某明持有交款人“涂某彪”的购房款发票和资金来源凭证，主张购房款系其与涂某富婚姻存续期间由张某明支持。涂某彪在工作人员送达文书时陈述：德清县乾元镇公园路7－11号房款实际是张某明交的，跟我没有关系；而涂某彪在第二次庭审中主张房款由其支付，但具体不清楚房款金额，是涂某富去办的。这显示了涂某彪在本次诉讼中对借名购房出资事实内心矛盾的心理状态，从而作出了肯定和否定的表述。但张某明提供的证据效力明显强于涂某彪的陈述。

4. 从诉争房屋的居住、使用、控制情况看，诉争房屋无论在房改购房前还是房改购房后，涂某彪从未入住过。涂某富与张某明离婚前，该房屋系涂某富开设自行车修理铺使用，自张某明与涂某富离婚约定该房屋归张某明所有以后，一直由张某明经营支配、出租收取租金；水费缴纳、有线电视费用也一直由张某明支付。同时，张某明在控制、使用、出租诉争房屋的过程中以房东身份多次与邻居、承租户发生纠纷，并出现报警、社区调解等事宜，涂某富、涂某彪也均未提出过异议。

5. 从诉争房屋的相关证件、凭证的持有、保管情况看，诉争房屋的出资购置凭证、门牌证、有线电视用户证、曾因办理过户而缴纳的税款凭证，一直由张某明持有，涂某彪从未持有并提出过异议。张某明与涂某富离婚后，诉争房屋在2010年12月15日以权属证书遗失为由申请补证，2011年1月补发的登记人为涂某彪的房屋所有权证、国有土地使用证仍由张某明持有，涂某彪、涂某富均未提出异议。

上述事实和证据已构成了一个完整的锁链，表明诉争房屋由张某明及其配偶涂某富实际出资，且借名购房后诉争房屋由张某明实际支配、使用长达10年，房屋产权证书及其他相关证件均由张某明持有，涂某彪从未提出异议。故本案中张某明及其配偶涂某富与涂某彪之间的借名买房关系成立。

本案中，借名买房的房屋系借涂某彪名义参加房改政策购置的房改房。对于房改房，是指职工单位将公房以工资性货币分配方式出售给职工，职工以标准价或成本价购买，从而对购买的房屋享有部分产权或全部产权的住房，是国家或单位对职工的一种福利、补偿，而非政策性保障住房，在没有违反《合同法》第五十二条及建设部《已购公有住房和经济适用住房上市出售管理暂行办法》（1999年第69号令）第五条的情况下，借名买房合同应为有效。但该房屋在适用房改政策时体现了涂某彪按政策可享受的工龄住房补贴、优惠标准等国家对职工的福利、补偿政策，张某明及其配偶涂某富出资12682元并非该房屋的实际出售价格。故对涂某富、涂某彪均提出该房屋中涂某彪存在工龄住房补贴贡献和价格政策优惠的观点，予以采信。张某明、涂某富在作为诉争房屋的实际购房人，且张某明根据离婚协议财产分割而取得房屋所有权的同时，应就诉争房屋购置时涂某彪付出的工龄住房补贴、价格政策优惠的贡献作出一定的补偿。本院参考第三方德清县乾元镇拆迁事务所在2016年8月对诉争房屋作出259677元的收购价格，在综合考量诉争房屋的价值积累及增值和涂某彪享受房改政策资格的工龄价格贡献和政策优惠价格贡献后，酌情认定由张某明补偿涂某彪86559元（参照收购价格259677元的三分之一计算）。

德清法院依照《物权法》第九条、第十五条、第十七条、第十九条，《民法通则》第五条，《婚姻法》第三十九条，《最高人民法院关于适用〈中华人民共和国婚姻法〉若干问题的解释（二）》第八条，《合同法》第五条、第十条和《民事诉讼法》第六十四条第一款的规定，判决如下：一、坐落于浙江省德清县乾元镇公园路的7－11号房屋［不动产权证书：浙（2016）德清县不动产权第0003426号］归张某明所有。二、涂某彪、涂某富于本判决生效之日起30日内协助张某明办理上述房屋的产权变更登记手续，办理产权过户的全部费用由张某明承担。三、张某明补偿涂某彪 86559 元，限于本判决生效后 10 日内支付。四、驳回张某明的其他诉讼请求。如果被告未按本判决上述指定的期间履行给付金钱义务，应当依照《民事诉讼法》第二百五十三条之规定，加倍支付迟延履行期间的债务利息。案件受理费 5200 元，保全费 1820 元，合计 7020 元，由张某明负担 2338 元，由涂某彪负担 4682 元。

案例述评

上引两个案例中，原告均是基于借名购房口头合同及离婚协议约定而主张确认讼争房屋归原告所有，并由被告协助原告办理房屋产权变更登记手续。

不同的是，上引案例一中，原告系主张物权保护而提起所有权确认纠纷，将离婚协议另一方列为诉讼第三人，且在诉讼请求中未对该第三人提出具体明确的诉讼请求。宝安法院经审理认定案涉房屋的实际所有权人为原告和第三人，认为案涉房屋本系原告和第三人的夫妻共有财产，因原告和第三人在离婚时对该房屋进行了分割，故案涉房屋的现实际所有权人应为原告。在对案涉房屋过户登记上，法院一方面认为案涉房屋的实际所有权人为原告，被告和第三人应当将案涉房屋过户登记至原告名下；另一方面又认为被告应于案涉房屋抵押登记被注销后 10 日内将案涉房屋过户登记至原告和第三人名下，第三人再应于案涉房屋过户登记至其名下后 10 日内将案涉房屋过户登记至原告名下，上述两次过户登记所涉及的税费均由原告负担。

上引案例二中，尽管德清法院的判决书上载明案由为“所有权纠纷”，但无论是在案件的事实认定还是在法院的判案理由中，德清法院均一再强调该案原告张某明是以“借名买房”的合同之诉提出请求，故并非基于最高人民法院民事案件案由规定中物权保护纠纷之所有权确认纠纷。同时，原告将离婚协议另一方列为诉讼被告，并对其有具体明确的诉讼请求，即要求其与另一被告（被借名人）共同协助原告办理房屋的产权变更登记手续。而德清法院判决中并未判决讼争房屋的产权先由被借名人转移登记至两借名人名下，再由离婚协议一方按照离婚约定将房屋产权转移登记至协议另一方（在房地产证上除名）。

我们认为，虽然离婚协议中的房产分割不等同于房屋买卖，但毕竟涉及借名购房限购政策的实施，故人民法院仍需要审查按照离婚协议约定取得房屋所有权期待权人的购房资格之有无。但是，无论该期待权人有无购房资格，其均不应提起物权保护之所有权确认纠纷，而应提起借名合同纠纷，鉴于最高人民法院民事案由规定中并无“借名购房合同纠纷”案由，故可选择“合同纠纷”的案由。

北京市高级人民法院（以下简称北京高院）民一庭《关于妥善处理涉及住房限购政策的房屋买卖合同纠纷案件若干问题的会议纪要》（2011 年 12 月 13 日）第九条规定：“（规避住房限购政策的借名买房合同的处理原则）因住房限购政策的限制，当事人约定一方以他人名义购买房屋，并将房屋登记在他人名下，借名人以其系实际买受人为由，要求确认房屋归其所有或办理房屋过户登记的，不予支持；借名人因自身条件变化或政策发生调整等原因符合住房限购政策的，可以判决登记人为其办理房屋过户登记手续。”

北京高院《关于审理房屋买卖合同纠纷案件若干疑难问题的会议纪要》（2014 年 12 月 16 日，京高法发〔2014〕489 号）第十条规定，“借名人以出名人（登记人）为被告提起诉讼，要求确认房屋归其所有的，法院应当向其释明，告知其可以提起合同之诉，要求出名人为其办理房屋过户登记手续”。

《广东省高级人民法院关于审理房屋买卖合同纠纷案件的指引》（2017 年 9 月 12 日印发）第二十八条第一款规定，“借他人名义购买房屋，借名人请求确认房屋归其所有的，不予支持。借名人请求出名人（登记权利人）协助办理房屋所有权转移登记的，可予支持，但房屋在限购范围内，借名人不具有购房资格的除外。”

正如最高人民法院就再审申请人关某芳与被申请人王某和、一审第三人邵某朋、蒲某勇、郑某沙案外人执行异议之诉一案，于 2019 年 12 月 25 日所作出的（2019）最高法民申 6088 号民事裁定书的审查中称，《物权法》第九条规定：“不动产物权的设立、变更、转让和消灭，经依法登记，发生效力；未经登记，不发生效力，但法律另有规定的除外。”共有人关于共有财产归属的约定并不必然导致不动产所有权的变动。关某芳请求确认不动产物权已发生变动，最终取决于是否在不动产登记机关办理了合法有效的权属变更。关某芳直接通过本案诉讼的方式请求确认案涉房屋归其所有的条件并不完备。因此，原审法院对关某芳请求确认其对案涉房产享有所有权的诉讼请求不予支持，并无不当。

至于法院是“一步到位”径行判决出名人（被借名人）将讼争房屋产权转移登记至按离婚协议约定取得该房屋的一方借名人，还是分“两步走”先由出名人将房屋产权转移登记到两借名人（离婚协议双方）或一借名人（按离婚协议未取得房屋方）名下，再由按离婚协议未取得房屋的借名人将房屋产权转移登记至按离婚协议取得房屋一方的问题，我们倾向于在满足不违反限购政策的条件时径行判决，以避免产生不必要的税费负担和诉累。毕竟离婚财产分割有别于买卖，而且民事诉讼应当遵循“不告不理”的原则。正如可参照北京市第二中级人民法院民一庭在

《农村房屋买卖合同纠纷审判疑难问题调研》一文中的观点，即房屋转手多次，历次买卖协议均被确认无效如何处理房屋返还上，在仅有最后一手买受人主张损失赔偿，此前的买受人均放弃相关利益的情况下，可按照农民房屋买卖合同无效后的补偿原则，由最后一手买受人直接将房屋依现状返还给第一手出卖人，第一手出卖人则直接向最后一手买受人进行赔偿。

027 房产中介公司前员工盗卖客户房屋损害责任的承担

【典型案例】ML 物业代理（深圳）有限公司与吴某君居间合同纠纷上诉案

法律焦点： 房产中介公司前员工伪造中介公司客户房产证，并在自中介公司离职后盗卖客户房产的行为不属于代表中介公司的职务行为，也不构成对中介公司的表见代理，但对客户的财产损失，中介公司应当根据与客户先前经纪合同的约定，承担与其未适当全面履行合同义务这一过错相适应的违约财产损害赔偿责任。

关键词： 职务行为、表见代理、过错参与度、原因力大小

案例索引

一审：广东省深圳市罗湖区人民法院（以下简称罗湖法院）（2014）深罗法民二初字第 1730 号民事判决书

二审：广东省深圳市中级人民法院（以下简称深圳中院）（2015）深中法涉外终字第 31 号民事判决书

案情介绍

一审法院经审理查明：2006 年 11 月 7 日，吴某君作为买方、ML 物业代理（深圳）有限公司（以下简称 ML 公司）作为居间方，合进投资有限公司作为卖方，三方共同签订了一份《房屋转让及经纪合同书》，约定吴某君通过 ML 公司经纪服务购入位于深圳市罗湖区佳宁娜友谊广场 C 座第 23 层的 C－2305 房；该合同书第二十一条特别注明，物业系带租约转让。钟某信作为 ML 公司代表在该合同书上签字。2006 年 12 月 8 日，吴某君签署授权委托书，授权袁某等人“办理领取过户后的房地产证等产权证明的相关手续”。2006 年 12 月 12 日，合进投资有限公司与吴某君代理人袁某签署了《深圳市房地产买卖合同（现售）》。2006 年 12 月 15 日，吴某君向 ML 公司交付了购房款 555000 元，ML 公司亦向吴某君出具了收款收据。2009 年 8 月 12 日，钟某信作为吴某君的代理人与案外人沈某波签订《深圳市二手房买卖合同》，将上述房产出售给沈某波。钟某信将涉案房产出售后，仍继续向吴

某君支付租金。直至2012年8月吴某君持钟某信向其交付的房产证向房地产登记部门查询，才知房产证系伪造，遂于2012年9月1日向深圳市公安局南湖派出所报警，称钟某信盗卖其涉案房产。对此，一审法院于2013年12月19日作出了（2013）深罗法刑二初字第184号刑事判决，认定事实如下：2006年至2007年，钟某信在与吴某君签订了全权委托合同后帮助吴某君购买了深圳市海燕商业大厦1305房（经估价价值为932000元）、佳宁娜友谊广场C座2305房（经估价价值为971000元）、发展中心1栋2105房（经估价价值为2368800元），钟某信在领取了三套房产的房产证后，分别伪造了相应的房产证交付给吴某君，并于2008年至2009年，持吴某君的委托合同、房产证原件分别将三套房产转卖给他人，获得赃款共计256万元后用于赌博挥霍一空。2012年9月1日，吴某君发现自己被骗后向公安机关报案。经侦查，公安机关民警于2012年11月23日将钟某信抓获归案。并判决：钟某信犯合同诈骗罪，判处有期徒刑13年，并处罚金5000元。钟某信不服一审判决，上诉至深圳中院。深圳中院作出（2014）深中法刑二终字第46号刑事裁定书，裁定驳回上诉，维持原判。

另查：钟某信原为ML公司员工，于2007年3月离职。

深圳中院除确认一审法院查明的上述事实外，另查明：2006年12月8日，吴某君签署的《委托书》内容为：吴某君欲购买位于深圳市罗湖区佳宁娜友谊广场C座C－2305房产，委托袁某、杨某宏、罗某办理购买该房产的有关手续，委托授权包括：办理该房产的过户、转移登记、买卖合同公证、签署房地产买卖合同、领取过户后的房地产证。ML公司确认：袁某于2005年6月6日入职该公司交易管理部，目前担任副主任；杨某宏于2005年3月2日入职该公司交易管理部，于2008年1月1日离职；罗某于2002年7月15日入职该公司交易管理部，目前担任经理。

2009年7月29日，吴某君签署的《委托书》内容为：吴某君拥有位于深圳市罗湖区佳宁娜友谊广场C座C－2305房产，委托钟某信管理、买卖、出租该房产，委托授权包括办理房产公证、过户手续并签署房地产买卖合同、产权转移登记申请表，转让该房产收取楼款、领取《房地产证》并办理与该房产相关的一切手续。

ML公司称2007年1月袁某直接将涉案房产证给了吴某君，但无证据证明。

裁判观点

一审法院经审理认为，本案是居间合同纠纷。吴某君、ML公司之间签订的房屋转让及经纪合同书是双方真实意思表示，没有违反法律和行政法规的强制性规定，合法有效，双方应当遵照履行合同义务以及相关的附随义务。虽然ML公司向吴某君提供的是促成买卖双方订立合同的居间服务，但是根据行业惯例，作为居间方的 ML 公司应当向交易双方提供包括贷款、评估、申办及领取房地产证等相关合同附随义务，对此，从吴某君提供的授权委托书中也可体现。本案中，ML 公司在促成吴某君和卖方达成交易后，未能将代办的房产证交付给吴某君，且在房产证由 ML 公司保管期间，吴某君的房产被 ML 公司员工钟某信盗卖造成损失，ML 公司对此应予以赔偿。

ML 公司主张吴某君与钟某信形成的是个人委托关系，但在吴某君购买涉案房产的经纪合同中，钟某信是作为 ML 公司代表签字的经办人，且有 ML 公司盖章确认，吴某君有充分的理由相信钟某信的居间行为代表 ML 公司。且吴某君购买涉案房产系带租约的物业，因此吴某君向钟某信出具涉案房产的公证委托书符合常理，不能以吴某君对钟某信出具委托书就认定吴某君对涉案房产的损失存在过错。本案中，现已查明 ML 公司员工钟某信犯合同诈骗罪，非法转让涉案房产，因此 ML 公司应当承担由此产生的民事责任。吴某君的损失数额应依据相关事实案件中生效裁定所认定的事实，评估价 971000 元来确定。

关于诉讼时效问题，一审法院认为，虽然吴某君、ML 公司双方的合同订立于 2006 年，钟某信犯罪事实发生在 2009 年 8 月，但由于 ML 公司的员工向吴某君交付了假房产证，且一直向吴某君转账支付租金直至 2012 年，相关的纳税凭证上亦记载吴某君为涉案物业的出租方，故吴某君远在我国台湾地区对其权利被侵害的事实并不知情。直至 2012 年 8 月底才知道其房产被钟某信转卖，依照相关法律规定，诉讼时效应从 2012 年 8 月 31 日起计算两年。吴某君在 2014 年 4 月就本案提起诉讼，并未超过诉讼时效。

据此，一审法院依照《合同法》第六十条、第九十二条、第一百零七条、第四百二十五条，《民法通则》第一百三十五条、第一百三十七条，《民事诉讼法》第六十四条、第一百四十二条之规定，判决：ML 公司应于判决生效后 10 日内赔偿吴某君损失 971000 元。如未按判决指定的期间履行给付金钱义务，应当依照《民事诉讼法》第二百五十三条之规定，加倍支付迟延履行期间的债务利息。一审案件受理费人民币 13510 元，由 ML 公司负担。

ML 公司向深圳中院上诉请求：一、撤销一审民事判决书；二、驳回吴某君的诉讼请求；三、本案一、二审诉讼费由吴某君承担。理由是：

一、吴某君出具给钟某信的公证委托书，授予了钟某信收取租金、出售房产、收取售楼款等权限，已经严重超出了 ML 公司与吴某君之间居间服务的范畴及内容，是吴某君与钟某信个人之间建立了委托关系，与 ML 公司无关，ML 公司也不知情，不能因钟某信当时是ML公司的员工，就将其所从事的所有行为都推定为职务行为。一审法院避开了该项事实，导致未能查明案件事实。吴某君与ML公司之间是因购买罗湖区佳宁娜友谊广场C座第23层C－2305号房而形成的居间服务关系，该服务关系在吴某君购得该房产时即终止。而吴某君授予钟某信有关收取租金、出售房产、收取售楼款等权限，不属于购买该房产所需要的权限内容，也不是购买该房产所需提供的服务内容。因此，该项委托，是建立在吴某君与钟某信两人之间的，与ML公司无关，且ML公司也不知情。另外，深圳市海燕商业大厦1305号房、发展中心1栋2105房，吴某君都不是通过ML公司购买的，但吴某君同样都出具了公证委托书给钟某信，导致钟某信能够盗卖该两套房产。由此可见，吴某君出具公证委托书给钟某信，并非因为钟某信是ML公司的员工，而是吴某君长期以来对钟某信个人盲目的信任和信赖，从而在吴某君与钟某信之间建立了长期的委托代理关系。

二、吴某君到公证处出具公证委托书给钟某信时，必须持有房地产证原件，如果没有房地产证原件，公证处是不可能办理该项公证事宜的。也就是说，吴某君曾经持有2305号房的房地产证原件，只是后来被钟某信以假房地产证换掉了，吴某君本身应该承担全部责任，而不能将责任推卸给ML公司。因此，一审法院有关“ML公司未将代办的房产证交付给吴某君，且房产证由ML公司保管期间，房产被盗卖的”认定是错误的。

三、钟某信持有2305号房的房地产证原件，并且持有吴某君所出具的公证委托书，享有吴某君所授予的出售房产、收取售楼款的权限，从而将该房产予以出售，这属于钟某信的个人犯罪行为，与ML公司无关，吴某君应当向钟某信主张赔偿。因此，ML公司不是本案的适格被告。另外，吴某君在刑事诉讼程序中已经向钟某信提起附带民事诉讼，现再向ML公司主张赔偿，则吴某君就同一事实可获得双倍赔偿，从中获利。根据吴某君提交的刑事裁定书，吴某君与钟某信之间形成个人委托关系毋庸置疑，且该委托关系一直持续至案发即2012年8月31日。同时，根据吴某君提交的个人社保记录查询单可知，钟某信在2007年3月已从ML公司处离职，之后入职了别的公司。综合前述两点，ML公司对吴某君与钟某信之间存在个人委托关系完全不知情，且钟某信在非法处置涉案房产时已经不是ML公司的员工，ML公司对犯罪行为没有参与、更不知情。吴某君与钟某信间的个人委托关系为钟某信实施犯罪行为提供了便利，而钟某信根据委托权限通过别的中介公司非法处置涉案房产，ML公司客观上无法发现犯罪行为并予以阻止。

四、吴某君盲目信赖钟某信，向其出具权限无限大的公证委托书，导致房产被卖，吴某君本身应当承担相应的责任，而不能将全部责任推卸给 ML 公司。

五、吴某君主张的赔偿数额没有法律依据。吴某君的财产损失应以犯罪行为实施终止时房屋的实际价值为准，吴某君提供的评估报告显示评估时间为 2013 年 4 月 18 日，不能证明非法处置房产时房屋的实际价值，且评估价严重高于当时的实际价值，法院应不予采信。鉴于钟某信非法处置涉案房产所获犯罪数额为 78 万元，法院应参考犯罪所得数额及当时房屋实际价值予以判断。

六、涉案房产在 2009 年 8 月 12 日即已被售卖，该项信息在国土部门、房地产交易中心属于公示信息，吴某君自房产被卖之日起就应当知道权利受到侵害。但自 2009 年 8 月 12 日起长达 2 年的诉讼时效内，吴某君从未向 ML 公司主张过权利，因此本案已过诉讼时效。

综上，一审法院认定事实不清，适用法律错误，ML 公司请求法院撤销一审判决，依法改判。

被上诉人吴某君答辩称：一、双方的委托合同关系并不是在购得房产时终止，因为授权委托书中明确约定了领取房产证等内容，所以 ML 公司对于其没有交付真实有效的房产证应当承担民事责任。

二、对于 ML 公司所称的房产证被钟某信事后调换不成立，首先在刑事询问笔录中，钟某信自己承认其拿到房产证后为了筹资赌博，当时就做了假证。吴某君在报案时其所持有的证据通过肉眼无法辨别，而是通过司法鉴定认定其是假证，所以公证处要求其出示房产证原件，也不能证明是钟某信在公证过程中调包。吴某君迟至 2012 年 9 月才知道房产被盗卖的事实。

三、在刑事诉讼程序中，吴某君并没有提起刑事附带民事诉讼，在司法实践中仅对于直接受害人人身损害的损失才允许刑事附民事诉讼。ML 公司关于获得双倍赔偿的说法不成立。

四、除了与 ML 公司签订书面的经纪合同之外，在授权委托书中被授权的主体为 ML 公司任职的员工，充分证明了是 ML 公司提供了相应的居间服务。

五、关于主张的赔偿数额，虽然评估报告出具的时间为 2013 年 4 月 18 日，但该报告所载明的评估结论是分别基于房产两次被转让的时点，本案中第一次转让是 2009 年 8 月 7 日，该时点的房产价值也是刑事程序中予以定罪的数据，可合理反映吴某君的损失。

六、关于诉讼时效应当从吴某君知道或应当知道权利受侵害之日起算，正是因为 ML 公司员工采取了假装支付租金的方式才导致吴某君无法发现权利被侵害。

深圳中院认为，本案系涉台居间合同纠纷，各方当事人对原审法院对本案行使管辖权及适用中国大陆法律进行审理均未提出异议，本院予以照准。根据ML公司的上诉请求及理由，本案二审的争议焦点为：ML公司是否应对钟某信盗卖吴某君涉案房产承担赔偿责任。

吴某君与ML公司签订了购买涉案房产的经纪合同，吴某君亦通过ML公司交付购房款，故吴某君与ML公司形成居间合同关系。在上述经纪合同中，钟某信是作为ML公司代表签字的经办人，且有ML公司盖章确认，吴某君有充分的理由相信钟某信在购买涉案房产过程中的居间行为代表ML公司。根据经纪合同及吴某君出具给ML公司员工袁某、杨某宏、罗某的委托书，ML公司的合同义务中包括将真实的房产证交付给吴某君，ML公司未提供证据证明其向吴某君交付了真实的房产证，而钟某信交付给吴某君的房产证系伪造，故应认定ML公司未适当履行上述交付房产证的合同义务。

钟某信于2007年3月从ML公司离职后，吴某君于2009年7月29日又向钟某信出具委托书，委托其买卖涉案房产，该委托行为与ML公司无关，钟某信盗卖涉案房产的行为不属于执行ML公司工作任务过程中的职务行为。但ML公司没有将真实的房产证交付给吴某君、吴某君向钟某信出具上述委托书，均系钟某信得以成功盗卖涉案房产的原因，ML公司的违约行为与吴某君自身的疏忽大意共同导致了钟某信的犯罪行为得逞，使吴某君遭受了涉案房产被盗卖的损失。截至本案讼争时，无证据表明吴某君已经从钟某信处获得赔偿，故根据双方对房产被盗卖的过错大小，本院认为ML公司应对吴某君涉案房产损失承担一半的赔偿责任。ML公司赔偿后，如需向钟某信追偿，可另行主张。

本院作出的已经生效的（2014）深中法刑二终字第46号刑事裁定书中，已经确定涉案房产的价值为971000元，故ML公司应向吴某君赔偿485500元。

关于诉讼时效问题。由于钟某信向吴某君交付了伪造的房产证，且钟某信一直向吴某君转账支付租金直至2012年，相关的纳税凭证上亦记载吴某君为涉案物业的出租方，吴某君远在我国台湾地区对其权利被侵害的事实并不知情。直至2012年8月底，吴某君才知道涉案房产证系伪造、涉案房产被钟某信盗卖，故诉讼时效应从2012年8月31日起计算两年。吴某君在2014年4月就本案提起诉讼，并未超过诉讼时效。

综上所述，ML公司的上诉理由部分有理，原审判决认定事实、处理结果部分错误，本院根据重新查明的事实予以纠正。依照《合同法》第一百零七条、第一百一十三条第一款，《民法通则》第一百三十五条、第一百三十七条，《民事诉讼法》第六十四条、第一百七十条第一款第二项、第一百七十五条的规定，判决如下：一、撤销罗湖法院（2014）深罗法民二初字第1730号民事判决；二、ML公司应于本判决生效后10日内赔偿吴某君损失485500元；三、驳回吴某君的其他诉讼请求。本案一、二审案件受理费各13510元，均由ML公司、吴某君各负担6755元。

案例述评

钟某信于2007年3月从ML公司离职后，吴某君于2009年7月29日又向钟某信出具委托书，委托其买卖涉案房产，钟某信接受委托及盗卖涉案房产的行为对ML公司而言是否构成表见代理？正如吴某君上诉答辩中所称，除了与ML公司签订书面经纪合同之外，在授权委托书中被授权的主体为ML公司任职的员工，证明是ML公司提供了相应的居间服务。一审法院认为，在吴某君购买涉案房产的经纪合同中，钟某信是作为ML公司代表签字的经办人，且有ML公司盖章确认，故吴某君有充分的理由相信钟某信的居间行为代表ML公司。二审法院则认为，该委托行为与ML公司无关，钟某信盗卖涉案房产的行为发生在其自ML公司辞职之后，且不属于执行ML公司工作任务过程中的职务行为。

我们认为，所谓表见代理，是指当无权代理人拥有代理权的法律外观，足以令人信服其有代理权时，被代理人应为此负授权之责。构成表见代理须满足以下几个要件：

一是代理人欠缺代理权，欠缺的原因可能是其自始“没有代理权”，亦可能是“超越代理权”或“代理权终止”。

二是代理人具有代理之法律外观。法律外观因表见代理类型不同而区分为授权表见型外观与代理权存续型外观。授权表见型外观如，被代理人以向特定第三人个别通知或向不特定第三人公告通知的方式宣称授权，但其实未对代理人作授权表示或授权表示无效，若被代理人未撤回通知，该通知即形成授权表见；又如，被代理人将代理权证书、盖有被代理人印章的空白合同书等足以表明代理权之文件交与代理人，却未作授权表示或授权表示无效，若被代理人未收回上述文件，代理人文件之持有，即形成授权表见。代理权存续型外观则如：被代理人外部授权后，以内部方式撤回或限制，但未撤回或修正外部授权；被代理人以对外通知的方式作内部授权，以内部方式撤回或限制，但未撤回或修正通知。

三是代理之法律外观归因于被代理人。并非所有具有法律外观者均构成表见代理。表见代理是以牺牲被代理人的追认自由为代价，直言之，无权代理构成表见代理时，被代理人即失去拒绝追认之权利，而有义务承受代理行为的法律后果。显然，在利益天平上，第三人的积极信赖保护获得较之被代理人追认自由更重的分量。若是法律外观之形成归因于被代理人——由被代理人行为所造就，此等利益格局尚可接受，并且法律外观既然被置于被代理人行为控制之下，被代理人便拥有防止该外观形成之最后机会，不至于太过被动。但若归因于他人的法律外观亦构成表见代理，无异于要求被代理人为他人行为负责，这一严重背离私法自治理念的格局于被代理人而言未免过于严苛。因而，《合同法》第四十九条虽未明确要求法律外观系被代理人所造就，但解释时应作限缩，将非归因于被代理人之法律外观排除在"有理由相信"范围之外，如此方才合乎表见代理之规范意旨。

四是第三人善意信赖法律外观。此处之善意，是指第三人不知且非因过失而不知代理人无代理权。

上引案例中，吴某君与ML公司于2006年11月7日就购买涉案房屋签订了《房屋转让及经纪合同书》，钟某信作为ML公司代表在该合同书上签字。同年12月8日，吴某君就购买该房产又签署授权委托书，授权ML公司员工袁某、杨某宏、罗某办理购买该房产的有关手续，委托授权包括：办理该房产的过户、转移登记、买卖合同公证、签署房地产买卖合同、领取过户后的房地产证。

2017年3月钟某信从ML公司离职。2009年7月29日，吴某君签署的《委托书》内容为：吴某君拥有位于深圳市罗湖区佳宁娜友谊广场C座C－2305房产，委托钟某信管理、买卖、出租该房产，委托授权包括：办理房产公证、过户手续并签署房地产买卖合同、产权转移登记申请表，转让该房产收取楼款、领取《房地产证》并办理与该房产相关的一切手续。2009年8月12日，钟某信作为吴某君的代理人与案外人沈某波签订《深圳市二手房买卖合同》，将上述房产出售给沈某波。

根据上述行为发生的时间节点和吴某君所签署《委托书》的内容，可以认定钟某信作为ML公司前员工伪造涉案房产的房产证并盗卖该房产的行为，均发生在其自ML公司离职之后，不能认定其系履行ML公司职务行为的延续。一审判决认定涉案房产的房产证在ML公司保管期间吴某君的房产被ML公司员工钟某信盗卖造成损失，并由ML公司全额予以赔偿，显然认定事实和划分责任有误。二审判决正确区分ML公司、吴某君在涉案房产被钟某信盗卖这一结果发生上的原因力大小和在损失发生上的过错参与度，认定ML公司没有将真实的房产证交付给吴某君、吴某君向钟某信出具上述委托书，均系钟某信得以成功盗卖涉案房产的原因，ML公司的违约行为与吴某君自身的疏忽大意共同导致了钟某信的犯罪行为得逞，使吴某君遭受了涉案房产被盗卖的损失。最终深圳中院判令ML公司应对吴某君涉案房产损失承担一半的赔偿责任。ML公司赔偿后，如需向钟某信追偿，可另行主张。

综上，吴某君在钟某信自ML公司离职后的委托系基于个人信赖关系的委托，钟某信盗卖涉案房产的行为不属于代表ML公司的职务行为，也不构成对ML公司的表见代理。二审判决正确。

028 诉讼要求履行离婚协议中赠与子女房产约定的适格原告

【典型案例】许某 1 与冯某、许某 2 离婚后财产纠纷上诉案

法律焦点：离婚协议中双方约定将夫妻共有房屋赠与子女，因赠与行为还未实施，一方反悔，决定撤销属于自己部分所有房屋份额的赠与行为。究竟是另一方还是受赠子女作为诉讼原告要求反悔方履行赠与约定，反悔一方是否有权申请撤销协议中赠与未成年子女房产的约定?

关键词：离婚协议、赠与、单方撤销、道德义务、诉的利益

案例索引

一审：广东省江门市蓬江区人民法院（以下简称蓬江法院）（2016）粤0703 民初 1690 号民事判决书

二审：广东省江门市中级人民法院（以下简称江门中院）（2016）粤 07 民终 2420 号民事判决书

再审审查：广东省高级人民法院（以下简称广东高院）（2017）粤民申 621 号民事裁定书

案情介绍

冯某与许某 1 于××××年××月××日登记结婚，××××年××月××日生育女儿许某 2。婚后，冯某与许某 1 共同购买了江门市蓬江区迎宾大道东 112 号 801 室房屋（以下简称案涉房屋），权属登记为冯某与许某 1 共同共有。

2016 年 2 月 26 日，冯某与许某 1 以感情破裂为由签订《离婚协议书》及登记离婚，《离婚协议书》由许某 2 起草并打印，《离婚协议书》第五条约定“五、夫妻共同财产的处理：双方名下的案涉房屋产权女方占 50%，男方名下的 50% 产权归女儿许某 2 所有，房屋产权变更的手续自离婚后一周内办理，男方需将名下房产过户至女儿名下，男方必须主动协助办理变更的一切手续，过户费用由女方负责，房屋手续过户后女方支付男方 21000 元”。

登记离婚后，许某 1 没有协助办理房屋产权变更手续，冯某遂于 2016 年 3 月

16 日向蓬江法院提起本案诉讼。2016 年 5 月 12 日，许某 1 提起反诉。案经审理，许某 2 表示《离婚协议书》由其起草，其知悉冯某与许某 1 签订的《离婚协议书》内容并接受赠与，许某 1 表示其在离婚前与冯某、许某 2 协商将其名下房屋 50% 产权份额赠与许某 2，许某 1 无须负担许某 2 读大学的费用。

冯某在一审中诉讼请求法院判令许某 1 协助冯某、许某 2 将案涉房屋产权变更为由冯某和许某 2 各占 50%，过户税费由冯某负担，并由许某 1 承担本案诉讼费用。

许某 1 反诉请求法院判令撤销上述离婚协议书中关于将案涉房屋许某 1 名下 50% 产权归许某 2 所有的约定，并确认该房屋 50% 产权归许某 1 所有，并由冯某、许某 2 承担反诉费用。

第三人许某 2 述称，对冯某的起诉没有意见，要求许某 1 协助冯某、许某 2 将案涉房屋变更产权为由冯某和许某 2 各占 50%。

裁判观点

蓬江法院经审理认为，本案属离婚后财产纠纷。冯某与许某 1 签订的《离婚协议书》，系双方的真实意思表示，并未违反法律规定，无证据显示存在一方以欺诈、胁迫的手段或者乘人之危，使对方在违背真实意思的情况下所为等情形，合法有效，具有法律约束力。案涉房屋是冯某与许某 1 婚后共同购买的，属于双方的夫妻共同财产，双方在《离婚协议书》上将房屋分割成各占 50% 产权，没有违反法律规定，本院予以确认。

关于冯某与许某 2 请求许某 1 协助将案涉房屋产权变更为由冯某和许某 2 各占 50%。冯某与许某 1 在《离婚协议书》中约定将许某 1 名下案涉房屋 50% 产权份额赠与女儿许某 2，是双方真实的意思表示，已得到离婚登记机关的确认，许某 2 虽然没有在《离婚协议书》上签名，但其负责起草《离婚协议书》，签订《离婚协议书》时也在现场，在庭审中亦明确表示接受赠与，可见许某 2 自始以自己的行为表示接受赠与，故赠与合同成立并生效。许某 1 以许某 2 没有用书面形式表示接受赠与为由抗辩赠与行为无效缺乏法律依据，本院不予采信。冯某与许某 2 要求许某 1 协助将案涉房屋产权变更为由冯某和许某 2 各占 50%，符合《离婚协议书》的约定，本院予以支持。至于许某 1 抗辩撤销赠与，冯某与许某 1 在《离婚协议书》中约定许某 1 名下案涉房屋 50% 产权份额归女儿许某 2 所有，是一种以解除双方身份关系为目的的赠与行为，许某 1 表示其与冯某协商将其名下房屋 50% 产权份额赠与许某 2 后无须承担许某 2 读大学的费用，所以许某 1 将其名下房屋 50% 产权份额赠与女儿许某2具有道德义务的性质，依法不能撤销，本院对许某1抗辩撤销赠与的意见不予采信。

关于许某1反诉请求撤销《离婚协议书》第五条关于案涉房屋许某1名下50%产权归许某2所有的约定并确认房屋50%产权归许某1所有。许某1主张冯某用欺骗手段哄骗自己将50%产权赠与许某2，冯某及许某2予以否认，故许某1负有举证责任。许某1举证的许某2书写的离婚协议书手稿不足以证明冯某存在欺诈行为，相反恰好证明了冯某与许某1对离婚、夫妻共同财产处理等事项的处理有经过协商，许某1应承担举证不能的法律后果，本院对许某1主张的事实不予认定。许某1没有足够证据证明在订立财产分割协议时存在欺诈、胁迫等情形，其请求撤销《离婚协议书》第五条关于案涉房屋许某1名下50%产权归许某2所有的约定，理据不足，本院不予支持。许某1反诉请求确认房屋50%产权归许某1所有，与《离婚协议书》不符，本院不予支持。

综上所述，依照《合同法》第一百八十五条、第一百八十八条，《最高人民法院关于适用〈中华人民共和国婚姻法〉若干问题的解释（二）》第八条、第九条和《民事诉讼法》第六十四条第一款，《最高人民法院关于民事诉讼证据的若干规定》第二条的规定，蓬江法院判决：一、许某1在判决生效之日起10日内配合冯某、许某2将案涉房屋产权变更为由冯某和许某2各占50%，过户税费由冯某负担；二、驳回许某1的全部反诉请求。本案受理费2800元，反诉费2800元减半收取1400元，合共4200元，由许某1负担。

江门中院经审理认为，本案属离婚后财产纠纷。依据《民事诉讼法》第一百六十八条“第二审人民法院应当对上诉请求的有关事实和适用法律进行审查”的规定，本院二审诉讼过程中仅针对许某1的上诉请求范围进行审查，对于各方当事人未提出上诉的问题不予审查。

关于许某1与冯某离婚协议关于房产赠与约定部分的效力。从性质分析，离婚协议中夫妻对于财产分配的条款为一种附随身份的法律行为，在效力上从属于离婚行为。一旦离婚行为生效，附随的财产协议一并生效。《婚姻法》第十九条规定，夫妻可以约定婚姻关系存续期间所得的财产以及婚前财产归各自所有、共同所有或部分各自所有、部分共同所有。约定应当采用书面形式。夫妻对婚姻关系存续期间所得的财产以及婚前财产的约定，对双方具有约束力。《最高人民法院关于适用〈中华人民共和国婚姻法〉若干问题的解释（二）》第八条规定，离婚协议中关于财产分割的条款或者当事人因离婚就财产分割达成的协议，对男女双方具有法律约束力。本案中，许某1和被上诉人冯某在离婚协议中约定将共有房产赠与女儿，该赠与属于以解除双方身份关系为目的的赠与，是作为父母基于对女儿进行补偿的目的，以财产补偿的方式弥补离婚对女儿身心造成的伤害，并为其未来成长提供良好的物质保障的一项诺成性约定，作出即为生效。该协议形式完备，且协议的内容明确，意思表示清楚，既无约定不明之处，又不违反法律规定或社会公序良俗。因此，许某 1 与冯某离婚协议关于房产赠与的约定有效，对双方具有法律约束力。

本案许某 1 对许某 2 的赠与是否存在应予撤销的情形。第一，许某 1 是否享有合同法上的任意撤销权。虽然《合同法》第一百八十六条第一款明确规定“赠与人在赠与财产的权利转移之前可以撤销赠与”，该条规定为赠与的任意撤销权，但第二款同时规定了限制性条件，明确规定“具有救灾、扶贫等社会公益、道德义务性质的赠与合同或者经过公证的赠与合同，不适用前款规定”。本院认为，目前房产虽未过户至冯某、许某 2 名下，但本案的离婚协议约定涉及身份关系，不同于一般意义上的合同，其中关于财产分割的内容是对离婚财产的约定，是发生在特定身份关系当事人之间的、有目的赠与，具有保护、照顾子女利益的目的，具有一定的道德义务性质，赠与人不能任意撤销。第二，至于许某 1 赠与行为是否享有合同法上的法定撤销权。《合同法》第一百九十二条规定：“受赠人有下列情形之一的，赠与人可以撤销赠与：（一）严重侵害赠与人或者赠与人的近亲属；（二）对赠与人有扶养义务而不履行；（三）不履行赠与合同约定的义务。赠与人的撤销权，自知道或者应当知道撤销原因之日起一年内行使。”该条规定的即为法定撤销权。基于父女关系，许某 2 对许某 1 负有扶养义务，但许某 2 尚在读书期间，并无经济来源，因此并无扶养能力，不符合对赠与人有扶养义务而不履行的情形；同时，本案并无证据证明许某 2 存在严重侵害赠与人的情形，故不符合前述法定应予撤销的情形。此外，本案赠与也不存在民事行为应予撤销的其他情形。许某 1 作为一完全民事行为能力人，也应当知道协议约定的法律后果。许某 1 撤销赠与的意见没有事实以及法律依据，本院不予采信。因此，原审法院认定许某 1 应当履行协议约定，协助冯某、许某 2 办理该套房屋的过户手续，并无不当，应予维持。

综上所述，原判认定事实清楚，适用法律正确，依法应予维持。上诉人许某 1 的上诉请求不成立，本院不予支持。依照《民事诉讼法》第一百七十条第一款第一项的规定，判决如下：驳回上诉，维持原判。二审案件受理费 4200 元，由上诉人许某 1 负担。

许某 1 向广东高院申请再审称：（一）本案案由应是赠与合同纠纷，不是离婚后财产纠纷，原审判决适用法律错误，应予撤销。（二）冯某作为原告的诉讼主体不适格，原审判决诉讼程序违法，依法应予撤销。（三）原审判决认定本案赠与合同不具有任意撤销权，是认定事实不清，判决错误。1. 原审认定其赠与行为是"特定身份当事人之间的有目的的赠与"，无事实依据和法律依据；2. 该赠与行为不具有道德义务性质；3. 该赠与行为损害了许某1的合法权益，造成其无房居住，许某1可以在权利转移之前撤销赠与。据此，许某1向本院申请再审。

冯某提交书面意见称：1. 离婚协议由其女儿许某2起草和见证，是其与许某1真实的意思表示，且许某2以自己的行为表示接受许某1对涉案房产的赠与。2. 离婚协议涉及身份关系，许某1的赠与不能随便撤销。3. 其根据离婚协议要求许某1履行赠与约定，是适格的原告。4. 许某1撤销赠与行为不合法。请求驳回许某1的再审申请。

广东高院经审查认为，本案为离婚后财产纠纷。2016年2月26日，冯某与许某1签订《离婚协议书》，其第五条约定："双方名下的位于江门市蓬江区迎宾大道东112号801室的房屋，房屋产权女方占产权的50%，男方名下的50%产权归女儿许某2所有"等内容。此后，双方办理了离婚登记手续。许某1将上述房产50%的产权赠与女儿许某2，不是普通的赠与行为，而是与解除婚姻关系密切相关的赠与行为，本案应当适用《婚姻法》，而不适用《合同法》。《最高人民法院关于适用〈中华人民共和国婚姻法〉若干问题的解释（二）》第八条规定："离婚协议中关于财产分割的条款或者当事人因离婚就财产分割达成的协议，对男女双方具有法律约束力……"因此，许某1应当根据上述离婚协议的约定履行相应的义务。

综上所述，许某1的再审申请不符合《民事诉讼法》第二百条规定的应当再审的情形。依照《民事诉讼法》第二百零四条第一款、《最高人民法院关于适用〈中华人民共和国民事诉讼法〉的解释》第三百九十五条第二款之规定，裁定如下：驳回许某1的再审申请。

案例述评

1. 赠与合同是双方法律行为，单方赠与书不代表合同成立。

合同行为都属于双方法律行为，其根本特征在于，行为发生法律效力须以双方意思表示为必要要件。赠与合同也不例外，既有赠与人将自己的财产无偿赠与受赠人的意思表示，又有受赠人接受赠与的意思表示，赠与合同方得成立。因此，仅有赠与人赠与的意思表示，或仅有受赠人受赠的意思表示，均不能说明合同成立。

2. 不动产赠与合同的形式不以书面形式为限。

对于作出赠与和受赠的意思表示的形式，应不以书面形式为限。理由有两个：

一是民事法律行为可以书面、口头、行为等形式作出；二是要式法律行为须有法律特别规定，而现行规范赠与关系的相关法律并未对此作出限制性规定。

值得注意的是，《最高人民法院关于贯彻执行〈中华人民共和国民法通则〉若干问题的意见（试行）》（以下简称《民法通则若干意见》，自2021年1月1日起废止）第一百二十八条对房屋赠与关系成立的两种情况均提到了书面赠与合同。这两种情况，一是按书面赠与合同办理了过户手续，二是未过户但按书面赠与合同交付了产权证书和房屋。由此可见，在合同法施行前后，在房屋赠与合同的成立形式上，是有所区别的。

3. 赠与合同的性质是诺成性合同还是实践性合同。

《民法典》第六百五十七条规定："赠与合同是赠与人将自己的财产无偿给予受赠人，受赠人表示接受赠与的合同。"而《民法通则若干意见》第一百二十八条中规定："……赠与房屋，如根据书面赠与合同办理了过户手续的，应当认定赠与关系成立；未办理过户手续，但赠与人根据书面赠与合同已将产权证书交与受赠人，受赠人根据赠与合同已占有、使用该房屋的，可以认定赠与生效，但应令其补办过户手续。"由此可见，合同法施行前后，赠与合同分别是实践合同和诺成合同。区分诺成合同和实践合同的法律意义在于：合同的成立和生效是否以交付赠与物为要件。诺成合同是双方当事人意思表示一致，合同即发生效力，双方当事人即受合同的约束，守约方可要求违约方履行。而实践合同在交付标的物前，合同尚未成立，对当事人不具有约束力。

诺成性合同与实践性合同的成立要件不同。诺成性合同，是指当事人一方的意思表示一旦经对方同意即能产生法律效果的合同。特点在于当事人双方意思表示一致，合同即告成立。实践性合同，是指除当事人双方意思表示一致外尚需交付标的物才能成立的合同。在这种合同中，除双方当事人的意思表示一致外，还必须有一方实际交付标的物的行为，才能产生法律效果。

合同法实施后，赠与合同是诺成性合同，只要当事人意思表示一致，赠与合同即告成立，依法成立的赠与合同自成立时生效，不以赠与人交付赠与物为合同的生效要件。只要赠与人在赠与财产权利转移之前没有撤销赠与，那么合同得以继续履行。

我国合同法实施前的司法解释和司法实践实际上是混淆了赠与合同的成立生效和撤销关系的问题及债权与物权关系的问题。合同法施行后厘清了这些法律问题。第一，赠与合同自签订之日成立生效，与是否交付无关，所以赠与合同一般情况下仍属诺成性合同。第二，赠与物是否交付只影响合同是否可以撤销（撤销合同以合同成立生效为前提)。通常情况下，交付前可以撤销，受赠人无权要求交付，除了具有救灾、扶贫等社会公益、道德义务性质的赠与合同或者经过公证的赠与合同；交付后不可以撤销，赠与人不得要求返还赠与物，除非有受赠人有“严重侵害赠与人或者赠与人的近亲属”“对赠与人有扶养义务而不履行”“不履行赠与合同约定的义务”等情形。

另外，《合同法》第一百八十七条规定：“赠与的财产依法需要办理登记等手续的，应当办理有关手续。”《民法典》第六百五十九条规定：“赠与的财产依法需要办理登记或者其他手续的，应当办理有关手续。”我们认为这只是基于赠与行政管理上的需要规定或者基于物权变动上的界定。《最高人民法院关于适用〈中华人民共和国合同法〉若干问题的解释（一）》（自 2021 年 1 月 1 日起废止）第九条第一款规定，“……法律、行政法规规定合同应当办理登记手续，但未规定登记后生效的，当事人未办理登记手续不影响合同的效力……”

当然，合同法施行后的司法实践中，仍存在“同案不同判”的问题。例如，最高人民法院就再审申请人刘某驰与被申请人王某珠、李某山及一审第三人迁安市马兰庄镇四方有限责任公司、刘某、迁安市马兰庄镇兴云铁选厂、陈某才案外人执行异议之诉一案，于 2018 年 12 月 26 日作出的（2018）最高法民申 6053 号民事裁定书中认为：民法通则若干意见第一百二十八条规定：“公民之间赠与关系的成立，以赠与物的交付为准。赠与房屋，如根据书面赠与合同办理了过户手续的，应当认定赠与关系成立；未办理过户手续，但赠与人根据书面赠与合同已将产权证书交与受赠人，受赠人根据赠与合同已占有、使用该房屋的，可以认定赠与有效，但应令其补办过户手续。”根据该规定，赠与关系的成立，必须以赠与物的交付为准，对于房屋则必须办理过户手续，否则赠与关系不成立。本案中，刘某、刘某云仅是在《离婚协议书》中对赠与房产作出了意思表示，协议虽然对刘某驰设定了利益，但该利益是否实现取决于刘某、刘某云是否现实履行赠与房产的产权过户义务。《离婚协议书》作出后，刘某、刘某云并未将房产办理至其子女名下，而是办理至刘某名下。对于本案中的房产赠与而言，在刘某将房产过户至刘某驰之前，赠与关系并未成立，刘某驰对于房产不享有所有权。即使刘某已将房屋的产权证书交与刘某驰，但因《离婚协议书》是刘某、刘某云之间对于离婚财产如何处理的安排，而并非刘某与其子女之间签订的书面赠与合同，也不能根据民法通则若干意见认定赠与有效。至于刘某驰申请再审认为刘某未在离婚后一年内撤销赠与因而赠与有效的问题，因本案中赠与关系并未成立，不存在撤销的必要，刘某是否作出撤销的意思表示都不能使房产所有权发生变化。

4. 诉讼要求履行离婚协议中赠与共有房产给子女的适格原告。

上引案例中，法院确立的案由为离婚后财产纠纷，提起该诉讼的是离婚协议的一方即女方冯某，其诉讼请求是请求法院判令男方许某 1 协助其及女儿许某 2 将案涉房屋产权变更为由冯某和许某 2 各占 50%，过户税费由冯某负担。许某 1 则反诉请求法院判令撤销上述离婚协议书中关于将案涉房屋许某 1 名下 50% 产权归许某 2 所有的约定，并确认该房屋 50% 产权归许某 1 所有。最终法院虽判决支持了冯某的诉讼请求，但许某 1 仍坚持认为本案案由应是赠与合同纠纷，不是离婚后财产纠纷。

根据我国《民事诉讼法》第一百一十九条第一项的规定，提起民事诉讼的适格原告应是与本案有直接利害关系的公民、法人和其他组织。本案中，显然原告冯某并不符合这一条件，其虽有权提起离婚后财产纠纷，但提起该诉讼的前提是其与许某 1 就离婚财产份额存在争议，就案件事实而言，冯某对自己的 50% 房产份额并无异议，有异议的是对约定归许某 1 所有的 50% 房产份额是归许某 2 所有，还是由许某 1 撤销离婚协议中的该项约定仍归许某 1 所有。据此，真正存在的是赠与该 50% 房产份额给许某 2 的争议，许某 1 与许某 2 才是对该部分房产份额具有直接利害关系的人，冯某则为具有间接利害关系的一方。据此，我们认为，作为父母离婚协议所及民事权利指向之对象，即离婚协议中赠与条款的受益人，其虽不能以协议一方的身份向人民法院申请执行，但其作为赠与合同的相对方，即合同一方当事人，应当具有向人民法院请求确认合同效力及要求履行的权利，也即诉讼要求履行离婚协议中赠与共有房产给子女的适格原告应是表示接受该赠与的子女。

5. 离婚协议中约定将夫妻共有房产的全部或部分份额赠与子女，协议一方在财产权利转让之前是否有权撤销赠与。

离婚协议中由财产分割形成的对子女赠与财产之合同，有别于合同法中规定的一般赠与合同，与身份关系联系紧密，关乎家庭伦理与社会道德，赠与人不能在财产权利转让之前任意撤销，况且在离婚协议中，将财产赠与子女系离婚夫妻双方的约定，离婚一方作为协议一方无权自行改变，否则必将动摇离婚协议的基础。

上引案例中所涉房屋产权份额的赠与合同成立且已生效，只是尚未办理物权变动，而且许某 1 不可以撤销该房屋赠与合同。首先，我国《合同法》第一百八十六条规定："赠与人在赠与财产的权利转移之前可以撤销赠与。具有救灾、扶贫等社会公益、道德义务性质的赠与合同或者经过公证的赠与合同，不适用前款规定。"根据该规定可知，因为离婚协议中的赠与有别于合同法中的赠与，所以其不应当适用合同法中有关于赠与合同的规定。其次，根据《最高人民法院关于适用〈中华人民共和国婚姻法〉若干问题的解释（二）》（2021 年 1 月 1 日起废止）规定的离婚协议内容变更或撤销条件可知，签订的离婚协议，非因存在欺诈、胁迫等情形，不得变更或者撤销。因为离婚协议内容包括解除婚姻关系、子女抚养、夫妻共同财产的处理、债务的处理、离婚损害赔偿等变更身份关系后的约定，所以非因订立时存在欺诈、胁迫等情形，不得变更或者撤销协议的约定事项。再次，离婚协议约定将夫妻共同财产赠与子女是基于特定身份关系订立的，其内容不得随意变更或撤销是为了更好地保护未成年子女的合法利益，应具有稳定性。若可以随意撤销，亦违反了道德义务性质。最后，将夫妻共同财产赠与子女是双方共同设立的，任何一方不得单方行使撤销权。若要撤销，应在协议离婚后一年内向人民法院提出。综上，男女双方在签订离婚协议中约定将夫妻共有财产赠与子女的行为，不得撤销。

例如，山东省济南市中级人民法院于 2015 年 6 月 15 日就上诉人刘某与被上诉人刘某墀赠与合同纠纷一案所作出的（2015）济民一终字第 678 号民事判决书中认为，在民政部门登记离婚时，离婚协议中的房产赠与条款与整个离婚协议是一个整体，不能单独行使任意撤销权。刘某不能行使任意撤销权，撤销对刘某墀的赠与。理由如下：首先，夫妻双方是在综合考虑各种因素的前提下才同意离婚的，也许附加的条件就是将房产无偿赠与子女。夫妻双方基于离婚事由将夫妻共同财产处分给子女的行为，可视为一种附协议离婚条件的赠与行为，在双方婚姻关系已经解除的前提下，基于诚信原则，不能允许任意撤销赠与。其次，根据《最高人民法院关于适用〈中华人民共和国婚姻法〉若干问题的解释（三）》第六条的规定，婚前或者婚姻关系存续期间，当事人约定将一方所有的房产赠与另一方，赠与方在赠与房产变更登记之前撤销赠与，另一方请求判令继续履行的，人民法院可以按照合同法第一百八十六条的规定处理。也就是说，除了公证的赠与合同，或者具有救灾、扶贫等社会公益、道德义务性质的赠与合同不可撤销，一般的赠与合同在标的物转移之前是可以撤销的。但是，离婚协议时的赠与行为与单纯的赠与行为并不相同。赠与合同是赠与人将自己的财产无偿给予受赠人，受赠人表示接受的合同，赠与人在赠与财产的权利转移之前可以撤销赠与。而在民政部门登记离婚时达成的财产分割协议所涉及的赠与条款，与解除婚姻关系密不可分，除非离婚协议无效或者被撤销，当事人不能单纯撤销离婚协议中的赠与条款。最后，夫妻关于财产关系的约定以财产关系为内容，属于合同法的调整范围，不过应当优先适用婚姻法等有关法律。《合同法》第一百八十六条（《民法典》第六百五十八条第一款）规定了赠与人的任意撤销权，即赠与人不需要任何理由，在赠与财产的权利转移之前均可以撤销。而《最高人民法院关于适用〈中华人民共和国婚姻法〉若干问题的解释（二）》第八条则强调了离婚协议中财产分割条款的法律约束力，以离婚协议中赠与条款的法律约束力对抗任意撤销权的任意性。根据这一规定，离婚协议中的财产分割条款不可擅自变更或者撤销。根据特别法优于一般法的原则，本案纠纷应当优先适用《最高人民法院关于适用〈中华人民共和国婚姻法〉若干问题的解释（二）》第八条的规定。

029 司法拍卖房屋交付争议是否具有民事可诉性？

法律焦点：执行拍卖为人民法院的司法处分行为，是人民法院对被执行人财产采取的一种执行措施和处分执行行为。执行拍卖具有公法性质，执行拍卖合同不具有可诉性。司法拍卖房屋买受人与房屋原所有人之间的房屋清场移交争议一般情况下不具有民事可诉性，买受人应通过执行程序解决。

关键词：司法拍卖、任意拍卖、可诉性

【典型案例一】赖某华与邓某珠、杨某元、福建A资产评估房地产估价有限责任公司房屋买卖合同纠纷上诉案

案例索引

一审：福建省沙县人民法院（以下简称沙县法院）（2018）闽0427民初706号民事裁定书

二审：福建省三明市中级人民法院（以下简称三明法院）（2018）闽04民终1214号民事裁定书

案情介绍

赖某华向一审法院起诉请求：1. 邓某珠、杨某元腾空沙县水南1号新村120号一层所附属的12平方米厨房及卫生间并交付给赖某华使用。2. 邓某珠、杨某元协助赖某华办理沙县水南1号新村120号一层所附属的12平方米厨房和卫生间的不动产权属过户变更登记手续。3. 邓某珠、杨某元返还赖某华代垫土地出让金16740元，并从起诉之次日至实际返还上述款项之日按中国人民银行同期同类贷款利率计算支付利息给赖某华。4. 邓某珠、杨某元未完整交付并将电表拆除，关闭自来水总阀门致使原告方至今无法正常使用房屋，造成赖某华收房后的可得利益租金损失至实际交付上述房屋之日按日租金54.79元计算支付给原告，从2017年9月1日起暂时计算至2018年3月26日的租金计11342.47元。5. 邓某珠、杨某元支付新装电表费用300元整给原告。以上第3～5项合计28382.47元。6. 福建A资产评估房

地产估价有限责任公司对第 4 项诉讼请求承担连带赔偿责任。7. 本案诉讼费用由邓某珠、杨某元、福建 A 资产评估房地产估价有限责任公司承担。

邓某珠、杨某元辩称：1. 赖某华未取得诉争房屋的产权，要求过户至其名下没有依据。2. 赖某华通过司法拍卖取得沙县水南 1 号新村 120 号房屋产权，土地出让金应由其负担。3. 邓某珠、杨某元没有义务安装沙县水南 1 号新村 120 号房产的水电，赖某华未及时安装水电造成的损失由赖某华自行承担。综上，要求驳回赖某华的诉讼请求。

被告福建 A 资产评估房地产估价有限责任公司未作答辩。

裁判观点

沙县法院审查认为，赖某华取得的位于沙县房屋（原所有权人邓某珠、杨某元）系通过淘宝司法拍卖平台拍卖所得。赖某华认为其购买的位于沙县房屋的北侧增加的 12 平方米房屋，即本案诉争的房屋属于其拍卖所得房屋的附属，其起诉提出的诉讼请求的基础法律关系是房屋买卖合同，而经庭审查明其与邓某珠、杨某元不存在房屋买卖的法律关系，实质上是针对执行中司法拍卖的标的物交付的争议。本案纠纷是因法院在执行程序中的委托拍卖行为而引起的，不属于各方当事人之间因任意拍卖而引起的民事纠纷，不属于民事诉讼的受案范围。为此，赖某华的起诉不符合民事诉讼法起诉的条件，应裁定驳回起诉。依照《民事诉讼法》第一百一十九条、第一百五十四条第一款第三项，《最高人民法院关于适用〈中华人民共和国民事诉讼法〉的解释》第二百零八条第三款规定，裁定：驳回赖某华的起诉。本案受理费 1609 元，不予收取。

赖某华上诉请求：1. 撤销沙县法院（2018）闽 0427 民初 706 号民事裁定书；2. 依法裁定本案由沙县法院继续审理。事实与理由：赖某华购买的位于沙县房屋的北侧增加的 12 平方米房屋，即本案诉争的房屋属于其拍卖所得房屋的附属，其起诉提出的诉讼请求的基础法律关系是房屋买卖合同，一审的裁定书中所引用的法律条文也没有规定司法拍卖不能向人民法院提起诉讼。人民法院应当受理执行拍卖过程中发生的民事纠纷。执行程序中的拍卖合同，虽然有执行机构这种公权力的参与，但合同的主体仍然是要求拍卖的债权人和买受人，执行机构并非合同主体。因此，当因拍卖合同出现纠纷时，当事人有权提起民事诉讼，人民法院应当受理，人民法院适用的法律应该是民法和合同法的一般规定。本案赖某华是以房屋买卖为基础，以物权请求权为依据向一审法院提起诉讼的。拍卖结果是在拍卖机构与买受人之间形成了新的特殊的买卖合同关系，且该合同对双方的权利义务及违约责任等都有约定。邓某珠和杨某元系负有交付涉案房屋义务的第三人。本案一审法院裁定事实认定和适用法律均存在错误，严重损害了赖某华的合法权益，请求二审法院依法纠正，撤销一审裁定，将本案发回沙县法院继续审理。

邓某珠、杨某元辩称，司法拍卖行为系法院司法处分行为，不具有民事可诉性，一审法院裁定驳回赖某华的起诉符合法律规定。

福建A资产评估房地产估价有限责任公司未作答辩。

三明中院认为，本案中，赖某华向一审法院起诉要求邓某珠、杨某元腾空沙县房屋一层所附属的12平方米厨房及卫生间并交付给赖某华使用及办理过户变更登记手续等诉讼请求系针对执行中司法拍卖的标的物交付的争议。执行拍卖为人民法院的司法处分行为，是人民法院对被执行人财产采取的一种执行措施和处分执行行为。基于执行拍卖具有公法性质，执行拍卖合同不具有可诉性。《民事诉讼法》第三条规定，人民法院受理公民之间、法人之间、其他组织之间以及他们相互之间因财产关系和人身关系提起的民事诉讼，适用本法的规定。第一百一十九条规定：起诉必须符合下列条件：（一）原告是与本案有直接利害关系的公民、法人和其他组织；（二）有明确的被告；（三）有具体的诉讼请求和事实、理由；（四）属于人民法院受理民事诉讼的范围和受诉人民法院管辖。赖某华未提供证据证明其与邓某珠、杨某元及福建A资产评估房地产估价有限责任公司就讼争12平方米厨房及卫生间有买卖的基础关系，不符合人民法院民事案件的受案范围。故赖某华上诉主张拍卖结果是在拍卖机构与买受人之间形成了新的特殊的买卖合同关系，邓某珠和杨某元系负有交付涉案讼争房屋义务的上诉请求，没有法律依据，本院不予支持。

综上，赖某华的上诉请求不能成立，一审裁定认定事实清楚、适用法律正确，依照《民事诉讼法》第一百七十条第一款第一项、第一百七十一条规定，裁定如下：驳回上诉，维持原裁定。

【典型案例二】陈某丹与周某、秦某英房屋买卖合同纠纷上诉案

案例索引

一审：广东省深圳市罗湖区人民法院（以下简称罗湖法院）2018苏0602民初4047号民事裁定书

二审：广东省深圳市中级人民法院（以下简称深圳中院）（2018）苏06民终4402号民事裁定书

案情介绍

陈某丹向一审法院起诉请求：1. 判令周某、秦某英交付学田南苑 56 幢 606 室的附属顶层阁楼；2. 诉讼费用由周某、秦某英承担。事实和理由：陈某丹通过司法拍卖竞得学田南苑 56 幢 606 室房屋（以下简称涉案 606 室），并于 2017 年 10 月 20 日取得了不动产权证书。案涉房屋系顶层房屋，其上附有阁楼，阁楼无单独产权登记。陈某丹取得案涉 606 室房屋后，自行更换了阁楼门锁，但其后周某、秦某英又将门锁重新更换。陈某丹认为，从使用习惯上看，阁楼通常由顶层业主使用，周某、秦某英实际控制阁楼，也能印证其作为前顶层业主，对阁楼享有使用权。也就是说，阁楼权附属于顶层房屋。顶层房屋所有权现移转于陈某丹，阁楼作为附属物，相应权利也应归于陈某丹。现周某、秦某英将阁楼据为己有，妨碍陈某丹对阁楼的使用，于法无据，损害了陈某丹的合法权益。

裁判观点

一审法院认为，司法拍卖是法院依法行使强制执行权，就查封、扣押物所为的一种变价行为。本案中，陈某丹系通过司法拍卖方式取得涉案 606 室的所有权，非以平等协商方式与周某、秦某英达成买卖合意，双方当事人之间就案涉争议的房屋并未形成合法有效的平等民事主体之间的买卖合同关系，故因买受该房屋而产生的纠纷不属于民事法律关系调整的范畴。依照《民事诉讼法》第三条、第一百一十九条第四项和第一百五十四条第一款第三项、第二款规定，裁定：驳回陈某丹的起诉。

陈某丹向深圳中院上诉请求：依法撤销一审民事裁定，指令一审法院对本案进行实体审理。事实和理由：一审法院认为“原、被告之间就案涉争议的房屋并未形成合法有效的平等民事主体之间的买卖合同关系，故因买受该房屋而产生的纠纷不属于民事法律关系调整的范畴”系断章取义，强行错误解释“平等民事主体”，剥夺上诉人法定的救济权利。1. 本案双方对上诉人通过司法拍卖取得涉案 606 室房屋不动产权不持异议。只是上诉人认为其附属取得其上阁楼所有权，阁楼应当一并交付，而被上诉人认为其仍享有阁楼所有权，不应当交付。争议的主体是上诉人和被上诉人，需要解决的问题是阁楼是否附属于涉案 606 室，进而判定是否应当一并交付。该争议产生与司法拍卖文件对于阁楼未有明确说明有一定的关系，但并不是司法拍卖本身的争议，而是拍卖完成后，被执行人与竞买人因理解不同产生的争议，是典型的民事纠纷。2. 司法拍卖只是双方交易的方式，本质上仍然是交易。即便是通过司法拍卖进行，法院介入了交易，但具体的权利义务仍发生在上诉人和被上诉人之间。如果被执行人妨碍了上诉人行使物权，上诉人当然享有相应的诉权。一审法院认为司法拍卖取得房屋产生争议不属于民事争议，按照该逻辑，如若被上诉人强行占据拍卖房屋，竞买人也无权对被执行人提起民事诉讼，这种理解显然是错误的。综上，原裁定法律适用错误。

周某、秦某英未作答辩。

深圳中院认为，与任意拍卖不同，司法拍卖是一种强制拍卖，是指法院作为执行机关，就查封的执行标的物按照拍卖的方式出卖给最高应价者，以取得价金的执行措施，是执行程序中财产变价的一种方式。司法拍卖要遵守专门调整司法拍卖的法律规范，原则上不受拍卖法的调整。人民法院是决定拍卖进程、监督拍卖活动并承担司法拍卖责任的主体。《最高人民法院关于人民法院民事执行中拍卖、变卖财产的规定》第三十条规定，人民法院裁定拍卖成交或者以流拍的财产抵债后，除有依法不能移交的情形外，应当于裁定送达后 15 日内，将拍卖的财产移交买受人或者承受人。被执行人或者第三人占有拍卖财产应当移交而拒不移交的，强制执行。《最高人民法院关于适用〈中华人民共和国民事诉讼法〉的解释》第五百二十一条规定，在执行终结六个月内，被执行人或者其他人对已执行的标的有妨害行为的，人民法院可以依申请排除妨害，并可以依照民事诉讼法第一百一十一条规定进行处罚。因妨害行为给执行债权人或者其他人造成损失的，受害人可以另行起诉。本案中，执行法院并没有将陈某丹所称的涉案 606 室阁楼一并交付陈某丹，陈某丹认为该阁楼一并交付，实际上是对法院拍卖成交的标的的范围有异议。本案也非对已执行的标的在六个月后产生的妨害行为或者因妨害行为给其造成损失的情况。故陈某丹就本案情况应通过执行程序解决，而非通过诉讼途径解决。原审法院驳回其起诉，并无不当。

综上，陈某丹的上诉请求不能成立，一审裁定认定事实清楚、适用法律正确，依照《民事诉讼法》第一百七十条第一款第一项、第一百七十一条规定，裁定如下：驳回上诉，维持原裁定。

【典型案例三】成某瑜与郭某仪返还原物纠纷上诉案

案例索引

一审：广东省深圳市罗湖区人民法院（以下简称罗湖法院）（2016）粤 0303 民

初20064号民事判决书

二审：广东省深圳市中级人民法院（以下简称深圳中院）（2017）粤03民终11342号民事判决书

案情介绍

罗湖法院经审理查明：一、涉案房产系位于深圳市××东晓路××3D，为商品房，用途为住宅，建筑面积111.42平方米。涉案房产由深圳市宝安区人民法院在审理（2015）深宝法西执字第1640号案件过程中委托深圳市土地房产交易中心进行拍卖，并于2016年3月11日由郭某仪以成交价4199197元竞得。同日，深圳市土地房产交易中心出具《深圳市房地产拍卖成交确认书》（编号No201_ _0011677）对该竞拍予以确认。涉案房产现已办理不动产权登记，权利人为郭某仪。

二、案外人王某1与深圳市金来顺集团有限公司、深圳市金融联融资担保有限公司借款合同纠纷一案，深圳市宝安区人民法院（2015）深宝法民二初字第1374号民事判决书已经发生法律效力，案外人深圳市金来顺集团有限公司、深圳市金融联融资担保有限公司未履行生效法律文书确定的义务，案外人王某1依法申请强制执行。2016年4月14日，深圳市宝安区人民法院作出（2015）深宝法西执字第1640－5号民事裁定书，裁定被执行人深圳市金融联融资担保有限公司名下位于深圳市××东晓路××3D房产归买受人郭某仪所有。

三、现涉案房产由成某瑜占有、使用。

四、根据深圳市罗湖区2016年房屋租金指导标准，涉案房产所在区域指导租金为住宅40元/平方米/月。

郭某仪向一审法院提出诉讼请求：1. 判令成某瑜将其侵占的深圳市××东晓路××3D房产交付给郭某仪，并按市场的指导租金支付其侵占期间的租金（自2016年3月11日至返还房产之日止）；2. 本案受理费用由成某瑜承担。

裁判观点

罗湖法院认为，本案为返还原物纠纷，合法的物权应予保护。根据《物权法》第三十四条之规定，无权占有不动产或者动产的，权利人可以请求返还原物。具体到本案中，郭某仪通过深圳市土地房产交易中心公开竞得涉案房产，为涉案房产的合法所有权人，其对涉案房产的所有权应予保护。成某瑜并未举证证明其具有占有、使用涉案房产的合法理由，故，郭某仪主张成某瑜返还涉案房产具有事实及法律依据，法院予以支持。成某瑜辩称，成某瑜与案外人深圳市金融联融资担保有限公司存在担保与反担保关系，双方约定禁止处分涉案房产，且郭某仪以低价购得涉案房产明显不合理，成某瑜应为涉案房产的真实权利人。对此，法院认为，深圳市土地房产交易中心接受深圳市宝安区人民法院之委托对涉案房产进行公开拍卖，郭某仪遵循公开竞拍的规则竞得涉案房产，为善意竞拍人，郭某仪的相关合法权利受法律保护。根据我国《物权法》，不动产物权之设立，经依法登记，发生效力。涉案房产已经登记在郭某仪名下，成某瑜仅以其与案外人深圳市金融联融资担保有限公司之间存在担保与反担保关系、双方约定不能处分涉案房产的陈述意见不足以对抗善意竞买人及不动产登记。故，对于成某瑜的答辩意见，法院不予采纳。成某瑜可另循法律途径向案外人深圳市金融联融资担保有限公司主张相应权利。

成某瑜在郭某仪取得涉案房产产权后仍继续使用涉案房产，构成侵权，应向郭某仪支付相应的房屋占有使用费。房屋占有使用费的标准应当参照政府部门公布的 2016 年涉案小区的房屋租金指导标准 40 元/平方米/月予以确定。《最高人民法院关于人民法院民事执行中拍卖、变卖财产的规定》第二十九条规定，不动产拍卖成交后，该不动产的所有权自拍卖成交或者抵债裁定送达买受人或者承受人时起转移。涉案房产于 2016 年 3 月 11 日确认成交，郭某仪要求成某瑜按指导租金标准计付自 2016 年 3 月 11 日起至返还房产之日止的房屋占有使用费具有事实和法律依据，法院予以支持。涉案房产每月的租赁指导价格为 4456. 8 元（40 元/平方米 × 111. 42 平方米 = 4456. 8 元），成某瑜应按每月 4456. 8 元的标准向郭某仪支付自 2016 年 3 月 11 日起至返还房产之日止的房屋占有使用费。

综上，依照《物权法》第三十四条、第三十七条，《最高人民法院关于人民法院民事执行中拍卖、变卖财产的规定》第二十九条以及《民事诉讼法》第六十四条第一款、第一百四十二条的规定，罗湖法院判决：成某瑜于判决生效之日起 10 日内向郭某仪返还深圳市 × ×东晓路 × ×3D 房产并支付房屋占有使用费（房屋占有使用费以每月 4456. 8 元为标准，自 2016 年 3 月 11 日起计付至实际返还房产之日止）。如果成某瑜未在判决指定的期间履行给付金钱义务，则应当依照《民事诉讼法》第二百五十三条之规定，加倍支付迟延履行期间的债务利息。案件受理费人民币 50 元，由成某瑜负担。

成某瑜上诉请求：1. 撤销一审判决，并依法改判驳回被上诉人诉讼请求；2. 本案一、二审诉讼费用由被上诉人承担。事实与理由：本案涉案房产存在产权争议，涉案房产的原产权人系上诉人，因案外人深圳市金融联融资担保有限公司采取不正当手段非法获得涉案房产，并导致涉案房产以拍卖方式转让至被上诉人名下，使得案外人以不正当手段获得房产拍卖款项，被上诉人在形式上合法获得了涉案房产的产权，该行为不仅严重侵害了上诉人的合法权益，且纵容了案外人的违法行为。本案涉案房产由上诉人于 1997 年购买并一直居住至今，深圳市金融联融资担保有限公司以与上诉人签订《担保协议》、反担保的委托协议、《重组协议》等方式，在骗取上诉人的信任后，未经上诉人同意，私自将涉案房产转移至其名下，就本案涉案房产在拍卖前的产权权属问题，在本案涉案房产拍卖前上诉人即已诉至法院，并提交充分证据，申请法院依法查明事实，目前该争议尚在处理过程中。因此，本案涉案房产在拍卖前的产权本身即存在争议，在争议未最终解决之前，即快速以拍卖方式处置涉案房产，使得案外人以合法形式获得了因不正当行为获得的利益，该行为不仅严重侵害了上诉人的合法权益，纵容了案外人的违法行为，且与立法原意相违背。本案涉案房产在拍卖前后，存在评估价格明显大幅度低于同地段、同时段房产的评估价，评估报告未送达上诉人导致上诉人无法对涉案房产的评估价提出异议，拍卖过程中仅一人参与竞拍等诸多疑点，本案对涉案房产的评估、拍卖程序本身即不符合法律规定的程序，如草率地以被上诉人属于已善意取得房产为由，要求上诉人向其返还涉案房产，不仅将造成无法挽回的损失，且违反司法公正的原则。如上所述，被上诉人取得涉案房产产权本身存在程序错误，涉案房产的产权应依法审查后予以确定，因此本案涉案房产在未最终解决产权争议之前，并不存在应支付房屋占有使用费的情况。另外，即使被上诉人属于合法取得涉案房产产权，因在被上诉人竞拍获得本案涉案房产后至其提起诉讼，被上诉人并未要求上诉人移交房产，也即并不存在上诉人非法占有的情况。综上所述，本案涉案房产处置程序违反相关法律规定，存在明显瑕疵，不能简单地适用善意取得原则确定产权属于被上诉人所有，并要求上诉人移交涉案房产，因此，恳请法院依法查明事实，正确适用法律，依法改判如上诉人所请。

被上诉人郭某仪答辩称：上诉人通过司法拍卖取得涉案房产的所有权，已经办理了涉案房产不动产的登记证书，系涉案房产的权利人。上诉人无权占有涉案房产，应当予以返还，并且支付占有房产期间的使用费，一审法院查明事实清楚，适用法律正确，请求二审法院驳回上诉人的上诉，维持原判。

深圳中院认为，郭某仪通过司法拍卖成为涉案房产的合法所有权人，主张成某瑜返还原物，提交了产权证明等一系列证据予以证明，成某瑜虽主张其受案外人深圳市金融联融资担保有限公司的欺骗，导致将本由其所有的涉案房产登记到深圳市金融联融资担保有限公司名下，后经司法拍卖给了郭某仪，根据物权优先的原则，成某瑜与深圳市金融联融资担保有限公司之间的纠纷，不能对抗郭某仪作为所有权人行使权利。成某瑜还主张涉案房产在拍卖中存在评估价过低、拍卖人仅一人、底价成交等疑点，本院认为，上述“疑点”不足以否定司法拍卖的公正性，成某瑜也没有其他证据证明郭某仪不是善意第三人，成某瑜该上诉理由不能成立，本院不予支持。成某瑜还主张郭某仪没有通知其返还原物，郭某仪则主张其已经通过物业通知成某瑜搬离，本院认为，郭某仪拍得涉案房产后，即依法享有涉案房产权利，成某瑜事实上居住在涉案房产中，对郭某仪的物权行使造成妨碍，应支付相应的占用涉案房屋的使用费，郭某仪是否曾通知成某瑜搬离涉案房产不影响成某瑜承担支付房产占用费的责任。现郭某仪通过诉讼的方式要求成某瑜搬离涉案房产，亦属于行使权利的一种方式。原审判决从郭某仪拍得涉案房产之日计算支付占用的费用，处理无误，本院予以确认。综上所述，原审判决认定事实清楚，适用法律正确，依照《民事诉讼法》第一百七十条第一款第一项的规定，判决如下：驳回上诉，维持原判。二审案件受理费人民币 50 元，由上诉人成某瑜负担。

案例述评

司法拍卖是一种强制拍卖，是指人民法院作为执行机关，就查封的执行标的物按照拍卖的方式出卖给最高应价者，以取得价金的执行措施，是执行程序中财产变价的一种方式。司法拍卖要遵守专门调整司法拍卖的法律规范，原则上不受拍卖法的调整。通过司法拍卖方式取得房屋所有权的买受人与房屋原所有权人之间就该房屋并未形成合法有效的平等民事主体之间的买卖合同关系，故因买受该房屋而产生的纠纷不属于民事法律关系调整的范畴。被执行人或者其他人对已执行的标的有妨害行为的，人民法院可以依申请排除妨害。

例如，为进一步规范全省法院司法拍卖、变卖成交或抵债的不动产（以下简称执行标的物）清场移交工作，广东省高级人民法院办公室于 2019 年 6 月 27 日印发的《关于进一步规范司法拍卖不动产移交工作的指导意见（试行）》（粤高法〔2019〕84 号）规定：司法拍卖以清场移交为原则。除有符合下列情形的不予清场移交外，执行法院应当严格按照《最高人民法院关于人民法院民事执行中拍卖、变卖财产的规定》第三十条等规定，在拍卖、变卖成交或者以流拍的财产抵债的裁定送达后 15 日内，将执行标的物清场后移交买受人或者承受人。被执行人或者其他人占有执行标的物应当移交而拒不移交的，强制执行：（1）执行标的物存在合法有效的租赁关系，且不属于出租前已经设立抵押权或出租前已被人民法院依法查封情况，承租人主张买卖不破租赁的；（2）拍卖、变卖执行标的物共有份额或以执行标的物共有份额抵债，且共有物不可以分割使用的；（3）案件情况特殊，实际清场在客观上有困难，申请人与被执行人协商一致要求不清场拍卖，且不损害第三人合法权益的；（4）其他法律和司法解释规定不移交的。不清场移交的，应在拍卖公告中特别提示并说明原因，符合上述第（1）项情形的要注明租赁期限及租金收取人、符合上述第（3）项情形的要注明被执行人继续占有使用的期限及占用费收付人。拍卖公告应特别告知期限届满前买受人不得提起物权保护诉讼请求腾退。

上引案例一、二中当事人起诉提出的诉讼请求的基础法律关系是房屋买卖合同，鉴于当事人之间并不存在房屋买卖的法律关系，实质上是针对执行中司法拍卖标的物的交付及标的物的范围产生的争议，法院认定该类纠纷是因法院在执行程序中的委托拍卖行为而引起的，不属于各方当事人之间因任意拍卖而引起的民事纠纷，且并非对已执行的标的在六个月后产生的妨害行为或者因妨害行为给其造成损失的情况，故法院认为房屋买受人就本案情况应通过执行程序解决，而非通过诉讼途径解决，无疑是正确的。上引案例三所涉情形，当事人虽提起的是物权保护之返还原物纠纷，但根据案情可知当事人之间争议的实质还是司法拍卖标的物的清场移交问题，在不存在上述广东高院《关于进一步规范司法拍卖不动产移交工作的指导意见（试行）》中所述不予清场移交的情形下，该争议应通过执行程序解决，而非提起民事诉讼，该判决结果值得商榷。

图书在版编目（CIP）数据

房地产纠纷案例述评：类案裁判规则深度解析 / 颜宇丹，刘京柱著 . —北京：中国法制出版社，2021. 8
ISBN 978 - 7 - 5216 - 2107 - 5

Ⅰ. ①房… Ⅱ. ①颜…②刘… Ⅲ. ①房屋纠纷 - 审判 - 案例 - 中国 Ⅳ. ①D925. 118. 25

中国版本图书馆 CIP 数据核字（2021）第 159415 号

责任编辑 王林林（wanglinlin19@ sina. cn） 封面设计 周黎明

房地产纠纷案例述评：类案裁判规则深度解析

FANGDICHAN JIUFEN ANLI SHUPING：LEI'AN CAIPAN GUIZE SHENDU JIEXI

著者/颜宇丹 刘京柱

经销/新华书店

印刷/三河市国英印务有限公司

开本/710 毫米 ×1000 毫米 16 开 印张/ 20. 75 字数/ 338 千

版次/2021 年 8 月第 1 版 2021 年 8 月第 1 次印刷

中国法制出版社出版

书号 ISBN 978 - 7 - 5216 - 2107 - 5 定价：69. 00 元

北京市西城区西便门西里甲 16 号西便门办公区

邮政编码 100053 传真：010 - 63141852

网址：http：//www. zgfzs. com **编辑部电话：010 - 63141672**

市场营销部电话：010 - 63141612 **印务部电话：010 - 63141606**

（如有印装质量问题，请与本社印务部联系。）